住房和城乡建设领域"十四五"热点培训教材

乡村建设工匠培训教材

危道军　主编

中国建筑工业出版社

图书在版编目（CIP）数据

乡村建设工匠培训教材 / 危道军主编. — 北京：
中国建筑工业出版社，2023.6（2025.10重印）
住房和城乡建设领域"十四五"热点培训教材
ISBN 978-7-112-28646-1

Ⅰ. ①乡…　Ⅱ. ①危…　Ⅲ. ①农村建设—人才培养—
中国—教材　Ⅳ. ①F323.6

中国国家版本馆CIP数据核字（2023）第069407号

　　本书共分为12章，主要介绍了乡村建设工匠从业基础、村庄规划与保护利用、
房屋构造与识图、乡村建筑材料、村镇建筑抗震、农村房屋拆除和危房修缮加固
技术、质量安全常识、木工、泥瓦工、混凝土工、水暖工、电工等内容。本书紧
贴近年来乡村建设中出现的新材料、新技术、新规范，从乡村建设工匠的知识水
平出发，力求贴近乡村建设工作实际。本书通过简练的文字，对乡村建设工匠相
关知识进行了系统介绍，力求满足乡村建设工匠的学习需要。

责任编辑：赵云波
责任校对：张　颖

住房和城乡建设领域"十四五"热点培训教材
乡村建设工匠培训教材
危道军　主编
＊
中国建筑工业出版社出版、发行（北京海淀三里河路9号）
各地新华书店、建筑书店经销
北京点击世代文化传媒有限公司制版
建工社（河北）印刷有限公司印刷
＊
开本：787毫米×1092毫米　1/16　印张：19½　字数：413千字
2023年6月第一版　2025年10月第二次印刷
定价：**49.00**元
ISBN 978-7-112-28646-1
（41056）

本书编委会

主　　任：刘丰雷

副 主 任：谈华初　禹滋柏　危道军

委　　员：司兵华　易　操　陈　颖　岳晓瑞
　　　　　胡永骁　涂寒焱

主　　编：危道军

副 主 编：岳晓瑞　程红艳　胡永骁

编　　委：丁文华　胡红英　李　超　刘卓珺
　　　　　安　娜　鲁晓俊　刘　敏

指导单位：湖北省住房和城乡建设厅

前　言

　　为深入贯彻落实习近平总书记关于推动乡村人才振兴的重要指示精神，促进各类人才投身乡村建设，2021 年 2 月，中共中央办公厅、国务院办公厅印发了《关于加快推进乡村人才振兴的意见》，提出到 2025 年，乡村人才振兴制度框架和政策体系基本形成，乡村振兴各领域人才规模不断壮大、素质稳步提升、结构持续优化，各类人才支持服务乡村格局基本形成，乡村人才初步满足实施乡村振兴战略基本需要。

　　2022 年 7 月，人力资源和社会保障部公示新修订的《中华人民共和国职业分类大典》，其中，将乡村建设工匠这个"老行当"作为新职业纳入国家职业分类目录，并明确其职业定义、具体任务、主要工种等。乡村振兴，关键在人。为全面加强湖北省和美乡村建设，规范湖北省乡村建设工匠培训、管理，大力推进乡村建设工匠队伍建设，受湖北省住房和城乡建设厅委托，特组织有关专家编写这本教材。

　　本书共分为 12 章，主要介绍了乡村建设工匠从业基础、村庄规划与保护利用、房屋构造与识图、乡村建筑材料、村镇建筑抗震、农村房屋拆除和危房修缮加固技术、质量安全常识、木工、泥瓦工、混凝土工、水暖工、电工等内容。本书根据乡村振兴要求，紧贴近年来乡村建设中出现的新材料、新技术、新规范，考虑到乡村建设工匠的专业知识水平，力求贴近乡村建设工作实际，以图文并茂的形式，对乡村建设工匠相关知识进行了系统介绍。本书系统性、实用性强，可作为乡村建设工匠的培训教材，也可作为相关乡村施工管理人员、施工操作人员的培训教材及相关人员自学辅导材料。

　　本书由危道军教授主编并统稿定稿，岳晓瑞、程红艳、胡永骁任副主编。主要编写人员为：危道军、岳晓瑞、程红艳、胡永骁、丁文华、胡红英、李超、刘卓珺、安娜、鲁晓俊、刘敏。本书是在湖北省住房和城乡建设厅的指导下，组织湖北城市建设职业技术学院及其他院校教师，在省住房和城乡建设厅乡村工匠培训项目研究的基础上编写的。编撰整理工作分工为：第 1 章危道军、岳晓瑞，第 2 章危道军、李超，第 3 章刘卓珺，第 4 章安娜，第 5 章危道军、胡永骁、刘敏，第 6、9 章危道军，第 7 章鲁晓俊，第 8、10 章程红艳，第 11 章胡红英，第 12 章丁文华。参与项目研究、前期课题文本编写和资料收集整理工作的还有：鲁琼、郭宇珍、李红、沙本忠、文学、邹宏萍、袁明、刘惠敏、刘洋等。本书后期将配套教学与学习资源，以满足培训教学和学员自主学习需要。

　　本书经历多次修改完善最终成稿，在此对各位编审人员和其他对本书提供帮助的同志表示衷心感谢。编写过程中参考了一些专家、作者的相关文献，在此也一并表示衷心感谢。

　　由于时间紧张，编者知识水平有限，书中难免出现不妥之处，敬请广大读者提出宝贵意见。

目　录

1 乡村建设工匠从业基础

1.1 乡村建设工匠培训的意义

1.1.1 实施乡村人才振兴战略的要求

党的十九大提出实施乡村振兴战略。2021年，中共中央办公厅、国务院办公厅印发《关于加快推进乡村人才振兴的意见》，全面部署乡村人才振兴工作，明确提出加强乡村规划建设人才队伍建设，实施乡村本土建设人才培育工程，加强乡村建设工匠培训和管理，培育修路工、水利员、改厕专家、农村住房建设辅导员等专业人员，提升农村环境治理、基础设施及农村住房建设管护水平。人才振兴是乡村振兴的基础。

1.1.2 加快乡村建设现代化的需要

近年来，国家大力实施乡村建设。建档立卡贫困户全部实现住房安全有保障，农村住房条件和居住环境明显改善。同时也要看到，农房的设计建造水平亟待提高，乡村建设仍然存在较多短板。开展乡村建设工匠培训，培养一批懂技术、扎根农村，服务乡村建设的乡村本土人才队伍，为加快推进农村农房和村庄建设现代化提供坚实人才支撑，对于整体提升乡村建设水平、建设美丽宜居乡村，提高农民居住品质、改善农民生产生活条件，不断增强农民群众获得感、幸福感、安全感具有重要意义。

1.1.3 保障农房质量安全的迫切需要

近年来，全国多地农房安全事故频发，给农房质量安全敲响警钟。乡村建设工匠是农房建设施工的主力军，是确保农房质量安全的质检员，农房施工质量不仅关系到农房生命周期的长短，更关系到人民群众生命财产是否安全。开展乡村建设工经培训，并建立培训长效机制，持续提升乡村建设工匠施工技能和管理水平，为农房质量安全提供技术保障。

1.2 乡村建设工匠基本要求

1.2.1 乡村建设工匠职业定义

2022年7月，人力资源和社会保障部向社会公示新修订的《中华人民共和国职业分类大典》，其中，将乡村建设工匠这个"老行当"作为新职业纳入国家职业分类目录，并明确了其职业定义、具体任务、主要工种等。

乡村建设工匠主要是指"使用专业机具设备，进行农村房屋建筑、小型基础设施等工程建造人员"，主要包括但不限于瓦工、混凝土工、木工、水暖工、电工等工种。一般由"带头工匠"临时组织小规模施工班组承接工程。这种灵活从业方式符合农村特点。

1.2.2 乡村建设工匠职责

1）严格按照村庄规划、住房设计图、施工技术标准和操作规程施工，确保施工质量和安全。

2）协助村民选用符合国家规定标准的建筑材料、建筑构（配）件和设备；对村民要求使用国家明令禁止使用的建筑材料、建筑构（配）件和设备的行为，应当劝阻，拒绝，应主动向建房村民宣传建房质量安全知识。

3）配合各级住房城乡建设部门、乡镇人民政府依法开展监督检查，不得拒绝或者阻碍。对重点部位的施工情况进行记录，并存入建房档案。

4）参加竣工验收，并按合同约定展行房屋交付使用后的保修义务。

1.2.3 乡村建设工匠五个意识

乡村建设工匠必须增强五个方面的意识：

（1）遵纪守规意识

乡村建设工匠，必须自觉遵守国家的法律法规，自觉执行建筑行业的规范和标准，自觉抵制建筑行业的违法违规行为，做遵纪守法的模范。

（2）诚实守信意识

乡村建设工匠要加强职业道德修养，自觉信守合同，讲求信誉，凡纳入合同条款由工匠负责的内容，必须自觉履行合同，主动地承担相应责任，让户主满意。

（3）爱岗创新意识

乡村建设工匠要培养高度的职业责任感，以主人翁的姿态等待自己的工作，爱岗敬业，忠于职守。要守正创新，钻研业务，提高技能，既要弘扬优秀传统工艺和工匠精神，又要转型升级，不断创新，了解行业发展方向，适应新的时代要求。

（4）以人为本意识

乡村建设工匠应确立为广大农民朋友服务的思想，与户主主动沟通，和谐相处，多为户主的利益着想，主动为户主提出合理化建议，进行成本核算，避免不必要的浪费，及时化解矛盾纠纷。

（5）质量安全意识

乡村建设工匠必须牢固树立"安全第一，质量第一"的思想，采取有效的安全措施，确保施工质量，确保不出安全事故。

1.3 乡村建房法律法规与政策（摘选）

1.3.1 《全国自建房安全专项整治工作方案》（2022）

2022年4月29日，湖南长沙居民自建房发生倒塌事故，造成重大人员伤亡。事故发生后，党中央、国务院高度重视。习近平总书记作出重要指示，李克强总理作出批示，国务院安委会召开全国自建房安全专项整治电视电话会议进行具体安排。按照党中央、国务院决策部署，为扎实推进全国自建房安全专项整治工作，全面消除自建房安全隐患，切实保障人民群众生命财产安全和社会大局稳定，国务院制定了《全国自建房安全专项整治工作方案》（以下简称《工作方案》）。2022年5月24日，国务院办公厅下发了《关于印发全国自建房安全专项整治工作方案的通知》。

《工作方案》包括总体要求、主要任务、保障措施三个部分。

（1）总体要求

以习近平新时代中国特色社会主义思想为指导，深入贯彻落实习近平总书记关于安全生产的重要指示批示精神，深刻汲取事故教训，坚持人民至上、生命至上，坚持统筹发展和安全，坚持远近结合、标本兼治。严格落实地方党委和政府属地责任，按照"谁拥有谁负责、谁使用谁负责、谁主管谁负责、谁审批谁负责"的原则，依法依规彻查自建房安全隐患。组织开展"百日行动"，对危及公共安全的经营性自建房快查快改、立查立改，及时消除各类安全风险，坚决遏制重特大事故发生。推进分类整治，消化存量，力争用3年左右时间完成全部自建房安全隐患整治。完善相关制度，严控增量，逐步建立城乡房屋安全管理长效机制。

（2）主要任务

《工作方案》从4个方面提出了全国自建房安全专项整治的主要任务。

1）全面排查摸底

①排查范围包括：要对本行政区域内城乡所有自建房进行排查摸底，在继续推进农村房屋安全隐患排查整治工作的基础上，重点排查城乡接合部、城中村、安置区、学校医院周边、工业园区等区域，突出人员密集、涉及公共安全的经营性自建房。省级人民政府可根据实际确定具体范围，确保不留死角、不留盲区。

②排查内容包括：要全面摸清自建房基本情况，重点排查结构安全性（设计、施工、使用等情况）、经营安全性（相关经营许可、场所安全要求等落实情况）、房屋建设合法合规性（土地、规划、建设等手续办理情况）等内容。

③排查方式包括：各地要组织产权人自查、部门和街道（乡镇）核查，专业技术力量参与，依据有关法律法规及房屋安全隐患排查相关技术要求，完成安全隐患初步判定。建立城镇房屋、农村房屋综合管理信息平台，逐一归集排查信息。力争2023年6月底前完成所有自建房排查摸底。

2）开展"百日行动"

要对经营性自建房集中开展"百日行动"，重点排查 3 层及以上、人员密集、违规改扩建等容易造成重大安全事故的经营性自建房风险隐患，确保管控到位。要制定"百日行动"实施计划，明确行动目标，确定时间表、路线图，逐级压实责任，尽快取得明显进展，坚决防止重特大事故发生。要组织专业技术力量对经营性自建房安全隐患进行全面排查和初步判定，根据风险程度实施分类整治。加强部门联动，发现存在严重安全隐患、不具备经营和使用条件的，要立即采取停止使用等管控措施，隐患彻底消除前不得恢复使用。

3）彻底整治隐患

①建立整治台账。要组织专业力量对初步判定存在安全隐患的自建房开展安全鉴定，建立整治台账，实行销号管理，整治完成一户、销号一户。

②实施分类整治。要落实属地责任和行业监管责任，对存在安全隐患的自建房，逐一制定整治方案，明确整治措施和整治时限。坚持产权人是房屋安全第一责任人，严格落实产权人和使用人安全责任。坚持先急后缓，先大后小，分类处置。对存在结构倒塌风险、危及公共安全的，要立即停用并疏散房屋内和周边群众，封闭处置、现场排险，该拆除的依法拆除；对存在设计施工缺陷的，通过除险加固、限制用途等方式处理；对一般性隐患要立查立改，落实整改责任和措施。对因建房切坡造成地质灾害隐患的，采取地质灾害工程治理、避让搬迁等措施。

4）加强安全管理

①严控增量风险。3 层及以上城乡新建房屋，以及经营性自建房必须依法依规经过专业设计和专业施工，严格执行房屋质量安全强制性标准。地方政府及相关部门要严格自建房用于经营的审批监管，房屋产权人或使用人在办理相关经营许可、开展经营活动前应依法依规取得房屋安全鉴定合格证明。

②加强日常检查。房屋产权人或使用人要定期开展安全检查，发现异常情况立即组织人员撤离。落实街道、乡镇等属地责任，发挥城管、村（社区）"两委"、物业的前哨和探头作用，健全房屋安全管理员制度和网格化动态管理制度，加快建立房屋安全隐患常态化巡查发现机制，发现问题要督促产权人或使用人及时整改，消除安全隐患。

③清查整治违法行为。加强部门联动，加大对违法建设和违法违规审批房屋的清查力度，依法严厉查处未取得土地、规划和建设等手续，以及擅自改建加层、非法开挖地下空间等行为，对严重危及公共安全且拒不整改构成犯罪的，依法追究刑事责任。存在违法建设、违法违规审批问题的自建房，不得用于经营活动。建立群众举报奖励机制，举报一经查实，予以奖励。对故意隐瞒房屋安全状况、使用危房作为经营场所导致重大事故的，依法追究刑事责任。

④建立长效机制。加强房屋安全管理队伍建设，进一步明确和强化市、县有关部

门房屋安全管理职责，充实基层监管力量。依托乡镇自然资源、农业综合服务、村镇建设等机构，统筹加强自建房质量安全监管。按照"谁审批谁负责"的原则，落实用地、规划、建设、经营等审批部门的安全监管责任，加强审批后监管，督促产权人和使用人落实房屋安全责任，通过部门联动实现房屋安全闭环管理。加强房屋安全鉴定机构和从业人员管理，鉴定机构应对报告真实性和准确性负责。完善房屋质量安全强制性标准，研究建立房屋定期体检、房屋养老金和房屋质量保险等制度。加快建立健全农村房屋建设管理和城镇房屋安全管理相关法规，加强地方性法规建设，完善城乡房屋安全管理制度体系。

（3）保障措施

《工作方案》提出了5项具体的保障措施。

①强化组织实施。成立全国自建房安全专项整治工作部际协调机制（以下简称协调机制），负责组织实施专项整治工作，统筹协调各有关部门、地方党委和政府落实专项整治工作方案，组织开展督导评估，协调解决专项整治中的重大问题，重要事项按程序请示报告。住房和城乡建设部为牵头单位，成员由中央统战部、中央编办、国家发展改革委、教育部、工业和信息化部、公安部、民政部、司法部、财政部、自然资源部、农业农村部、商务部、文化和旅游部、国家卫生健康委、应急部、国家市场监管总局、国家电影局等部门组成，办公室设在住房和城乡建设部。要坚持省负总责、市县抓落实，严格落实地方各级党委和政府属地责任，党政主要负责人亲自部署、狠抓落实，成立专项整治工作领导小组，明确责任人，省级负责人名单报国务院安委会，抄送协调机制办公室。各地要加快制定本地区实施方案，建立工作机制，安排专门资金，确保政策措施到位、人员配置到位、工作落实到位。

②明确部门分工。各行业主管部门要按照"三管三必须"和"谁审批谁负责"的要求，落实行业监管范围内自建房的安全监管责任，共同推进专项整治工作，形成工作合力。住房城乡建设部门会同有关部门全面加强经营性自建房监管，牵头组织开展专项整治工作，排查自建房结构安全问题，建设城镇房屋、农村房屋综合管理信息平台，推进信息共享，建立健全全链条监管机制；应急管理部门负责房屋安全突发事件应对处置工作，按职责指导用作工贸企业生产经营场所的自建房安全管理，依法加强用作人员密集场所的自建房消防安全管理；工业和信息化部门负责指导用作民爆企业及职责范围内工贸企业生产经营场所的自建房安全管理；统战部门负责指导宗教活动场所安全管理；发展改革部门负责指导房屋综合管理信息化建设等的相关工作；教育部门负责指导用作学校、幼儿园及职责范围内教育机构的自建房安全管理；公安部门负责指导用作旅馆的自建房特种行业许可证复核工作；民政部门负责指导用作养老机构和设施的自建房安全管理；司法行政部门负责配合有关方面完善城乡房屋安全管理制度，强化法治保障；财政部门负责对自建房安全专项整治工作予以经费支持；自然资源部门负责指导依法依规用地，做好地质灾害风险排查；农业农村部门按职责负责农村宅

基地管理有关工作；商务部门负责指导用作商贸企业经营场所的自建房安全管理；文化和旅游部门负责指导用作文化和旅游设施的自建房安全管理；卫生健康部门负责指导用作医疗卫生机构的自建房安全管理；市场监管部门负责指导自建房涉及的市场主体登记和食品经营许可证复查工作，推动将房屋安全鉴定作为自建房办理相关经营许可开展经营活动的前提条件；电影主管部门负责指导用作影院的自建房安全管理。

③加强支撑保障。各地要组织动员设计、施工、监理、检测、鉴定等专业机构、行业企业技术人员和乡村建设工匠广泛参与排查整治工作，强化技术保障。有条件的地方可采取政府购买服务等方式，委托专业机构开展排查、鉴定工作，同时加强规范管理，对于出具虚假报告的要依法严肃追责。各地要将房屋安全管理信息化建设统筹纳入各级政务信息化工程给予经费保障，在专项整治工作中组织做好法律咨询、司法调解、维护稳定等工作。

④强化督促指导。地方党委和政府要加强对下级党委和政府的督促指导，对自建房安全专项整治工作进展缓慢、推诿扯皮、排查不实的，要予以通报；对问题严重的，要约谈相关负责同志；对工作中失职失责的领导干部，要严肃问责。发现党员干部和公职人员涉嫌违纪违法问题线索，及时移送纪检监察机关依纪依法调查处置。各级专项整治工作领导小组要指导督促专项整治工作，推动纳入同级党委和政府督查督办范围。协调机制办公室适时组织相关部门对各地"百日行动"等专项整治工作开展督导评估。

⑤做好宣传引导。地方各级党委和政府要广泛宣传，使社会各方面充分认识房屋安全的重要性。深入开展房屋安全科普教育，不断增强居民房屋安全意识。及时了解群众思想动态，有针对性地做好解释引导，使广大群众积极支持专项整治工作。

1.3.2 《关于加快农房和村庄建设现代化的指导意见》（2021）

为深入贯彻落实党的十九届五中全会精神和"十四五"规划纲要关于实施乡村建设行动的部署要求，加快推进农房和村庄建设现代化，提高农房品质，提升乡村建设水平，2021年6月，住房和城乡建设部、农业农村部、国家乡村振兴局联合印发《关于加快农房和村庄建设现代化的指导意见》（以下简称《指导意见》）。

（1）《指导意见》的重要意义

党的十九届五中全会作出关于实施乡村建设行动的决策部署，指出要把乡村建设摆在社会主义现代化建设的重要位置，加快农业农村现代化。农房和村庄建设现代化是乡村建设的重要内容。党的十八大以来，我国大力实施农村危房改造，全国建档立卡贫困户全部实现住房安全有保障，农村住房条件和居住环境明显改善。同时也要看到，我国农房的设计建造水平亟待提高，村庄建设仍然存在较多短板。迫切需要完善农房功能，提高农房品质，加强农村基础设施和公共服务设施建设，整体提升乡村建设水平，改善农民生产生活条件，建设美丽宜居乡村，不断增强农民群众获得感、幸福感、安全感。

（2）《指导意见》的具体要求

《指导意见》从12个方面提出了加快农房和村庄建设现代化的政策措施。

①坚持"避害"的选址原则。新建农房要避开自然灾害易发地段，合理避让灾害危险区，不在灾害易发地段建房。

②坚持生态友好、环境友好与邻里友好。农房和村庄建设要尊重山水林田湖草等生态脉络，不挖山填湖、不破坏水系、不砍老树，顺应地形地貌。鼓励新建农房向基础设施完善、自然条件优越、公共服务设施齐全、景观环境优美的村庄聚集，尽量使用原有的宅基地和村内空闲地建设农房，形成自然、紧凑、有序的农房群落。

③提升农房设计建造水平。农房建设要先精心设计，后按图建造。精心调配空间布局，逐步实现寝居分离、食寝分离和净污分离。新建农房要同步设计卫生厕所，因地制宜推动水冲式厕所入室。因地制宜解决日照间距、保温采暖、通风采光等问题，促进节能减排。鼓励利用乡土材料，选用装配式钢结构等安全可靠的新型建造方式。

④营造留住"乡愁"的环境。农房建设要尊重乡土风貌和地域特色，精心打造建筑风貌要素。保护并改善村落的历史环境和生态环境。传统村落中新建农房要与传统建筑、周边环境相协调，提升传统民居空间品质。鼓励结合发展民宿、旅游等产业，进一步加强传统村落和传统民居保护与利用。

⑤提升村容村貌。以农房为主体，利用古树、池塘等自然景观和牌坊、古祠等人文景观，营造具有本土特色的村容村貌。鼓励宅前屋后栽种瓜果梨桃，保护村庄固有的乡土气息，构建"桃花红、李花白、菜花黄"的自然景观，营造"莺儿啼、燕儿舞、蝶儿忙"的乡村生境。

⑥推进供水入农房。提高农村供水安全保障能力，实现供水入农房。因地制宜改善供水条件，有条件的地方可将靠近城镇的村庄纳入城镇供水体系。

⑦因地制宜推进农村生活污水处理。乡村宜采用小型化、生态化、分散化的污水处理模式和处理工艺，合理确定排放标准，推动农村生活污水就近就地资源化利用。根据村庄规模和聚集程度等，因地制宜选择生活污水处理方式。合理组织村庄雨水排放形式和排放路径。

⑧倡导农村生活垃圾分类处理。传承乡村"无废"的生产生活方式，进一步完善农村生活垃圾收运处置体系，以生活垃圾分类为抓手，优化农村生活垃圾分类方法，推动农村生活垃圾源头减量，变废为宝。以乡镇或行政村为单位建设一批区域农村有机废弃物综合处置利用中心，确保村村有保洁。

⑨推动农村用能革新。鼓励农村使用适合当地特点和农民需求的清洁能源，推广应用太阳能光热、光伏等技术和产品，推进燃气下乡，推动村民日常照明、炊事、采暖制冷等用能绿色低碳转型。推动既有农房节能改造。

⑩完善公共服务设施。盘活利用闲置农房提供公共活动空间，降低公共建筑建设

成本，拓展村民公共活动场所的提供渠道。鼓励村庄公共活动场所综合利用。村庄道路及其他基础设施应满足村民的生产生活需求，有条件的地区应积极推动宽带、通信、广电等进村入户。

⑪加强农房与村庄建设管理。建立农村房屋全过程管理制度，规范村庄设计与农房设计、建设、使用的行政程序管理，明确责任主体，做到有人管、有条件管、有办法管。全方位实施职、责、权一体化模式，建立责任追究机制，按照谁审批、谁监管、谁负责的原则，确保房屋质量安全。探索建立乡村建设工匠培养和管理制度，充实乡村建设队伍。

⑫深入开展美好环境与幸福生活共同缔造活动。以改善群众身边、房前屋后人居环境的实事、小事为切入点，以建立和完善全覆盖的基层党组织为核心，以构建"纵向到底、横向到边、共建共治共享"的乡村治理体系为路径，发动群众决策共谋、发展共建、建设共管、效果共评、成果共享，共同建设美好家园。

（3）《指导意见》要求做好组织实施

我国农房和村庄建设因严寒与酷暑、干旱与丰雨、山区与平原、农林牧等地区的不同，既具有明显的差异性，也具有共同的目标和底线要求。《指导意见》要求各地因地制宜做好组织实施工作。

①加强组织领导。要把农房和村庄建设现代化作为全面推进乡村振兴、实施乡村建设行动的重要内容，在本地区党委政府统一领导下，发挥五级书记抓乡村振兴的制度优势，加强部门协同，明确任务分工，层层压实责任，加大资金投入，协调各方力量，统筹各类资源，扎实推进农房和村庄建设现代化工作。

②分省制定实施方案。省级有关部门要结合本地实际情况，研究本地区推进农房和村庄建设现代化的具体实施方案。

③积极开展试点。各地要根据地理位置、地形地貌、经济条件、文化传承、村庄类型等要素，选择若干有代表性的村庄开展试点，为当地农房和村庄建设现代化提供实际案例参考。要及时总结试点经验，通过现场会等多种方式进行宣传推广，不断提高农房和村庄建设现代化水平。

1.3.3　其他政策法规文件（节选）

（1）《中华人民共和国土地管理法》

第三十七条　非农业建设必须节约使用土地，可以利用荒地的，不得占用耕地；可以利用劣地的，不得占用地。

禁止占用耕地建窑、建坟或者擅自在耕地上建房、挖砂、采石、采矿、取土等。

禁止占用永久基本农田发展林果业和挖塘养鱼。

第六十二条　农村村民一户只能拥有一处宅基地，其宅基地的面积不得超过省、自治区、直辖市规定的标准。

人均土地少、不能保障一户拥有一处宅基地的地区，县级人民政府在充分尊重农村村民意愿的基础上，可以采取措施，按照省、自治区、直辖市规定的标准保障农村村民实现户有所居。

农村村民建住宅，应当符合乡（镇）土地利用总体规划、村庄规划，不得占用永久基本农田，并尽量使用原有的宅基地和村内空闲地。编制乡（镇）土地利用总体规划、村庄规划应当统筹并合理安排宅基地用地，改善农村村民居住环境和条件。

农村村民住宅用地，由乡（镇）人民政府审核批准；其中，涉及占用农用地的，依照本法第四十四条的规定办理审批手续。

农村村民出卖、出租、赠予住宅后，再申请宅基地的，不予批准。

国家允许进城落户的农村村民依法自愿有偿退出宅基地，鼓励农村集体经济组织及其成员盘活利用闲置宅基地和闲置住宅。

国务院农业农村主管部门负责全国农村宅基地改革和管理有关工作。

第七十八条　农村村民未经批准或者采取欺骗手段骗取批准，非法占用土地建住宅的，由县级以上人民政府农业农村主管部门责令退还非法占用的土地，限期拆除在非法占用的土地上新建的房屋。

超过省、自治区、直辖市规定的标准，多占的土地以非法占用土地论处。

（2）《中华人民共和国城乡规划法》

第三十五条　城乡规划确定的铁路、公路、港口、机场、道路、绿地、输配电设施及输电线路走廊、通信设施、广播电视设施、管道设施、河道、水库、水源地、自然保护区、防汛通道、消防通道、核电站、垃圾填埋场及焚烧厂、污水处理厂和公共服务设施的用地以及其他需要依法保护的用地，禁止擅自改变用途。

第四十一条　在乡、村庄规划区内进行乡镇企业、乡村公共设施和公益事业建设的，建设单位或者个人应当向乡、镇人民政府提出申请，由乡、镇人民政府报城市、县人民政府城乡规划主管部门核发乡村建设规划许可证。

在乡、村庄规划区内使用原有宅基地进行农村村民住宅建设的规划管理办法，由省、自治区、直辖市制定。

在乡、村庄规划区内进行乡镇企业、乡村公共设施和公益事业建设以及农村村民住宅建设，不得占用农用地；确需占用农用地的，应当依照《中华人民共和国土地管理法》有关规定办理农用地转用审批手续后，由城市、县人民政府城乡规划主管部门核发乡村建设规划许可证。

建设单位或者个人在取得乡村建设规划许可证后，方可办理用地审批手续。

第六十四条　未取得建设工程规划许可证或者未按照建设工程规划许可证的规定进行建设的，由县级以上地方人民政府城乡规划主管部门责令停止建设；尚可采取改正措施消除对规划实施的影响的，限期改正，处建设工程造价百分之五以上百分之十以下的罚款；无法采取改正措施消除影响的，限期拆除，不能拆除的，没收实物或者违法收入，可以并处建设工程造价百分之十以下的罚款。

第六十五条　在乡、村庄规划区内未依法取得乡村建设规划许可证或者未按照乡村建设规划许可证的规定进行建设的，由乡、镇人民政府责令停止建设、限期改正；逾期不改正的，可以拆除。

（3）《村庄和集镇规划建设管理条例》

第十八条　农村村民在村庄、集镇规划区内建住宅的，应当先向村集体经济组织或者村民委员会提出建房申请，经村民会议讨论通过后，按照下列审批程序办理：

（一）需要使用耕地的，经乡级人民政府审核、县级人民政府建设行政主管部门审查同意并出具选址意见书后，方可依照《中华人民共和国土地管理法》向县级人民政府土地管理部门申请用地，经县级人民政府批准后，由县级人民政府土地管理部门划拨土地。

（二）使用原有宅基地、村内空闲地和其他土地的，由乡级人民政府根据村庄、集镇规划和土地利用规划批准。城镇非农业户口居民在村庄、集镇规划区内需要使用集体所有的土地建住宅的，应当经其所在单位或者居民委员会同意后；依照前款第（一）项规定的审批程序办理。回原籍村庄、集镇落户的职工、退伍军人和离休、退休干部以及回乡定居的华侨、港澳台同胞，在村庄、集镇规划区需要使用集体所有的土地建住宅的，依照本条第一款第（一）项规定的审批程序办理。

第二十一条　在村庄、集镇规划区内，凡建筑跨度、跨径或者高度超出规定范围的乡（镇）村企业、乡（镇）村公共设施和公益事业的建筑工程，以及2层（含2层）以上的住宅，必须由取得相应的设计资质证书的单位进行设计，或者选用通用设计、标准设计。跨度、跨径和高度的限定，由省、自治区、直辖市人民政府或者其授权的部门规定。

第二十三条　承担村庄、集镇规划区内建筑工程施工任务的单位，必须具有相应的施工资质等级证书或者资质审查证明，并按照规定的经营范围承担施工任务。在村庄、集镇规划区内从事建筑施工的个体工匠，除承担房屋修缮外，须按有关规定办理施工资质审批手续。

第二十九条　任何单位和个人都应当遵守国家和地方有关村庄、集镇的房屋、公共设施的管理规定，保证房屋的使用安全和公共设施的正常使用，不得破坏或者损毁村庄、集镇的房屋和公共设施。

第三十二条　未经乡级人民政府批准，任何单位和个人不得擅自在村庄、集镇规划区市场和车站等场所修建临时建筑物、构筑物和其他设施。

第三十四条　任何单位和个人都有义务保护村庄、集镇内的文物古迹、古树名木和风景名胜、军事设施、防汛设施，以及国家邮电、通信、输变电、输油管道等设施，不得损坏。

第三十六条　在村庄、集镇规划区内，未按规划审批程序批准而取得建设用地批准文件，占用土地的，批准文件无效，占用的土地由乡级以上人民政府责令退回。

第四十一条　损坏村庄、集镇内的文物古迹、古树名木和风景名胜、军事设施、防汛设施，以及国家邮电、通信、输变电、输油管道等设施的，依照有关法律、法规的规定处罚。

（4）《历史文化名城名镇名村保护条例》

第二十六条　历史文化街区、名镇、名村建设控制地带内的新建建筑物、构筑物，应当符合保护规划确定的建设控制要求。

第二十七条　对历史文化街区、名镇、名村核心保护范围内的建筑物、构筑物，应当区分不同情况，采取相应措施，实行分类保护。历史文化街区、名镇、名村核心保护范围内的历史建筑，应当保持原有的高度、体量、外观形象及色彩等。

第二十八条　在历史文化街区、名镇、名村核心保护范围内，不得进行新建、扩建活动。但是，新建、扩建必要的基础设施和公共服务设施除外。在历史文化街区、名镇、名村核心保护范围内，新建、扩建必要的基础设施和公共服务设施的，城市、县人民政府城乡规划主管部门核发建设工程规划许可证、乡村建设规划许可证前，应当征求同级文物主管部门的意见。在历史文化街区、名镇、名村核心保护范围内，拆除历史建筑以外的建筑物、构筑物或者其他设施的，应当经城市、县人民政府城乡规划主管部门会同同级文物主管部门批准。

第三十三条　历史建筑的所有权人应当按照保护规划的要求，负责历史建筑的维护和修缮。县级以上地方人民政府可以从保护资金中对历史建筑的维护和修缮给予补助。历史建筑有损毁危险，所有权人不具备维护和修缮能力的，当地人民政府应当采取措施进行保护。任何单位或者个人不得损坏或者擅自迁移、拆除历史建筑。

第三十五条　对历史建筑进行外部修缮装饰、添加设施以及改变历史建筑的结构或者使用性质的，应当经城市、县人民政府城乡规划主管部门会同同级文物主管部门批准，并依照有关法律、法规的规定办理相关手续。

第三十六条　在历史文化名城、名镇、名村保护范围内涉及文物保护的，应当执行文物保护法律、法规的规定。

（5）《住房城乡建设部关于切实加强农房建设质量安全管理的通知》

一、落实管理责任

1.落实人员管理责任。乡镇建设管理员按照有关规定负责农房选址、层数、层高等乡村建设规划许可内容的审核，对农房设计给予指导。实地核实农房"四至"，在施工关键环节进行现场指导和巡查，发现问题及时告知农户，对存在违反农房质量安全强制性技术规范的予以劝导或制止。指导和帮助农户开展竣工验收，对符合规划、质量合格的农房按有关规定办理备案手续，对不合格的提出整改意见并督促落实。

二、强化建设责任和安全意识

1.落实建设主体责任。农房建设单位或个人对房屋的质量安全负总责，承担建设主体责任。农房设计、施工、材料供应单位或个人分别承担相应的建设工程质量和安全责任。

三、加强乡村建设工匠队伍管理

各级住房和城乡建设部门要加强对乡村建设工匠的管理，指导成立乡村建设工匠自律协会。要发挥乡村建设工匠保障农房建设质量安全的重要作用，指导农户与工匠签订施工合同，结合当地实际，探索建立乡村建设工匠质量安全责任追究和公示制度，并由农房质量安全监管部门进行备案。要组织编印乡村建设工匠培训教材，开展专业技能、安全知识等方面培训，提高乡村建设工匠的技术水平及从业素质。

四、严格农房改扩建管理

各地要加强农房改造、扩建、加层、隔断等建设行为的指导与监管，特别要加强城乡接合部、乡村旅游地等房屋租赁行为频繁、建设主体混乱地区农房改扩建的质量安全管理，未通过竣工验收的农房不得用于从事经营活动，切实保障公共安全。要完善建设规划许可管理，鼓励和支持有资质的单位和个人提供设计和施工服务，在确保结构安全的前提下满足农民改扩建需求。要加强日常巡查，及时发现和制止随意加大门窗洞口、超高接层、破坏承重结构改造建设等情况，发现安全隐患，督促农户及时加固处理。

（6）《住房城乡建设部关于加强农村危房改造质量安全管理工作的通知》

一、全面实行基本的质量标准

农村危房改造后的房屋必须满足基本的质量标准，即选址安全，地基坚实；基础牢靠，结构稳定，强度满足要求；抗震构造措施齐全、符合规定；围护结构和非结构构件与主体结构连接牢固；建筑材料质量合格；施工操作规范。同时，应具备卫生厕所等基本设施。

各省级住房城乡建设部门要根据上述基本的质量标准，以及《农村危房改造抗震安全基本要求（试行）》（建村〔2011〕115号）的规定，结合本地区实际，细化并提出主要类型农房改造基本质量要求。

二、全面实行基本的结构设计

农村危房改造必须要有基本的结构设计，没有基本的结构设计不得开工。要依据基本的质量标准或当地农房建设质量要求进行结构设计。基本的结构设计内容应包括地基基础、承重结构、抗震构造措施、围护结构等分项工程的建设要点，可使用住房城乡建设部门推荐的通用图集，或委托设计单位、专业人员进行专业设计，也可采用承建建设工匠提供的设计图或施工要点。

三、全面实行基本的建筑工匠管理

农村危房改造必须实行建筑工匠管理。各地要指导危房改造户按照基本的结构设计，与承建的建设工匠或施工单位签订施工协议。要切实做好建筑工匠培训，未经培训的建筑工匠不得承揽农村危房改造施工。有能力自行施工的危房改造户，也应签署依据基本结构设计施工的承诺书。施工人员信息、建筑工匠培训合格证明材料、施工协议或承诺书等要纳入危房改造农户档案，将上述材料拍成照片作为图文资料录入农村危房改造农户档案管理信息系统（以下简称信息系统）。

各地要加强建筑工匠管理和服务。县级以上地方住房城乡建设部门要通过政府购买服务或纳入相关培训计划等方式，免费开展建筑工匠培训，提高工匠技术水平。各县（市）要建立建筑工匠质量安全责任追究和公示制度，发生质量安全事故要依法追查施工方责任，要公布有质量安全不良记录的工匠"黑名单"。

四、全面实行基本的质量检查

农村危房改造基本的质量检查必须覆盖全部危房改造户。县级住房城乡建设部门要按照基本的质量标准，组织当地管理和技术人员开展现场质量检查，并做好现场检查记录。检查项目包括地基基础、承重结构、抗震构造措施、围护结构等，重要施工环节必须实行现场检查。经检查满足基本质量标准的要求后，进行现场记录并与危房改造户、施工方签字确认，存在问题的要当场提出措施进行整改。现场检查记录要纳入农村危房改造农户档案，检查记录的照片要上传到信息系统。统一建设的农村危房改造项目，由省级住房城乡建设部门制定现场质量检查办法。

1.3.4 《湖北省自建房安全排查技术导则（试行）》

根据党中央、国务院决策部署，为消除自建房安全隐患，切实保障人民群众生命财产安全，按照《全国自建房安全专项整治工作方案》，以及湖北省安全生产电视电话会议暨2022年度省安委会第三次全体会议精神，结合湖北省自建房现状特点和实际情况，省住房和城乡建设厅编制了《湖北省自建房安全排查技术导则（试行）》（以下简称《导则》），用以指导和规范自建房安全排查工作。

《导则》主要内容：总则、基本规定、安全排查要点、附表、参考资料。

附：湖北省自建房安全排查技术导则（试行）

1 总 则

1.0.1 为指导湖北省城乡居民自建房安全排查工作，对房屋结构安全性做出初步判定，提高排查质量，特制定本导则。

1.0.2 本导则适用于湖北省城乡居民自建房结构安全隐患的排查。

1.0.3 自建房安全隐患初步判定结论分为三级：存在严重安全隐患、存在一定安全隐患、未发现安全隐患。

1 存在严重安全隐患：房屋地基基础不稳定，出现明显不均匀沉降，或承重构件存在明显损伤、裂缝或变形，随时可能丧失稳定和承载能力，结构已损坏，存在倒塌风险。

2 存在一定安全隐患：房屋地基基础无明显不均匀沉降，个别承重构件出现损伤、裂缝或变形，不能完全满足安全使用要求。

3　未发现安全隐患：房屋地基基础稳定，无不均匀沉降，梁、板、柱、墙等主要承重结构构件无明显受力裂缝和变形，连接可靠，承重结构安全，基本满足安全使用要求。

1.0.4　对排查后初步判定为存在严重安全隐患或存在一定安全隐患的房屋，房屋产权人或使用人应委托专业机构做进一步安全鉴定。

1.0.5　自建房安全排查除遵循本导则的规定外，尚应符合国家、行业和地方现行排查工作的要求。

3　安全排查要点

3.1　一般规定

3.1.1　房屋安全排查的内容主要包括：

1　调查房屋的设计施工资料、建造改造历史、使用情况（包括是否改变使用功能）等；

2　调查房屋的建造场地、周边环境等；

3　房屋的建造材料、结构体系等；

4　地基基础的变形、损伤情况等；

5　上部结构的变形、损伤情况等。

3.1.2　对各类房屋结构的排查要点如下：

1　对砌体房屋的排查，应着重检查承重墙、楼（屋）盖及墙体交接处的连接构造，并检查非承重墙和容易倒塌的附属构件。检查时，应着重区分抹灰层等装饰层的损坏与结构的损坏，承重构件的损坏与非承重构件的损坏，并着重查看构件的开裂、变形情况。

2　对钢筋混凝土房屋的排查，应着重检查柱、梁和楼板以及围护墙。检查时，应着重区分抹灰层、饰面砖等装饰层的损坏与结构损坏，承重构件的损坏与非承重构件的损坏等，并着重查看构件的开裂、变形情况。

3　对钢结构房屋的排查，应着重检查支座节点、连接节点、支撑杆件、锈蚀状况、大跨度构件变形等。

4　对其他结构房屋的排查，如木结构等，应着重检查柱、过梁、承重墙和屋盖，以及其相互间锚固、拉结情况，并检查非承重墙和附属构件。

3.1.3　房屋安全排查应以定性判断为主，按照先整体后构件的顺序进行。对于存在损伤和变形的，可辅助以钢卷尺、裂缝对比卡、重垂线等工具进行。

3.2　场地安全排查

3.2.1　房屋场地安全排查应重点检查房屋遭受洪涝、地质灾害、采空区、台风以及病险库、淤地坝、尾矿坝等的威胁情况。

3.2.2　当场地符合下列情况之一时，应初步判定为存在严重安全隐患（图1.1）：

图 1.1 常见存在严重安全隐患的场地

1 房屋处于有潜在威胁或直接危害的滑坡、地裂、山洪、泥石流、崩塌、地面沉陷、病险库、淤地坝、尾矿坝等地段。

2 房屋处于暗坡边缘，暗埋的塘、沟、窖、洞等场地或建于河漫滩上。

3 房屋基础建于半填半挖的坡上，基础下方的填土松软或挖方边坡土质松软。

4 场地处于采空区，且房屋已经有明显变形或下陷迹象。

5 处于其他危房附近，直接受到其威胁。

6 其他情形的危险地段。

当既有房屋建设场地被判定为存在严重安全隐患时，可直接将房屋初步判定为存在严重安全隐患，并应采取迁移、拆除或其他消除安全隐患的措施。

3.2.3 当场地符合下列情况之一时，应初步判定为存在一定安全隐患：

1 存在潜在危险性但尚未查明或不明确的滑坡、地裂、山洪、泥石流、崩塌、地面沉陷等危险区的场地。

2 尚未查明其危险程度的病险库、淤地坝、尾矿坝等场地。

3 场地处于采空区，且房屋暂未出现变形或下陷迹象。

4 易洪易涝区及山洪、台风、暴潮严重威胁区。

上述场地应委托相关专业技术单位进行进一步专项评估。

1.4 农村房屋规划建设概述

1.4.1 农村房屋规划建设的基本原则

（1）城乡统筹，乡村振兴，系统打造，融合发展

乡村的规划建设，要放在所处地区城乡发展现实情况中来分析和判断。树立城乡统筹、系统打造、融合发展的理念，全面分析判断该地区所处的经济社会和城镇化发展阶段和趋势，遵循乡村发展规律，促进城乡一体化发展，形成城乡产业发展互补、

基础设施互联、公共服务均等、资源能源共享、生态环境互促的城乡共荣、各美其美的发展格局。

（2）规划引领，遵纪守法，科学选址，分类施策

乡村面广量大，乡村振兴需要坚持规划先行、谋定后动。不同地区的乡村资源禀赋、建设基础等条件千差万别、情况各异，也需要分类指导、因村施策。因此，开展乡村建设，首要任务就是要通盘考虑乡村建设和发展各项相关要素，根据实际需要，因地制宜、因村制宜开展村庄规划设计，科学选址，统筹安排乡村地区各类空间和设施布局，分类设计具有地域文化特色的美好人居环境，确定适宜的建设方式和技术手段，正确处理近期建设与长远发展的关系，以高水平的规划设计引领高品质的乡村建设发展。

（3）功能适用，面积适宜，提升品质，彰显特色

功能适用、面积合宜、不贪高图大、不相互攀比是农房建设的原则。要秉持结合实际，不断提升人居环境、彰显特色品质的目标。补齐农村污水处理、垃圾收运、"厕所革命"、医疗卫生、文化养老等基础设施和公共服务设施建设的短板，深入挖掘、保护并合理利用乡村的自然山水环境和历史文化资源，传承和彰显乡村特有的农业景观、建筑风貌土文化、顺应新时代农民群众生产、生活习惯和乡风文明建设的变化趋势，塑造体现文化特色、时代特征和地域特点的乡村特色景观，从而进一步激发乡村的魅力和吸引力。

（4）生态优先，绿色集约，精打细算，节约成本

坚持生态优先，将乡村的各项建设与农村生态环境的保护修复结合起来，保护好村庄周边和内部的自然环境，传承村落与山水林田湖有机相融、和谐共生的关系，营造尺度适宜、顺应自然的空间格局，实现村庄与自然的共生、共长、共融。坚持绿色乡村建设理念，集约节约利用资源，注重采用节能、环保、低碳的新材料、新技术、新工艺，精打细算、节约资金，就地取材、废物利用，鼓励乡土材料的当代创新和利用，积极探索传统营造技艺融入乡村建设的有效途径。

（5）农民主体，多方参与，精心组织，规范施工

乡村的建设组织要充分尊重广大农民的意愿，在村两委的坚强领导下，引导和调动农民积极性、主动性，探索村民自主建设自主管理的有效途径，依靠群众的力量和智慧规划建设美丽家园。同时，也要鼓励引导各级政府机构、各类企业或资本以及专业人才队伍参与乡村设、全方位陪伴乡村规划、建设、发展、管理的全过程。要精心组织、规范施工，做到质量为本，安全第一。

1.4.2 农村房屋建设基本程序

农房建设一般按以下步骤进行：

（1）提出申请

建房户要按照国家和地方规定的用地标准，填写农村宅基地申请表，向当地村民

委员会提出用地申请。

（2）审查报批

村民小组或村民委员会应根据年度用地控制指标，结合建房户申请条件给予审查，审查通过的，按照村镇规划要求办理报批手续。如果建房不占用耕地，由乡镇人民政府批准；如果使用耕地的，由乡镇人民政府审查，报县级人民政府批准。

（3）用地放线

政府批准后，发给建房户《建设用地批准书》，并由乡镇土地管理机构人员配合有关人员划拨土地，现场勘测放线。

（4）建房施工。按照相关规定和建设原则，进行农房设计与建造，确保质量安全，确保生态环境。

（5）发证确权

房屋建设完工之后，应申报乡镇土地管理部门验收。验收合格后，由县级人民政府办理土地登记，并发给建房户《集体土地建设用地使用证》，从法律上取得这块宅基地的使用权。

1.4.3　农房的主要结构形式

（1）砖混结构

砖混结构是以砖墙作为主要竖向承重构件，楼面、屋面采用钢筋混凝土现浇板或预制板的混合结构房屋。砖混结构房屋具有就地取材、施工便捷、承载力较高、耐久性好等优点，在全国各地被广泛采用。

（2）砖木结构

砖木结构是指砖墙承重、楼屋面采用木构件的房屋结构。砖木结构一般采用坡屋顶，个别地区也有做平屋顶。砖木结构由于不需要支模浇筑混凝土屋盖，施工起来更为便捷；并且可在木屋架上铺草、坐泥或挂瓦，房屋保温隔热性能较好；而且经济性也较砖混结构要好，因此砖木结构使用也非常广泛。

（3）砌块砌体结构

砌块砌体结构是指采用混凝土小型空心砌块、实心砌块或农户自制水泥砌块砌承重墙体的房屋结构。楼（屋）面可以是钢筋混凝土预制板、现浇板，也可以采用木结构。砌块砌体结构在缺少黏土砖或限制使用黏土砖的地区使用较多。

（4）石结构

石结构是由石砌体作为主要承重构件的房屋结构，料石、毛石或片石是石砌体的主要块材。国内石结构房屋中数量最多且极富地域特色的当属藏羌民居。

（5）生土结构

生土结构是指使用未经过焙烧，而仅仅经过简单加工的原状土质材料建造的房屋结构，包括土坯墙结构、夯土墙结构及土窑洞等。在我国西北、西南地区，由于受地理、气候环境及经济不发达等因素的制约，生土结构民居在这些地区仍具有蓬勃的生命力。

生土结构主要有土坯墙承重结构和夯土墙承重结构两种。

（6）木结构

木结构是由木柱、木框架作为主要承重构件，生土墙（土坯墙或夯土墙）、砌体墙和石墙作为围护墙的房屋结构，主要包括穿斗式木构架、木柱木构架、木柱木梁等形式。在部分山区有采用。

（7）窑洞

窑洞主要分布在我国西北黄土高原地区，按照建造工艺的不同可以分为靠崖式窑洞、下沉式窑洞和独立式窑洞。

靠崖式窑洞就是在天然土崖上或土坡的坡面上开凿横洞，窑洞一般净宽 3～4m，深可达 10m，有时数个窑洞相互串联，为了防止泥土崩溃，通常还会在洞内加砌砖或者砌石，并在外围砌筑砖墙，形成了靠崖式窑洞唯一的外立面，称之为"窑脸"，它可以起到装饰窑洞和保护崖面的作用。

下沉式窑洞由地下穴居演变而来，也叫地坑窑、地阴窑、天井窑。通常做法是：先在平地上垂直挖出一个深 6～7m，边长 12～15m 的长方形或者正方形地坑，然后再在这个方形地坑的四方崖面上凿出窑洞、通常凿出 8～12 个窑洞，每个窑洞高约 3m，宽 3～4m，深 8～12m，形成一个由四面窑洞围合而成的地下院落，垂直挖出的土坑作为窑院，通过斜向上的坡道连通窑院和地面。

独立式窑洞实质上是一种在地面上建造的拱形建筑。建造独立式窑洞需要先以夯土或砖石形成基墙（窑腿），而后在其上用砖石或土坯起拱发券，最后上部覆土完成。根据砌筑材料的不同，又分为砖窑、石窑和土拱窑三种。

2 村庄规划与保护利用

为加快推进村庄和农房建设现代化，培养乡村建设工匠的村庄整体建设能力，提高乡村建设队伍的村庄建设水平，本章节对村庄整体规划要点、建筑设计要点与传统村落保护利用进行了总结和建设引导。

2.1 村庄整体规划要点

2.1.1 村庄规划内容

全国的村庄（如湖北省）大都按照集聚提升、城郊融合、特色保护、其他类进行村庄分类，明确村庄的 4 种类型。除了其他类村庄可不单独编制村庄规划，村庄要在县、乡镇国土空间规划中做好规划，村庄规划应编、选编内容如表 2.1 所示。据此进行用地审批和规划许可，确保乡村建设有规可依。

集聚提升类村庄：分为集聚扩建类和整治提升类两个方向。集聚扩建类村庄指现有规模较大，且有新增建设用地需求的村庄。整治提升类村庄指人口相对集中，但村庄风貌相对较差的村庄或居民点比较分散，可进一步集约发展的村庄。

城郊融合类村庄：是城市近郊区以及县城城关镇所在地的村庄，具备成为城市后花园的优势，也有向城市转型的条件。通常指城镇开发边界内，结合城镇发展统一规划建设的村庄。

特色保护类村庄：是指历史文化名村、传统村落、少数民族特色村寨、特色景观旅游名村等自然、历史、文化资源丰富的村庄。

其他类村庄：包括搬迁撤并类、农耕传承类和其他暂不明确类村庄。

村庄规划应编、选编内容一览表　　　　　　　　　　表 2.1

规划内容	村庄类型			
	特色保护类	集聚提升类		城郊融合类
		集聚扩建类	整治提升类	
1. 基础分析	●	●	●	●
2. 发展目标	●	●	●	●
3. 空间格局与管控	●	●	●	●
4. 产业发展规划	●	●	●	●
5. 国土空间用地布局	●	●	●	●

规划内容	村庄类型			
	特色保护类	集聚提升类		城郊融合类
		集聚扩建类	整治提升类	
6. 基础设施与公共服务设施	●	●	●	●
7. 安全与防灾减灾	●	●	●	●
8. 历史文化与风貌保护	●	●	●	○
9. 生态修复和综合整治	○	○	●	●
10. 农村居民点建设规划	○	●	○	○
11. 近期项目安排	●	●	●	●

注："●"表示应当编制；"○"表示可以根据需要选择编制。

2.1.2 村庄用地规划要点

（1）建设空间规划要点

1）宅基地

①确定宅基地规模和建设范围。按照上位规划确定的村庄居民点布局和建设用地要求，合理确定宅基地的规模，划定宅基地建设范围，严格执行"一户一宅"政策。新申请的宅基地，优先利用村内空闲地、闲置宅基地和未利用地，严格控制在规定标准以内。

②优化宅基地用地布局。遵循方便居民使用、体现地方特色、优化居住环境的原则，根据不同住户的需求和住宅类型，综合考虑道路交通设施、公共服务设施、基础设施等要求优化布局。

2）产业用地

①确定产业用地规模。根据自然条件、历史沿革和发展需求，充分考虑宅基地、公共服务设施用地、景观绿化用地比例关系，合理确定商服、工业、仓储等产业用地规模。

②优化产业用地布局。引导工业生产用地向园区集中，确有搬迁困难的，可以保留但不得扩大用地范围。

③制定产业用地管制规则。结合村庄实际，确定商服用地、工业生产用地、仓储用地等建设标准和建筑要求，制定产业用地调整管制规则。

3）公共服务设施用地

①确定用地规模和布局。按照推进城乡基本公共服务均等化的目标，结合区位条件和发展定位，以人口为基础确定公共服务设施用地规模。按照国家技术规定，合理安排行政管理、教育、医疗、文化、社会福利等公共服务设施用地布局，提出各用地面积标准。

②制定公共设施建设要求。明确各类公共服务设施的位置、建筑面积和建设要求。

公共服务设施主要包括村委会、综合服务站、文化活动中心、医务室、养老院（所）、幼儿园、中小学（根据需要设置）等公共设施和村民从事体育、休闲与社交活动的场所。公共设施除中小学、幼儿园外，可集中设计成综合楼形式，结合集中绿地布置。

4）道路交通用地

①确定用地规模和布局。落实上位规划确定的交通设施，做好用地规模和布局衔接，明确道路交通用地的规模。

②安排道路交通设施。根据村庄实际需要制定与过境公路、高速公路的连接道路，以及村庄之间连接道路的方案；根据现状和设施建设情况，制定村庄内现有道路的新建和改造方案。明确各类交通道路的等级、走向、宽度。根据需要也可进一步提出各道路断面形式、横纵坡度、交叉口形式，规划公共交通线路和站点、停车场等其他配套设施。

5）基础设施用地

结合各村庄实际，因地制宜制定给水、排水、电力、通信、环卫、燃气、防灾设施等基础设施用地规模和布局，制定工程管线综合规划，规划建设清洁能源利用、环境卫生、防灾减灾等基础设施，根据需要可进一步明确各管线走向和设施标准。

6）绿化用地

村庄景观绿化应体现地方特色，与周围环境相协调。充分考虑村庄与自然的有机融合，结合村庄景观要求合理确定绿地布局和规模。

村庄可结合集中居民点规划布置相对集中的绿地，作为公共活动、休闲和锻炼的场所。集中绿地以植物绿化为主，控制硬质铺地的活动场地面积，适当设置健身器械和休息坐凳。

（2）农业空间规划要点

1）耕地和永久基本农田保护

要落实上位规划的耕地和永久基本农田保护任务，永久基本农田一经划定，任何单位或个人不得擅自占用或改变用途。根据需要，可细化耕地与永久基本农田配套设施安排，明确农田水利、田间道路等配套设施。

2）其他农业用地规划

要结合农业生产需求，合理确定村庄用于农业生产的园地、林地、草地、水域等其他农业用地规模和布局，制定规划方案。明确管制规则，遵循法定保护规则，并限制其他农业用地转为村庄建设用地。结合农业发展需求，建设相应的配套设施。

（3）生态空间规划要点

1）落实上位规划划定的生态保护红线，确定生态用地规模和布局。对国家规定的以提供生态产品或生态服务为主导功能的用地，应纳入生态用地保护。对其他具有生态功能且符合村庄农民保护意愿的地类，也可纳入生态用地保护。

2）明确生态用地管制规则。对村庄生态用地中具有特殊重要生态功能，如重要的水源涵养、生物多样性维护、水土保持、防风固沙功能的重要区域，以及水土流失、石漠化、土地沙化、盐渍化等生态环境敏感脆弱区域，应严禁任意改变用途。对生态用地中一般生态功能的区域，应限制开发利用。

3）有条件的地区，可结合当地生态保护和环境景观要求，依据现行《生态公益林建设 导则》GB/T 18337.1、《村庄整治技术标准》GB/T 50445 等标准规范，进一步对生态用地进行详细规划。

（4）"三区三线"控制

"三区"是指城镇、农业、生态三类空间；"三线"指的是根据城镇空间、农业空间、生态空间划定的城镇开发边界、永久基本农田和生态保护红线三条控制线。必须严格按照规划控制"三区三线"。

1）城镇空间：是指以城镇居民生产生活为主体功能的国土空间，包括城镇建设空间、工矿建设空间，以及部分乡级政府驻地的开发建设空间。

2）农业空间：是指以农业生产和农村居民生活为主体功能的国土空间，主要包括永久基本农田、一般农田等农业生产用地，以及村庄等农村生活用地。

3）生态空间：是指具有自然属性、以提供生态产品或生态服务为主体功能的国土空间，包括森林、草原、湿地、湖泊、河流、滩涂、荒地、荒漠等，是必须强制性保护的区域。

4）城镇开发边界：是指为合理引导城镇、工业园区发展，有效保护耕地和生态环境，基于地形条件、自然生态等因素，划定的闭合边界，包括现有建成区和未来城镇建设预留区。

5）永久基本农田：是指按一定时期人口和社会经济发展对农产品的需求，依法确定的、不得占用、不得开发、需永久性保护的耕地空间边界。必须强制性严格予以保障。

6）生态保护红线：是指在生态空间范围内具有重要生态功能、必须强制性严格保护的区域。包括自然保护区等禁止开发区域，具有重要水源涵养、水土保持、生物多样性维护、防风固沙等功能的生态功能重要区域，以及水土流失、土地沙化等生态环境敏感脆弱区域，是保障和维护生态安全的底线和生命线。

2.1.3　村庄配套设施规划

（1）乡村配套设施的规划原则

1）以人为本原则

乡村基本公共服务配套设施的配置内容和建设规模应根据规划常住人口模，结合城乡发展的阶段目标、总体布局和建设时序分别在乡镇国土空间规划和村庄规中落实，明确设施的位置、规模和建设要求。

自然村级基本公共服务配套设施以 0.03 万~0.1 万村民为主要服务对象，为村民提供日常便民服务。配套设施的设置应与常住人口规模相对应，当常住人口达到行政村级或自然村级的人口规模时，应配置本级及其以下各级配套设施项目；当常住人口规模超出行政村级时，除按照本级配置公共服务设施项目外，还应根据需要选配高一级的配套设施项目；当常住人口规模低于自然村级时，应保障最基本的配置要求。

2）注重集约节约

基本公共服务配套设施的空间布局，应位于人口聚居区，尽量方便村民使用。在有条件的新建地区，应采取集中布置的原则，形成功能复合的公共服务中心。功能相对独立或有特殊布局要求的设施可独立设置或相邻设置，不能独立设置的设施应设置独立出入口。配套设施用地，宜结合零星、闲置、低效建设用地以及空置用房进行再利用，减少新增建设用地。

3）刚弹结合原则

配套设施按照使用功能的管理分为两类，第一类为公益性配套设施，包括公共教育设施、医疗卫生设施、文化体育设施、社会服务设施、公共交通设施、市政公用设施、公共安全设施和政务服务设施，这类设施为必配内容，须保障实施，其中公共教育设施可依据实际使用需要有条件配置；第二类为经营性配套设施，主要为生活服务设施，这类设施由市场根据资源需要配置，宜以引导为主，充分发挥市场的调节作用。

（2）村庄配套设施的规划

为完善村庄功能，对村庄配套设施包括道路交通设施、给水工程、排水工程、电力电信工程、环境卫生设施、公共服务设施进行规划建设。

1）道路交通设施

包括村庄对外交通规划和村庄内部交通规划。合理衔接村庄对外交通，确定村域内乡（镇）、村、组间的道路交通系统。根据村庄的规模和布局，因地制宜选择道路的宽度和断面，合理设置村庄的交通设施并明确规模。

2）给水工程规划

优先采用集中统一供水，推进供水入农房。明确村庄供水水源，根据需要合理布置村域给水干管。干管的方向应与给水的主要流向一致，并应以最短距离向用水大户供水。输水管的根数和管径（尺寸）应满足规划给水规模和近期建设的要求。给水管线干管间距 200 ~ 400m，给水管线沿道路敷设，各节点处用阀门控制。

暂无条件建设集中式供水设施的村庄，应加强对分散水源的卫生防护。没有天然消防水源的村庄，用水量预测应考虑消防用水需求。

3）排水工程规划

因地制宜推进生活污水处理。宜采用小型化、生态化、分散化的污水处理模式和处理工艺，合理确定排放标准，推动生活污水就近就地资源化利用。雨水应就近排放，靠近城区和镇区的村庄应考虑将污水纳入城区、镇区污水集中处理。难以纳入集中污水处理系统的村庄，人口规模较大的可运用人工湿地处理、曝气生物滤池等技术集中处理，人口规模较小的可采用化粪池、净化槽、生态氧化塘等技术分散处理。

4）电力电信工程规划

鼓励使用适合村庄特点和村民需求的清洁能源，推广应用太阳能产品，推进燃气下乡，推动村民日常照明、炊事、采暖制冷等用能绿色低碳。明确供电电源、电压等级和供电线路，根据村庄用电、通信的需求，合理布局供电、通信基站等设施。

5）环境卫生设施规划

完善生活垃圾收运处置体系，倡导生活垃圾分类处理，以生活垃圾分类为抓手，优化分类方法，推动生活垃圾源头减量，变废为宝。确定生活垃圾收集、转运方式，布置垃圾转运站（垃圾收集点）、公共厕所等环卫设施。

6）公共服务设施

公共服务设施配置按照推进城乡基本公共服务均等化的要求，节约用地，分类合理配置村庄公共服务设施。结合村民生产生活，明确村级公共服务中心、小学和幼儿园、卫生室、养老服务设施、殡葬等村庄公共服务设施。利用闲置农房提供公共活动空间，降低公共建筑建设成本，拓展村民公共活动场所。公共服务设施宜相对集中布置，混合使用。有条件的地区应积极推动宽带、广电、通信等进村入户。

（3）村级公共服务设施的升级配置

当前我国的乡村普遍存在公共服务实施供应不足和滞后的问题，严重制约了乡村振兴与发展，急需升级改造。

1）村管理设施

村管理设施的设置与村的行政编制相关。按照国家对农村管理的要求，每个行政村必须设置管理设施。每个村的设施类别、用地面积、建筑面积和机构设置基本相同。管理设施的布局特点是集中布置，可与文体科技、商业金融、社会福利等设施结合设置。

2）村教育设施

教育方面，推动城乡义务教育一体化发展，深入实施农村义务教育学生营养改善计、实施高中阶段教育普及攻坚计划，加强农村儿童健康改善和早期教育、学前教育。

3）村文体科技设施

村文体科技设施应结合其他公共服务设施集中设置，以共同形成集约高效的公共活动中心。要加快推进农村基层综合性文化服务中心建设，完善农村留守儿童和妇女、老年人爱服务体系，支持多层次农村养老事业发展，加强和改善农村残疾人服务。建立城乡统筹的基本公共服务经费投入机制，完善农村基本公共服务标准。

4）医疗保健设施

要加快标准化村卫生室建设，实施全科医生特岗计划。建立健全统一的城居民基本医疗保险制度，同步整合城乡居民大病保险。

5）社会福利设施

要完善城乡居民基本养老保险待遇确定和基础养老金正常调整机制。统筹城乡社会救助体系，完善最低生活保障制度、优抚安置制度。

6）村商业设施

村商业设施要考虑其满足村民日常生活需求的功能，主要为市场自发设置。同时考虑到市场调节的不确定性和村民生活需求的刚性，标准规定规划时应结合村的性质、在一定区域内的职能、风俗民情及周边条件等因素，引导配置必要的商业设施。

2.2　村庄建筑规划选址与用地

2.2.1　村庄建筑选址原则

（1）应符合全域规划所确定的村庄新建、改扩建、保留和迁移的原则和要求。并结合实际情况和规划目标，因地制宜地采取规划对策。

（2）应注意与基本农田保护区规划相协调，节约用地和保护耕地。选择水源充足、水质良好、便于排水、通风向阳和地质条件适宜的地段；充分利用符合安全、卫生要求，适宜建设的荒山、坡地、岗地及其他非耕地等。

（3）应坚持"避害"的选址原则。符合规划确定的禁建区、控建区和各级各类保护区的要求。避开山洪、滑坡、风口、泥石流、地震断裂、洪水淹没、地方病高发区、重自然疫源地、各类保护区、有开采价值的地下资源和地下采空区等自然灾害影响以及生态敏感的地段。

（4）应与生产作业区联系方便，村民出行交通便捷，村庄对外应有两个以上出口。避免被重要公路、铁路、高压输电线路等基础设施廊道穿越，避免沿过境道路布局村庄。靠近铁路、公路、堤防建设的，应按相关规定后退防护距离。

（5）应坚持生态友好、环境友好与邻里友好。农房和村庄建设要尊重山水林田湖草等生态脉络，不挖山填湖、不破坏水系、不砍老树，顺应地形地貌。鼓励新建农房向基础设施完善、自然条件优越、公共服务设施齐全、景观环境优美的村庄聚集，尽量使用原有宅基地和村内空闲地建设农房，形成自然、紧凑、有序的农房群落。

2.2.2　村庄建筑选址与用地要求

（1）村庄农房选址要求

1）村庄农房选址应符合村镇体系规划要求，结合土地利用规划，尽量利用好荒坡地、废弃地，严禁占用基本农田和泄洪道，规避不安全因素。

2）新建民农房与自然环境协调，用地布局合理，功能分区明确，设施配套齐全，人居环境优美，充分体现乡风民情特色和时代特征。

3）应当选在场地相对较高的位置，避免场地雨水倒灌。合理制定村民农房、基础设施和公共设施的配套建设标准及环境建设要求和实施措施。

（2）公共建筑选址要求

1）公共服务设施宜相对集中布置在方便村民使用的地方，如村口或村庄主要道路旁。可结合公共活动场地，形成村庄公共活动中心。或者结合村庄主要道路形成街市。

2）公共服务设施配套包括村委会、文化中心（站、室）、商业服务网点、医务室、中小学（可根据需要设置）、幼儿园等公共设施和村民从事体育、休闲与社交活动的场所。公共设施除幼儿园、中小学外，可集中设计成综合楼形式，结合集中绿地布置。

（3）村庄建筑选址与用地规定

1）村庄生产建筑选址要求

经营性公共服务设施根据需要可单独设置，也可以结合经营者住房合理设置。村庄规划应确定独立设置的商业设施的位置和规模，可与公益性公共建筑集中布置。

2）村庄建筑用地规定

①村庄用地规模按人均 $90 \sim 120m^2$ 控制，一般不超过 $100m^2$ 为宜。撤并扩建村庄，现状人均低于 $80m^2$ 的可调高 $10 \sim 15m^2$，现状人均在 $100 \sim 120m^2$ 之间的可适当调整，人均不宜超过 $110m^2$；现状用地大于 $120m^2$ 的应调低到 $120m^2$ 以内。

②若按宅基地测算，每户须有明确的院落界线（包括前后院），户均用地 $140 \sim 180m^2$，使用耕地的取下限，使用非耕地的可取上限。

2.3 村庄农房建筑设计要点

2.3.1 农房建筑布置原则

（1）农房建设要先设计，后按图建造。结合村民生产生活需要和湖北地区传统建筑特色，按照安全、实用、经济、美观的原则，做好特色民居住宅设计。

（2）农房建筑平面设计应尊重村民的生活习惯和生产特点，精心设计空间布局，实现寝居分离、食寝分离和净污分离。新建农房要同步设计卫生厕所，因地制宜推动水冲式厕所入室。

（3）农房建筑风格应适合乡村特点，体现湖北地方特色，与周边环境相协调。

（4）对具有传统建筑风貌和历史文化价值的住宅、祠堂等建筑应进行重点保护和修缮。

（5）农房建筑设计应遵循环保、节能的原则，因地制宜解决通风采光、保温采暖等问题，促进节能减排。鼓励利用乡土材料，积极推广节能、绿色环保建筑材料，选用装配式钢结构等安全可靠的新型建造方式。

（6）农房组团应结合地形，灵活布局，避免过于单一呆板的布局。建筑空间要丰富，户型设计需多样化。

2.3.2　农房建筑设计要求

（1）公寓型作为移民搬迁非农业生产的新建村庄农房选型。以 4～6 层为主，层高不超过 3m，每户建筑面积 80～120m²，容积率为 1.5～1.8，建筑密度不大于 30%。

（2）村湾型作为以农业生产为主的村民住宅选型。以 2～3 层为主，层高不超过 3m，平均每户建筑面积 140～180m²，容积率为 1～1.2，建筑密度不大于 40%。

（3）农房建筑布局要与地形、水面、树木等环境相协调，建筑风格应适合乡村特色，如图 2.1 所示。高低搭配组合，形成富于变化的院落空间。农房朝向与间距须满足通风、日照和防火要求。湖北省大多数地区农房朝向宜在南偏东、偏西 15°～20° 之间选择。

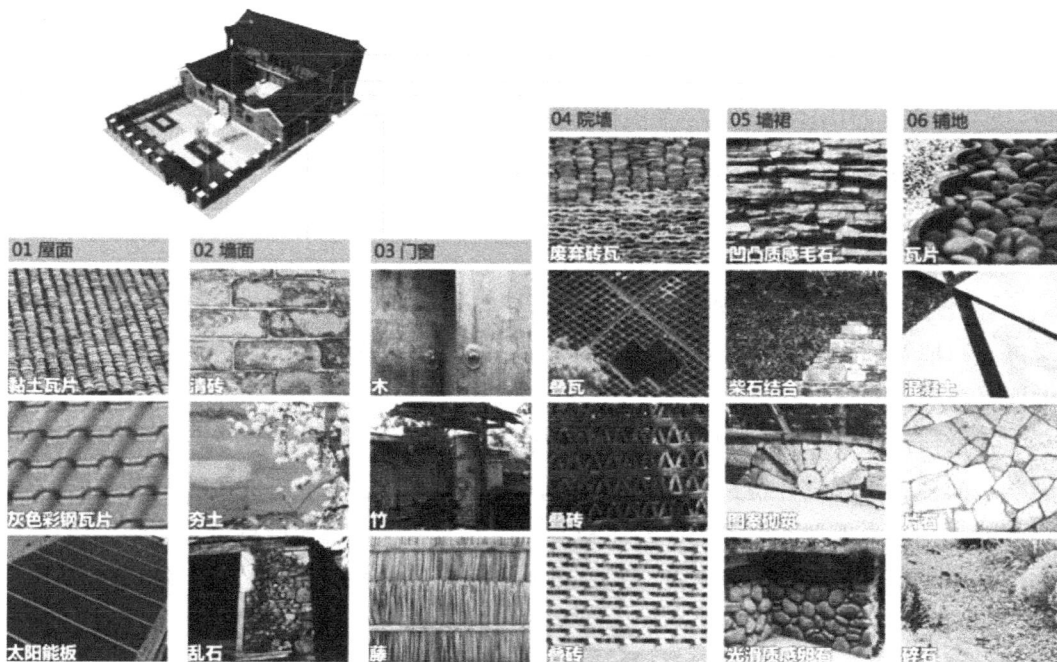

图 2.1　农房建筑风格适合乡村特点

（4）农房建筑房间功能主要包含：客厅（堂屋）、卧室、餐厅、厨房、卫生间、楼梯间、储藏室、阳台、附属用房等。主要活动功能（客厅、常用卧室）尽量朝南，注意动静分区；餐厅厨房结合布置，厨房、厕所、附属用房尽量设置于北侧且位于下风方向；尽量保证每个房间都能自然通风采光；楼梯位置及尺寸应合理设计，方便上下楼且不占用最优朝向；阳台通常与客厅或常用卧室结合设置，宜朝向最佳景观面。

（5）各地方特色农房建筑设计图可参考《乡村建筑风貌规划设计图集》。

2.4 村庄环境绿化美化

做好村庄环境风貌规划，开展村庄环境绿化美化。以农房为主体，利用池塘、古树等自然景观，营造具有本土特色的村容村貌。鼓励宅前屋后栽种瓜果桃梨，保护村庄原有的乡土气息，构建"桃花红、李花白、菜花黄"的自然景观。合理进行村庄绿化植物的选择与配植，做好后期的养护管理，搞好村庄环境绿化美化。

2.4.1 村庄环境风貌规划内容

（1）乡村景观美化的设计原则

1）符合形式美的原则。一般形式美通过点、线、图形、体形、光影、色彩和朦胧虚幻等形态表现出来，常见的规则有主从与重点、对称与均衡、韵律与节奏、比例与尺度、对比与微差。

2）符合平面构成的原则。平面构成的基本要素为点、线、面，从美学的角度出发，可以把村镇绿地系统中的节点、路线、区域抽象成点、线、面，再通过重复、突变、密集、近视、渐变、肌理、骨骼、发射、对比等构成技巧和表现方法加以组织，进行具有形式美的村镇绿化平面布置。

3）符合空间构成的原则。空间构成设计是整个设计的核心，单一空间的构成主要由"质地变化、下沉、上升、托起、设立、围合和覆盖"等七种方法，单独或组合形成丰富多彩的空间环境。

4）符合色彩构成的原则。色彩在乡村景观美化中的意义有两个层面：一是视觉美学层面，美化视觉环境；二是文化层面，色彩成为表达地方历史传统与文化的一个重要因素。色彩规划不仅要把握整体和谐、以人为本、体现地域特色等原则，而且还应考虑影响乡村景观的诸多因素，同时还要结合村镇中各功能分区对于色彩的要求来进行，创造一个宜人的生产、生活环境。

5）符合生态的原则。应将建设对生态的破坏降到最低，尽量保留原有的生态系统，将乡村融合在大自然中，而不能刻意地进行人工雕琢或制造人工的生态系统，更好地维持人与自然现有的和谐相处的状态，最终实现乡村的可持续发展。

6）符合功能的原则。绿化具有净化空气、改善生态环境、美化乡村、保持水土等功能，是改善生活环境、提高环境质量的必要内容。乡村景观美化的功能性表现在生态、景观与经济功能等方面。

7）符合人文的原则。历史文化在乡村发展的过程中受多种因素的影响而呈现其独特性。要让乡村看得见水，记得住乡愁。

（2）村庄环境风貌规划的内容

村庄环境风貌规划应充分尊重山水林田和地域文化，营造与自然相谐的村庄环境，绿化美化村内大小建筑景观，鼓励融入乡土元素的公用设施，共同营造乡村人居环境。

1）山水林田

遵循"依山就势、村景相融、复耕复绿"的原则，充分利用生态农田，植树造林恢复当地特色景观。营造"青山绿水、鸟鸣花香"的林村风光，促进山林生态与村庄内部的空间渗透。保护农田的完整性，促进农田的连片发展，对村庄周边的闲置或废弃地进行复耕复绿，形成"景田相连，村田错落"的村庄生态环境。

2）乡村建筑

结合乡村建筑"多元自然、灵活布局、风貌协调"的特点，营造"随堤柳枝绿，连垄菜花黄"的与自然和谐共存的乡村建筑建造模式。

3）公用设施

遵循"原生乡土、就地取材、实用适宜"的原则，重点结合门口塘、村委会进行建设，营造"湖中采菱、绕塘嬉戏"的村落公共活动风貌。实现"干净整洁、特色实用、朴质纯然"的村庄设施风貌。

2.4.2　村庄绿化的配置与养护

（1）村庄绿化的配置

1）村庄绿化树种的选择

开展乡村绿化美化，选择正确树种至关重要。树种的选择关系到绿化成效的快慢、绿化质量的高低及绿化效应的发挥等。湖北省植物区系十分丰富，表现出以亚热带植物区系科属为主，东西、南北互相渗透且特有物种多的特点。在选择树种时，应当结合各地各村庄的特点，选择适合本村庄特色的树种。

常用的乡土树种主要有广玉兰、香樟、红檵木、栀子、八角金盘、杜鹃、苏铁、小叶女贞、山茶、桂花、瓜子黄杨、海桐、大叶黄杨、冬青卫矛、月季、紫薇、二球悬铃木、四季桂、迎春、棕榈、龙柏、杜英、龙爪槐、雪松、金叶女贞等，而其中红檵木、香樟、小叶女贞、杜鹃、苏铁、山茶、广玉兰、桂花的应用相对普遍。

在道路绿地中应用的树种主要有山茶、海桐、杜鹃、泡桐、苏铁、二球悬铃木、红檵木、瓜子黄杨、金叶女贞、杜英、紫薇、四季桂、广玉兰、桂花、小叶女贞、香樟，其中小叶女贞、杜鹃、红檵木、香樟4个树种的出现频率最高。在道路绿化中应用相对普遍的树种基本上都是常用乡土树种。

2）村庄绿化植物的配植

村庄绿化植物配植时，常绿与落叶树种比例建议为6∶4或5∶5，草本植物与木本植物比例建议为2∶8。各类绿化美化建设，应注重乔木、灌木、藤本、花卉、自然草坪结合，以乔木为主，乔木覆盖面积占绿地总面积的70%以上为宜。乡土树种与外来树种比例建议为7∶3。以乡土树种为主，外来树种原则上控制在25%以下。

针对不同功能的绿地，在进行村庄绿化美化植物配植时，还应遵循以下要求：

①道路绿化。村庄使用较多的行道树种有香樟、广玉兰、黄山栾树、大叶女贞、金桂等。行道树要选择分支点高、树冠繁茂的树种，枝条下垂及常绿树种不宜作为主干道行道树。苗木株距一般为 4~6m，行道树绿带宽度不应少于 3m，即每侧的人行道与车行道间应留有不少于 1.5m 的行道树绿化用地，树干中心到路缘石外侧最小距离为 0.75m，以保证树木正常生长。

②公共建筑地带绿化规划。中、小学校绿化在植物选择上，应尽可能做到多样化，应该有不同型体、不同种类与品种的乔、灌木绿篱、攀缘植物和花卉等。树木应选择适应性强、容易管理的树种，不宜选用刺多有异味有毒或易引起过敏反应的树种。

校园绿化多以学校出入口为重点，主要教学楼的入口为次重点，如有大地块还可铺设草地，以丰富校园景色。学校道路绿化应以蔽荫为主要目的，从校门口到教学楼主要入口之间可重点处理，除有高大蔽荫乔木作行道树外，在其下可种植绿篱、花灌木或布置花带。在教学楼与体育运动场之间宜多留出绿化地，用大中小乔木、灌木结合组成绿化带以阻隔噪声，保证教学楼的安静环境。学校用地周围应种植绿篱或灌木及和速生乔木，与外界环境隔离。

③环村林网规划。按照保护农田、生物隔离、防治灾害保障村庄生态、安全，建设"村在林中，路在绿中、房在园中、人在景中"的生态村庄，把村庄建设成为以林网为主体、分布合理、植物多样、景观优美的村庄绿化环境。

林网规格大小一般为 300m×400m，林带宽度一般为 4~6m，主要栽植树种为柳树、杨树、椿树、泡桐等。利用近郊农田获得最大的生态效益。营造接近自然的林业，形成林网与村庄、建筑与林木共存的纵横交错的农田林网。

④房前屋后绿化。在房前屋后，栽植一些经济品种，如桃、杏、梨等，形成春天有花、夏季有绿、秋天有果的田园景色。在小巷里，沿墙栽植蔷薇、爬山虎等。较宽的小巷，栽植月季、风车茉莉等花卉，达到垂直挂绿，绿中有花的效果。

庭院绿化是村庄绿化的最基本单位，可根据庭院的大小和主人的喜好，选择适宜绿化美化的植物（如月季、百日红、金鸡菊等）和一些经济树种（如石榴、柚子、桃、葡萄无花果、樱桃等），突出庭院特色，如图 2.2 所示。

⑤小游园规划。小游园如科普园、农耕文化游园。规划要活泼明快，四季有景可赏，植物的配置选用树大浓荫的庭荫树和既有观赏性又有经济价值的树。可种植一定数量的观赏花木和宿耕花卉，留出一定数量草坪。

（2）村庄绿化养护管理

1）灌溉与排水

①灌溉要适量，采取勤灌、少灌、慢灌的原则，因树、因地、因时制宜地合理灌溉，保证植物有足够的水分供应。

②新栽的树木、灌木、小苗、阔叶树要优先灌水，长期定植的树木、针叶树、大树可后灌。

图2.2 房前屋后绿化美化示意

③夏季是植物生长的旺季，需水量最大，但天气炎热、阳光直射的中午最好不要浇水。

④土壤含水过多会造成树木生长不良甚至死亡，常用的排涝方法有：地表径流，地表坡度控制在 0.1% ~ 0.3%，明沟或暗沟排水。

2）施肥

①施肥主要有基肥和追肥两种，基肥多选用有机肥或复合肥，方法有穴施、环施和放射状沟施等；追肥一般用化肥或菌肥，方法有根内施法和根外施法。

②施肥量应根据树种、树龄、生长期和肥源以及土壤理化性状等条件而定。

③各类绿地常年积肥应广开肥源，以积有机肥为主。有机肥应腐熟后施用。施肥宜在晴天，除根外施肥，肥料不得触及树叶。

3）修剪

修剪是树木抚育管理的重要措施，能调节和均衡树势，使树木生长健壮、树姿美观、树形整齐，能提高新移植树木的成活率。修剪应注意以下原则：

①休眠期修剪以整形为主，可稍重剪；

②生长期修剪以调整树势为主，宜轻剪；

③有伤流的树种应在夏、秋两季修剪；

④果木的修剪应按各类不一样果木的修剪技术要求进行。

4）病虫害防治

①每年三、四月是防治病虫害的关键时刻，三月，一些苗木出现煤污病，瓜子黄杨卷叶螟也会出现，可采用喷洒杀螟松等农药进行防治；

②五月以捕捉天牛为主，由蚧壳虫、蚜虫等引起的煤污病也进入了盛发期，在紫薇、夹竹桃、海桐等植物上很常见；

③六月中下旬刺蛾进入孵化盛期，应及时采取措施，同时继续对天牛进行人工捕捉；

④七、八月要继续对天牛及刺蛾进行防治，香樟樟巢螟要及时的剪除，并销毁虫巢，以免再次危害；

⑤九月穿孔病为发病高峰，天牛开始转向根部危害，注意根部天牛的捕捉，对杨、柳上的木蠹蛾也要及时防治；

⑥十月下旬气温下降，进入初冬，树木陆续进入休眠期，继续捕捉根部天牛，香樟樟巢螟也要注意观察防治；

⑦十一月土壤开始夜冻，进入隆冬季节，各种害虫在下旬准备过冬，一直到元月份防治任务相对较轻；

⑧二月气温较上月有所回升，树木仍处于休眠状态，以防刺蛾和蚧壳虫为主。

5）低温危害与防寒

低温危害部位主要有根系冻害、根茎冻害、主干、枝杈冻害。常用的防寒措施：灌冻水、覆土、根部培土、架风障、用石灰硫磺粉对树身喷白涂白、早春及时灌水、用草绳卷干或用稻草包主干、积雪防寒。

2.5 传统村落的保护与利用

村庄建设要尊重乡土风貌和地域特色，保护并改善村庄的生态环境和历史环境，精心打造本地特色村庄和建筑风貌。传统村落中新建农房要与周边环境相协调，提升传统民居空间品质，加强传统村落和传统民居保护与利用。

下面以重点湖北省及我国中部部分省份的做法为例加以说明：

近年来，湖北省一方面根据《湖北省乡村建筑风貌规划设计图集》总结的全省现有传统村镇建筑风貌现状特征，落实湖北传统村镇建筑风貌建设导则；另一方面加强对湖北省28个中国历史文化名镇名村，270个已列入中国传统村落名录的湖北省传统村落进行保护与利用。

2.5.1 传统村镇建筑风貌特征及建设导则

《湖北省乡村建筑风貌规划设计图集》是对湖北省乡村建筑风貌进行研究总结，分别对江汉平原片区、鄂东南片区、鄂西北片区、鄂西南片区、鄂东北片区的传统村落和民居进行了调研，总结了传统村镇建筑风貌现状特征，并提出了传统村镇建筑风貌建设导则。下面重点介绍江汉平原片区、鄂西北片区的传统村镇建筑风貌及建设导则。

（1）江汉平原片区传统村镇建筑风貌及建设导则

1）江汉平原片区传统村镇建筑风貌现状特征

湖北省江汉平原片区乡村建筑风貌现状特征提炼为：

乡村人居环境风貌：地势低平、水网交织；垸堤纵横、河塘中心；依水而建、平坝场院。

村庄民居建筑风貌：应山坡顶、天井合院；土木砖石、青砖黛瓦；檐墙墀头、略施雕饰。

2）湖北省江汉平原片区乡村建筑风貌规划设计引导重点

江汉平原片区传统村镇建设风貌建设的主要目标：

①充分尊重山水格局、田林资源与地域文化，营造与自然相和谐的村庄聚落环境，丰富美化村内大小交往空间景观，鼓励融入乡土元素的公用设施，共同营造乡村人居环境。

②以"刚弹融合、风貌协调"为目标核心，融入并运用鄂东北传统民居特色及文化要素，形成民居建筑风貌和谐统一、现代生活舒适的美丽乡村。

江汉平原片区传统村镇建筑风貌建设主要内容：

①建筑形式严格遵守"两坡屋面、两层建筑为主"的建造模式，建议建筑形式协调和鼓励风貌统一。

②建筑材质遵循"工法演绎"原则，以现代建材为主，多就地取材，传承延续传统地域特色建筑元素。

③建筑色彩注重"黛瓦白墙、草色掩映、原木原色、融入自然"的多样化色彩搭配和组合运用方式。

④细部装饰鼓励自由选择使用"屋脊瓦饰、檐墙、砖墙、墀头、石雕木刻"等地域特色装饰。

（2）鄂西北片区传统村镇建筑风貌及建设导则

1）鄂西北片区乡村建筑风貌现状特征

湖北省鄂西北片区乡村建筑风貌现状特征提炼为：

乡村人居环境风貌：山地为主、大江大河；顺应山势、选址山脚；层层跌落、多路少进。

村庄民居建筑风貌：多路少进、硬山坡顶；叠涩拔檐、墀头多样；青砖灰瓦、石雕灰塑。

2）鄂西北片区乡村建筑风貌规划设计引导重点

鄂西北片区传统村镇风貌建设的主要目标：

①延续自然山水肌理，传承当地文脉，借鉴中国传统民居空间与开放街区的精髓，协调城镇建设与自然环境的相互融入，共同营造良好的乡村人居环境，做到鸟语花香、河道干净、路面整洁、宜居宜养。

②以建设符合鄂西北传统民居建筑特色，同时顺应时代和人居需求的新型乡村建筑为目标，形成民居建筑风貌和谐统一、现代生活舒适的美丽乡村。

鄂西北片区传统村镇建筑风貌建设主要内容：

①建筑形式采取以硬山坡顶为主，院落独栋结合的建设模式，根据宅基地规模考虑联排、独栋等形式。

②建筑材质传承青灰砖瓦的传统建筑材质特色，鼓励传统材质的现代化演绎。

③建筑色彩以本地灰、青、白颜色为主，辅以少量土黄等其他颜色。

④细部装饰鼓励自由选择使用"屋脊瓦饰、檐墙、花砖墙、墀头、木石门窗"等地域特色装饰。

2.5.2　传统村落的保护与利用

传统村落是指拥有物质形态和非物质形态文化遗产，具有较高的历史、文化、艺术、科学、社会、经济价值的村落。传统村落承载着中国传统文化的精华，是农耕文明不可再生的文化遗产，传统村落保留着民族文化的多样性，是繁荣发展民族文化的根基。但随着城镇化、工业化的快速发展，传统村落衰落、消失的现象加剧，加强传统村落保护与利用刻不容缓。

2008年7月1日，国务院《历史文化名城名镇名村保护条例》正式实施。根据住房和城乡建设部等部门联合印发的《传统村落评价认定指标体系》，截至2023年，已有8171个具有重要保护价值的村落被列入中国传统村落名录。其中湖北省的中国历史文化名镇名村有28个，湖北省被列入中国传统村落名录的村落共有270个。

（1）传统村落的保护与利用原则

为推动传统村落的保护传承，各地住房和城乡建设部门都对本省列入中国传统村落名录的村落，统一设置中国传统村落保护标志，做好中国传统村落挂牌保护。

保护利用传统村落的原则是：

1）规划先行、统筹指导；

2）活态传承、合理利用；

3）整体保护、兼顾发展；

4）政府引导、村民参与。

（2）传统村落保护与利用措施

1）国家传统村落保护措施

①开展传统村落保护工作。20世纪80年代，我国启动传统村落保护工作。2003年"中国历史文化名镇名村"评选，将传统村落列为保护发展的特定对象。2012年，

多部门联合印发《关于加强传统村落保护发展工作的指导意见》，住房和城乡建设部、文化部、财政部组织开展了全国第一次传统村落摸底调查，在各地初步评价推荐的基础上，经传统村落保护发展专家委员会评审认定并公示，截至2023年2月，确定了六批共8171个传统村落列入中国传统村落名录。

②建立中国传统村落警示和退出机制。在加强保护发展传统村落制度建设的同时，住房和城乡建设部等七部门印发《中国传统村落警示和退出暂行规定》，对因保护不力、造成传统村落文化遗产保护价值严重损害的情形提出警告，实施警示、退出制度。

③加强宣传推介。宣传传统村落文化价值，由中宣部、住房和城乡建设部等部门联合发起、原中央电视台拍摄的百集大型纪录片《记住乡愁》，以传统村落为载体，展现了传统村落的自然环境、人文景观、民风民俗等。

④加强数字化保护。2017年，住房和城乡建设部启动了中国传统村落数字博物馆建设。

2）全国优秀传统村落保护案例

案例一：安徽省黄山市财政每年安排专项资金投入传统村落的保护与利用，同时积极引导社会资本以租赁、联营、承包、股份合作等形式投资保护与利用，形成了民企独资保护开发的"宏村模式"、政府主导国企经营的"西递模式"和国企开发村企合作的"唐模模式"等。

案例二：云南省红河哈尼族彝族自治州建水县在全县范围内启动"拯救老屋行动"，坚持"保护第一、利用第二"原则的同时，积极开展村庄人居环境整治。通过对环境的改善和提升，培育旅游业态，通过民宿业和农家乐休闲旅游的发展，促进老屋的活化利用，让传统村落老房子保值、增值，实现传统村落保护与乡村旅游的良性互动和发展共赢。

案例三：浙江省丽水市松阳县在传统村落保护与利用过程中，特别注重培育传统工匠，通过开展全县工匠队伍调查，分工种建立工匠资料库，大力发展传统村落和古建筑经济。同时，该县还全面梳理并建立可利用的老屋资源库，供旅委、艺术办、招商局等职能部门进行招商引资，想方设法推动传统村落的多形式活化保护与利用。

3）湖北省传统村落保护措施

①做好历史文化名镇名村调查摸底工作。为全面掌握全省历史文化名镇名村的数量、分布、种类、价值及其生态状态，构建科学有效的保护体系，全省各地对历史文化名镇名村进行了调查摸底，对历史文化名镇名村的风貌格局、传统建筑、历史要素、非物质文化遗产等关键资料进行整理，形成档案资料，做到一镇一村一档案。

②组织申报国家级中国传统村落。省住房和城乡建设厅、文物局、文旅厅等部门根据申报资料情况逐批申报中国传统村落和中国历史文化名镇。

③完善管理制度。为规范全省历史文化名城名镇名村保护工作，省住房和城乡建

设厅会同省文物局征求相关部门意见建议，研究起草《湖北省历史文化名城名镇名村保护条例（草案）》，2017年向省政府法制办和省人大提出立法申请，省人大进行立法审议会并列入立法计划。

（3）传统村落保护与利用要点

1）明确传统村落的保护范围、保护重点和要求

保护历史文化名城名镇、名村（传统村落）的历史风貌、传统格局、人文环境及其所依存的地形地貌、河湖水系、古井、古桥、古树等景观环境，注重整体保护，传承传统建造方法。保护文物本身及其周边环境，实施原址保护，加强预防性保护、日常保养和保护修缮。保护不同时期、不同类型的历史建筑，重点保护体现其核心价值的外观、结构和构件等，及时加固修缮，消除安全隐患。

2）传统村落保护的基础工作

传统村落保护应重点做好以下基础工作：

①不断完善传统村落调研，完善丰富传统村落档案。

②建立国家和省级的传统村落名录，审定公布各级传统村落名录。

③推动保护发展规划实施，提出传承发展传统生产生活的措施。

④整体保护传承文化遗产，尊重村民作为文化遗产所有者的主体地位。

⑤正确处理传统村落保护和村民改善生活意愿之间的关系，改善村落生产生活条件。

⑥制定保护发展政策措施，加强支持和指导。

⑦加强传统村落保护发展工作监督，对传统村落的保护状况和规划实施进行跟踪监测。

⑧增强全民保护传统村落的自觉性，开展宣传教育和培训。

⑨举办传统村落保护的专业培训，加强技术和管理人才队伍的培养，为传统村落保护发展提供充足的人才储备。

3）传统村落利用的基础工作

传统村落利用应重点做好以下基础工作：

①坚持以用促保，活化利用历史建筑、工业遗产，在保持原有外观风貌、构件的基础上，通过加建、改建适应现代生产生活需要。

②探索农业文化遗产、灌溉工程遗产保护与利用路径，促进生态农业、乡村旅游发展，推动乡村振兴。

③促进非物质文化遗产合理利用，推动非物质文化遗产融入现代生产生活。依托历史文化街区和历史地段建设文化展示、传统居住、特色商业、休闲体验等特定功能区，完善城市功能，提升城市活力。

④保护非物质文化遗产及其依存的文化生态，发挥非物质文化遗产的社会功能、当代价值。

4）禁止大拆大建

禁止大拆大建、拆真建假，不随意拆除具有保护价值的老建筑、古民居。不破坏地形地貌、不砍老树，不破坏传统风貌，不随意改变或侵占河湖水系，不随意更改老地名。

5）挖掘传统村落的历史文化价值和精神内涵

挖掘传统村落的历史故事、文化价值、精神内涵。构建融入生产生活的历史文化展示线路、廊道和网络，处处见历史、处处显文化，在城乡建设中彰显城市精神和乡村文明，在日用而不觉中接受文化熏陶。加大宣传推广力度，组织开展传统节庆活动、纪念活动、文化年等形式多样的文化主题活动，创新表达方式，以新闻报道、电视节目、电视剧、动画片、纪录片、短视频等多种形式充分展现中国传统文化的影响力、凝聚力和感召力。

3 房屋构造与识图

3.1 建筑构造

建筑是建筑物与构筑物的总称。

建筑按主要承重结构使用的材料可分为：钢筋混凝土结构建筑、钢结构建筑、砖混结构建筑、木结构建筑和其他结构建筑。

3.1.1 建筑的构造组成

建筑物一般由承重结构、围护结构、饰面装修和附属部件组合构成。承重结构可分为基础、承重墙体（柱、梁）、楼板、屋顶等。围护结构可分为外围护墙、内墙（填充墙、轻质隔墙）等。饰面装修一般分为内外墙面、楼地面、顶棚、屋面。附属部件主要有楼梯电梯、门窗、阳台栏杆、台阶坡道、雨篷等，如图 3.1 所示。

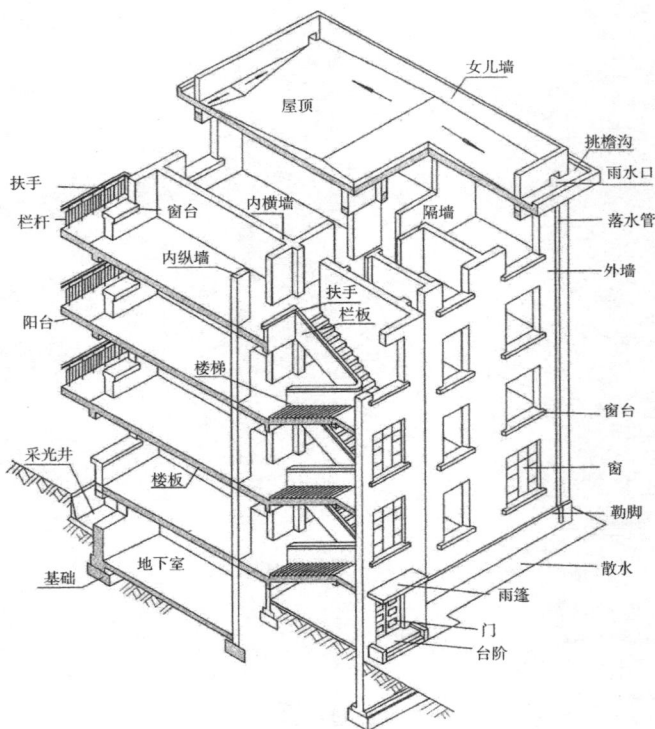

图 3.1 建筑的构造组成

建筑物按其所处部位和功能的不同，可分为基础、墙和柱、楼地层、楼梯和电梯、屋盖、门窗、饰面装修等。

（1）基础

建筑在地下的延伸部分称为基础。它的作用是承受建筑上部的全部荷载，然后将这些荷载传给基础下面的土层（地基），起承上传下的作用。因此，基础必须坚固、稳定且可靠。

（2）墙或柱

墙或柱承受屋盖、楼层传给它的荷载，同时也承受自然界给它的风荷载，然后将上部的荷载传给基础。墙或柱是建筑中的垂直构件，起承重、围护和分隔作用。

（3）楼地层

楼地层是建筑中的水平构件，楼板在房屋中起承重、分隔和水平支撑作用。梁在房屋中起承重和水平支撑作用。地面在房屋中起满足使用要求和装饰作用。

（4）楼梯和电梯

楼梯和电梯是房屋中上、下层之间交通联系的设施，在房屋中起垂直交通作用。

（5）屋顶

屋顶是建筑中最高的水平构件，它在建筑中起承重和围护作用。

（6）门和窗

门、窗是建筑中两个重要的围护配件。门在建筑中起围护、交通、通风作用。窗在建筑中起采光、通风、眺望等作用。

（7）饰面装修

饰面装修是依附于墙和柱、顶棚、楼板、地坪等之上的面层装饰或附加表皮，其主要作用是美化建筑表面、保护结构构件、改善建筑物理性能等。

除以上主要组成部分以外，建筑中还有许多其他构配件，如阳台、雨篷、散水、台阶等。

3.1.2 建筑的分类

民用建筑可以从多方面进行分类，常见的分类方法如下。

（1）按建筑的使用功能分类

1）居住建筑：是供人们居住、生活的房屋。如住宅、集体宿舍等。

2）公共建筑：是供人们学习、工作、文化娱乐和生活服务用的房屋。如办公建筑、文教建筑、医疗建筑、商业建筑、观演建筑、展览建筑、体育建筑、交通建筑、旅馆建筑、园林建筑、纪念性建筑等。

（2）按建筑的层数和高度分类

根据《民用建筑设计统一标准》GB 50352—2019，民用建筑按地上层数或高度分类划分应符合下列规定：

1）住宅建筑按层数分类：一层至三层为低层住宅，四层至六层为多层住宅，七层至九层为中高层住宅，十层及十层以上为高层住宅；

2）除住宅建筑之外的民用建筑高度不大于24m者为单层和多层建筑，大于24m者为高层建筑（不包括建筑高度大于24m的单层公共建筑）；

3）建筑高度大于100m的民用建筑为超高层建筑。

根据《建筑设计防火规范（2018年版）》GB 50016—2014，民用建筑根据其高度和层数可分为单、多层民用建筑和高层民用建筑。高层民用建筑根据其建筑高度、使用功能和楼层的建筑面积可分为一类和二类。民用建筑的分类应符合表3.1规定。

民用建筑的分类　　　　　　　　　　　　表3.1

名称	高层民用建筑		单、多层民用建筑
	一类	二类	
住宅建筑	建筑高度大于54m的居住建筑（包括设置商业服务网点的居住建筑）	建筑高度大于27m，但不大于54m的住宅建筑（包括设置商业服务网点的住宅建筑）	建筑高度不大于27m住宅建筑（包括设置商业服务网点的住宅建筑）
公共建筑	1. 建筑高度大于50m的公共建筑； 2. 建筑高度24m以上部分任一楼层建筑面积大于1000m² 的商店、展览、电信、邮政、财贸金融建筑和其他多种功能组合的建筑； 3. 医疗建筑、重要公共建筑、独立建造的老年人照料设施； 4. 省级及以上的广播电视和防灾指挥调度建筑、网局级和省级电力调度建筑； 5. 藏书超过100万册的图书馆、书库	除一类高层公共建筑外的其他高层公共建筑	1. 建筑高度大于24m 的单层公共建筑； 2. 建筑高度不大于24m 的其他公共建筑

（3）按重要承重结构形式分类（见本章节后续内容）

（4）按施工方法分类

施工方法是指建造房屋时所采用的方法，分为以下几类：

1）现浇、现砌式

房屋的主要构件均在施工现场砌筑和浇筑而成。

2）预制、装配式

房屋的主要构件在工厂预制，施工现场进行装配。

3）部分现浇现砌、部分装配式

一部分构件在现场浇筑或砌筑（大多为竖向构件），另一部分构件为预制吊装（大多为水平构件）。

3.1.3　建筑的构造

建筑物一般都由基础、墙或柱、楼地层、楼梯和电梯、屋顶、门窗、饰面装修部分组成。建筑物还有一些附属部分，如阳台、雨篷、散水、勒脚及防潮层等。

（1）基础

基础是埋在地面以下建筑物最下部的承重构件，其作用是承受建筑物的全部荷载，并将这些荷载传给地基。

基础是房屋的主要受力构件，其构造要求是坚固、稳定、耐久，能经受冰冻、地下水及所含化学物质的侵蚀。

基础的类型很多，具体分类如下：

按材料及受力特点分，房屋基础形式有无筋扩展基础（如毛石混凝土基础、混凝土基础等）和扩展基础两种，如图 3.2 和图 3.3 所示。

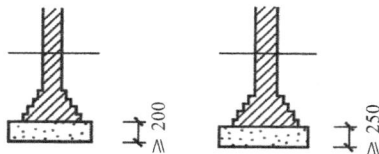

图 3.2　无筋扩展基础　　　　图 3.3　扩展基础

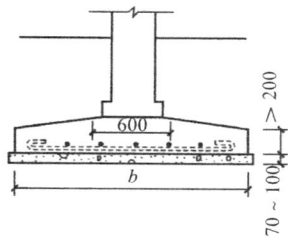

① 无筋扩展基础。无筋扩展基础所用的材料有砖、石、混凝土、灰土等。它们的抗压强度好，但抗弯、抗剪强度低，基础底宽应根据材料的刚性角来决定。

②扩展基础。钢筋混凝土建造的基础称为扩展基础。因它不仅能承受压应力，还能承受较大的拉应力，不受材料的刚性角限制。

按基础材料不同可分为砖基础、石基础、混凝土基础、毛石混凝土基础、钢筋混凝土基础等。

按基础的构造形式分类可分为独立基础、带形基础、筏形基础、箱形基础、桩基础等，如图 3.4 所示。

①独立基础

基础呈独立的块状，有柱下独立基础和墙下独立基础。

②带形基础

基础为连续的条形，有墙下带形基础和柱下钢筋混凝土带形基础。

③筏形基础

筏形基础按构造不同分为平板式和梁式。

④箱形基础

箱形基础一般由钢筋混凝土建造，适用于地基弱、土层厚、荷载大和设有地下室（钢筋混凝土结构地下室形成箱形基础）的建筑物。

⑤桩基础

桩基础由桩柱和承台两部分组成。桩基础是按设计的点位将桩柱置入土中，桩柱的上端设钢筋混凝土承台。承台将建筑荷载均匀地传递给桩基础。

按基础的深浅分为浅基础和深基础。从室外设计地面至基础底面的垂直距离称为基础的埋深。按基础的埋深深浅分为浅基础、深基础。浅基础包括扩展基础、无筋扩展基础、柱下条形基础、筏形基础、岩层锚杆基础、壳体基础。深基础主要为桩基。

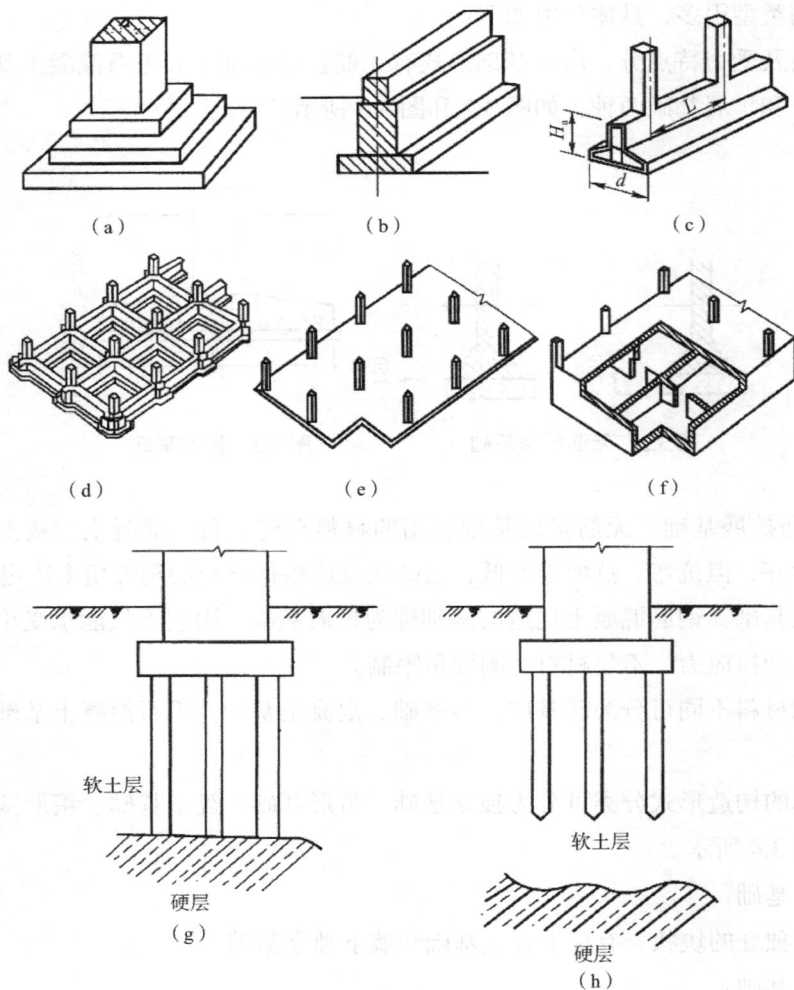

(a)　　　　　　(b)　　　　　　(c)

(d)　　　　　　(e)　　　　　　(f)

软土层

硬层
(g)

软土层

硬层
(h)

图 3.4　基础形式
（a）柱下独立基础；（b）墙下带形基础；（c）柱下带形基础；（d）柱下十字交叉基础；
（e）筏形基础；（f）箱形基础；（g）端承桩；（h）摩擦桩

（2）墙或柱

墙或柱是建筑物的竖向承重构件，其作用是承受屋顶、楼层等构件传来的荷载，并将这些荷载传给基础。墙体不仅具有承重作用，同时具有围护和分隔的作用。外墙主要起分隔建筑物内外空间、抵御自然界各种因素对室内空间侵袭的作用；内墙起分隔建筑内部空间及保证室内拥有舒适环境的作用，因此墙体应满足强度、稳定、保温、隔热、防水、防火、耐久及经济等性能的要求。在框架结构中，柱起承重作用，墙体只起围护和分隔作用，这样可以提高空间布局的灵活性，满足使用的多样要求。

1）墙体类型

按墙体的材料、墙体位置、受力情况、构造方式可分不同类型。

①按墙体的材料分类。墙体按所用材料不同，可分为砖墙、加气混凝土砌块墙、板材等。

砖墙：用作墙体的砖有烧结砖（普通砖、多孔砖）、蒸压砖（灰砂砖、粉煤灰砖）。

加气混凝土砌块墙：加气混凝土是一种轻质材料，多用于非承重的隔墙和框架结构的填充墙，有砌块、外墙板和隔墙板多种类型。

混凝土空心小型砌块墙：有普通混凝土空心小型砌块墙和轻骨料混凝土小型空心砌块墙等。

其他材料墙体：用于墙体的材料还有预制刚劲混凝土板材、压型金属板材、石膏板才等。

②按墙体位置分类。墙体按所处位置，可分为内墙和外墙；按布置方向又可分为横墙和纵墙。

③按受力情况分类。墙体按结构竖向的受力情况，墙可分为承重墙和非承重墙。砖混结构建筑的结构布置方案有横墙承重、纵墙承重、纵横墙承重、半框架承重几种方式，如图 3.5 所示。

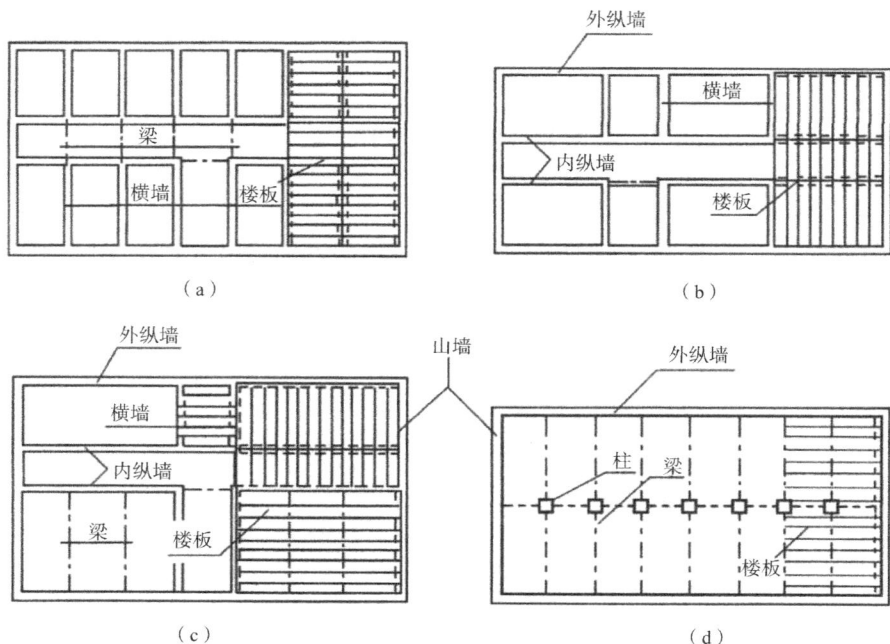

图 3.5 墙体承重结构布置方案

（a）横墙承重；（b）纵墙承重；（c）纵横墙承重；（d）半框架承重

④按构造方式分类。墙体按构造方式可分为实体墙、空体墙和组合墙三种类型。实体墙是由单一材料组成，如普通砖墙、砌块墙；空体墙也是由单一材料组成，但墙内留有空腔，如空斗砖墙、空心砌块墙等；组合墙则是由两种以上材料组合而成的墙。

普通砖墙的厚度除了有标准砖的120墙、180墙、240墙、370墙等几种以外，还有由多孔砖组砌的以50mm为级差的100墙、150墙、200墙、250墙、300墙及350墙等。

2）墙体的细部构造

墙体的细部构造包括勒脚、防潮层、散水与明沟、窗台、门窗过梁、变形缝、圈梁、构造柱等。

①墙身防潮。墙身防潮的方法是在墙脚铺设防潮层，以防止土壤和地面水渗入砖墙体。防潮层的位置：当室内地面垫层为混凝土等密实材料时，防潮层设在垫层范围内，低于室内地坪60mm处。当室内地面垫层为透水材料时，防潮层应高于室内地面处。当内墙两侧地面出现高差时，还应设竖向防潮层，如图3.6所示。墙身防潮层的构造做法常有三种：刚性防水砂浆防潮层、细石混凝土防潮层和油毡防潮层。

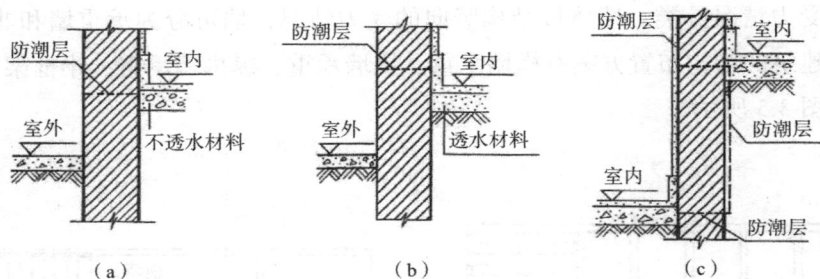

图3.6 墙身防潮层的位置
（a）地面垫层为密实材料；（b）面垫层为透水材料；（c）室内地面有高差

②勒脚构造。勒脚是外墙的墙脚，即建筑物的外墙与室外地坪接触墙体处的加厚部分。勒脚常采用抹水泥砂浆、贴面砖或石材块料、用坚固材料如石块、天然石板来砌筑，如图3.7所示。

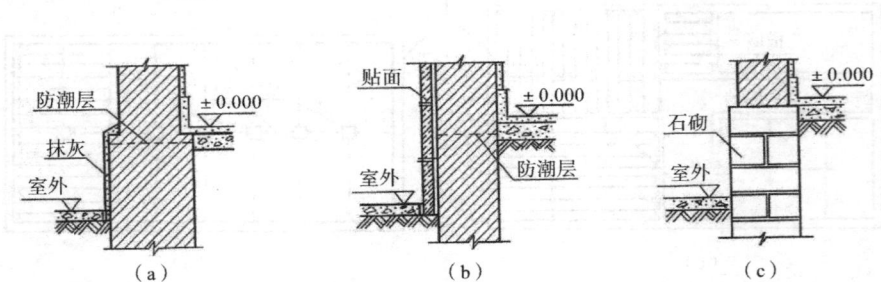

图3.7 勒脚构造做法
（a）抹灰；（b）贴面；（c）石材

③散水。为了防止地表水对建筑基础的侵蚀，在建筑的四周地面上设置散水。散水构造做法如图3.8所示。

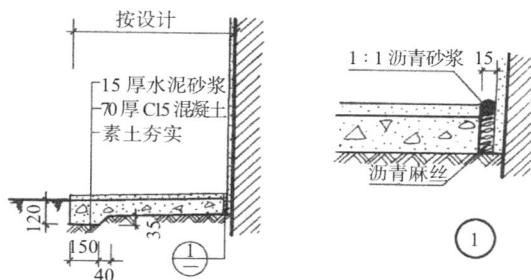

图3.8 散水构造做法

④过梁。过梁是在门、窗等洞口上设置的横梁。根据材料和构造方式不同，常用过梁有钢筋混凝土过梁和平拱砖过梁。钢筋混凝土过梁承载能力强，用于较宽的门窗洞口上，广泛应用的是预制钢筋混凝土过梁。当过梁洞口较小时，直接用砖加构造钢筋砌筑成平拱砖过梁。

⑤圈梁。圈梁是在房屋的檐口、窗顶、楼层或基础顶面标高处，沿砌体墙水平方向设置封闭状的按构造配筋的混凝土梁式构件。圈梁的作用是增加房屋的整体刚度和稳定性。

⑥构造柱。为了增加建筑物的整体刚度和稳定性，在砌体墙承重的墙体中，按构造配筋，先砌墙后浇灌混凝土柱的施工顺序，设置钢筋混凝土构造柱，与墙体紧密结合，并与圈梁和地梁连接成一体，形成空间骨架。构造柱和圈梁一同增强砌体墙的整体性，是墙体的主要抗震措施。

⑦变形缝。变形缝包括温度伸缩缝、沉降缝和防震缝，它的作用是保证建筑在温度变化、基础不均匀沉降或地震时能有一定的自由伸缩，以防止墙体开裂和结构破坏。

伸缩缝：又称温度缝，主要作用是防止建筑因温度变化而产生裂缝。

沉降缝：当建筑相邻部分的高度、荷载和结构形式差别很大，房屋有可能产生不均匀沉降引起房屋破坏，在适当位置，如复杂的平面或体形转折处、高度变化处以及荷载明显不同处设置沉降缝。

防震缝：为防止地震使建筑破坏，应利用防震缝将建筑分成若干个形体简单、结构刚度均匀的独立部分。防震缝一般从基础顶面开始，沿建筑全高设置。

3）墙体的保温隔热

外墙的保温构造按保温层所在的位置不同可分为外墙单一保温、外墙外保温、外墙内保温和外墙夹心保温四种类型。

①外墙外保温。指在建筑物外墙主体围护结构的外侧设置保温层。其构造由外墙、保温层、保温层的固定和面层等部分组成。外墙外保温常用五种做法有EPS板薄抹

灰系统、胶粉 EPS 颗粒保温浆料系统、EPS 板现浇混凝土系统、EPS 钢丝网现浇混凝土系统、机械固定 EPS 钢丝网架板系统。

②外墙内保温。由建筑主体结构和保温结构两部分组成，保温结构由保温板和空气层组成。常用的内保温板有 PGRC 外墙内保温板、GRC 内保温板、玻璃纤维增强石膏外墙内保温板等，空气层既能防止保温材料变潮，也能提高墙体的保温能力。

（3）楼板和地坪

楼地层包括楼盖层和地坪层，是水平的承重和分隔构件，楼层的荷载通过楼板传给梁柱或承重墙。楼板对墙体还有水平支撑作用，层高越小的建筑，刚度越好。楼板由结构层、面层和顶棚层组成，如图 3.9 所示。楼板要求坚固、刚度大、隔声好、防渗漏。

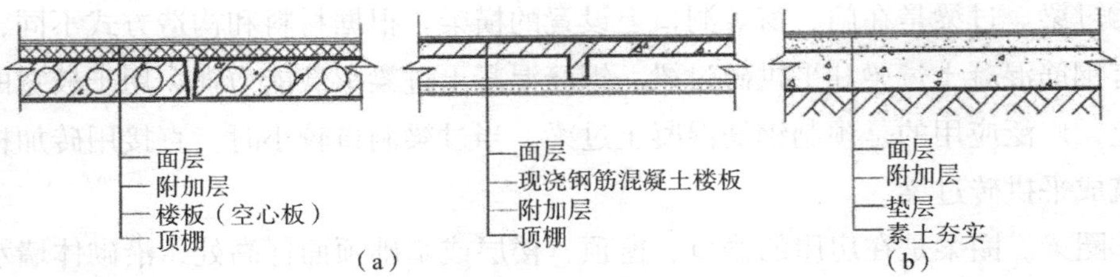

图 3.9　楼地层的组成

1）楼板的类型及选用

根据使用材料的不同，楼板分为木楼板、钢筋混凝土楼板、压型钢板组合楼板等。钢筋混凝土楼板形式多样，是我国应用最广泛的一种楼板。钢筋混凝土楼板按施工方式的不同分为预制装配式、现浇式和装配整体式三种。

①预制装配式钢筋混凝土楼板。预制装配式钢筋混凝土楼板是将在工厂或现场预制好的楼板，通过机械吊装到房屋上，经坐浆灌缝而形成的楼板。预制装配式钢筋混凝土板按其截面形式可分为实心平板、槽形板、空心板三种类型。

②现浇式钢筋混凝土楼板。现浇式钢筋混凝土楼板指在施工现场浇筑并养护形成的楼板，主要分为现浇肋梁楼板、井式楼板和无梁楼板三种。

现浇肋梁楼板：现浇肋梁楼板由主梁、次梁（肋）和板组成，如图 3.10 所示。

井字楼板：井字形密肋式楼板没有主梁，都是次梁（肋），肋与肋间的跨距较小。当房间的平面形状近似正方形且跨度在 10m 以内时，常采用这种楼板。

无梁楼板：直接将板支承于柱上，这种楼板称为无梁式楼板。无梁式楼板分为无柱帽和有柱帽两种类型。

③装配整体式钢筋混凝土楼板。装配整体式钢筋混凝土楼板是将楼板中的部分构件预制安装后，再通过现浇部分连接成整体。主要有密肋填充块楼板和叠合式楼板。

密肋填充块楼板：密肋填充块楼板有现浇和预制两种。现浇密肋填充块楼板以陶

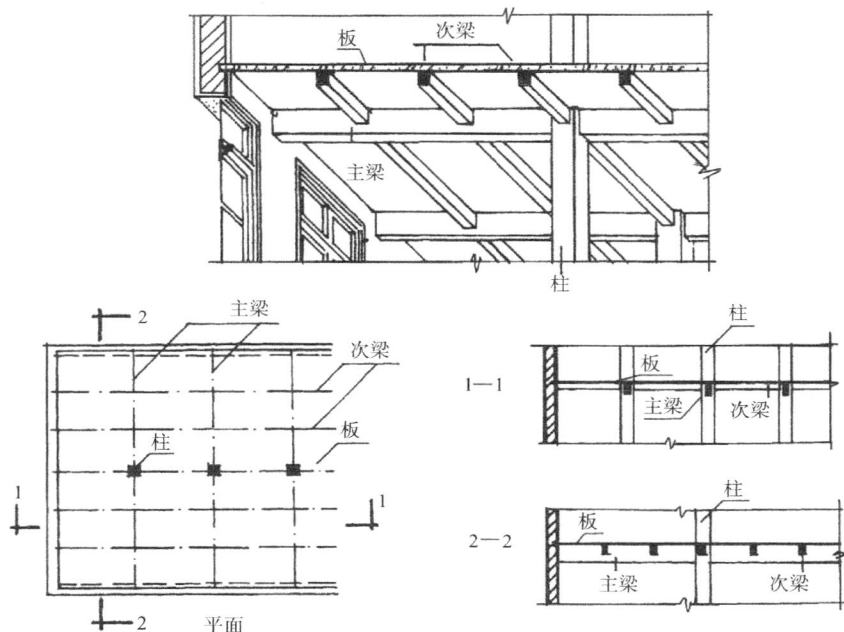

图 3.10　现浇肋梁楼板

土空心砖、矿渣空心块等作为肋间填充块，然后现浇密肋和面板。

叠合式楼板：叠合式楼板是由预制板和现浇钢筋混凝土层叠合而成的装配整体式楼板。叠合楼板的预制部分可采用预应力实心薄板和钢筋混凝土空心板。

2）地坪层

地坪层主要由面层、垫层和素土夯实层三部分组成，根据设计要求，可增设结合层、找平层、防水层、隔离层、隔声层及保温层等附加层。

①面层。面层是地面上表面的铺筑层，与楼盖层一样是室内空间的装修层。

②垫层。垫层是位于面层下用来承受并传递荷载的。根据垫层材料的性能，垫层可分为刚性垫层和柔性垫层。

③素土夯实层。素土夯实层是地坪的基层，也称地基。基层为地表回填土，分层夯实。

3）阳台及雨篷

①阳台。阳台是建筑中不可缺少的人们与室外接触的场所。阳台主要由承重结构（梁、板）和栏杆扶手组成。

阳台按使用要求不同可分为生活阳台和服务阳台。阳台按其封闭情况分为封闭阳台（设有阳台窗）和开敞式阳台。阳台按其与外墙的关系，可分为挑（凸）阳台、凹阳台（凹廊）、半凹半挑阳。

②雨篷。雨篷是设置在建筑出入口的上方用以挡雨并有一定装饰作用的水平构件。根据雨篷的支承方式不同，有悬挑式和立柱式。其中最简单的是过梁悬挑式雨篷；当

雨篷外伸尺寸较大时，可采用立柱式，即在入口两侧设柱或墙支承雨篷，形成门廊。

（4）楼梯与电梯

楼梯与电梯是建筑中人们上下楼层的交通联系部件。应有足够的通行能力，并做到坚固耐久和满足消防疏散安全的要求。

1）楼梯的组成

楼梯一般由梯段、平台和栏杆扶手三部分组成，如图 3.11 所示。供层间上下行走的通道构件称为梯段。梯段连续踏步级数的范围是 3 ~ 18 级。平台是供人们上下楼梯时调节疲劳和转换方向的水平面，故也称缓台或休息平台。平台有楼层平台和中间平台之分，与楼层标高一致的平台称为楼层平台，介于上下两楼层之间的平台称为中间平台。栏杆扶手是设在楼梯段及平台临空边缘的安全保护构件，以保证人们在楼梯处通行的安全。栏杆扶手必须坚固可靠，并保证有足够的安全高度。

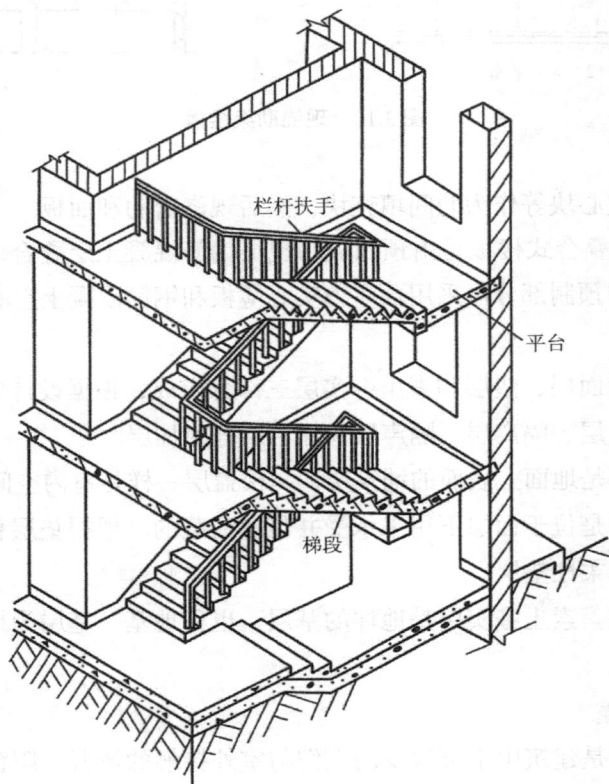

图 3.11　楼梯的组成

2）扶手与栏杆

扶手高度是指踏步前缘线至扶手顶面之间的垂直距离。扶手高度应与人体重心高度协调，避免人们倚靠栏杆扶手时因重心外移发生意外，高度一般设置为 900mm。供儿童使用的楼梯应在 500 ~ 600mm 的高度增设扶手，如图 3.12 所示。

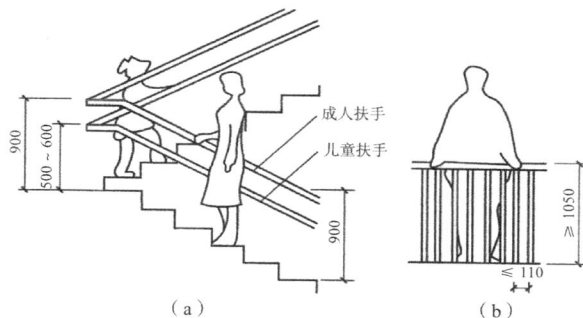

图 3.12　栏杆扶手的高度
（a）梯段处；（b）顶层平台处安全栏杆

3）楼梯间的形式

在建筑物中，布置楼梯的房间称为楼梯间。楼梯间有开敞式楼梯间、封闭式楼梯间和防烟楼梯间之分，如图 3.13 所示。

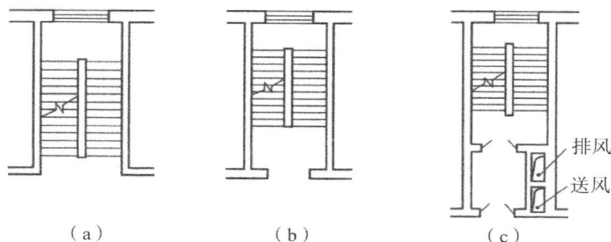

图 3.13　楼梯间的形式
（a）开敞式楼梯间；（b）封闭式楼梯间；（c）防烟楼梯间

4）室外台阶与坡道

室外台阶和坡道是建筑出入口处的高差之间的交通连接部件。室外台阶一般包括踏步和平台两部分。坡道是考虑车辆通行或进行无障碍设计的建筑物所设置具有一定坡度的过道。

（5）屋顶

屋顶是建筑物顶部的围护构件和承重构件。屋顶既要抵抗风、雨、雪、霜、冰雹等的侵袭和太阳辐射热的影响，又要承受风雪荷载及施工、检修等荷载，并将这些荷载传给承重墙或梁柱，故屋顶应具有足够的强度、刚度及防水、保温、隔热等性能。屋顶分为平屋顶和坡屋顶。平屋顶通常是指屋面坡度小于 5% 的屋顶，常用的坡度范围为 2% ~ 3%。坡屋顶通常是指屋面坡度大于 10% 的屋顶，常用坡度范围为 10% ~ 60%。

1）平屋顶的构造

①平屋面构造做法。平屋顶的构造层次（从下到上）主要由结构层、找平层、结合层、

隔汽层、保温层、结合层、找平层、结合层、防水层、保护层等组成，如图 3.14 所示。

找平层：卷材、涂膜的基层宜设找平层，找平层设置在结构层或保温层上。

结合层：当采用水泥砂浆及细石混凝土作为找平层时，为了保证防水层与找平层能更好地黏结，可采用沥青为基材的结合层。

防水层：卷材防水层，防水卷材应铺设在表面平整的找平层上，应按设计使用相应的卷材；涂膜防水层，是在屋面基层上涂刷防水涂料，经固化后形成有一定厚度和弹性的整体防水涂膜，从而达到防水目的；复合防水层，是由相容的卷材和涂料组合而成的防水层。

保护层：保护层常用块体材料、水泥砂浆或细石混凝土。

保温层：为减少屋面热交换作用，在结构层上铺一定厚度的保温材料。

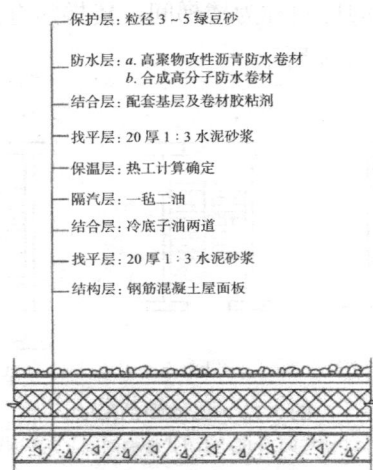

图 3.14　平屋面构造做法

②平屋顶排水。平屋顶排水坡度的形成主要有材料找坡和结构找坡两种。材料找坡，又称垫置坡度或填坡，是指将屋面板像楼板一样水平搁置，然后在屋面板上采用轻质材料铺垫而形成屋面坡度的一种做法。结构找坡是指将屋面板倾斜地搁置在下部的承重墙或屋面梁及屋架上而形成屋面坡度的一种做法，如图 3.15 所示。

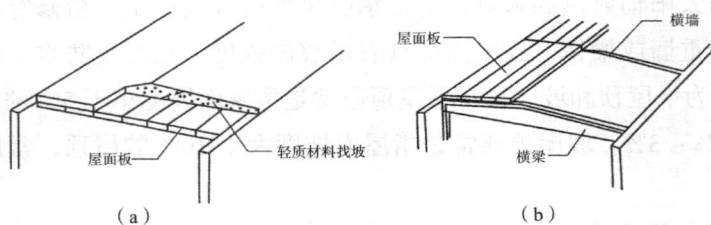

图 3.15　材料找坡和结构找坡

（a）材料找坡；（b）结构找坡

平屋顶排水分为有组织排水和无组织排水。无组织排水也叫自由落水。有组织排水是指通过排水系统，将屋面积水有组织地排至地面或地下集水井的一种排水方式，如图 3.16 所示。排水系统把屋面划分成若干排水区，使雨水有组织地排到檐沟中，通过雨水口排至雨水斗，再经雨水管排到室外，最后排往城市地下排水管网系统。

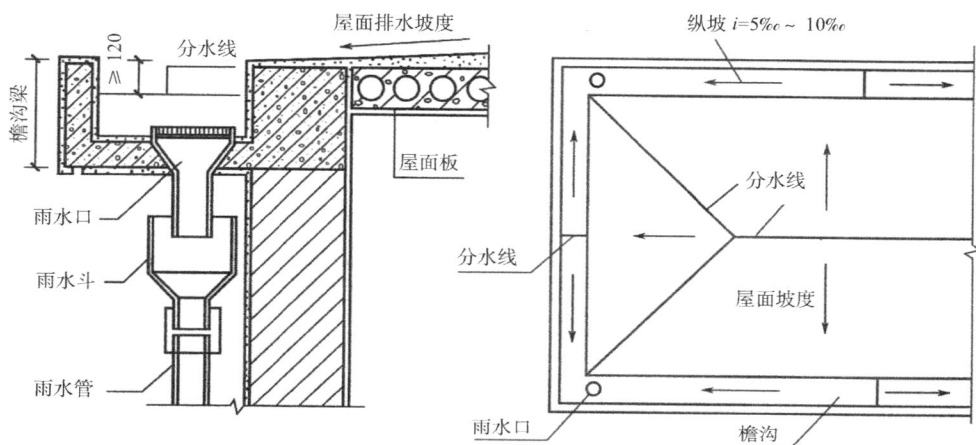

图 3.16 有组织檐沟外排水

2）坡屋顶的构造

坡屋顶主要由屋顶顶棚、承重结构层及屋面面层组成。

①坡屋顶的承重结构层。包括砖墙承重、屋架承重、梁架结构和钢筋混凝土梁板承重。

②坡屋顶的顶棚。为美观及保温隔热的需要，坡屋顶多设有顶棚（吊顶），把屋顶结构层隐藏起来，以满足室内使用要求。按材质，顶棚骨架又可分为木骨架和轻钢骨架等。坡屋顶常设保温隔热层，当结构层为钢筋混凝土板时，保温层宜设在结构层上部。

（6）门窗

门与窗均属于非承重构件，也称建筑配件。其中，门主要起通行、分隔建筑空间、消防疏散作用，兼起采光和通风等作用。

门按所使用材料的不同，可分为木门、钢门、铝合金门、塑钢门、玻璃钢门、无框玻璃门等。门按开启方式分为平开门、弹簧门、推拉门等，如图 3.17 所示。

窗主要起通风、采光、围护、分隔等作用。处于外墙上的门窗又是围护构件的一部分，满足热工及防水的要求；某些有特殊要求的房间，门和窗应具有保温、隔声和防火的功能。窗按开启方式的不同，可分为平开窗、上悬窗、中悬窗、下悬窗等，如图 3.18 所示。

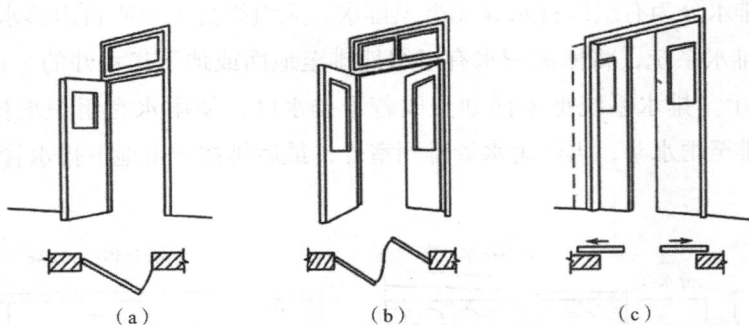

图 3.17　按开启方式划分门的种类

（a）平开门；（b）弹簧门；（c）推拉门

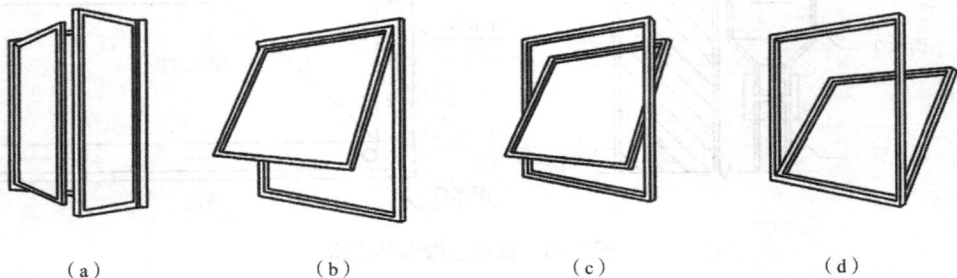

图 3.18　按开启方式划分窗的种类

（a）平开窗；（b）上悬窗；（c）中悬窗；（d）下悬窗

3.2　乡村房屋建筑结构选型

3.2.1　建筑结构的组成与可靠性

建筑结构是建筑物的受力主体，一般习惯以室外地面为界，分为上部结构和下部结构两部分。房屋在建造之前，根据其建筑的层数、造价、施工等来决定其结构类型。不同建筑结构的房屋其安全性、适用性、耐久性和空间使用性能是不同的。

（1）建筑结构的组成

①上部结构。由水平结构和竖向结构组成。水平结构是指各层的楼盖和顶层的屋盖。一方面承受楼层、屋面的竖向重量，并将其传递给竖向结构；另一方面把作用在各层处的水平力传递和分配给竖向结构。竖向结构承受由楼层、屋盖传来的竖向力和水平力，并将其传给下部结构。

②下部结构。主要由地下室和基础等组成，其主要作用是把上部结构传来的力可靠地传给天然地基或人工地基。

（2）建筑结构的可靠性

结构可靠性是指结构在规定的时间内，在规定的条件下，完成预定功能的能力。结构安全性、适用性和耐久性概括称为结构的可靠性。

①安全性。在正常施工和正常使用条件下，结构应能承受可能出现的各种力的作用和变形而发生破坏。在偶然事件发生后，结构仍能保持必要的整体稳定性。

②适用性。在正常使用时结构应具有良好的工作性能。

③耐久性。在正常维护的条件下，结构应能在预计的使用年限内满足各项功能要求，即应具有足够的耐久性。例如，不致因混凝土的老化、腐蚀或钢筋的锈蚀等而影响结构的使用。

3.2.2 房屋结构构件类型

（1）板

板是覆盖一个具有较大平面尺寸，但却具有相对较小厚度的平面形结构构件，通常水平设置，有时斜向设置，承受垂直于板面方向的荷载，主要受弯矩、剪大矩作用。板可以按以下方式分类。

① 按平面形状分，有方形、矩形、圆形、扇形、三角形、梯形和各种异形板等。

② 按截面形状分，有实心板、空心板、槽形板、T形板、密肋板、压型钢板等。

③ 按受力特点分，有单向板、双向板；按支承条件又可分为四边支承板、三板、两边支承板、一边支承板和四角点支承板。板可以仅支承在梁上、墙上、柱上，也可以一部分支承在梁上，一部分支承在墙上或柱上。

④ 按所用材料分，有钢筋混凝土板、预应力混凝土板、钢板、压型钢板等。

（2）梁

梁一般是指承受垂直于其纵轴方向荷载的线形构件，它的截面尺寸小于其跨度。梁可以按以下方式分类。

① 按几何形状分，有水平直梁、斜直梁、曲梁等。

② 按截而形状分，有矩形梁、T形梁、工字形梁、槽形梁、箱形梁等。

③ 按受力特点分，有简支梁、伸臂梁、悬臂梁、两端固定梁、一端简支支梁、连续梁等。

④ 按所用材料分，有钢筋混凝土梁、预应力混凝土梁、型钢梁、型钢与混凝土梁等。

（3）柱

柱是承受平行于其纵轴方向荷载的线形构件，它的截面尺寸小于它的高度，一般以受压和受弯为主。柱可以按以下方式分类。

① 按截面形状分，有矩形柱、圆形柱、工字形柱等。

② 按受力特点分，有轴心受压柱和偏心受压柱两种。构造柱是在墙身的主要转角部位设置的竖直构件，不直接承受荷载，其作用主要是增加墙体的延性。

③ 按所用材料分，有石柱、砖柱、砌块柱、钢筋混凝土柱、钢柱、型钢柱等。

（4）墙

墙是主要承受平行于墙面方向荷载的竖向构件。它在重力和竖向荷载作用下压力，有时也承受弯矩和剪力；但在风、地震等水平荷载作用下或土压力、水压力作用下则主要承受剪力和弯矩。墙可以按以下方式分类。

① 按位置或功能分，有内墙、外墙、纵墙、横墙、山墙、女儿墙、挡土墙。

② 按受力特点分，有以承受重力为主的承重墙、以承受风力或地震产生的主的剪力墙以及作为隔断等非受力用的非承重墙。承重墙多用于单、多层建筑、用于高层建筑。

③ 按材料分，有砖墙、砌块墙、钢筋混凝土墙、组合墙（两种以上材料墙）等。

（5）基础

基础是地面以下部分的结构构件，用来将上部结构（即地面以上结构）所承传给地基。基础可以按以下方式分类。

① 按结构形式分，有独立基础、墙下条形基础、柱下联合基础、筏形基础、桩基础、沉箱基础等。

② 按受力特点分，有柔性基础（承受弯矩、剪力为主）、刚性基础（承受压力为主）。

③ 按所用材料分，有砖基础、条石基础、毛石基础、三合土基础、混凝土筋混凝土基础等。

3.2.3 乡村房屋建筑结构选型

（1）房屋的结构形式

按主要承重结构的形式分类为：

1）混合结构

混合结构建筑一般指楼盖和屋顶采用钢筋混凝土或钢木结构，而墙和柱采用砌体结构建造的建筑。大多用在住宅、教学楼、办公楼建筑中。因砌体的抗压强度高而抗拉强度很低，所以住宅建筑最常用的是混合结构，一般在 6 层以下。混合结构根据承重墙所在的位置，常分为纵墙承重和横墙承重两种。纵墙承重的优点是房屋开间相对大些，使用灵活；横墙承重的优点是横向刚度大、整体性好。

2）框架结构

框架结构是利用梁、柱组成的纵横两个方向的框架形成的结构体系，它同时承受竖向荷载和水平荷载。框架结构主要优点是平面布置灵活，可形成较大的建筑空间。一般用于多层办公建筑及其他公共建筑用房，如图 3.19 所示。

3）剪力墙结构

剪力墙结构是利用建筑物的墙体位置布置钢筋混凝土承重墙的结构，剪力墙既承受竖向荷载，也承受水平力。高层建筑的主要荷载为水平荷载，墙体既受剪又受弯，所以称为剪力墙。剪力墙有时也称为抗震墙。剪力墙结构常被用于高层住宅和旅馆建筑。

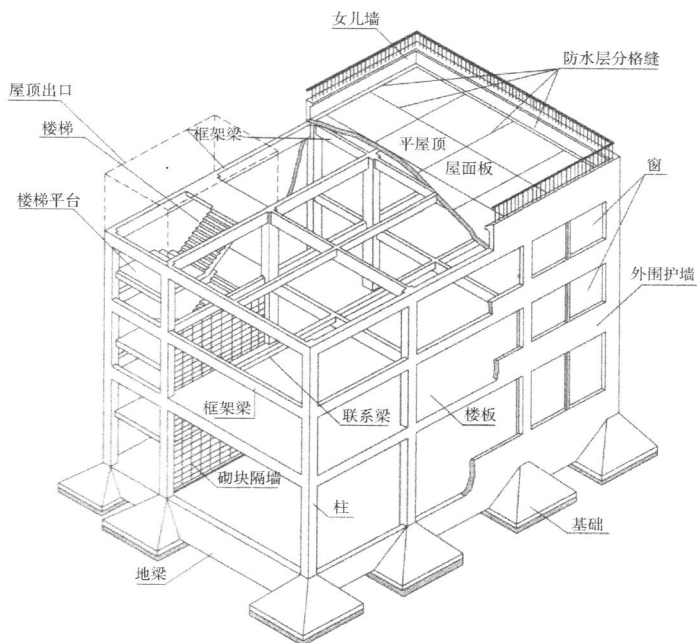

图 3.19　钢筋混凝土框架结构

4）框架 - 剪力墙结构

框架 - 剪力墙结构体系是在框架结构中适当设置剪力墙的结构。它既可使建筑平面灵活布置，又能对常见的 30 层以下高层建筑提供足够的抗侧刚度，在实际工程中被广泛应用。

5）筒体结构

在高层建筑中，特别是在超高层筑中，筒体结构是抵抗水平荷载最有效的结构体系。它的受力特点是，整个建筑犹如一个固定于基础上的封闭空心筒式悬臂梁，可以抵抗水平荷载。筒体结构体系可分为框架 - 核心筒结构、筒中筒结构束筒结构和多重筒结构。

6）桁架结构

桁架是由杆件组成的结构体系。桁架结构的优点是可利用截面较小的杆件组成截面较大的构件，充分发挥材料的强度。

7）拱式结构

拱是一种有推力的结构，其主要内力是轴向压力，因此常利用抗压性能良好的混凝土建造大跨度的拱式结构。由于拱式结构受力合理，在建筑和桥梁中被广泛应用。它常见于体育馆、展览馆等建筑中。按结构的组成和支承方式，拱可分为三铰拱、两铰拱和无铰拱。

8）悬索结构

悬索结构是大跨度结构形式之一。主要用于体育馆、展览及大跨度桥梁中。悬索结构的主要承重构件是受拉的钢索，钢索是用高强度钢绞线或钢丝绳制成。悬索由承重索和稳定索两部分组成，而其刚性支承结构可以有多种，如框架、拱等。

9）网架结构

网架是由杆件按照一定规律组成的网状结构。网架结构可分为平板网架和曲面网架。平板网架采用较多，其特点是空间受力体系，杆件主要承受轴向力，受力合理，节约材料；整体性能好，刚度大，抗震性能好。杆件类型较少，适于工业化生产。

（2）乡村房屋建筑结构形式及其应用

目前乡村建筑中，采用结构形式主要有砌体结构、钢筋混凝土框架结构、木结构等。

1）砌体结构的应用

砌体结构是指用砖、石或砌块为块材，用砂浆砌筑而成的结构。砌体按照所采用块材的不同，可分为砖砌体、石砌体和砌块砌体三大类。砖砌体结构，俗称砖混结构，是指建筑中竖向承重结构的墙、柱等采用砖或砌块，横向承重的梁、楼板、屋面板等采用钢筋混凝土的结构。这种结构形式最常见于农村自建房，造价低，便于施工，用的都是最常用的材料，目前仍然是不可取代的一种结构形式。如图3.20所示。

图3.20　砌体结构形式示例

2）框架结构的应用

框架结构是利用梁、柱组成的纵、横两个方向的框架形成的结构体系。它同时承受竖向荷载和水平荷载，和砖混结构最大的区别就是墙体承重的问题，框架结构的墙体主要起到围合和分隔的作用，承重靠的是梁、柱。高层建筑一般用框架结构的多，可以减少自身负重、节省材料。

3）木结构的应用

木结构比较具有地方特色，受自然条件的限制，山区、林区采用的稍多一点。木结构的房屋比较亲近自然，既古老又现代，有自重轻，制作方便等优点，但是在使用的过程中，一定要注意防腐、防虫、防火。

3.3 建筑施工图

3.3.1 房屋建筑制图标准

建筑图样是建筑施工的重要技术文件，因此，图样的绘制必须遵守统一的规范，通常统称为制图标准。目前常用的制图标准有《房屋建筑制图统一标准》GB 50001—2017、《总图制图标准》GB/T 50103—2010,《建筑制图标准》GB/T 50104—2010、《建筑结构制图标准》GB/T 50105—2010,工程技术人员在绘制工程图样时必须严格遵守，施工技术人员也要严格按标准工程图纸文件进行施工，认真贯彻国家标准。

制图的基本规定涉及图纸的幅面规格、图线、字体、比例、符号和尺寸标注等。

图纸幅面及图框尺寸按规定有五种，其代号分别为 A0、A1、A2、A3 和 A4。

线型有实线、虚线、单点长画线、双点长画线、折断线和波浪线等，其中有些线型还分粗、中、细三种。

字体的书写要求为笔画清晰、字体端正、排列整齐。字高可分为 3.5mm、5mm、7mm、10mm、14mm、20mm 等，字高也称字号，如 5 号字的字高为 5mm。当需要写更大的字时，其字高应按点的倍数递增。

图样的比例是图形与实物相对应的线型尺寸之比。比例的大与小，是指比值的大与小。比值大于 1 的比例，称为放大的比例。比值小于 1 的比例，称为缩小的比例，见表 3.2。

建筑图样的常用比例　　　　　　　　　　　　　表 3.2

图名	比例
建筑物或构筑物的平面图、立面图、剖面图	1∶50、1∶100、1∶150、1∶200、1∶300
建筑物或构筑物的局部放大图	1∶10、1∶20、1∶25、1∶30、1∶50
配件及构造详图	1∶1、1∶2、1∶5、1∶10、1∶15、1∶20、1∶25、1∶30、1∶50

图样中的符号主要有剖切符号、索引符号、详图编号、引出线和指北针等，如图 3.21 所示。

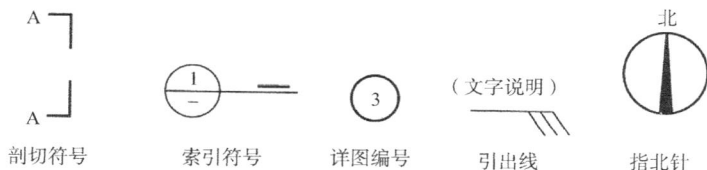

图 3.21　图样符号

图样上的尺寸由尺寸线、尺寸界线、起止符号和尺寸数字四部分组成，如图 3.22 所示。

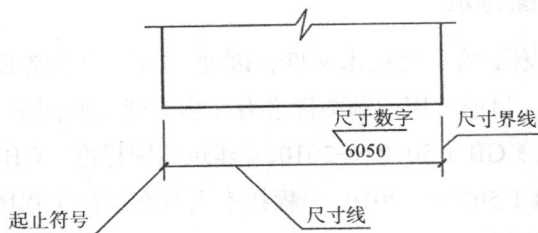

图 3.22　尺寸的组成

3.3.2　建筑总平面图

将新建建筑物四周一定范围内的原有和拆除的建筑物、构筑物连同其周围的地形、地物状况用水平投影方法和相应的图例所画出的图样称为建筑总平面图（或称总平面布置图）简称总平面图或总图。

总平面图能表示出新建房屋的平面形状、位置、朝向及与周围地形、地物的关系等。总平面图是新建房屋定位、施工放线、土方施工及有关专业管线布置和施工总平面布置的依据。

（1）图示特点

总平面图因包括的地方范围较大，所以绘制时都用较小的比例，如 1∶2000、1∶1000、1∶500 等。总平面图上标注的尺寸一律以 m 为单位。

由于比例较小，总平面图上的内容一般用图例绘制，所以总图中使用的图例符号较多。常用图例符号见表 3.3。在较复杂的总平面图中，若用到一些国标没有规定的图例必须在图中另加说明。

常用图例符号（详见 GB/T 5013—2010）　　　　　　　　　　　　表 3.3

序号	名称	图例	备注
1	新建建筑物	8 ▲	1. 需要时，可用 ▲ 表示出入口。可在图形内右上角用点数或数字表示层数。 2. 建筑物外形（一般以 ±0.00 高度处的外墙定位轴线或外墙面线为准）用粗实线表示
2	原有建筑物		用细实线表示
3	计划扩建的预留地或建筑物		用中粗虚线表示
4	拆除的建筑物		用细实线表示

续表

序号	名称	图例	备注
5	围墙及大门		上图为实体性质的围墙，下图为通透性质的围墙。若仅表示围墙时不画大门
6	挡土墙		被挡土在"突出"的一侧
7	挡土墙上设围墙		
8	填挖边坡		
9	地表排水方向		

（2）建筑总平面图的识读步骤

阅读总平面时一般应按照以下步骤进行：

①读图名，看比例，明位置，辨朝向；

②读图例，识环境，了解新建建筑物的层数、周围原有建筑物、道路、绿化等情况；

③读标高与尺寸，了解建筑物的建筑面积和使用面积、室内和室外标高、与周围建筑物的距离。

3.3.3　建筑平面图

建筑平面图简称平面图，它是假想用一水平剖切平面将房屋沿窗台以上适当部位剖切开来，对剖切平面以下部分所作的水平投影图。平面图通常用1：50、1：100、1：200的比例绘制，它反映出房屋的平面形状、大小和房间的布置，墙（或柱）的位置、厚度、材料，门窗的位置、大小、开启方向等情况，作为施工时放线、砌墙、安装门窗、室内外装修及编制预算等的重要依据。

（1）建筑平面图的图示方法

当建筑物各层的房间布置不同时，应分别画出各层平面图；若建筑物的各层布置相同，则可以用两个或三个平面图表达，即只画底层平面图和楼层平面图（或顶层平面图）。此时楼层平面图代表了中间各层相同的平面，故称标准层平面图。因建筑平面图是水平剖面图，故在绘制时，应按剖面图的方法绘制，被剖切到的墙、柱轮廓用粗实线（b），门的开启方向线用中粗实线（$0.5b$）或细实线（$0.25b$），窗的轮廓线以及其他可见轮廓和尺寸线等用细实线$0.25b$）表示。

（2）建筑平面图的图示内容

1）平面图的图示内容（图3.23）

①表示建筑物的墙、柱位置，并对其轴线编号。

②表示建筑物的门、窗位置及编号。

③注明各房间名称及室内外楼地面标高。

④表示楼梯的位置及楼梯上下行方向及级数、楼梯平台标高。

⑤表示阳台、雨篷、台阶、雨水管、散水、明沟、花池等的位置及尺寸。

⑥表示室内设备（如卫生器具、水池等）的形状、位置。

⑦画出剖面图的剖切符号及编号。

⑧标注墙厚、墙段、门、窗、屋开间、进深等各项尺寸。

⑨标注详图索引符号。

2）《房屋建筑制图统一标准》规定：

图样中的某一局部或构件，如需另见详图，应以索引符号索引。索引符号由直径为 10mm 的圆和水平直径组成，圆和水平直径均应以细实线绘制。

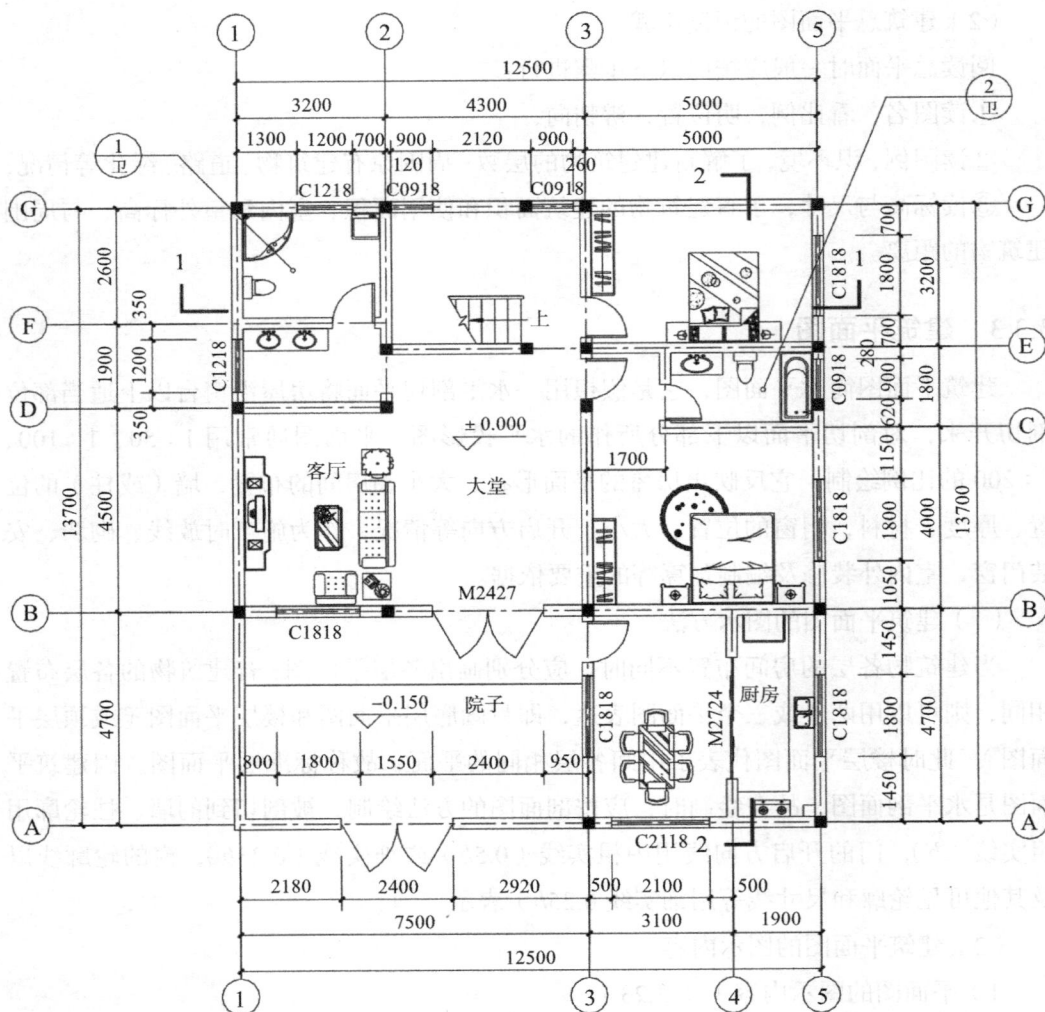

图 3.23　三层住宅楼平面图

3.3.4　建筑立面图

在与建筑物立面平行的铅垂投影面上所作的投影图称为建筑立面图，简称立面图。

为使立面图外形更清晰，通常用粗实线表示立面图的最外轮廓线，而凸出墙面的雨篷、阳台、柱子、窗台、窗楣、台阶、花池等投影线用中粗线画出，地坪线用加粗线（相当于标准粗度的1.4倍）画出，其余如门、窗及墙面分格线，落水管及材料符号引出线、说明引出线等用细实线画出。

（1）建筑立面图的命名方式

①可用朝向命名，立面朝向哪个方向就称某方向立面图。如南立面图、东立面图。建筑立面图大致包括南北立面图、东西立面图四部分。

②可用外貌特征命名，其中反映主要出入口或比较显著地反映房屋外貌特征的那一面的立面图，称为正立面图。其余的立面图称为背立面图、侧立面图。

③可用立面图上首尾轴线命名。例如①—⑦轴立面图，Ⓐ—Ⓑ轴立面图。

④只要建筑各立面的结构有差异，就应绘出对应立面的立面图来诠释所设计的建筑。

（2）图示内容（图3.24）

①画出室外地面线及房屋的勒脚、台阶、花池、门窗、雨篷、阳台、室外楼梯、墙柱、檐口、屋顶、雨水管、墙面分割线等内容。

②标注出外墙各主要部位的标高。如室外地面、台阶顶面、窗台、窗上口、阳台、雨篷、檐口、女儿墙顶、屋顶水箱间及楼梯间屋顶等的标高。

③注出建筑物两端的定位轴线及其编号。

④标注引索编号。

⑤用文字说明外墙面装修的材料及其做法。

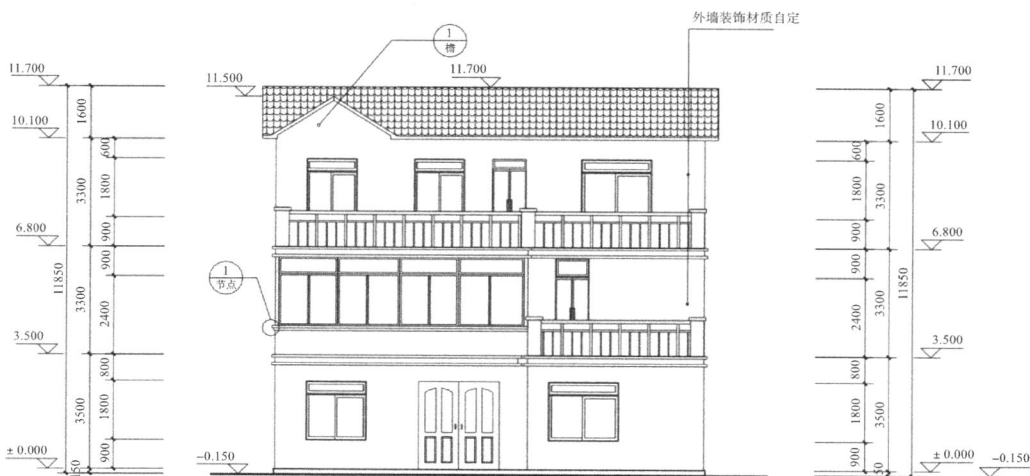

图3.24　三层住宅建筑立面图

（3）读图方法

主要包括：

①了解图名和比例；

②了解首尾轴线及编号；

③了解各部分的标高；

④了解外墙做法；

⑤了解各构配件。

3.3.5 建筑剖面图

假想用一个或多个垂直于外墙轴线的铅垂剖切面将房屋剖开所得的投影图，称为建筑剖面图，简称剖面图。剖面图用来表示房屋内部的结构或构造形式、分层情况和各部位的联系、材料及其高度等，是与平面图、立面图相互配合的不可缺少的重要图样之一。

剖面图的数量是根据房屋的具体情况和施工实际需要而决定的。剖切面一般横向，即平行于侧面，必要时也可纵向，即平行于正面。其位置应选择在能反映出房屋内部构造比较复杂与典型的部位，并应通过门窗洞的位置。若为多层房屋，应选择在楼梯间或层高不同、层数不同的部位。剖面图的图名应与平面图上所标注剖切符号的编号一致。剖面图中的断面，其材料图例与粉刷面层和楼、地面面层线的表示原则和方法、平面图的处理相同。习惯上，剖面图中可以不画出基础的大放脚。

（1）建筑剖面图图示内容（图3.25）

①表示墙、柱及其定位轴线。

②表示室内底层地面、地坑、地沟、各层楼面、顶棚、屋顶（包括檐口、女儿墙，隔热层或保温层、天窗、烟囱、水池等）、门、窗、楼梯、阳台、雨篷、留洞、墙裙、踢脚板、防潮层、室外地面、散水、排水沟及其他装修等剖切到或能见到的内容。

③标出各部位完成面的标高。室内外地面、各层楼面与楼梯平台、檐口或女儿墙顶面高出屋面的水池顶面、烟囱顶面、楼梯间顶面、电梯间顶面等处的标高。

④标出高度方向尺寸。外部尺寸有：门、窗洞口（包括洞口上部和窗台）高度，层间高度及总高度（室外地面至檐口或女儿墙顶）。有时，后两部分尺寸可不标注。内部尺寸有：地坑深度和隔断、搁板、平台、墙裙及室内门、窗等的高度。注写标高及尺寸时，注意与立面图和平面图相一致。

⑤表示楼、地面各层构造。一般可用引出线说明。引出线指向所说明的部位，并按照其构造的层次顺序逐层加以文字说明。若另画有详图，或已有"构造说明一览表"，在剖面图中可用索引符号引出说明（如果是后者，习惯上不作任何标注）。

⑥表示需画详图之处的索引符号。

（2）建筑剖面图识图方法

主要包括：

①了解剖切位置、投影方向和绘图比例；

②了解墙体的剖切情况；

③了解地、楼、屋面的构造；

④了解楼梯的形式和构造；

⑤了解其他未剖切到的可见部分。

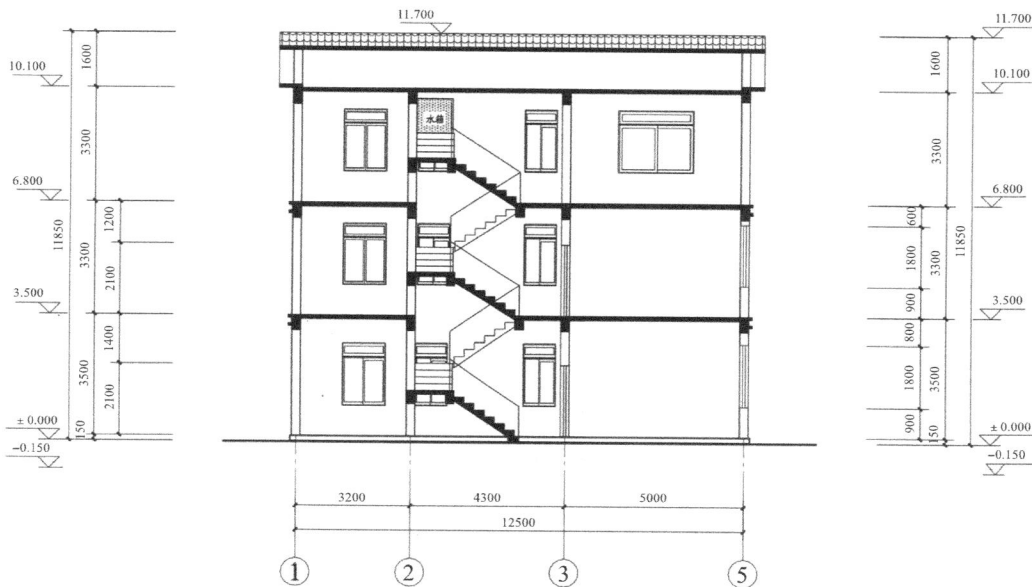

图 3.25 三层住宅建筑剖面图

3.3.6 建筑详图

房屋施工图通常需绘制以下几种建筑详图：外墙剖面详图、楼梯详图、门窗详图、厨卫详图室内外一些构配件的详图，如室外的台阶、花池、散水、明沟和阳台等，室内的卫生间等。下面以楼梯详图和门窗详图为例介绍建筑详图的识读方法。

楼梯详图的主要内容有楼梯的类型，平、剖面尺寸，结构形式及踏步、拉杆等装修做法，一般包括三部分，即楼梯平面图、楼梯剖面图和踏步、栏杆、扶手详图等，如图 3.26 ~图 3.28 所示。

门窗详图由门窗的立面图、门窗节点剖面图、门窗五金表及文字说明等组成。门窗立面图表明门窗的组合形式、开启方式、主要尺寸及节点索引标志。门窗的开启方式由开启线决定，开启线有实线和虚线之分，如图 3.29 所示。

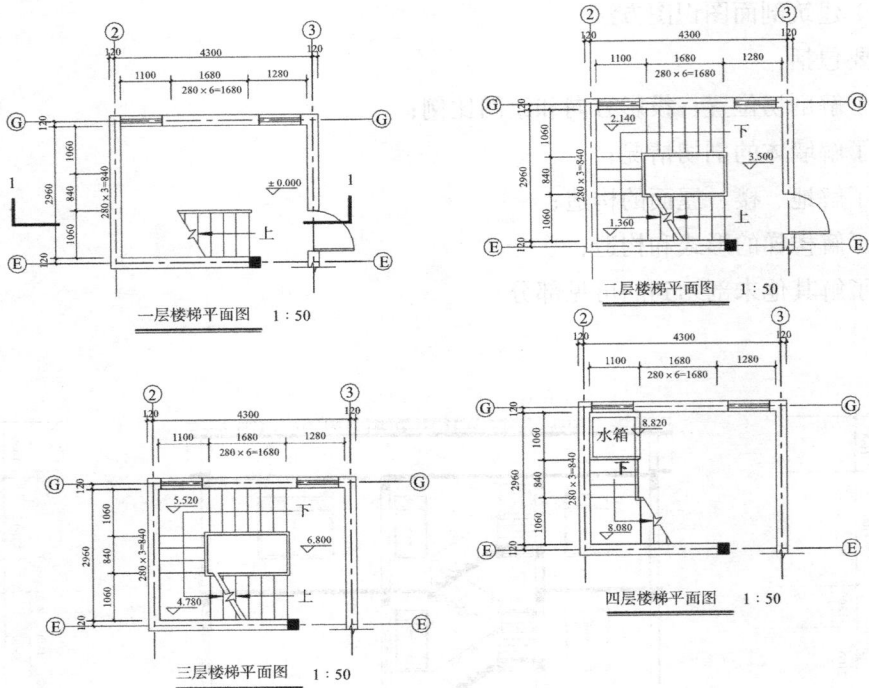

图 3.26　楼梯平面图

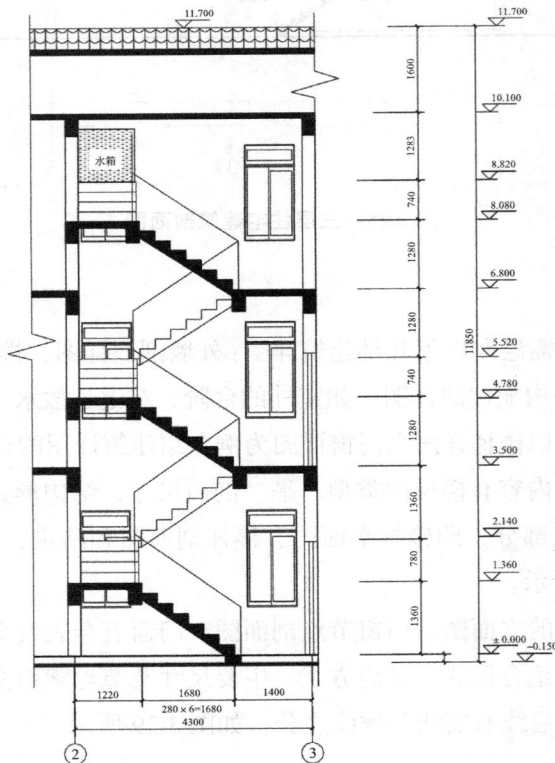

图 3.27　楼梯剖面图

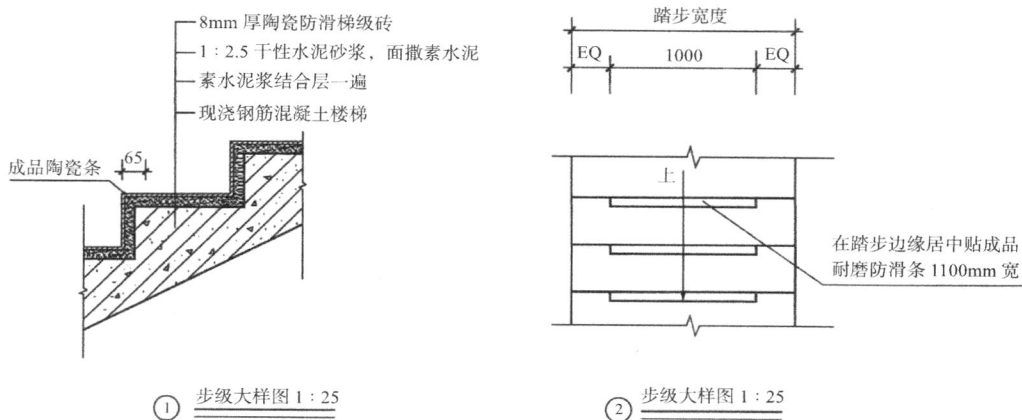

图 3.28　楼梯详图

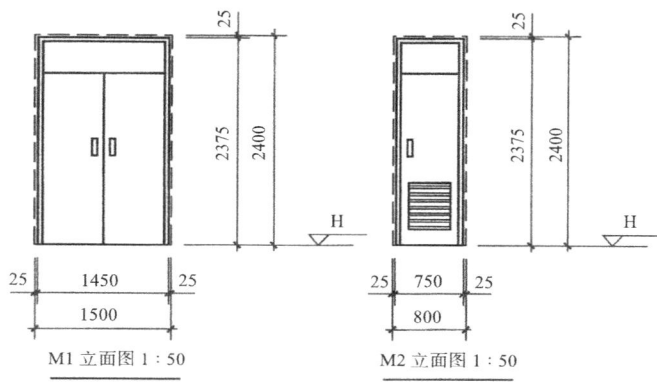

图 3.29　门窗详图

3.4　结构施工图

3.4.1　结构施工图的组成及有关规定

结构施工图主要表示房屋的结构类型、承重构件的布置、种类、数量、形状以及构造与配筋等内容。

（1）结构施工图的组成

结构施工图一般包括结构设计说明、基础图、平面布置图、结构详图等。

1）结构设计说明

结构设计说明是结构施工图的纲领性文件，主要是对本建筑工程结构设计与施工要求的具体说明，一般有以下几个方面的内容：

①工程概况：建设地点、项目名称、结构类型、基础类型、层数、高度、抗震设防烈度、设计使用年限等。

②结构设计的主要依据：设计所依据的标准、规范、规程等。

③结构材料选用：钢筋的级别、混凝土的强度等级、砌体结构中块材和砂浆的强度等级。

④地基基础：基础的形式、地质情况及不良地基的处理方法，地基持力层的要求，基础墙体情况等。

⑤钢筋混凝土结构构造：混凝土保护层厚度、钢筋的接头形式与要求，钢筋的锚固与搭接要求、梁板柱以及填充墙的构造要求等。

⑥施工要求，对施工顺序、方法、质量标准的要求等。

⑦其他说明。

2）基础图

基础图是开挖基槽（坑）、基础施工、计算基础工程量的依据。基础图一般包括基础平面图和基础详图。

3）结构平面布置图

结构平面布置图是房屋承重结构的整体布置图，主要表示结构构件的位置、数量、型号及相互关系。

4）结构详图

结构详图包括梁、板、柱、楼梯等构件详图。

（2）结构施工图的有关规定

房屋结构中构件繁多，布置复杂，为了图示简明、方便识读，《房屋建筑制图统一标准》GB/T 50001—2017 和《结构制图标准》GB/T 50105—2010 对施工图的表达方式作了明确的规定。

1）常用构件的代号

常用构件的名称应用代号来表示，代号用汉语拼音的第一个字母表示，详见表3.4。

常用构件代号　　　　　　　　　　表 3.4

序号	名称	代号	序号	名称	代号
1	楼板	LB	8	圈梁	QL
2	屋面板	WB	9	过梁	GL
3	楼梯板	TB	10	基础	J
4	框架梁	KL	11	楼梯柱	TZ
5	屋面框架梁	WKL	12	楼梯梁	TL
6	框架柱	KZ	13	基础梁	JL
7	构造柱	GZ			

2）常用钢筋符号

不同种类的钢筋，用不同的符号表示，详见表3.5。

牌号	符号	牌号	符号
HPB300	Φ	HRB400	Φ
HRB335	Φ	HRB500	Φ

常用钢筋符号　　　　表 3.5

3）钢筋名称

配置在钢筋混凝土构件中的钢筋，按其所在的位置和作用分为受力筋、箍筋、架立筋、分布筋、构造筋等，如图 3.30 所示。

受力筋：在构件中承受拉、压应力的钢筋。在梁、柱、板中承受拉力的钢筋称为受拉筋，承受压力的钢筋称为受压筋，因此受力筋应放置在构件的受拉或受压区。

箍筋：在构件中受扭和剪力的钢筋。箍筋多用于梁、柱构件内，同时用来固定受力筋的位置。

架立筋：它与梁中的受力筋和箍筋构成钢筋骨架。

分布筋：将构件上承受的荷载均匀地传递给受力筋。分布筋一般用于板内、分布筋与受力筋垂直布置，并固定受力筋，与受力筋构成钢筋骨架。

构造筋：因构造需要和施工需要在构件内设置的钢筋，如侧面构造筋、吊钩、预留锚固钢筋等。

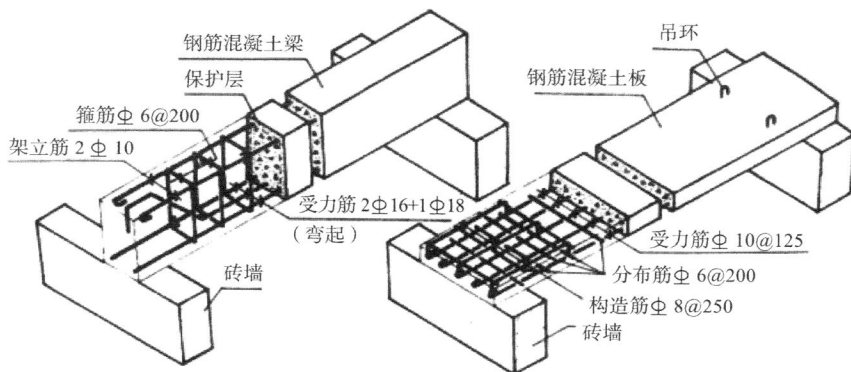

图 3.30 钢筋的名称

4）钢筋表达方式

结构施工图中钢筋的表达方式有 2Φ12、Φ8@200 等，具体含义如图 3.31 所示。

3.4.2 结构施工图

（1）基础施工图

基础是房屋建筑底层室内地面以下承受房屋建筑全部荷载的构件，基础的形式取决于上部建筑承重结构的形式和地基状况。

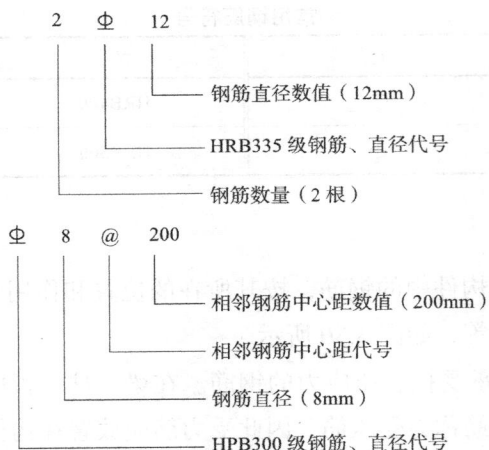

图 3.31　钢筋的表达方式

　　基础图是表示基础的平面布置和详细构造的图样。进行基础施工时，它作为定位、放线、砌筑和浇筑基础的依据。基础图通常包括基础平面图、基础详图。

　　1）基础平面图

　　①基础平面图的内容。基础平面图包括基础的构造形式，平面布置，基础墙的厚度，基础底面的宽度，基础梁、地圈梁的平面布置，基础墙上预留孔的位置、规格、标高，基础详图的剖切位置、剖视方向和编号。

　　②基础平面图的识读。现以某乡村农房基础平面图为例，说明基础平面图的内容和图示要求，如图 3.32 所示。从基础平面图中可知，本基础的类型有条形基础、独立基础两种。基础墙的厚度和基础底面的宽度可以通过详图了解，独立基础的是用 J1和 J2 表示。图 3.32 中 1-1 表示的是基础梁，它们设置在砌体墙的下方。从基础平面图上了解各种型号基础的平面布置。

　　2）基础详图

　　基础详图是根据基础平面图上的剖切位置和剖视方向所得到的基础垂直断面图，基础详图采用的比例为 1：20 或 1：10。基础详图主要表示基础的详细构造、尺寸和材料，基础的埋置深度，以及基础的底面标高，具体内容如下：

　　①基础的编号，如 J1、J2 等，在识读基础详图时要与基础平面图中的编号相对应。

　　②轴线编号，表示基础墙与定位轴线的位置关系。

　　③基础的断面形状、大小和材料；基础梁的断面形状、尺寸和配筋（包括防潮层的位置和材料做法等）等。

　　④基础断面各部分的详细构造和尺寸。

　　⑤基础的埋置深度，室外设计地坪面的标高，底层室内地坪面标高，基础底面标高。

　　⑥基础材料、构造作法的有关说明。

　　现以某农房基础详图（图 3.33）为例，说明识读基础详图的内容和图示要求。

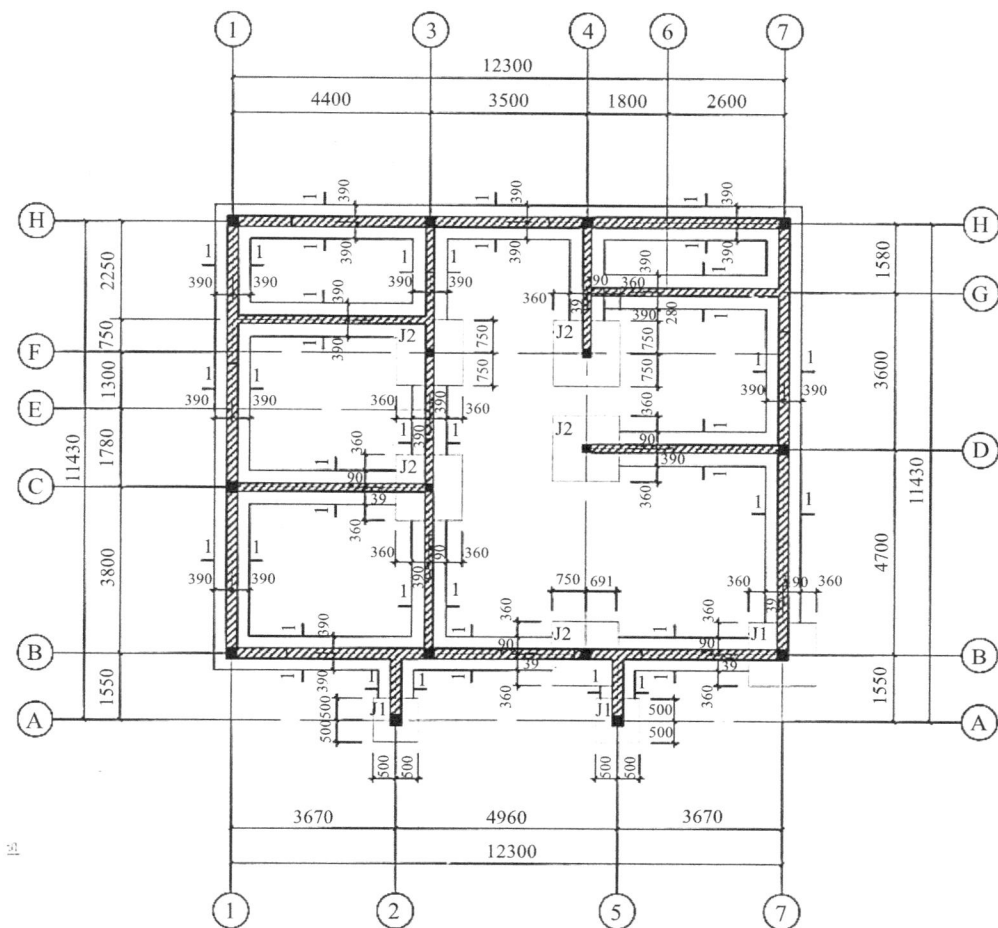

图 3.32 某基础平面图

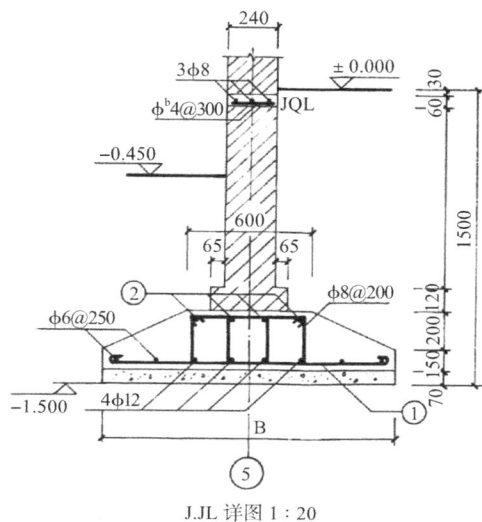

J.JL 详图 1:20

基础与基础梁		
J		
基础	宽度 B	受力筋 ①
J₁	800	素混凝土
J₂	1000	φ8@200
J₃	1300	φ8@150
J₄	1400	φ10@200
J₅	1500	φ10@170
J₆	1600	φ12@200
J₇	1800	φ12@180
J₈	2200	φ12@150
J₉	2300	φ14@180
JL		
基础梁	梁长 L	受力筋 ②
JL₁	2800	4Φ18
JL₂	3500	4Φ22
JL₃	2340	4Φ14

图 3.33 某基础详图

本基础详图为 J、JL 详图，它是一种标准详图，图中的有关数据可通过查表得到，例如 J3，基础底面宽度 B=1300mm，受力钢筋为 $\phi 8@150$ 等。

从基础详图中了解基础墙的厚度为 240mm，基础墙中心线与定位轴线重合，室内外地坪高差为 450mm，基础的底标高为 – 1.500m，基础的埋置深度为 1500mm。

从基础详图中了解到基础梁中钢筋的配置，如 JL1，受力筋为 $4\phi 18$、分布筋为 $\phi 8@200$ 等。

从基础详图可知，本基础为钢筋混凝土条形基础，基础墙的材料是普通砖，基础底板为钢筋混凝土，基础的垫层为素混凝土，防潮层（即 JQL）的材料是钢筋混凝土，其断面尺寸是 240mm×60mm，内部配制 $3\phi 8$ 钢筋。

（2）柱施工图

在房屋建筑结构中，截面尺寸较小，而高度相对较高的构件称为柱。

柱采用平面整体表示方法绘制施工图时，可简称为柱平法施工图，它们都是在柱平面图中完成的，图中应按规定注明各结构层楼面标高、结构层高及相应结构层号。柱平法标注方式可分为列表法和截面法。

1）列表注写方式

柱列表注写法，即在柱平面施工图中（包括框架柱、梁上柱、剪力墙上柱等），将柱编成不同号码，在同一中编号的柱中选择一个截面注写柱号，起止标高、几何尺寸（包括轴线与柱截面的关系）以及配筋具体数值，并配以各种柱截面形状及其箍筋类型图的方式，来表达柱平面施工图，见表3.6。

柱列表注写方式　　　　　　　　　　表 3.6

柱号	标高	b×h	b1	b2	b3	b4
KZ1	−1.500 ~ 6.600	650×600	325	325	150	450
KZ3	−1.500 ~ 3.300	650×600	325	325	150	450

柱号	全部纵筋	角筋	B 边侧中部筋	h 边侧中部筋	箍筋类型号	箍筋
KZ1		4 Φ 22	5 Φ 22	4 Φ 20	1（4×4）	$\phi 10@100/200$
KZ3	24 Φ 22				1（4×4）	$\phi 10@100/200$

柱列表法所包含的内容如下：

①柱编号。柱编号由类型代号和序号组成，符合表3.7规定。

柱编号　　　　　　　　　　表 3.7

柱类型	代号	序号	柱类型	代号	序号
框架柱	KZ	××	梁上柱	LZ	××
转换柱	ZHZ	××	剪力墙上柱	QZ	××

②各段柱的起止标高。注写各段柱起止标高，自柱根部网上以变截面位置或截面未变但配筋改变处为界分段注写。框架柱和转换柱的根部标高为基础顶面标高；梁上柱的根部标高为梁顶面标高；剪力墙上柱的根部标高为墙顶面标高。

③柱截面尺寸及其与轴线间关系。对于矩形柱，注写截面尺寸 b×h 及轴线关系的几何参数代号 b1、b2 和 h1、h2 的具体数值，须对应于各段柱分别注写。圆柱标注直径 d。

④柱纵筋。当柱纵筋直径相同，各边根数也相同时，将纵筋注写在"全部纵筋"一栏中；除此之外，柱纵筋分角筋、截面 b 边中部筋和 h 边中部筋三项分别注写（对于采用对称配筋的矩形截面柱，必须每侧均注写中部筋）。

⑤箍筋肢数和类型号。在箍筋栏内注写柱截面形状及箍筋类型号，具体工程中设计的各种箍筋类型及复合方式，应画在柱表上方或其他适宜位置，并应该标注 b、h 所在的位置，并且还应编写类型号。

⑥注写箍筋级别、直径、加密区与非加密区间距。加密区和非加密区间距用斜线"/"分隔开。例如 Φ10@100/200，表示箍筋为 HPB300 级别的钢筋，直径为 10，加密区间距 100mm，非加密区间距 200mm。

2）截面注写方式

柱截面注写方式，即为在柱平面布置图的柱截面上，分别在同一编号的柱中选择一个截面，以直接注写截面尺寸和配筋具体数值的方式来表达柱平法施工图。在各配筋图上注写截面尺寸 b×h、角筋（或全部纵筋）、箍筋的具体数值以及在柱截面配筋图上标注柱截面与轴线的关系 b1、b2、h1、h2 的具体数值的表达柱平法施工图。

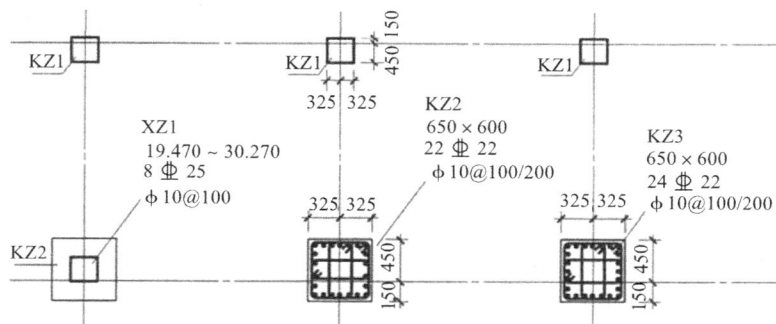

图 3.34　柱截面注写方式

图 3.34 是柱截面注写方式的示例图。图中框架柱 KZ2，截面尺寸 b×h=650mm×600mm，b1=b2=325mm，h1=150mm，h2=450mm，柱子共配置全部纵筋 22 根直径为 22mm 的Ⅲ级（HRB400）纵筋，箍筋为Ⅰ级钢筋，直径 10mm，加密区间距为 100，非加密区间距为 200，箍筋为矩形复合箍筋，肢数为 4×4。其他柱子识读方法与之相似，不再赘述。

（3）梁施工图

建筑结构中的梁按照受力的不同可分为简支梁、悬臂梁、多跨梁等。

如图 3.35 所示是编号为 KL2 的现浇钢筋混凝土框架梁在平面图上的平法注写方式。其平面注写包括集中标注和原位标注两部分，集中标注表达梁的通用数值，原位标注表达梁的特殊数值。

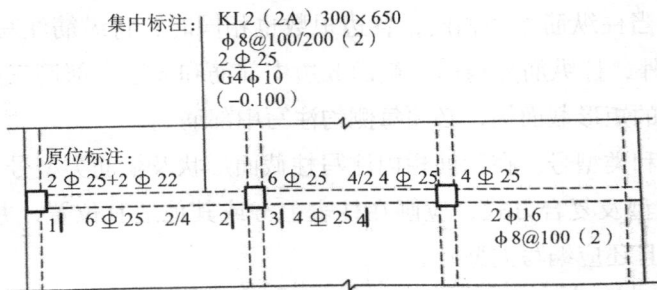

图 3.35　KL2 梁平法注写方式

1）梁的集中标注内容中有五项必注值和一项选注值

①梁的编号。由梁的类型代号、序号、跨数和是否悬挑四部分组成，如图 3.34 所示的 KL2（2A）即表示框架梁、第 2 号、2 跨、一端悬挑（A 表示一端有悬挑，B 表示两端有悬挑）。

②梁的截面尺寸用 b×h 表示，如图 3.35 所示的 300×650 表示梁宽 300mm、梁高 650mm。

③梁的箍筋。包括钢筋级别、直径、加密区和非加密区间距和肢数，如图中 Φ8@100/200（2），表示箍筋为直径为 8mm 的 HPB300 级钢筋，加密区间距为 100mm，非加密区间距为 200mm，均为 2 肢箍。

④梁上部通长筋或架立筋配置。当同排纵筋中既有通长筋又有架立筋时，就用"+"将它们相连，注写时须将位于混凝土角部的纵筋写在加号的前面，架立筋写在加号后面的括号内。当全部采用架立筋时，将其写在括号内。图中 2φ25 表示梁上部只有两根直径为 25mm 的 HRB335 级通长钢筋。

⑤梁侧面纵向构造钢筋或受扭钢筋配置。图 3.35 中的 G4φ10，表示梁的两个侧面共配置了 4 根直径 10mm 的 HPB300 级构造钢筋，每侧各有两根。

⑥梁顶面标高的高差。该项为选注值，指相对于结构层楼面标高的高差值，注写在括号内，无高差时不注写。如图 3.35 所示的（-0.100），表示该梁顶面较结构层楼面标高低 0.1m.

2）梁的原位标注

①梁支座上部纵筋。该部位注写包括通长筋在内的所有纵筋。当上部纵筋多于一排时，用"／"将各排纵筋自上而下分开，如图 3.35 所示的 6φ25 4/2，表示梁支座上

排纵筋为 4ϕ25，下排纵筋为 2ϕ25；当同排纵筋有两种直径时，用"+"将其相连，且角部纵筋写在前面，如图 3.34 所示的 2ϕ25+2 中 22，表示梁支座上部有 4 根纵筋，2ϕ25 放在角部，2ϕ22 放在中部。

②梁下部纵筋。注写情况和规则与梁支座上部纵筋类同，例如图中 6ϕ25 2/4，表示梁下部有 6ϕ25 的纵筋，上排 2 根，下排 4 根。

（4）板施工图

1）楼板的钢筋配置

①板中钢筋类型。板中钢筋按照手里作用不同，分为受力筋、分布筋和支座负筋（扣筋）。受力筋主要承受板构件所收到的拉力。分布筋则是与受力筋垂直方向布置，让荷载均匀分布到受力筋上，并且起到抵抗温度应力的作用，防止混凝土开裂，并固定受力筋的位置。支座负筋配置在板上部支座两侧，承受板顶的部分拉力，同时防止顶部混凝土开裂，有贯通和非贯通两种形式。另外，与上部非贯通纵筋垂直方向，通长配置构造分布筋，但在图纸中一般不画出，而是统一说明。

②不同种类板钢筋的配置。板的配筋的方式有"单层布筋"和"双层布筋"两种。楼板的"单层布筋"就是在板的下部布置贯通纵筋，上部不设贯通钢筋，而设置支座负筋（即扣筋）。"双层布筋"就是板的上部和下部都布置贯通纵筋。

钢筋在平面图中应用粗实线绘制，钢筋的弯钩朝上或朝左表示布置在板底部，钢筋的弯钩朝下或朝右表示布置在板顶部，沿着钢筋的长度标注钢筋的等级、直径、间距和编号，编号应采用阿拉伯数字按顺序编写。简单的构件、钢筋种类较少也可不编号。当钢筋标注的位置不够时，可采用引出线标注。引出线标注钢筋的斜短划线应为中实线和细实线。

2）有梁楼板平法施工图

在 22G101-1 图集中，板的平法标注包括"集中标注"和"原位标注"两种，如图 3.36 所示。

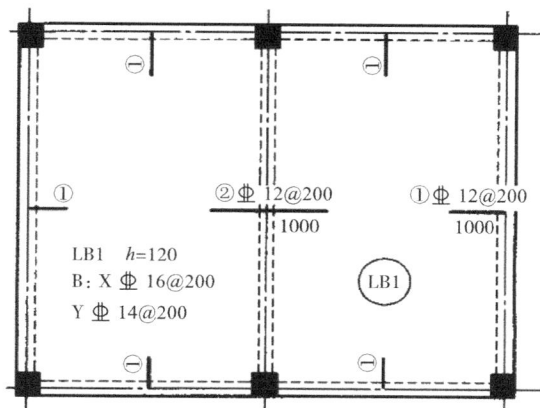

图 3.36　某楼层现浇板平法标注

①板块集中标注。集中标注均以"板块"为单位。对于普通楼面，两向均以一跨为一块板。集中标注的内容包括：板块编号，板厚，上部贯通纵筋，下部纵筋，以及当板面标高不同时的标高高差。下面分别介绍集中标注各部分。

板块编号：由代号和序号组成。其中楼面板为 LB××，屋面板 WB××，悬挑板 XB××。例如 1 号楼面板编号为 LB1，2 号屋面板为 WB2。

板厚：板厚 h=×××，为垂直于板面的厚度；当悬挑板端部改变截面厚度时，用斜线分隔根部与端部高度值，h=×××/×××；当设计已在图注中统一注明板厚时，此项可不注写。

纵筋：纵筋按板块的下部纵筋和上部贯通纵筋分别注写（板上部没有贯通纵筋时不注写），并以 B 代表下部纵筋，以 T 代表上部贯通纵筋，B&T 代表下部与上部；X 向纵筋以 X 打头，Y 向纵筋以 Y 打头，两项纵筋相同时以 X&Y 打头。

②板支座原位标注。板支座原位标注的内容为：板支座上部非贯通纵筋和悬挑板上部受力钢筋。原位标注的钢筋，在配置相同的第一跨来表达，当在梁悬挑部位单独配置时则在原位表达。

4 乡村建筑材料

4.1 建筑材料的分类

4.1.1 按使用功能分类

乡村建筑工程材料种类繁多，通常按材料的化学成分和使用功能进行分类。按使用功能分类可分为结构材料、墙体材料及功能材料三大类。

（1）结构材料

主要指建筑工程中承受荷载作用的材料，如梁、板、柱、基础和其他受力构件所用的材料。常用有钢材、混凝土、木材等。

（2）墙体材料（非承重）

主要包括框架结构的填充墙、内隔墙和其他围护结构用材料等，常用的有各种砖、砌块、墙板等。

（3）功能材料

主要指以材料力学性能以外的功能为特征的材料，赋予建筑物防火、防水、绝热、吸声隔声、装饰等材料。

4.1.2 按化学成分分类

根据组成物质的种类及化学成分，将工程材料分为无机材料、有机材料和复合材料三大类，其中无机材料分类见表 4.1。

无机材料按化学成分分类　　　　　　　　　　　　　　　　　　　　　表 4.1

分类			实例
无机材料	金属材料	黑色金属	钢、铁及其合金
		有色金属	铜、铝及其合金
	非金属材料	天然石材	砂、石及石材制品
		烧土制品	黏土砖（现已禁用）、瓦、陶瓷制品
		胶凝材料及其制品	石灰、石膏及其制品，水泥及混凝土制品、硅酸盐制品
		玻璃	普通平板玻璃、特种玻璃等
		无机保温材料	玻璃棉、矿棉、膨胀珍珠岩等

4.2 通用水泥

乡村建筑工程通常采用的水泥主要有：硅酸盐水泥、普通硅酸盐水泥、矿渣硅酸盐水泥、火山灰质硅酸盐水泥、粉煤灰硅酸盐水泥等品种。

4.2.1 硅酸盐水泥

凡由硅酸盐水泥熟料、0～5% 石灰石或粒化高炉矿渣、适量石膏磨细制成的水硬性胶凝材料，称为硅酸盐水泥。

硅酸盐水泥分为 42.5、42.5R、52.5、52.5R、62.5、62.5R 六个强度等级。

各等级硅酸盐水泥在不同龄期的强度要求见表 4.2。

硅酸盐水泥的强度 表 4.2

强度等级	抗压强度（MPa）		抗折强度（MPa）	
	3d	28d	3d	28d
42.5	17.0	42.5	3.5	6.5
42.5R	22.0	42.5	4.0	6.5
52.5	23.0	52.5	4.0	7.0
52.5R	27.0	52.5	5.0	7.0
62.5	28.0	62.5	5.0	8.0
62.5R	32.0	62.5	5.5	8.0

4.2.2 掺混合材料的硅酸盐水泥

掺混合材料的硅酸盐水泥按混合材料类别可分为普通硅酸盐水泥、矿渣硅酸盐水泥、火山灰质硅酸盐水泥、粉煤灰硅酸盐水泥、复合硅酸盐水泥；按强度可分为 32.5、32.5R、42.5、42.5R、52.5、52.5R 六个强度等级。

4.3 普通混凝土

混凝土是由胶凝材料（水泥）、骨料（砂或石）、水按适当比例均匀拌合而成的混合物，经一定时间硬化而成的一种人造石材。混凝土可以分为：

①重混凝土。表观密度大于 2800kg/m^3，是采用密度很大的钡水泥、锶水泥等重水泥和重晶石、铁矿石、钢屑等重骨料配制而成。重混凝土具有防射线的功能，又称防辐射混凝土，主要用作核能工程的屏蔽结构材料。

②普通混凝土。表观密度 2000～2800kg/m^3，以普通的天然砂石为骨料配制而成，广泛用于各种建筑的承重结构。

③轻混凝土。表观密度小于 2000kg/m³，可采用轻骨料配制，或者不用骨料而掺入加气剂或泡沫剂，使混凝土变成多孔结构。主要用作轻质结构材料和绝热材料。

4.3.1　混凝土组成材料

普通水泥混凝土（简称普通混凝土）主要组成材料通常是以水泥为胶结材料，以砂、石为骨料，水及掺入适量外加剂和掺和料制成。

（1）水泥

水泥强度等级应与混凝土强度相适应，水泥强度等级越高则水泥用量越少，水泥强度等级越低则水泥用量越多，一般为混凝土强度的 1.1～1.2 倍。

（2）砂

混凝土可采用河砂、海砂、山砂来配制。河砂相对来说杂质较少，是目前使用量最大的一种砂；由于海砂中含有多种盐分，可能与混凝土中的水泥或其他成分发生反应，影响到混凝土的某些性能，所以使用较少；而山砂中常含有泥土等杂质，所以仅在一些无河砂供应的地区使用；一般混凝土用砂优先选用二区的中砂，一区和三区的砂使用时，须对混凝土作一定调整。

（3）石子

混凝土用石分为碎石与卵石，由于用碎石拌制的混凝土具有较高的强度，所以在普通混凝土中用量大一些；而用卵石拌制的混凝土具有更好的流动性，在水工混凝土中用得较多。

（4）水

混凝土拌合用水按水源可分为饮用水、地表水、地下水、海水以及经适当处理或处置后的废水。一般来说，饮用水均可满足混凝土要求。

（5）外加剂与掺和料

由于外加剂与掺和料加入混凝土中，可以改善混凝土某些方面的性能，所以又被称为第五组分。

根据《混凝土外加剂术语》GB 8075—2017 的规定，混凝土外加剂按其主要功能分为四类：

①改善混凝土拌合物流变性能的外加剂。包括各种减水剂、引气剂和泵送剂等。

②调节混凝土凝结时间、硬化性能的外加剂。包括缓凝剂、早强剂和速凝剂等。

③改善混凝土耐久性的外加剂。包括引气剂、防水剂和阻锈剂等。

④改善混凝土其他性能的外加剂。包括加气剂、膨胀剂、防冻剂、着色剂、防水剂等。

在混凝土中掺入火山灰、粉煤灰、粒化高炉矿渣、硅粉等活性掺和料，可取代一部分水泥，能够获得一定的经济效益，而且对混凝土的某些性能有所改善。

4.3.2　混凝土的技术性能

混凝土的技术性能可分为硬化前和硬化后的技术性能两大部分。硬化前的混凝土常被称为混凝土拌合物或湿混凝土，其性能主要是和易性；硬化后的混凝土性能可分为强度与耐久性两部分。

（1）混凝土拌合物的和易性

和易性是指混凝土拌合物易于施工操作（拌合、运输、浇灌、搞实）并能获得质量均匀、成型密实的性能。和易性是一项综合的技术性质，我们在理论上可分为流动性、黏聚性和保水性三方面来讨论。流动性可用坍落度实验或维勃稠度实验进行测定，如图4.1、图4.2所示。

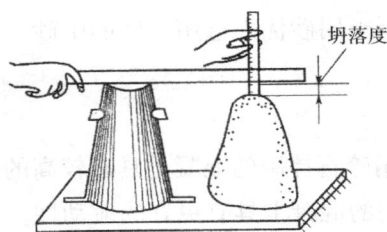

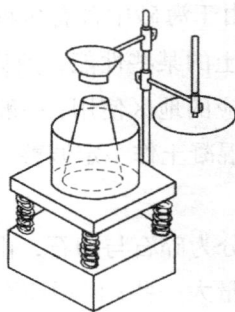

图 4.1　坍落度实验　　　　图 4.2　维勃稠度实验

影响和易性的主要因素有：水泥浆的数量和水灰比；砂率；组成材料的性质；时间和温度。

（2）混凝土强度

强度是混凝土最重要的性质，而且混凝土强度与混凝土的其他性能关系密切，一般来说，混凝土的强度越高，其抗渗性、耐水性、抗冻性、抗侵蚀性也越强，通常用混凝土强度来评定和控制混凝土的质量。

混凝土的强度包括抗压强度、抗拉强度、抗弯强度、抗剪强度和与钢筋的粘结强度等。

①混凝土的抗压强度与强度等级。为了正确进行设计和控制工程质量，根据混凝土立方体抗压强度标准值，将混凝土划分为C15、C20、C25、C30、C35、C40、C45、C50、C55、C60、C65、C70、C75、C80等十四个强度等级。例如，C40表示混凝土立方体抗压强度标准值为40MPa。

②混凝土的轴心抗压强度（f_{cp}）。混凝土强度等级测定采用立方体试件，但实际工程中钢筋混凝土结构形式很少是立方体的，大部分是棱柱体或圆柱体。为了使测得的混凝土强度接近于混凝土结构的实际情况，在钢筋混凝土结构计算中，计算轴心受

压构件（如柱子）时，都采用混凝土的轴心抗压强度值作为设计依据。

根据国家标准的规定，轴心抗压强度采用 150mm × 150mm × 300mm 的棱柱体作为标准试件，一般来说，$f_{cp} = (0.70 \sim 0.80) f_{cu}$。

4.4　建筑砂浆

建筑砂浆是由胶凝材料、细骨料和水按适当比例配制而成的材料。

根据用途，建筑砂浆分为砌筑砂浆、抹面砂浆、装饰砂浆及特种砂浆。根据胶结材料不同可分为水泥砂浆、石灰砂浆和混合砂浆。混合砂浆有水泥石灰砂浆、水泥黏土砂浆及石灰黏土砂浆等。

4.4.1　砌筑砂浆

用于砌筑砖、石等各种砌块的砂浆称为砌筑砂浆。它起着粘结砌块、传递荷载的作用，是砌体的重要组成部分。

（1）砌筑砂浆的和易性

新拌砂浆应具有良好的和易性。和易性良好的砂浆容易在粗糙的砖石基面上铺抹成均匀的薄层，而且能够和底面紧密粘结，既便于施工操作，提高生产效率，又能保证工程质量。砂浆的和易性包括流动性和保水性两个方面。

（2）砂浆的强度

砂浆的强度等级是以 70.7mm × 70.7mm × 70.7mm 的立方体，按标准条件下养护28d 的抗压强度的平均值，并考虑具有 95% 强度保证率而确定。砂浆的强度等级共分 M2.5、M5、M7.5、M10、M15、M20 六个等级。

（3）粘结力

砖石砌体是靠砂浆把块状的砖石材料粘结成为坚固的整体。因此，为保证砌体的强度、耐久性及抗震性等，要求砂浆与基层材料之间应有足够的粘结力。一般情况下，砂浆的抗压强度越高，它与基层的粘结力也越大。此外，砖石表面状况、清洁程度、湿润状况以及施工养护条件等都直接影响砂浆的粘结力。

（4）砂浆的抗冻性

具有抗冻性要求的砌筑砂浆，经规定冻融循环次数后，质量损失不大于 5%，抗压强度损失不大于 25%。

4.4.2　抹面砂浆

凡涂抹在建筑物或建筑构件表面的砂浆，统称为抹面砂浆。根据其功能的不同，可分为普通抹面砂浆、装饰砂浆、防水砂浆及其他特种砂浆（如绝热、耐酸、防射线砂浆等）。

抹面砂浆的要求：具有良好的和易性，容易抹成均匀平整的薄层，便于施工。还要有较高的粘结力，能与基层粘结牢固，长期使用不致开裂或脱落。

抹面砂浆的组成材料与砌筑砂浆基本相同。但为了防止砂浆层的开裂，有时需要加入一些纤维材料，有时为了使其具有某些功能需加入特殊骨料或掺合料。

抹面砂浆通常分为两层或三层进行施工。底层抹灰的作用是使砂浆与底面能牢固地粘结，因此要求砂浆具有良好的和易性和粘结力，基层也要求粗糙以提高与砂浆的粘结力。中层抹灰主要是为了抹平，有时可省去不用。面层抹灰要求平整光洁，达到规定的饰面要求。

底层及中层多用水泥混合砂浆，面层多用水泥混合砂浆或接麻刀、纸筋的石灰砂浆。在潮湿房间或地下建筑及容易碰撞的部位，应采用水泥砂浆。普通抹面砂浆配合比可参考表 4.3。

普通抹面砂浆配合比　　　　　　　　　　　表 4.3

材料	体积配合比	材料	体积配合比
水泥：砂	（1:2）~（1:3）	石灰：石膏：砂	（1:0.4:2）~（1:2:4）
石灰：砂	（1:2）~（1:4）	石灰：黏土：砂	（1:1:4）~（1:1:8）
水泥：石灰：砂	（1:1:6）~（1:2:9）	石灰膏：麻刀	（质量比）（100:1.3）~（100:2.5）

4.5　墙体材料

墙体材料是房屋建筑的主要围护材料和结构材料。常用的墙体材料有砖、砌块和板材三大类。本书重点介绍砖与砌块。

4.5.1　砖

凡是由黏土、工业废料或其他地方资源为主要原料，以不同工艺制成的，在建筑中用于砌筑承重和非承重墙体的砖，统称砌墙砖。

砌墙砖按生产工艺可分为烧结砖和非烧结砖两大类。

烧结砖是以黏土为主要原料经焙烧而制成的砖；由于会对环境产生不良影响，国家限制使用。

非烧结砖是经蒸压或蒸养而制成的砖，可用于耐久性要求不高的一般工业和民用建筑的围护结构和基础，但不适用于有酸性介质侵蚀、长期受高温影响和经受较大振动影响的建筑物。

砖按孔洞率可分为：实心砖、微孔砖、多孔砖和空心砖。

实心砖一般无孔洞或孔洞率小于 5%，多孔砖的孔洞率等于或大于 15%，孔的尺寸小而数量多；空心砖的孔洞率等于或大于 25%，孔的尺寸大而数量少。

（1）烧结砖

1）烧结普通砖

烧结普通砖是以黏土、页岩、煤矸石、粉煤灰为主要原材料，经焙烧而成。标准尺寸为 240mm×115mm×53mm。

烧结普通砖根据抗压强度分为 MU30、MU25、MU20、MU15、MU10 五个强度等级。

2）烧结多孔砖

烧结多孔砖（图 4.3）通常指砖内孔径不大于 22mm，孔洞率不小于 15 % 的烧结砖。外型尺寸可为长度（L）290、240、190mm，宽度（B）240、190、180、175、140、115mm，高度（H）90mm 的不同组合而成。

烧结多孔砖内的孔洞尺寸小而数量多，孔洞分布在大面尚且均匀合理，非孔部分砖体较密实，所以强度较高。工程中使用时常以孔洞垂直于承压面，以充分利用砖的抗压强度。烧结多孔砖分为 MU30、MU25、MU20、MU15、MU10 五个强度等级。

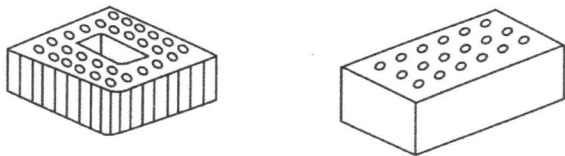

图 4.3　烧结多孔砖

3）烧结空心砖

烧结空心砖（图 4.4）是指孔洞率大于 15%，孔尺寸大而孔数量少的砖。烧结空心砖的尺寸一般较大，空洞通常平行于承压面，抗压强度较低。依据抗压强度可划分为 MU5.0、MU3.0 和 MU2.0 三种强度等级。

根据空心砖（含空洞）的表观密度划分为 800、900、1100kg/m³ 三个等级的空心砖。

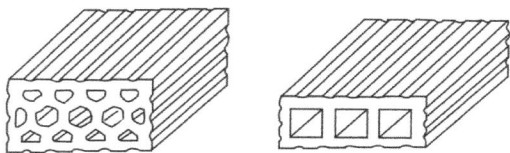

图 4.4　烧结空心砖

（2）蒸压（养）砖

蒸压（养）砖是以含钙材料（石灰、电石渣等）和含硅材料（砂子、粉煤灰、煤矸石、灰渣、炉渣等）与水拌合，经压制成型，在自然条件下或人工热合成条件下（常压或高压蒸汽养护）反应生成以水化硅酸钙、水化铝酸钙为主要胶结料的硅酸盐建筑制品。标准尺寸为 240mm × 115mm × 53mm，主要品种有灰砂砖、粉煤灰砖、煤渣砖等。

4.5.2 砌块

砌块是用于砌筑的，形体大于砌墙砖的人造块材。一般为直角六面体。按产品主规格的尺寸，可分为大型砌块（高度大于 980mm）、中型砌块（高度为 380~980mm）和小型砌块（高度大于 115mm，小于 380mm）。砌块高度一般不大于长度或宽度的 6 倍，长度不超过高度的 3 倍。根据需要也可生产各种异形砌块。

砌块的分类方法很多，若按用途可分为承重砌块和非承重砌块；按有无孔洞可分为实心砌块（无孔洞或空心率小于 25%）和空心砌块（空心率大于 25%）；按材质又可分为硅酸盐砌块、轻骨料混凝土砌块、加气混凝土砌块、混凝土砌块等。

（1）混凝土空心砌块

普通混凝土小型空心砌块是以水泥、砂子、石子、水为原料，经搅拌、成型、养护而成的空心砌块。砌块的空心率不小于 25%，主规格为 390mm × 190mm × 190mm，配以 3~4 种辅助规格，即可组成墙用砌块基本系列。常用普通混凝土小型空心砌块的形状如图 4.5 所示。

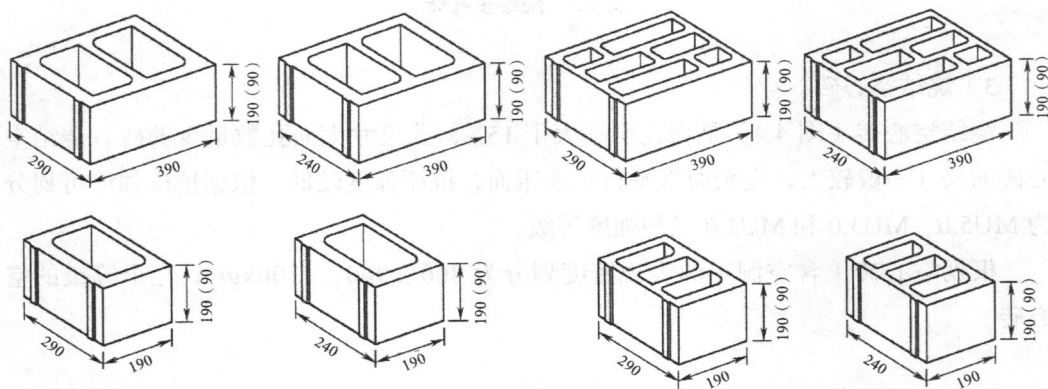

图 4.5　普通混凝土小型空心砌块类型

（2）蒸压加气混凝土砌块（ACB）

蒸压加气混凝土砌块是用钙质材料（如水泥、石灰）和硅质材料（如砂子、粉煤灰、矿渣）的配料中加入铝粉作加气剂，经加水搅拌、浇注成型、发气膨胀、预养切割，再经高压蒸汽养护而成的多孔硅酸盐砌块。《蒸压加气混凝土砌块》GB/T 11968—2020 规定，加气混凝土砌块常用规格尺寸见表 4.4。

规格尺寸			表 4.4
长度 L	宽度 B		高度 H
600	100、120、125、150、180、200、240、250、300		200、240、250、300

注：如需要其他规格，可由供需双方协商确定

4.5.3　墙板

我国目前可用于墙体的板材品种主要有岩棉复合外墙板、彩色压型板聚苯乙烯（或岩棉）复合墙板和钢丝网架水泥夹芯板等。大力发展优质板材既是框轻结构、轻钢框架结构等新型建筑结构体系发展的需要，也是我国墙体材料改革的需要。

（1）金属面夹芯板

金属面夹芯板按面板材料分为彩钢夹芯板和铝合金夹芯板两大类，目前主要产品为彩钢夹芯板。

彩钢夹芯板是以隔热材料（岩棉、聚苯乙烯、聚氨酯）作芯材，以彩色涂层钢板为面材，用粘结剂复合而成的，一般厚度为 50～250mm，宽度为 1150 或 1200，长度 ≤12000mm，有一些大型厂家可连续压制，所以长度可根据需要调整。

（2）混凝土岩棉复合外墙板

混凝土岩棉复合外墙板的内外表面用 20～30mm 厚的钢筋混凝土，中间填以岩棉，内外两层面板用钢筋连接，如图 4.6 所示。混凝土岩棉复合板按构造分，有承重混凝土岩棉复合外墙板和非承重薄壁混凝土岩棉复合外墙板。承重混凝土岩棉复合外墙板主要用于大模和大板高层建筑，非承重薄壁混凝土岩棉复合外墙板可用于框架轻板体系和高层大模体系建筑的外墙工程。其夹层厚度应根据热工计算确定。

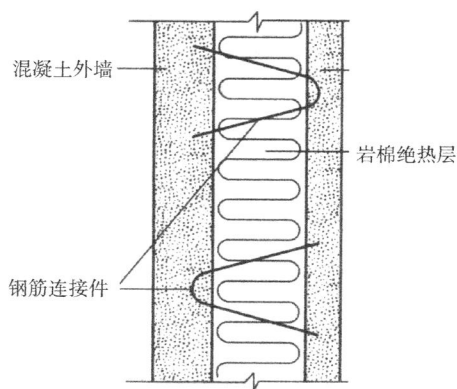

图 4.6　混凝土岩棉复合外墙板

（3）钢丝网架水泥夹芯板

钢丝网架水泥夹芯板的最典型产品是"泰柏板"。它是以直径为 2.06mm±0.03mm，屈服强度为 390～490MPa 的钢丝焊接成的三维钢丝网架为骨架，中间填充聚苯乙烯

泡沫保温芯材，在现场拼装后，两面涂抹聚合物水泥砂浆面层材料而成的一种建筑板材，其构造示如图 4.7 所示。

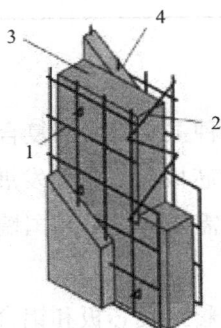

图 4.7 "泰柏板"的构造图
1—方格钢丝网；2—斜插短钢丝；3—聚苯乙烯泡沫或岩棉整板芯材；4—水泥砂浆

由于所用钢丝网骨架构造及夹心层材料、厚度的差别等，该类板材有多种名称，如以整块聚苯泡沫保温板为芯材的"舒乐舍板"和以岩棉保温板为芯材的 GY 板（或称钢丝网岩棉夹芯复合板）。三维板、3D 板、钢丝网节能板等，但它们的性能和基本结构相似。

该类板轻质高强，隔热隔声，防火、防潮、防震，耐久性好，易加工，施工方便。适用于自承重外墙、内隔墙、屋面板、小于 3m 跨的楼板等。

（4）轻钢龙骨面板复合墙板

轻钢龙骨面板复合墙板是以 9～18mm 薄板为面层材料，以轻钢龙骨为骨架，中间填充或不填保温材料，在现场拼装而成的轻质复合隔墙板。

龙骨面板复合墙体有保温或隔声要求时，可在复合墙板中间填充岩棉板、聚苯泡沫板或珍珠岩保温芯板。面层材料，常用的有纸面石膏板、玻纤增强水泥板、纤维增强水泥板（TK 板）、纤维水泥加压板（FC 板）、纤维水泥平板（埃特利特板）、纤维增强硬石膏压力板（AP 板）、石棉水泥平板等。

4.6 建筑钢材

建筑钢材是建筑工程主要的结构材料、也可以用作连接材料、围护材料和饰面材料等。

4.6.1 乡村建筑钢材的主要钢种

（1）碳素结构钢

按国家标准《碳素（结构钢）》GB/T 700—2006 规定，我国碳素结构钢分 4 个牌号，即 Q195、Q215、Q235 和 Q275。各牌号钢又按其硫、磷含量由多至少分为 A、B、C、

D 四个质量等级。

碳素结构钢的牌号表示按顺序由代表屈服点的字母（Q）、屈服点数值（N/mm²）、质量等级符号（A、B、C、D）、脱氧程度符号（F、Z、TZ）四部分组成。例如 Q235-A.F.，它表示：屈服强度为 235MPa 的 A 级沸腾碳素结构钢。当为镇静钢或特殊镇静钢时，则牌号中"Z"与"TZ"符号可予以省略。

（2）低合金高强度结构钢

与碳素钢相比，冶炼时多加入总量小于 5% 的合金元素炼成的钢，称为低合金高强度结构钢，简称低合金结构钢。常用的合金元素有硅、锰、钛、钒、铬、镍、铜等。

按照《低合金高强度结构钢》GB/T 1591—2018 规定，钢材以热轧（AR 或 WAR）、正火、正火轧制（N）或热机械轧制（M）状态交货。交货状态为热轧时，交货状态代号 AR 或 WAR 可省略；交货状态为正火或正火轧制状态时，交货状态代号均用 N 表示。其中热轧 4 个牌号：Q355、Q390、Q420、Q460；正火和正火轧制 4 个牌号（N）：Q355N、Q390N、Q420N、Q460N；热机械轧制（M）8 个牌号：Q355M、Q390M、Q420M、Q460M、Q500M、Q550M、Q620M、Q690M。

钢的牌号由代表屈服强度"屈"字的汉语拼音字母 Q 规定的最小上屈服强度数值、交货状态代号、质量等级符号（B、C、D、E、F）四个部分组成。

例如：Q355ND。表示最小上屈服强度值 355 兆帕（MPa），N—交货状态为正火或正火轧制；D—质量当需方要求钢板具有厚度方向性能时，则在上述规定的牌号后加上代表厚度方向（Z 向）性能级别的符号，如 Q355NDZ25。

4.6.2 混凝土结构常用钢材品种

混凝土结构常用钢材可分为普通钢筋与预应力钢筋，如图 4.8 所示，在乡村建筑中主要使用普通钢筋。

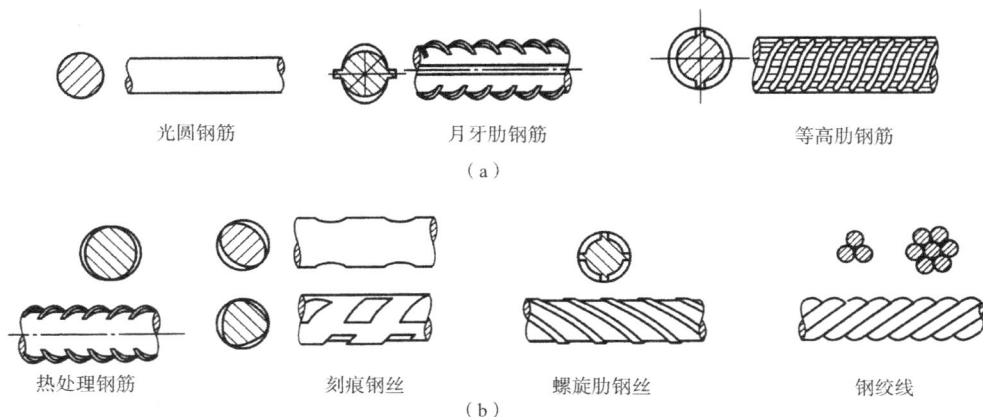

图 4.8 混凝土结构常用钢材
（a）普通钢筋；（b）预应力钢筋

（1）热轧光圆钢筋（表 4.5）

光圆钢筋低碳素结构钢热轧而成，其强度较低，但塑性好，伸长率高，便于弯曲成型、且可焊性好；一般用作中、小型钢筋混凝土结构的受力钢筋或箍筋和冷加工的原料。HPB 为热轧光圆钢筋英文首字母。

热轧光圆钢筋的技术标准 表 4.5

牌号	公称直径（mm）	屈服点 σ_s（或 $\sigma_{0.2}$）（MPa）≥	抗拉强度 σ_b（MPa）≥	断后伸长率 A（%）≥	最大拉力时总伸长率 A_{gt}（%）≥	冷弯试验弯心直径 d
HPB300	6 ~ 22	300	420	25	10	a

（2）钢筋混凝土用热轧带肋钢筋

热轧带肋钢筋根据强度的高低分为不同的强度等级，各强度等级热轧钢筋的技术标准见表 4.6。其中 HRB 为热轧带肋钢筋英文首字母，E 代表抗震，F 代表细晶粒，钢筋交货时应在其表面轧上牌号标志、生产企业序号（许可证后 3 位数字）和公称直径毫米数字，还可轧上经注册的厂名（厂名以汉语拼音字头表示）或商标。钢筋牌号以阿拉伯数字或阿拉伯数字加英文字母表示：HRB400、HRB500、HRB600 分别以 4、5、6 表示，HRBF400、HRBF500 分别以 C4、C5 表示，HRB400E、HRB500E 分别以 4E、5E 表示，HRBF400E、HRBF500E 分别以 C4E、C5E 表示。

热轧带肋钢筋的技术标准 表 4.6

牌号	下屈服强度 R_{cl}（MPa）≥	抗拉强度 Rm（MPa）≥	断后伸长率 A（%）≥	最大拉力时总伸长率 A_{gt}（%）≥	实测抗拉强度/实测下屈服强度 ≥	实测下屈服强度/下屈服强度 ≤
HRB400 HRBF400	400	540	16	7.5	—	—
HRB400E HRBF400E			—	9.0	1.25	1.30
HRB500 HRBF500	500	630	15	7.5	—	—
HRB500E HRBF500E			—	9.0	1.25	1.30
HRB600	600	730	14	7.5	—	—

（3）钢筋混凝土用冷拉钢筋

为了提高钢筋的强度及节约钢筋，工地上常按施工规程，控制一定的冷拉应力或冷拉率，对热轧钢筋进行冷拉。冷拉钢筋的力学性能应符合规范规定的要求。冷拉后不得有裂纹、起层等现象。

4.7　防水材料

建筑防水材料是用于防止建筑物渗漏的一大类材料，被广泛用于建筑物的屋面、地下室及水利、地铁、隧道、道路和桥梁等工程。可分为刚性防水材料和柔性防水材料两大类。刚性防水材料，是以水泥混凝土或砂浆自防水为主，外掺各种防水剂、膨胀剂等共同组成的防水结构。柔性防水材料，具有适应建筑变形而不断裂，保持防水能力的特点，如防水卷材、防水涂料、防水密封材料和沥青混合料等，见表4.7。

沥青的分类　　　　　　　　　　　　　　　　　　表4.7

沥青	地沥青	天然沥青	由地表或岩石中直接采集、提炼加工后的沥青
		石油沥青	由提炼石油的残留物制得的沥青，其中包含石油中所有的重组分
	焦油沥青	煤沥青	由煤焦油蒸馏后的残留物制取的沥青
		页岩沥青	由页岩焦油蒸馏后的残留物制取的沥青

4.7.1　石油沥青

（1）石油沥青的组分与结构

通常将沥青分为油分、树脂和地沥青质三组分组成。

1）油分

为沥青中最轻的组分，呈淡黄至红褐色，密度为 $0.7 \sim 1g/cm^3$。在170℃以下较长时间加热可以挥发。它能溶于大多数有机溶剂，如丙酮、苯、三氯甲烷等，但不溶于酒精。在石油沥青中，含量为40%～60%。油分使沥青具有流动性。

2）树脂

为密度略大于 $1g/cm^3$ 的黑褐色或红褐色黏稠物质。能溶于汽油、三氯甲烷和苯等有机溶剂，但在丙酮和酒精中溶解度很低。在石油沥青中含量为15%～30%。它使石油沥青具有塑性与粘结性。

3）地沥青质

为密度大于 $1g/cm^3$ 的固体物质，黑色。不溶于汽油、酒精，但能溶于二硫化碳和三氯甲烷中。在石油沥青中含量为10%～30%。它决定石油沥青的温度稳定性和黏性，它的含量越多，则石油沥青的软化点越高，脆性越大。

此外，石油沥青中常含有一定量的固体石蜡，它会降低沥青的粘结性、塑性、温度稳定性和耐热性。常采用氯盐（$FeCl_3$、$ZnCl_2$ 等）处理或溶剂脱蜡等方法处理，使多蜡石油沥青的性质得到改善，从而提高其软化点，降低针入度，使之满足使用要求。

石油沥青中的各组分是不稳定的。在阳光、空气、水等外界因素作用下，各组分之间会不断演变，油分、树脂会逐渐减少，地沥青质逐渐增多，这一演变过程称为沥青的老化。沥青老化后，其流动性、塑性变差，脆性增大，从而变硬，易发生脆裂乃至松散，使沥青失去防水、防腐效能。

（2）石油沥青的主要技术性质

1）石油沥青的针入度

针入度是指在温度为25℃的条件下，以质量100g的标准针，经5s沉入沥青中的深度（0.1mm称1度）来表示。针入度测定。针入度值大，说明沥青流动性大，粘性差。针入度范围在5～200度之间。如图4.9所示。

按针入度可将石油沥青划分为以下几个牌号：道路石油沥青牌号有200、180、140、100甲、100乙、60乙等号；建筑30、10等号；普通石油沥青牌号有75、65、55等号。

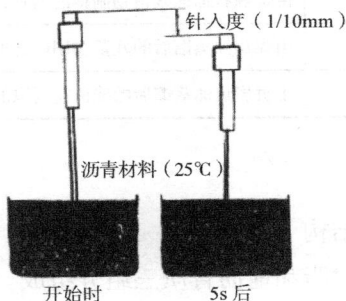

图4.9　针入度测定示意图

2）石油沥青的塑性

塑性是指沥青在外力作用下产生变形而不破坏，除去外力后仍能保持变形后的形状不变的性质。塑性表示沥青开裂后自愈能力及受机械应力作用后变形而不破坏的能力。沥青之所以能制造成性能良好的柔性防水材料，很大程度上取决于这种性质。沥青的塑性用"延伸度"（亦称延度）或"延伸率"表示。试验方法如图4.10所示。

3）石油沥青的温度敏感性

温度敏感性是指石油沥青的粘滞性和塑性随温度升降而变化的性能。温度敏感性较小的石油沥青，其粘滞性、塑性随温度的变化较小。温度敏感性常用软化点来表示，软化点试验方法如图4.11所示。

4）石油沥青的大气稳定性

它是指石油沥青在热、阳光、氧气和潮湿等因素的长期综合作用下抵抗老化的性能，它反映耐久性。大气稳定性可以用沥青的蒸发质量损失百分率及针入度比的变化来表示，即试样在160℃温度加热蒸发5h后质量损失百分率和蒸发前后的针入度比两项指标来表示。蒸发损失率越小，针入度比越大，则表沥青的大气稳定性越好。

以上四种性质是石油沥青材料的主要性质。此外，沥青材料受热后会产生易燃气体，与空气混合遇火即发生闪火现象。当出现闪火时的温度，叫闪点，也称闪火点。

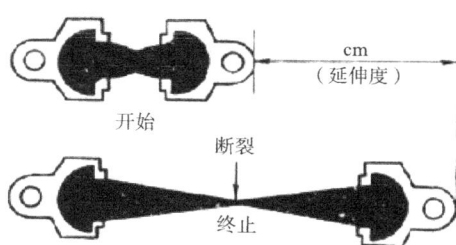

图 4.10　延伸度测定示意图

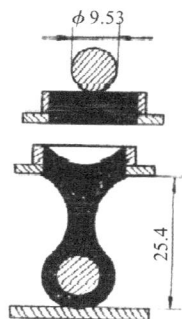

图 4.11　软化点测定示意图

它是加热沥青时，从防火要求提出的指标。

（3）石油沥青的技术标准

我国石油沥青产品按用途分为道路石油沥青、建筑石油沥青及普通石油沥青等。这三种石油沥青的技术标准分别列于表4.8。石油沥青的牌号主要根据其针入度、延度和软化点等质量指标划分，以针入度值表示。同一品种的石油沥青，牌号越高，则其针入度越大，脆性越小；延度越大，塑性越好；软化点越低，温度敏感性越大。

石油沥青技术标准（GB 494—1998）　　　　表 4.8

项目	质量指标		
	10 号	30 号	40 号
针入度（25℃，100g，5s），0.1mm	10 ~ 25	26 ~ 35	36 ~ 50
延伸度（25℃，5cm/min）不小于	1.5	2.5	3.5
软化点（环球法）（℃），不低于	95	75	60
溶解度（三氯乙烯、四氯化碳或苯），不小于（%）	99.5		
蒸发损失（160℃，5h）（%），不大于	1		
蒸发后针入度比，不小于（%）	65		
闪点（开口）（℃），不低于	230		

（4）石油沥青的应用

在选用沥青材料时，应根据工程类别（房屋、道路、防腐）及当地气候条件，所处工作部位（屋面、地下）来选用不同牌号的沥青。

道路石油沥青主要用于道路路程面或车间地面等工程，一般拌制成沥青混合料（沥青混凝土或沥青砂浆）使用。道路石油沥青的牌号较多，选用时应注意不同的工程要求、施工方法和环境温度差别。道路石油沥青还可作密封材料和粘结。当使用沥青材料时，应根据工程性质、当地气候条件及所处工作环境来选用不同品种和牌号的沥青。选用的基本原则是：在满足粘性、塑性和温度敏感性等主要性质的前提下，尽量选用牌号较大的沥青。牌号较大的沥青，耐老化能力强，从而保证沥青有较长的使用年限。

建筑石油沥青常用作建筑防水卷材、防水涂料、冷底子油和沥青嵌缝油膏等防水材料的主要原料，主要用于屋面防水、地下防水及沟槽防水、防腐蚀等工程。

需要指出的是由于黑色沥青表面是好的吸热体，一般同一地区的沥青屋面的表面温度比其他材料的都高，据高温季节测试，沥青屋面达到的表面温度比当地最高气温高 20℃~25℃，为避免夏季流淌，一般屋面用沥青材料的软化点应本地区屋面最高温度高 20℃以上。

4.7.2　沥青防水涂料

（1）冷底子油

冷底子油属溶剂型沥青涂料，其实质是一种沥青溶液。由于形成涂膜较薄，故一般不单独作防水材料使用，往往仅作某些防水材料的配套材料使用。

石油沥青冷底子油是由 60 号、30 号或 10 号石油沥青，加入溶剂（如柴油、煤油、汽油、蒽油或苯等）配成的溶液。冷底子油可用于涂刷混凝土、砂浆或金属表面，形成基层。

（2）沥青胶

沥青胶又名玛琋脂，是在沥青中加入填充料如滑石粉、云母粉、石棉粉、粉煤灰等加工而成，分为冷、热两种，前者称为冷沥青胶或冷玛琋脂，后者称热沥青胶或热玛琋脂，两者又均有石油沥青胶及煤沥青胶两类。石油沥青胶适用于粘结石油沥青类卷材，煤沥青胶适用于粘贴煤沥青类卷材。

沥青胶的标号按照耐热度划分，主要用于Ⅲ级和Ⅳ级防水等级的工业与民用建筑的屋面防水、地下混凝土的防水防潮以及卫生间的防水等。

（3）乳化沥青

乳化沥青是一种冷施工的防水涂料，是将石油沥青在乳化剂水溶液作用下，经乳化机（搅拌机）强烈搅拌而成。

目前我国生产最多的乳化沥青大致有阴离子型乳化沥青、阳离子型乳化沥青、非离子型乳化沥青和无机型乳化沥青四个类型。

4.7.3　防水材料

（1）防水卷材

①高聚物改性沥青防水卷材：高聚物改性沥青防水卷材是指以合成高分子聚合物改性沥青为涂盖层，纤维织物或纤维毡为胎体，粉状、粒状、片状或薄膜材料为防粘隔离层制成的可卷曲的片状防水材料。其中 SBS 改性沥青防水卷材卷材适用于工业与民用建筑的屋面及地下防水工程，尤其适用于较低气温环境的建筑防水。APP 改性沥青防水卷材适用于工业与民用建筑的屋面和地下防水工程，以及道路、桥梁等建筑物的防水，尤其适用于较高气温环境的建筑防水。

②合成高分子防水卷材：三元乙丙（EPDM）橡胶防水卷材、聚氯乙烯（PVC）塑料防水卷材、氯化聚乙烯—橡胶共混防水卷材。

（2）防水涂料

①高聚物改性沥青防水涂料：再生橡胶改性沥青防水涂料、水乳型氯丁橡胶沥青防水涂料和 SBS 橡胶沥青防水涂料。

②合成高分子防水涂料：聚氯酯防水涂料、石油沥青聚氯酯防水涂料、硅橡胶防水涂料。

（3）建筑密封材料

建筑密封材料是能承受位移以达到气密、水密的目的而嵌入建筑接缝中的材料。按性能分为弹性密封材料和塑性密封材料；按使用时的组分分为单组分密封材料和多组分密封材料；按组成材料分为改性沥青密封材料和合成高分子密封材料。品种有：丙烯酸酯密封膏、聚氨酯密封膏、聚硫密封膏、硅酮密封膏。

（4）防水砂浆

防水砂浆可用普通水泥砂浆以特定施工工艺制作，也可以在水泥砂浆中掺入防水剂、高分子材料制得，通过提高砂浆的密实性或改善砂浆的抗裂性，使硬化后的砂浆层具有防水、抗渗的性能。

防水砂浆一般可分为四类：多层抹面水泥砂浆（抹四层或五层砂浆）、掺防水剂防水砂浆、膨胀水泥防水砂浆和掺聚合物防水砂浆。

多层防水砂浆应分 4～5 层分层涂抹在基面上，每层厚度约 5mm，总厚度 20～30mm。每层在初凝前压实一遍，最后一遍要压光，并加强养护。

掺防水剂防水砂浆是在水泥砂浆中掺入防水剂，可促使砂浆结构密实，堵塞毛细孔，提高砂浆的抗渗能力。常用的防水剂有硅酸钠类防水剂、氯化物金属盐类防水剂、金属皂类防水剂和水玻璃防水剂。

由于膨胀水泥水化时，水化产物体积膨胀，可填充砂浆孔隙，提高其密实性，所以可用膨胀水泥配制防水砂浆。

掺聚合物防水砂浆是指在普通砂浆中掺入聚合物的砂浆。常用的聚合物有：氯丁胶乳、天然胶乳、丁苯胶乳、氯偏胶乳、丙烯酸酯乳液及布胶硅水溶性聚合物。

砂浆防水层又称刚性防水，适用于不受振动和具有一定刚度的混凝土或砖石砌体工程。用于水塔、水池、地下工程等的防水。

4.8　绝热材料

房屋建筑使用中常受温度、噪声等影响。要求房屋建筑本身具有一定的绝热保温及吸声与隔声的功能，要使建筑满足要求，除采用一定的建筑结构外，还必须采用相应的绝热材料，常见墙体保温构造如图 4.12 所示。

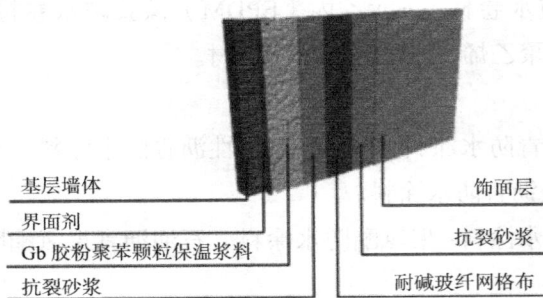

图 4.12 墙体保温构造

材料的导热性能用导热系数表示。材料导热系数越大，导热性能越好。工程上将导热系数不大于 0.23W/（m·K）的材料称为绝热材料。

影响材料导热系数的因素有：材料组成、微观结构、孔隙率、孔隙特征、含水率。

绝热材料除应具有较小的导热系数外，还应具有适宜的或一定的强度、抗冻性、耐水性、防火性、耐热性和耐低温性、耐腐蚀性，有时还需具有较小的吸湿性或吸水性等。

4.8.1　绝热材料的种类及使用要点

绝热材料的品种很多，按材质可分为无机绝热材料、有机绝热材料和金属绝热材料三大类。按形态，又可分为纤维状、多孔（微孔、气泡）状、层状等数种。目前在我国建筑市场上应用比较广泛的纤维状绝热材料如岩矿棉、玻璃棉、硅酸铝棉及其制品，以木纤维、各种植物秸秆、废纸等有机纤维为原料制成的纤维板材；多孔状绝热材料如膨胀珍珠岩、膨胀蛭石、微孔硅酸钙、泡沫石棉、泡沫玻璃以及加气混凝土，泡沫塑料类如聚苯乙烯、聚氨酯、聚氯乙烯、聚乙烯以及酚醛、脲醛泡沫塑料等；层状绝热材料如铝箔、各种类型的金属或非金属镀膜玻璃以及以各种织物等为基材制成的镀膜制品。

4.8.2　常用绝热材料的技术性能

常用绝热材料技术性能见表 4.9。

常用绝热材料技术性能及用途　　　　　　　　表 4.9

材料名称	表观密度（kg/m³）	强度（MPa）	导热系数 [W/（m·K）]	最高使用温度（℃）	用途
超细玻璃棉毡	30 ~ 50		0.035	300 ~ 400	墙体、屋面、冷藏库等
沥青玻纤制品	100 ~ 150		0.041	250 ~ 300	
岩棉纤维	80 ~ 150	> 0.012	0.044	250 ~ 600	填充墙体、屋面、热力管道等
岩棉制品	80 ~ 160		0.04 ~ 0.052	≤ 600	

续表

材料名称	表观密度 （kg/m³）	强度 （MPa）	导热系数 [W/ （m·K）]	最高使用 温度（℃）	用途
膨胀珍珠岩	40 ~ 300		常温 0.02 ~ 0.044 高温 0.06 ~ 0.17 低温 0.02 ~ 0.038	≤ 800	高效能保温保冷填充材料
水泥膨胀珍珠岩制品	300 ~ 400	0.5 ~ 0.10	常温 0.05 ~ 0.081 低温 0.081 ~ 0.12	≤ 600	保温隔热用
水玻璃膨胀珍珠岩制品	200 ~ 300	0.6 ~ 1.7	常温 0.056 ~ 0.093	≤ 650	保温隔热用
沥青膨胀珍珠岩制品	200 ~ 500	0.2 ~ 1.2	0.093 ~ 0.12		用于常温及负温部位的绝热
膨胀蛭石	80 ~ 900	0.2 ~ 1.0	0.046 ~ 0.070	1000 ~ 1100	填充材料
水泥膨胀蛭石制品	300 ~ 350	0.5 ~ 1.15	0.076 ~ 0.105	≤ 600	保温隔热用
微孔硅酸钙制品	250	> 0.3	0.041 ~ 0.056	≤ 650	围护结构及管道保温
轻质钙塑板	100 ~ 150	0.1 ~ 0.3 0.11 ~ 0.7	0.047	650	保温隔热兼防水性能，并具有装饰性能
泡沫玻璃	150 ~ 600	0.55 ~ 15	0.058 ~ 0.128	300 ~ 400	砌筑墙体及冷藏库绝热
泡沫混凝土	300 ~ 500	≥ 0.4	0.081 ~ 0.019		围护结构
加气混凝土	400 ~ 700	≥ 0.4	0.093 ~ 0.016		围护结构
木丝板	300 ~ 600	0.4 ~ 0.5	0.11 ~ 0.26		顶棚、隔墙板、护墙板
软质纤维板	150 ~ 400		0.047 ~ 0.093		同上，表面较光洁
软木板	105 ~ 437	0.15 ~ 2.5	0.044 ~ 0.079	≤ 130	吸水率小，不霉腐、不燃烧，用于绝热隔热
聚苯乙烯泡沫塑料	20 ~ 50	0.15	0.031 ~ 0.047	70	屋面、墙体保温，冷藏库隔热
硬质聚氨酯泡沫塑料	30 ~ 40	0.25 ~ 0.5	0.022 ~ 0.055	−60 ~ 120	屋面、墙体保温，冷藏库隔热
聚氯乙烯泡沫塑料	12 ~ 27	0.31 ~ 1.2	0.022 ~ 0.035	−196 ~ 70	屋面、墙体保温、冷藏库隔热

5 村镇建筑抗震

5.1 房屋抗震的整体要求

5.1.1 地震震级与烈度

地震是一种自然现象，是由于某种原因引起的强烈地动。一般可分为三种，即火山地震、塌陷地震和构造地震。

构造地震是地壳运动推挤岩层，造成地下岩层的薄弱部位突然发生错动、断裂而引起的地动。这种地震破坏性大，影响面广，而且发生较频繁，约占破坏性地震总量的 95% 以上。房屋结构抗震主要是解决构造地震的抗震。

1. 地震震级

地震震级是按照地震本身强度而定的等级标度，用以衡量某次地震的大小，用符号 M 表示。

我国采用 12 个等级划分地震震级。一般来说 M<2 的地震，人感觉不到，称为无感地震或微震；M=2 ~ 5 的地震称为有感地震，M>5 的地震，对建筑物可引起不同程度的破坏，统称为破坏性地震；M>7 的地震为强烈地震或大震；M>8 的地震称为特大地震。

2. 地震烈度

地震烈度是指某一地区遭受一次地震影响的强弱程度。一般来说，距震中越远，地震影响越小，烈度就越小；反之，距震中越近，烈度就越高。此外，地震烈度还与地震大小、震源深浅、地震传播介质、表土性质、建筑物的动力特性、施工质量等许多因素有关。

3. 抗震等级

抗震等级是设计部门依据国家有关规定，按"建筑物重要性分类与设防标准"，根据设防类别、结构类型、烈度和房屋高度四个因素确定，而采用不同抗震等级进行的具体设计。以钢筋混凝土框架结构为例，抗震等级划分为一级至四级，以表示其很严重、严重、较严重及一般的四个级别。

5.1.2 抗震设防结构体系

以往的震害经验充分表明，合理的房屋结构在遭遇地震时破坏也相对较轻。应结合当地建房特点和农民建房经济能力，选择必要的结构体系。

1）房屋体形应简单、规整，平面不宜局部突出或凹进，立面不宜高度不等。

2）房屋的结构体系应符合下列要求：

①纵横墙的布置宜均匀对称，在平面内宜对齐，沿竖向应上下连续；在同一轴线上，窗间墙的宽度宜均匀；

②烟道、风道和垃圾道不应削弱承重墙体；当承重墙体被削弱时，应对墙体采取加强措施；

③房屋楼（屋）面板不宜错层，楼梯间不宜设在房屋的尽端和转角处，且不宜设置悬挑楼梯；

④不应采用无锚固的钢筋混凝土预制挑檐；

⑤木屋架不得采用无下弦的人字屋架或无下弦的拱形屋架。

3）同一房屋不应采用木柱与砖柱、木柱与石柱混合的承重结构；也不应在同一高度采用砖（砌块）墙、石墙、土坯墙、夯土墙等不同材料墙体混合的承重结构。

4）楼、屋面板宜优先采用现浇钢筋混凝土板。当采用预制钢筋混凝土板时，应确保板的质量，并保证预制板之间及其与主体之间的可靠连接。

5）农村民居建筑的结构体系可选用墙体承重结构或梁柱构架承重结构两类。

①墙体承重结构体系：以内、外墙体承重，采用现浇钢筋混凝土楼盖或预制钢筋混凝土楼屋盖组成的结构体系。

②梁、柱构架承重结构体系：以钢、木或钢筋混凝土梁柱为构架组成的承重体系，并采用各种材料的墙体为填充或围护结构。楼、屋盖宜采用现浇或预制钢筋混凝土结构。

5.1.3 整体性连接和抗震构造措施

农村房屋整体性连接和抗震构造措施包括：

1）楼（屋）盖构件的支承长度不应小于表5.1的规定。

楼（屋）盖构件的最小支承长度（mm） 表5.1

构件名称	现浇楼板	预制板		木屋架、木梁	对接木龙骨、木檩条		搭接木龙骨、木檩条
支承位置	墙	墙	混凝土梁	墙	屋架	墙	屋架、墙
最小支承长度	120	100	80	240（墙厚<240mm时，为墙厚）	60	120	满搭
连接方式	—	板端钢筋连接并灌缝	板端钢筋连接并灌缝	木垫板	木夹板与螺栓	木垫板、木夹板与螺栓	扁铁、扒钉

2）木屋架、木梁在外墙上的支承部位应符合下列要求：

①搁置在砖（砌块）墙和石墙上的木屋架或木梁下应设置木垫板或混凝土垫块，木垫板的长度和厚度分别不宜小于500mm、60mm，宽度不宜小于240mm或墙厚；

②搁置在生土墙上的木屋架或木梁在外墙上的支承长度不应小于370mm，且宜满搭，支承处应设置木垫板；木垫板的长度、宽度和厚度分别不宜小于500mm、

370mm 和 60mm；

③木垫板下应铺设砂浆垫层；木垫板与木屋架、木梁之间应采用铁钉或扒钉连接。

3）突出屋面无锚固的烟囱、女儿墙等易倒塌构件的出屋面高度，7 度及 7 度以下时不应大于 0.6m。当超出时，应采取拉结措施。坡屋面上的烟囱高度由烟囱的根部上沿算起。

4）横墙和内纵墙上的洞口宽度不宜大于 1.5m；外纵墙上的洞口宽度不宜大于 1.8m 或开间尺寸的一半。

5）门窗洞口过梁不得采用无筋砖过梁，过梁的支承长度，6、7 度时不应小于 240mm。

6）墙体门窗洞口的侧面应均匀分布预埋木砖，门洞每侧宜埋置 3 块，窗洞每侧宜埋置 2 块，门窗框应采用圆钉与预埋木砖钉牢。

7）当采用冷摊瓦屋面时，底瓦的弧边两角应设置钉孔，可采用铁钉与椽条钉牢；盖瓦与底瓦宜采用石灰或水泥砂浆压垄等做法与底瓦粘结牢固。

8）当采用硬山搁檩屋盖时，山尖墙墙顶处应采用砂浆顺坡塞实找平。

9）屋檐外挑梁上不得砌筑砌体。

10）砖木结构的檩条与屋面板等各构件之间应采用圆钉、扒钉或铅丝等相互牢靠连接。当抗震设防烈度为 6、7 度时，连接用的扒钉直径宜采用 $\phi8$。

5.2 地基与基础抗震构造

5.2.1 地基、基础的一般要求

村镇房屋占地面积小，基础平面简单，易于保证地基土和基础类型的一致性。地基和基础应符合下列要求：

①基础不应设置在杂填土、耕植土之上；

②同一房屋的基础不宜设置在性质明显不同的地基上；

③同一房屋宜采用相同类型的基础；

④当同一房屋基础底面不在同一标高时，应按 1：2 的台阶逐步放坡，放坡做法和要求如图 5.1 所示。

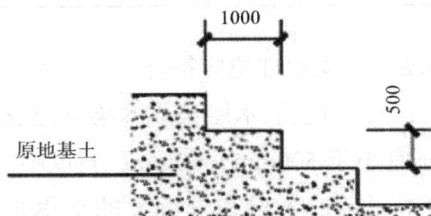

图 5.1 基础底面台阶逐步放坡（单位：mm）

5.2.2　地基处理

在农村房屋建设中，若地基采用天然地基时应夯实处理。

当地基有淤泥、可液化土或严重不均匀土层时，应采取垫层换填方法进行处理（图 5.2）。换填材料和垫层厚度、处理宽度应符合下列要求：

1）垫层换填可选用砂石、黏性土、灰土或质地坚硬的工业废渣等材料，并应分层夯实回填至基地标高处。

2）换填材料砂石级配应良好，黏性土中有机物含量不得超过 5%；灰土体积配合比宜为 2∶8 或 3∶7，灰土宜用新鲜的消石灰，颗粒粒径不得大于 5mm。回填土每层虚铺厚度宜为 250mm，夯实至 150mm。

3）垫层的底面宜至老土层，垫层厚度宜为 0.5~3.0m。

4）垫层在基础底面以外的处理宽度：垫层底面每边应超过垫层厚度的 1/2 且不小于基础宽度的 1/5；垫层顶面宽度可从垫层底面两侧向上，按基坑开挖期间保持边坡稳定的当地经验放坡确定，垫层顶面每边超出基础底边不宜小于 300mm。

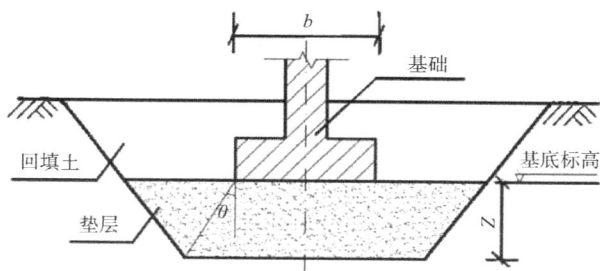

图 5.2　地基采用换填垫层法

5.2.3　基础的埋置深度

基础的埋置深度，一般是指基础底面到室外设计地面的距离。基础的埋置深度，应满足以下要求：

①基础埋置深度不宜小于 500mm，地基为岩石地基时可适当减小；

②地基为季节性冻土时，宜埋置在冻深以下或采取其他防冻措施；

③基础宜埋置在地下水位以上，当地下水位较高，基础不能埋置在地下水位以上时，宜将基础底面设置在最低地下水位 200mm 以下，施工时尚应考虑基坑排水。

5.2.4　农村常用基础类型及构造

在农村房屋建设中，墙体承重结构体系的农村房屋建筑宜采用条形基础，梁柱承重结构体系的农村房屋建筑可采用柱下独立基础。目前基础材料主要采用混凝土或钢筋混凝土，可采用无筋混凝土基础和钢筋混凝土基础。

（1）无筋混凝土基础

无筋混凝土基础适用于土质较均匀的砌体结构房屋基础。无筋混凝土基础坚固耐久、抗水抗冻，可用于地下水位较高或有冰冻情况的建筑基础。

无筋混凝土基础（图 5.3），应符合下列规定：

①无筋混凝土基础选用低强度等级混凝土 C15 或 C20；

②基础的断面应保证两侧有不小于 200mm 的垂直面，如采用斜坡面按 45° 倾斜；

③无筋混凝土基础的台阶高宽比（H_0/b_2）不宜小于 1.00。

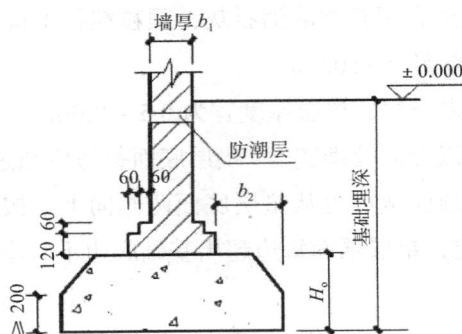

图 5.3　无筋混凝土基础剖面

（2）钢筋混凝土基础

钢筋混凝土基础主要采用钢筋混凝土条形基础（图 5.4 和图 5.5）和钢筋混凝土独立基础（图 5.6 和图 5.7），应符合下列规定：

图 5.4　钢筋混凝土条形基础

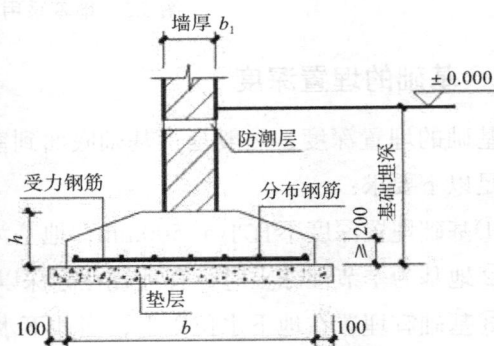

图 5.5　混凝土条形基础剖面

①钢筋混凝土基础混凝土强度等级不应低于 C20；

②锥形条形基础的边缘高度不宜小于 200mm，且两个方向的坡度不宜大于 1∶3；阶梯形基础的每阶高度，宜为 300 ~ 500mm；

③底板受力钢筋的最小直径不应小于 10mm，间距不应大于 200mm，也不应小于

100mm。墙下钢筋混凝土条形基础纵向分布钢筋的直径不应小于 8mm；间距不应大于 300mm。

图 5.6 独立基础

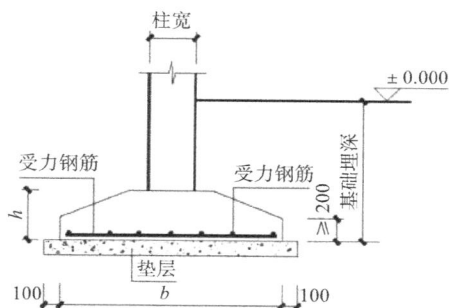

图 5.7 钢筋混凝土独立基础剖面

④混凝土垫层厚度不宜小于 70mm，垫层混凝土强度等级不宜低于 C15。有垫层时钢筋保护层的厚度不应小于 40mm，无垫层时不应小于 70mm；

⑤钢筋混凝土条形基础底板在 T 形及十字形交接处，底板横向受力钢筋仅沿一个主要受力方向通长布置，另一方向的横向受力钢筋可布置到主要受力方向底板宽度 1/4 处（图 5.8）。在拐角处底板横向受力钢筋应沿两个方向布置（图 5.8）。

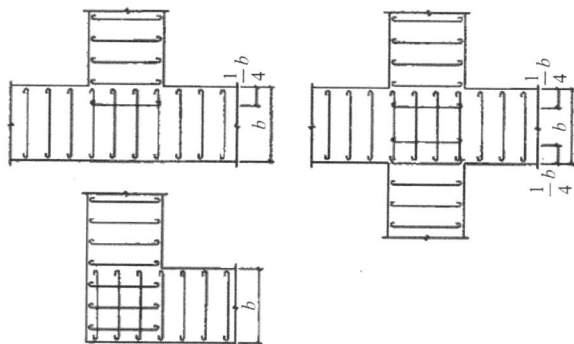

图 5.8 墙下条形基础纵横交叉处底板受力钢筋布置

5.3 房屋上部结构抗震构造

5.3.1 砖混结构抗震构造措施

以砖墙为主体结构形式，加入构造柱，楼板及屋面多采用预制板或者现浇板，为当前农村房屋的主要结构形式选择之一，但是这种结构材料脆性大，抗拉、抗剪能力低，抵抗地震的能力差。很多震害调查表明，在强烈地震作用下，多层砖混结构的破坏部位主要是墙身，楼盖本身的破坏较轻。因此，应采取如下措施提高其抗震性：

（1）一般规定

1）砌体结构房屋的层数和高度

砌体结构房屋的层数和总高度不应超过表 5.2 的规定；房屋的层高为：单层房屋不应超过 4.0m；两层房屋其各层层高不应超过 3.6m。

房屋层数和总高度限值（m）　　　　表 5.2

墙体类别	最小墙厚（mm）	烈度			
		6 度		7 度	
		高度	层数	高度	层数
实心砖墙、多孔砖墙	240	7.2	2	7.2	2
小砌块墙	190	7.2	2	7.2	2
多孔砖墙 蒸压砖墙	190 240	7.2	2	6.6	2

注：房屋总高度指室外地面到主要屋面板板顶或檐口的高度。

2）房屋抗震横墙间距

砌体结构房屋抗震横墙间距不应超过表 5.3 的要求。多孔砖抗震横墙厚度为190mm 时，最大横墙间距应比表 5.3 中数值减少 3m。

房屋抗震横墙最大间距（m）　　　　表 5.3

房屋类别	烈度	
	6 度	7 度
现浇或装配式钢筋混凝土楼、屋盖	15	15
装配式钢筋混凝土楼、屋盖	11	11
木屋盖	9	9

3）承重墙厚度

实心砖墙不应小于 240mm；多孔砖墙、小砌块墙不应小于 190mm。

4）其他

①砌体房屋应设置现浇钢筋混凝土圈梁、构造柱或芯柱。砌体结构房屋中的构造柱、芯柱、圈梁及其他各类构件的混凝土强度等级不应低于 C25。

②对于砌体抗震墙，其施工应先砌墙后浇构造柱、框架梁柱。

（2）钢筋混凝土构造柱

设置钢筋混凝土构造柱，可减少墙身的破坏，并改善其抗震性能，提高延性。

1）构造柱设置部位和要求

构造柱的设置部位，一般情况应符合表 5.4 的要求。

多层砖砌体房屋构造柱设置要求

表 5.4

房屋层数	设置部位
单层	外墙四角，大房间四角
二层	外墙四角，大房间四角
	较大洞口两侧
	楼梯间四角，楼梯段上下端对应的墙体处
	错层部位横墙与外纵墙交接处

2）构造柱截面尺寸、配筋和连接

①构造柱最小截面可采用 180mm×240mm（墙厚 190mm 时为 180mm×190mm），纵向钢筋宜采用 4ϕ12，箍筋可采用 ϕ6@250，且在柱上下端应适当加密；房屋四角的构造柱应适当加大截面及配筋。

②构造柱与墙连接处应砌成马牙槎，沿墙高每隔 500mm 设 2ϕ6 水平钢筋和 ϕ4 分布短筋平面内点焊组成的拉结网片或 ϕ4 点焊钢筋网片，每边伸入墙内不宜小于 1m。

③构造柱与圈梁连接处，构造柱的纵筋应在圈梁纵筋内侧穿过，保证构造柱纵筋上下贯通。

④构造柱可不单独设置基础，但应伸入室外地面下 500mm，或与埋深小于 500mm 的基础圈梁相连。

（3）钢筋混凝土圈梁的构造要求

设置钢筋混凝土圈梁，与构造柱连接起来，增强房屋的整体性，改善房屋的抗震性能。其构造要求为：

①圈梁应闭合，遇有洞口圈梁应上下搭接；圈梁宜设在楼板同一标高处或紧靠板底；

②现浇混凝土圈梁的截面宽度宜与墙厚一致，高度不应小于 120mm，混凝土强度等级不应低于 C20；

③6、7度时，圈梁纵向钢筋不少于4ϕ10，箍筋宜采用ϕ6@250；

④当多层砌体房屋的地基为软弱黏性土、液化土、新近填土或严重不均匀土时且基础圈梁作为减少地基不均匀沉降影响的措施时，基础圈梁的高度不应小于180mm，配筋不应少于4ϕ12，箍筋不应少于ϕ6@200；

⑤楼、屋盖的钢筋混凝土梁或屋架应与墙、柱（包括构造柱）或圈梁可靠连接。

（4）墙体之间的连接

加强墙体的连接，楼板和梁应有足够的支承长度和可靠连接。同时，应加强楼梯间的整体性。墙体之间的连接应满足如下要求：

①在无构造柱的外墙转角处和纵横墙交接处应沿竖向每隔400～500mm设2ϕ6拉结钢筋；或采用焊接钢筋网片，埋入长度从墙的转角或交接处算起，对实心砖墙每边不小于500mm，对多孔砖墙和砌块墙不小于700mm，或伸至门窗洞边。

②后砌的非承重隔墙应沿墙高每隔500～600mm配置2ϕ6拉结钢筋与承重墙或柱拉结，每边伸入墙内不应少于500mm；长度大于5m的后砌隔墙，应在墙中间宜设钢筋混凝土构造柱。

（5）楼、屋面的要求

楼、屋面的构造要求为：

①楼板在墙上或梁上应有足够的支承长度，罕遇地震下楼板不应跌落或拉脱。

②装配式钢筋混凝土楼板或屋面板，应采取有效的拉结措施，保证楼、屋面的整体性。

③楼、屋面的钢筋混凝土梁或屋架应与墙、柱（包括构造柱）或圈梁可靠连接；不得采用独立砖柱。跨度不小于6m的大梁，其支承构件应采用组合砌体等加强措施，并应满足承载力要求。

（6）过梁设置

钢筋混凝土楼（屋）盖房屋，门窗洞口宜采用钢筋混凝土过梁，过梁支承长度不应小于240mm；

木楼（屋）盖房屋，门窗洞口可采用钢筋混凝土过梁或钢筋砖过梁；门窗洞处不应采用砖过梁。

（7）楼梯间构造

楼梯间的构造要点为：

①不应采用悬挑式踏步或踏步竖肋插入墙体的楼梯。

②装配式楼梯段应与平台板的梁可靠连接。

③楼梯栏板不应采用无筋砖砌体。

④楼梯间及门厅内墙阳角处的大梁支承长度不应小于500mm，并应与梁连接。

⑤顶层及出屋面的楼梯间，构造柱应伸到顶部，并与顶部圈梁连接，墙体应设置通长拉结钢筋网片。

⑥顶层以下楼梯间墙体应在休息平台或楼层半高处设置钢筋混凝土带或配筋砖带，并与构造柱连接。

5.3.2 框架结构的抗震构造措施

框架结构（图 5.9）是以柱、框架梁为结构主体，墙身不再承重，可改造性强，主体结构和楼板屋面现浇成型，整体性更好，且抗震性能更强，屋面防水及保温性能良好，但造价相对较高。

钢筋混凝土框架结构是我国农村建筑较常用的结构形式。震害调查表明，框架结构震害的严重部位多发生在框架梁柱节点和填充墙处。一般是柱的震害重于梁，柱顶的震害重于柱底，角柱的震害重于内柱，短柱的震害重于一般柱。为加强框架结构的抗震性能，应把框架设计成延性框架，遵守强柱、强节点、强锚固，避免短柱、加强角柱，框架沿高度不宜突变，避免出现薄弱层，控制最小配筋率，限制配筋最小直径等原则，构造上采取受力筋锚固适当加长，节点处箍筋适当加密等措施。

图 5.9　框架结构房屋

（1）现浇钢筋混凝土房屋的抗震等级

框架结构房屋的抗震等级应按表 5.5 确定。

框架结构房屋的抗震等级　　　　　　　　　　　　　　表 5.5

设防烈度	
6 度	7 度
四	三

（2）现浇框架梁的构造

1）梁的截面尺寸

框架结构的主梁高度可按跨度的（1/15 ~ 1/10）确定，梁净跨与截面高度之比不宜小于 4。梁的截面宽度不宜小于梁截面高度的 1/4，也不宜小于 200mm。

2）梁纵向钢筋配置构造

①梁纵向钢筋应沿梁全长顶面、底面的配筋不应少于 2 Φ 12。

②三级框架梁内贯通中柱的每根纵向钢筋直径，对框架结构不应大于矩形截面柱在该方向截面尺寸的 1/20，或纵向钢筋所在位置圆形截面柱弦长的 1/20；对其他结构类型的框架不宜大于矩形截面柱在该方向截面尺寸的 1/20，或纵向钢筋所在位置圆形截面柱弦长的 1/20。

③梁端箍筋构造。梁端箍筋加密区的长度、箍筋最大间距和最小直径应按表 5.6 采用。

梁端箍筋加密区的长度、箍筋的最大间距和最小直径　　　　表 5.6

抗震等级	加密区长度（采用最大值）（mm）	箍筋最大间距（采用最小值）（mm）	箍筋最小直径（mm）
三	1.5h_b，500	$h_b/4$，8d，150	8
四	1.5h_b，500	$h_b/4$，8d，150	6

注：d 为纵向钢筋直径，h_b 为梁截面高度。

梁端加密区的箍筋肢距，三级不宜大于 250mm 和 20 倍箍筋直径的较大值，四级不宜大于 300mm，一般可沿全长采用双肢箍。

（3）现浇框架柱的构造

1）柱的截面尺寸

矩形截面柱的边长，不宜小于 300mm；圆柱的直径，不宜小于 350mm；截面长边与短边的边长比不宜大于 3。

2）柱纵向钢筋配置构造

柱的纵向钢筋宜对称配置。截面边长大于 400mm 的柱，纵向钢筋间距不宜大于 200mm。柱纵向钢筋的绑扎接头应避开柱端的箍筋加密区。

3）柱的箍筋配置

①箍筋形式。常用的矩形和圆形柱截面的箍筋如图 5.10 所示。

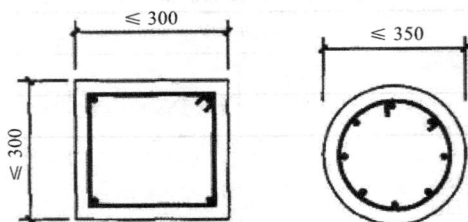

图 5.10　常用的矩形和圆形柱截面的箍筋

②柱的箍筋加密范围，应按下列规定采用：柱端，取截面高度（圆柱直径）、柱

净高的 1/6 和 500mm 三者的最大值；底层柱的下端不小于柱净高的 1/3；刚性地面上下各 500mm。

③加密区箍筋间距和直径。一般情况下，箍筋的最大间距和最小直径应按表 5.7 采用。

柱箍筋加密区的最大箍筋间距和最小直径　　　　表 5.7

抗震等级	箍筋最大间距（采用较小值，mm）	箍筋最小直径（mm）
三	8d、150（柱根 100）	8
四	8d、150（柱根 100）	6（柱根 8）

注：1. d 为纵筋最小直径；
　　2. 柱根指底层柱下端箍筋加密区。

三级框架柱的截面尺寸不大于 400mm 时，箍筋最小直径应允许采用 6mm。

④柱箍筋加密区的箍筋肢距，三级不宜大于 250mm，四级不宜大于 300mm。至少每隔一根纵向钢筋宜在两个方向有箍筋或拉筋约束。

（4）填充墙的抗震构造措施

1）框架结构的非承重墙体宜优先采用轻质墙体材料；采用砌体墙时，其布置应符合下列要求：

①应避免上层墙体很多，下层很少；

②避免窗洞紧贴框架柱；

③非承重墙体布置宜均匀对称；

④砌体女儿墙在人流出入口和通道处应与主体结构锚固；非出入口无锚固的女儿墙高度，6、7 度时不宜超过 0.5m。

2）钢筋混凝土结构中的砌体填充墙，尚应符合下列要求：

①填充墙在平面和竖向的布置，宜均匀对称，宜避免形成薄弱层或短柱。

②砌体的砂浆强度等级不应低于 M5；实心块体的强度等级不宜低于 MU2.5，空心块体的强度等级不宜低于 MU3.5；墙顶应与框架梁密切结合。

③填充墙应沿框架柱全高每隔 500～600mm 设 2φ6 拉筋，拉筋伸入墙内的长度，6、7 度时宜沿墙全长贯通。

④墙长大于 5m 时，墙顶与梁宜有拉结；墙长超过 8m 或层高 2 倍时，宜设置间距不大于 4m 的钢筋混凝土构造柱；墙高超过 4m 时，墙体半高处宜设置与柱连接且沿墙全长贯通的钢筋混凝土水平系梁。

⑤楼梯间和人流通道的填充墙，尚应采用钢丝网砂浆面层加强。

（5）其他

1）框架结构不应采用部分由砌体承重的混合形式。框架结构中的楼、电梯间及局部出屋顶的楼梯间、水箱间等，应采用框架承重，不应采用砌体墙承重。

2）设防烈度 7 度地区的框架和楼梯构件（含梯段），其纵向受力钢筋宜采用钢筋牌号带"E"的钢筋，如 HRB400E。

（6）设置必要的防震缝

不论什么结构形式，防震缝都可以将不规则的建筑物分割成几个规则的结构单元，每个单元在地震作用下受力明确、合理，可避免产生扭转或应力集中的薄弱部位，有利于抗震。

6　农村房屋拆除和危房修缮加固技术

6.1　农村房屋的查勘与鉴定

6.1.1　农村房屋查勘与鉴定的概述

农村房屋查勘与鉴定主要指房屋的安全性鉴定，一般以定性判断为主，即根据房屋主要构件的危险程度和影响范用评定其危险程度等级，结合防灾措施鉴定对房屋的基本安全作出评估。

鉴定工作以现场检查为主，结合走访建筑工匠、入户访谈等方式了解房屋建造和使用情况。农村住房的查勘可分结构、装修和设备三大部分。设备的查勘一般委托专业公司负责完成。

（1）房屋查勘的重点内容

房屋查勘工作主要从房屋的内外两个方面展开。

1）房屋的外部检查

房屋外部检查的重点为：

①房屋周边环境情况，如平地、山坡、河塘、植物等；

②房屋的层数、高度、平立面布置、主要建筑材料、楼（屋）盖形式等；

③地基基础的稳定和变形情况；

④房屋是否有整体倾斜、变形的情况；

⑤房屋外观损伤和破坏情况。

2）房屋的内部检查

房屋内部的检查，应结合外部检查确定房屋结构体系，对主要构件进行外观缺陷、损伤及破坏情况的检查。其检查要点及注意事项为：

①承重墙体、柱、梁、楼板、屋盖构件的材质、规格尺寸，有无受力或变形裂缝及其程度等；

②各承重构件之间的连接构造节点做法及现状，有无拉脱、松动、变形等；

③木构架承重房屋的刚性围护墙及其与承重木构架的连接情况；

④判定墙体裂缝性质时，应注意区分抹灰层等装饰层的损坏与构件本身的损坏，必要时应剔除其装饰层进行核查。

（2）房屋查勘的顺序和方法

1）房屋查勘的顺序

房屋查勘工作首先应根据查勘的目的制定查勘方案。具体查勘的顺序应遵循以下原则：

①一般采取"从外部到内部，从屋顶到底层，从承重构件到非承重构件，从表面到隐蔽，从局部到整体"的查勘顺序；

②根据房屋的现场条件、环境情况、结构现状等，也可以进行局部或重点的查勘。

2）房屋查勘的方法

房屋查勘的方法很多，常见的方法有：直观检查法、仪器检查法、计算分析法、重复观测检查法、荷载试验法等。下面主要介绍3种方法。

①直观检查法：是指以目测和简单工具查勘房屋的完损情况，以经验判断房屋构件和房屋整体的危险、损坏原因以及范围、等级。此法可概括为"听、看、问、查、测"，"听"：即查勘人员要耐心听取房屋使用人的反映；"看"：观察房屋的外形、墙壁、门窗以及结构构件的表面情况；"问"：详细询问用户有关房屋损坏原因等情况，获得对查勘有帮助的资料；"查"：是对房屋承重结构如屋架、梁、柱、板等，进行仔细查勘；"测"：是对基础下沉、房屋倾斜、墙壁凹凸、屋架或梁变形等直观现象，借助仪器进行测量。这是最常用最全面的检查方法。

②仪器检查法：是指用经纬仪、水准仪、激光准直仪等检查房屋的变形、沉陷、倾斜等；用回弹仪枪击法、撞击法、敲击法等机械方法进行非破损性检验。这是专业性比较强的一种方法。

③计算分析法：是将查勘的有关资料和测量结果，运用结构理论加以计算和分析，从而对房屋作出评定的一种方法。这是定性与定量相结合的方法。

房屋查勘结束时要填写《房屋安全普查记录表》，见表6.1。

房屋安全普查记录表 表6.1

编号：

房屋地址				结构		层数		建造年代	
筑面积		总建筑面积		户数		人数			
住宅面积		非住宅面积		留房部位面积					
房屋用途		产别		产权人		联系电话			

危房部位记录（附照片）

年份	历年修缮情况记录

续表

初评	检查人		等级	
复评	检查人		等级	
备注				

（3）农村住房安全性鉴定的程序

农村住房安全性鉴定应按下列程序进行：

1）场地安全性鉴定。结合场地周边环境的调查情况，进行安全性鉴定，主要是核查场地是否为地质灾害易发区，鉴定结果分为危险和基本安全两个等级。

2）房屋基本情况调查。结合现场查勘情况，主要是收集农户基本信息和房屋信息。

3）房屋组成部分危险程度鉴定。主要是对房屋各组成部分现状进行现场调查、查勘和检测，包括地基基础、上部承重结构、围护结构、楼盖或屋面。应分别鉴定其危险性，鉴定结果分为 A、B、C、D 四个等级。

4）房屋整体危险程度鉴定。主要是对房屋各组成部分危险程度鉴定分级情况进行汇总，确定房屋整体危险性，鉴定结果也分为 A、B、C、D 四个等级。

5）防灾措施鉴定。主要是检查房屋是否采取防灾措施，并对防灾措施完备情况进行调查，鉴定结果分为具备防灾措施、部分具备防灾措施和完全不具备防灾措施 3 个等级。

6）处理建议。主要是根据房屋整体危险程度鉴定和防灾措施鉴定结果，对被鉴定的房屋，综合考虑其安全性提升加固改造措施，提出原则性的处理建议。

7）出具鉴定报告。农村住房安全性鉴定报告的内容主要包括：农户和房屋基本信息，房屋组成部分危险程度鉴定情况，房屋整体危险程度鉴定和防灾措施鉴定情况，根据鉴定结果提出的处理建议等，并应附房屋简图和现场照片。

8）争议处理。当农村住房安全性鉴定结论存在争议时，应委托专业机构进行仲裁鉴定。

农村住房安全性鉴定程序如图 6.1 所示。

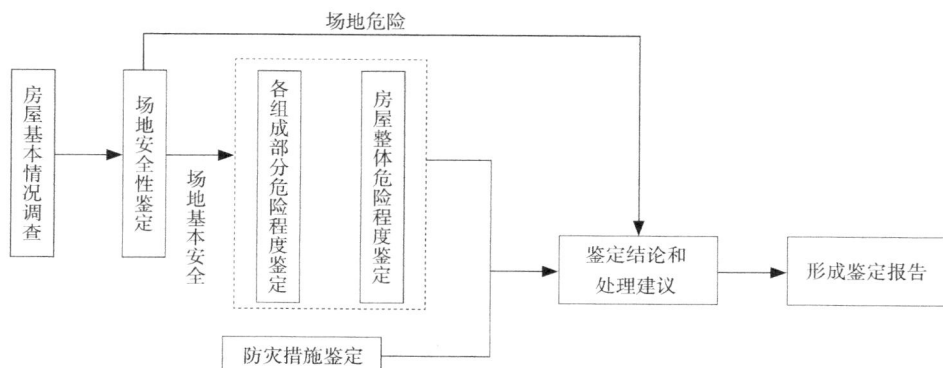

图 6.1　农村住房安全性鉴定程序

6.1.2 房屋危险程度鉴定

（1）房屋组成部分危险程度的鉴定等级

房屋由地基基础、承重构件、围护（分隔）构件、木屋架和楼（屋）盖等组成，各组成部分包括多个构件，在进行危险程度鉴定时应以危险程度最高的构件来判定组成部分的危险等级。

1）地基基础鉴定

地基基础鉴定着重检查外露基础的现状，上部结构有无因不均匀引起的裂缝、沉降等，可按下列等级划分：

A 级：上部结构无不均匀沉降裂缝和倾斜，外露基础完好；地基、基础稳定。

B 级：上部结构有轻微不均匀沉降裂缝，外露基础基本完好；地基、基础基本稳定。

C 级：上部结构出现明显不均匀沉降裂缝，或外露基础明显腐蚀、酥碱、松散和剥落。

D 级：上部结构不均匀沉降裂缝严重，且继续发展尚未稳定，或已出现明显倾斜；基础局部或整体塌陷。

2）砌体墙鉴定

砌体墙鉴定着重检查砌筑质量、外观现状等，可按下列等级划分：

A 级：砌筑质量良好，无裂缝、剥蚀、歪斜；纵横墙交接处咬槎砌筑。

B 级：砌筑质量一般，部分墙体有轻微开裂或剥蚀；纵横墙交接处无明显通缝。

C 级：砌筑质量差，墙体普遍开裂，剥蚀严重；纵横墙体脱闪；个别墙体歪斜；承重墙体厚度 ≤ 120mm。

D 级：墙体严重开裂，部分墙体严重歪斜；局部倒塌或有倒塌危险。

当小型混凝土空心砌块墙未按要求设置芯柱时，结合质量现状，应判定为 C 级或 D 级。

3）石砌墙体鉴定

石墙体鉴定着重检查砌筑质量、砌筑方式、外观现状等，按下列等级划分：

A 级：石料规整，砌筑质量良好；无空鼓、歪斜；纵横墙交接处咬槎砌筑。

B 级：石料基本规整，砌筑质量一般；墙体有轻微开裂或空鼓；纵横墙交接处无明显通缝。

C 级：石料规整性差，砌筑质量差；墙体普遍开裂，明显空鼓，部分石料松动；纵横排脱闪，个别墙体歪斜。

D 级：墙体严重开裂；部分墙体严重歪斜；局部倒塌或有倒塌危险。

当墙体采用乱毛石、鹅卵石砌筑，或砌筑砂浆为泥浆或无浆干砌时，应判定为 C 级或 D 级。

4）生土墙体鉴定

生土墙体鉴定着重检查砌筑（夯筑）质量、砌筑方式、外观现状等，按下列等级划分：

A级：土坯墙块体规整、砌筑质量良好，夯土墙夯筑质量好，干缩裂缝较少；墙面无剥蚀、空鼓，纵横墙交接处咬槎砌筑。

B级：土坯墙砌筑质量或夯土墙夯筑质量一般，干缩裂缝较多但不严重；受力裂缝轻微；墙面轻微剥蚀或空鼓；纵横墙交接处无明显通缝。

C级：墙体砌筑或夯筑质量差，干缩裂缝严重并出现明显受力裂缝；墙面明显剥蚀，严重；纵横墙体脱闪，个别墙体歪斜。

D级：墙体严重开裂；部分墙体严重歪斜，局部倒塌或有倒塌危险。

处于长期受潮状态或周边排水不畅的生土墙体，应判定为C级或D级。

5）承重木结构鉴定

承重木构架鉴定着重检查木柱、梁、檩等各构件的现状及榫卯节点连接情况，按下列等级划分：

A级：无腐朽或虫蛀；构件无变形；有轻微干缩裂缝；榫卯节点良好。

B级：轻微腐朽或虫蛀；构件有轻微变形；构件纵向干缩裂缝深度超过木材直径的1/6；榫卯节点基本良好。

C级：明显腐朽或虫蛀；梁、檩跨中明显挠曲或出现横向裂缝，梁檩端部出现劈裂，柱身明显歪斜；木柱与柱基础之间错位；构件纵向干缩裂缝深度超过木材直径的1/4；榫卯节点有破损或有拔榫迹象；承重柱存在接柱或转换情况且未采取可靠连接措施。

D级：严重腐朽或虫蛀；梁、檩跨中出现严重横向裂缝；柱身严重歪斜；木柱与柱基础之间严重错位；构件纵向干缩裂缝深度超过木材直径的1/3；榫卯节点失效或多处拔榫。

6）梁、板、柱等混凝土构件鉴定

梁、板、柱等混凝土构件的鉴定着重检查质量现状，按下列等级划分：

A级：表面平整，或仅有少量微小开裂或个别部位剥落；钢筋无明显露筋、锈蚀；预制板端部支承稳固，采取加强连接措施。

B级：表面轻微开裂或局部剥落，个别部位钢筋露筋、锈蚀；预制板端部支承基本稳固。

C级：保护层剥落严重；钢筋露筋、锈蚀，出现明显锈胀裂缝；梁、板出现明显受力裂缝和变形；预制板端部支承长度不足。

D级：保护层剥落非常严重；部分钢筋外露；梁、板出现严重受力裂缝和变形；预制板端部支承长度严重不足，有坠落危险。

7）围护墙体鉴定

围护墙体鉴定着重检查刚性围护墙及其与承重木构架连接现状，围护墙体质量鉴定根据墙体类别参见以上各条要求，按下列等级划分：

A 级：围护墙与承重木柱间有拉结措施；山墙、山尖墙与木构架或屋架有墙揽拉结；内隔墙顶与梁或屋架下弦有拉结。

B 级：采取部分拉结措施；围护墙与承重木柱之间未出现明显通缝。

C 级：无拉结措施；贴砌山墙、山尖墙与屋架分离；围护墙体与承重木柱之间出现明显竖向通缝。

D 级：无拉结措施；贴砌山墙、山尖墙与屋架分离且有明显外闪；围护墙体与承重木柱之间脱闪。

8）木屋架鉴定

木屋架鉴定着重检查各构件的现状以及节点连接情况，按下列等级划分：

A 级：无腐朽或虫蛀；无变形；自身稳定性良好，没有平面内变形和平面外偏斜；榫卯节点良好。

B 级：轻微腐朽或虫蛀；有轻微变形；自身稳定性尚可，有轻微平面内变形或平面外偏斜；榫卯节点基本良好。

C 级：明显腐朽或虫蛀；下弦跨中出现横纹裂缝；端部支座移位或松动；出现明显平面内变形或平面外歪斜；榫卯节点有破损、松动或有拔榫迹象。

D 级：严重腐朽或虫蛀；下弦跨中出现严重横纹裂缝；端部支座失效；出现平面内严重变形或平面外严重歪斜；榫卯节点多处拔榫。

9）楼（屋）盖鉴定

楼（屋）盖鉴定着重检查构件现状，按下列等级划分：

A 级：楼（屋）面板无明显受力裂缝和变形；椽、瓦完好；屋面无渗水现象。

B 级：楼（屋）面板有轻微裂缝但无明显变形；瓦屋面局部轻微沉陷，椽、瓦小范围损坏；屋面小范围渗水。

C 级：楼（屋）面板明显开裂和变形；瓦屋面出现较大范围沉陷，椽、瓦较大范围损坏；屋面较大范围渗水。

D 级：楼（屋）面板开裂严重，部分塌落；瓦屋面大范围沉陷，椽、瓦大范围严重损坏；屋面大范围渗水漏雨。

（2）房屋整体危险程度的鉴定等级

在房屋组成部分危险程度鉴定的基础上，应对房屋整体危险程度进行鉴定，可按下列等级划分：

A 级（无危险点）：房屋各组成部分各项均为 A 级，结构能满足安全使用要求，承重构件未发现危险点，房屋结构安全。

B 级（有危险点）：房屋各组成部分至少一项为 B 级，结构基本满足安全使用要求，个别承重构件处于危险状态，但不影响主体结构安全。

C 级（局部危险）：房屋各组成部分至少一项为 C 级，部分承重结构不能满足安全使用要求，局部出现险情，构成局部危房。

D 级（整体危险）：房屋各组成部分至少一项为 D 级，承重结构已不能满足安全使用要求，房屋整体出现险情，构成整体危房。

（3）房屋防灾措施鉴定

房屋防灾措施鉴定是指在进行房屋危险程度鉴定的同时，进行防灾措施鉴定。鉴定结果可分为具备防灾，部分具备防灾措施、完全不具备防灾措施 3 个等级。应因地制宜根据主要灾种提出防灾措施鉴定要求。

8 度及以上高地震烈度地区应对抗震构造措施进行鉴定。抗震构造措施鉴定主要检查房屋以下项目是否符合，进行综合判断并分级。具体项目包括：

①墙体承重房屋基础埋置深度不宜小于 500mm，8 度及以上设防地区应设置钢筋混凝土地圈梁；8 度及以上设防地区，砌体墙承重房屋四角应设置钢筋混凝土构造柱。

②8 度及以上设防地区的房屋，承重墙顶或檐口高度处应设置钢筋混凝土圈梁；6 度、7 度设防地区的房屋，宜根据墙体类别设置钢筋混凝土圈梁、配筋砂浆带圈梁或圈梁；现浇钢筋混凝土楼板可兼做圈梁。

③8 度及以上设防地区，端开间及中间隔开间木构（屋）架间应设置竖向剪刀撑，檐口高度应设置纵向水平系杆。

④承重墙体最小厚度，砌体墙不应小于 180mm，料石墙不应小于 200mm，不应小于 240mm；承重窗间墙最小宽度及承重外墙尽端至门窗洞边的最小距离不应小于 900m。

⑤后砌砖、砌块等刚性隔墙与承重结构应有可靠拉结措施。

生土承重结构、砖木混杂结构等应鉴定为"部分具备防灾措施"或"完全不具措施"。

6.1.3 鉴定结果的处理

经鉴定为局部危房或整体危房时，应按下列方式进行处理：

1）经鉴定为 C 级危房的农村住房，鼓励因地制宜加固维修，解除危险。

2）经鉴定为 D 级危房，确定已无维修价值的农村住房，应拆除、置换或重建。

3）经鉴定为 D 级危房，短期内不变拆除又不危及相邻建筑和影响他人安全时，应暂时停止使用，或在采取相应的临时安全措施后，改变用途不再居住，观察使用。

4）有保护价值的 D 级传统民居及有文化价值的建筑等，应专门研究后确定处理方案。

5）确定加固维修方案时，应将清除房屋局部危险与抗震措施加固综合考虑。

6）当条件允许时，加固维修宜结合房屋宜居性改造和节能改造同步进行。

6.2 农村房屋拆除施工

6.2.1 拆除工程施工准备

（1）调查研究与资料收集

通过细致的调查研究与资料收集，为拆除施工方案尤其是安全拆除方案的制定提供依据。

1）农村住房安全性鉴定结果的调查。通过调查弄清楚房屋是否为危房，以及危房的等级。收集前期房屋查勘时填写的《房屋安全普查记录表》及其他相关资料。

2）拆除房屋现场情况调查。现场情况调查主要有：

①房屋周边环境及道路情况；

②房屋的层数、高度、平立面布置、主要建筑材料、楼（屋）盖形式；

③房屋是否有整体倾斜、变形；

④房屋承重墙体、柱、梁、楼板、屋盖构件的材质、规格尺寸，有无受力或变形裂缝及其程度；

⑤各承重构件之间的连接构造节点做法及现状，有无拉脱、松动、变形；

⑥木构架承重房屋的承重木构架的连接情况等。

（2）技术准备

技术准备是顺利拆除房屋的关键，是准备工作的核心，必须高度重视。其主要内容包括：

1）熟悉相关资料和基本情况。拆除项目负责人须掌握房屋拆除工程涉及区域的建筑及设施分布情况资料，并且带着工人一起在现场踏勘，弄清建筑物的结构情况、建筑情况、房屋情况等。

2）编制施工方案并进行施工技术交底。拆除项目负责人要根据施工组织设计和安全技术规程的要求编制拆除施工方案，并向参加拆除的工人进行详细的分级分类交底。

3）开展标准规范和安全技术教育。明确周围环境、场地、道路、水电设备管道、房屋情况等。拆除项目的负责人应向进场施工人员进行安全技术教育，加强工人安全意识，组织工人学习操作规程。

（3）施工资源的准备

农村房屋的拆除工作一般是人工配合简单机械进行拆除。在拆除前应根据拆除房屋的具体情况，配备专业工匠，并进行劳动组织与技术培训、技术攻关。要配备好相关设备机具，如钢钎、撬棍、脚手架、大锤、简单的起重设备、清运设备，滑轮等拆除工具，安全帽、防滑鞋、手套、口罩、护目镜等安全防护用品。

（4）拆除现场准备

1）施工前，要认真的检查影响拆除工程安全的各种管线的切断、迁移工作是否完毕，确认安全后方可施工。清理被拆除建筑物倒塌范围内的物资、设备，不能搬迁的须妥善加以防护。

2）检查周围房屋，观察是否有共墙，如果有共墙，则注意不能将共墙拆掉，而且要保护共墙不会因为拆除其他而遭到损坏，采取必要的技术措施，如加固处理，实施全过程动态管理，相邻管线必须经管线管理单位采取管线切断、移位或其他保护措施。

3）切断被拆除建筑物的水电等，并对水管和电缆加以保护。

4）搭设临时防护措施，避免拆除时的砂石灰尘飞扬影响附近施工及附近居民生活。

5）出示安民告示，在拆除危险区域设禁区围栏、警戒标志等。派专人监护，禁止非施工人员进入拆除现场，尤其注意对小孩的管控。

6）做好垃圾清运与处理工作方案，符合生态环境保护的要求。

6.2.2　拆除工程施工顺序

拆除工程施工顺序应总体遵循"至上而下，先内而外，先非承重结构后承重结构"的基本原则，在确保"建筑拆除工程施工安全，预防生产安全事故，保障从业人员在生产作业中的安全和健康及人民群众的生命、财产安全"为前提下进行。

同时，拆除房屋的时候，屋檐、阳台、雨篷、外楼梯、悬挂牌等拆除施工中容易失稳的外挑构件，应先予以拆除。

根据结构材料的不同，农村房屋主要分为土木结构和砖混结构。下面分别介绍其施工顺序。

（1）土木结构拆除顺序

农村房屋使用木墙和土墙时，拆除顺序为：屋面瓦→屋面板→椽子→檩条→屋架或木架→墙（木墙、土墙）→基础。

房屋上部拆除过程中，上方负责拆除建筑材料的人数应和下方接运建筑材料的人数相同，禁止将拆除的材料向下抛掷。根据提前计划安排的平面位置图，将拆除后的瓦分类堆放在空地处（要求堆放位置为墙体推到后不能覆盖的区域），然后再对其余部分进行拆除，拆除板、椽子檩条、屋架或木架时，可用简单的起重设备，如滑轮、汽车吊等。

上部拆除结束后，再拆除墙体，拆除土木结构墙体可采用推倒法。拆除墙时人员应避至安全地带，并必须遵守以下规定：

①砍切墙根的深度不能超过墙厚的1/3。

②为防止墙壁向掏掘方向倾倒，在掏掘前，要用支撑撑牢。

③建筑物推倒前，应发出口号，待所有人远离建筑物高度2倍以上的距离后，方可进行。

当建筑推倒倒塌的范围内，有其他建筑物时，严禁采用推倒方法，应采用大锤对土墙一截一截的拆除。具体做法是：

①对木墙采用先拆非承重部位，再拆除承重部位。

②在拆除过程中洒水以控制粉尘。

③墙体拆除结束后，对现场进行清理，土墙捣碎作为耕地的耕作层，其他拆除的建筑材料堆放于地块周边再根据实际需要分类处理。

（2）砖混结构拆除顺序

砖混结构的拆除顺序为：屋顶防水和保温层→屋顶混凝土和预制楼板→屋顶梁→顶层砖墙→楼层楼板→楼板下的梁→下层砖墙，如此逐层往下拆除，最后拆基础。

砖混结构大多为多层建筑，必须区分楼层逐层拆除。施工时一般采用人工与机械相互配合的方式进行：即人工剔凿，机械吊运楼板、梁板等构件；人工拆卸砖墙，机械吊运清除砖块。

6.2.3　拆除施工技术要点

（1）屋面拆除技术要点

①人工拆除屋面瓦时，拆除的屋面瓦不得随意往下抛扔，应将其放置在房间内第二层。

②屋面瓦拆除后再拆除木屋架，木屋架应先拆除椽杆，再拆除梁；拆除椽杆时应由两人在两端同时拆除，并将钉子砸入椽体放置到楼下地面。

③拆除木梁时应通知施工员、安全员共同到现场指导拆除；根据梁的截面和长度确定施工人数，拆除时应设专人看护，发现不安全因素及时停止施工并通知现场管理人员，经采取措施确保安全后再进行拆除施工。

（2）墙体拆除技术要点

①墙体拆除自上而下展开，向楼内用人工锤击拆除。

②拆除时操作的脚手架要满铺脚手板并固定牢固。

③墙体拆除后，应将拆除时产生的垃圾及时清理干净，保证现场以及周边环境卫生。

（3）预制板拆除技术要点

①采用人工剔凿，用钢钎等工具将预制板撬松，用切割机将空心板分断。

②利用脚手管滑道将分断后的板滑至地面，并将其砸碎。

③在拆除上部楼层预制板时应保证墙壁完整。

④使用工具撬松顶板时应避免将顶板直接撬至地面，以防止顶板冲击墙体倒塌导致伤害。

（4）圈梁、构造柱拆除技术要点

圈梁和构造柱一般是位于砖墙中，保证砖墙的整体性，大多由钢筋混凝土做成，少数农村房屋直接使用带筋砖作为圈梁和构造柱，它们的拆除方法大致相同。

①拆除工艺顺序为：大锤击碎梁混凝土→切割梁钢筋→拆除钢筋→大锤击碎柱混凝土→切割柱钢筋→拆除钢筋。

②注意事项：先拆除梁柱节点，用大锤将混凝土击碎，击碎混凝土后，用钢锯将钢筋锯断，锯断钢筋后将钢筋拆除。

（5）其他拆除技术要点

除上述技术要求外，房屋拆除时还应注意以下技术要点：

①进入拆房施工现场的人员必须戴好安全帽，高处作业人员应系好安全带，进入危险区域应采取严格防护措施。

②拆房作业人员应站在脚手架或其他稳固的结构部位上操作，严禁在建筑物或构筑物的屋面、楼板、平台上进行多人作业或集中堆放材料。

③禁止向下抛掷拆除物，拆卸下的各种材料应堆放整齐，及时清运出场。

④遇风力在六级以上、大雾天、雷暴雨、冰雪天等恶劣天气影响拆房施工安全时，应停止拆除施工作业。

6.3 危房改造修缮加固技术

6.3.1 墙体的修复和加固

按照墙体承重材料与屋盖形式综合分类，农村危房常见结构类型有：砖混结构、砖墙承重－木屋盖结构、砖土混合承重－木屋盖结构等。农村危房存在的问题主要有：墙体根部风化严重，墙体较大裂缝，屋面漏水严重，构件（主要是墙体和独立砖柱）自身承载力不足，构件之间缺乏有效连接，房屋整体性较差木构件开裂、腐朽严重等。

根据上述问题，修缮加固方法如下：

（1）墙体工程的维修

根据使用要求、美观要求和房屋耐久性的要求工程进行一般的维修，主要有填缝、抹灰、喷浆、择砌置换和压力灌浆等。

1）墙体的严重风化的处理

常见的处理方法主要有置换勾缝法和清理抹灰法。

①置换勾缝法：适用于局部或个别处存在严重风化的现象。具体做法与要求是：可用砖或砂浆置换后再对灰缝进行勾缝处理。置换用的砌体块材可选择原砌体材料，也可选择是 其他材料，如配筋混凝土实心砌块等。

②清理抹灰法：适用于风化面积较大，如外围墙体根部。具体做法与要求是：清理风化表层及灰缝后抹一定高度的 M10 水泥砂浆墙裙。

2）其他墙体工程的维修

①墙体裂缝修复。对于砖墙，可根据裂缝展开宽度及数量采用局部抹灰、压力

灌浆、拆砌等方法进行修复;对于土坯墙,当裂缝较宽时,宜采用草泥或砂浆塞填处理,当裂缝宽度较小时,可采用灌缝处理。采用填缝的维修处理方法,可在美观、适用、耐久性等方面起到对提高砖砌体的整体性、强度等方面作用不大。

②抹灰固化。采用在砖砌体表面抹灰的维修法一般用于对裂缝的处理,也可作为对碱等缺陷的处理及防水、防渗措施。抹灰时应先剔除砖砌体表面的松散部分,用水冲洗干净后再进行抹灰处理,抹灰用的砂浆应至少比原墙面砂浆高出一个强度等级。抹灰处理后对提高砖砌体的整体性、砌体强度均能起到一定的作用。

(2)砌体工程的加固

1)砌体工程加固鉴定

①砌砖墙体。当砖墙体出现下述情况之一时,应及时进行加固处理。

墙体产生裂缝长度超过层高的 1/2、缝宽大于 20mm 的竖向裂缝或产生的裂缝长度超过层高 1/3 的多条裂缝;梁支座下的墙体产生明显的竖向裂缝;门窗洞口或窗间墙体产生明显的交叉裂缝或竖向裂缝、水平裂缝;墙体产生倾斜、其倾斜量超过层高 1.5/100(三层以上,超过总高的 0.7/100)或相邻墙体连接处断裂成通缝;风化、剥落、砂浆粉化导致墙面及有效截面削弱达 1/4。

②砖柱。当砖柱出现下述情况之一时,应及时进行加固处理。

柱身产生水平裂缝或竖向贯通裂缝,产生的裂缝长度超过柱高的 1/3;梁支座下的柱体产生多条竖向裂缝;柱体产生倾斜,其倾斜量超过层高 1.2/100(三层以上,超过总高的 5/1000);风化、剥落、砂浆粉化导致有效截面削弱达 1/5。

2)砌体工程的结构加固

①水泥砂浆面层加固。因墙体裂缝分布较密,砌筑砂浆强度等级偏低、砌筑(夯筑)质量较差导致墙体承载力严重不足时,可在墙体一侧或两侧采用水泥砂浆面层、钢丝网水泥砂浆面层加固,面层加固也可与压力灌浆结合用于有裂缝墙体的修复补强。

②拆除重砌或增设墙体。当房屋中有墙体严重开裂以至于不能灌浆或墙体强度过低、现状质量较差的原墙体可拆除重砌,闭合缝处最好采用压力灌浆。因横墙间距或墙体高宽比过大导致房屋抗震承载力不足或整体性不好的可增设承重横墙。

③配筋砂浆带加固。当不需要对整面墙体进行加固时,可以仅在墙体的关键部位(如大梁、屋架、檩条的支承处,房屋四角、墙根、墙顶、檐口等部位)设置一定宽度的水平与竖向配筋砂浆带进行加固。

④砖柱的加固。常见的处理方法主要有加大截面法、外包钢法等。加大截面法是比较传统的施工方法,能显著提高柱的承载能力。当不允许增大原构件截面尺寸,却又要求大幅度提高截面承载力时可采用外包钢法,该方法施工简单,现场湿作业少,受力较可靠。

加大截面法:单面加固应增加拉结筋,双面加固应采用连通的箍筋;单面加固应在原砖柱上打入混凝土或膨胀螺栓等物件，以加强两者的连接。此外，无论单面加固还是双面加固，应将原砖柱的角砖每隔 5 皮打掉 1 块，使新混凝土与原柱能很好的咬合。

外包钢法：施工工序为：剔除原面层洗刷干净→砖柱角抹水泥浆一层→安放角钢→焊接缀板→去夹具→水泥砂浆保护。施工工艺为：先将砖柱的四周粉刷层铲除，洗刷干净，在砖柱的表面抹一层 10mm 厚水泥砂浆找平，用水泥砂浆将角钢粘贴于受荷砖柱的四周，并用卡具卡紧，随即用缀板将角钢连成整体，最后去掉卡具，粉刷水泥砂浆以保护角钢。角钢应很好地锚入基础，在顶部也应有可靠的锚固措施，以保证其有效地参加工作。角钢不宜小于 L50×4。

（3）墙体的其他修缮与加固技术

1）增设梁垫

①当大梁下原砌体（或原梁垫）被局部压碎，或大梁下墙体出现局部竖向裂缝时，应增设（或更换）梁垫进行加固。

②增设梁垫宜采用现浇或预制的钢筋混凝土梁垫，其混凝土强度等级，现浇时不低于 C20；预制时不低于 C25。梁垫尺寸及配筋应按现行设计规范的要求计算确定。

③增设梁垫宜采用"托梁"的方法进行施工。"托梁"支顶牢固后，按梁垫尺寸和安装要求拆除梁下被压碎或有局部竖向裂缝的砌体，并采用强度等级比原砌筑砂浆高一级的水泥砂浆和整砖补砌完整后，再浇筑或安置梁垫。

④拆除梁下砌体时，应轻敲细打，逐块拆除，不得影响不拆除砌体的整体性和强度。

⑤当安装预制钢筋混凝土梁垫时，应先铺设 10mm 厚不低于 M10 的水泥混合砂浆并注意与大梁紧密接触。

⑥托梁柱或支撑的支承处应处理牢固。

2）砌体局部拆砌

①当墙体局部破裂但在查清其破裂原因后尚未影响承重及安全时，可将破裂墙体局部拆除，并按提高砂浆强度等级一级的要求采用整砖填砌。

②拆砌墙体时，应根据墙体破裂情况分段进行，拆砌前应对支承在墙体上的楼盖（或屋盖）进行可靠的支顶。

③分段拆砌墙体时，应先砌部分留槎，并埋设水平钢筋与后砌部分拉结。拉结做法可采用每五皮砖设拉结钢筋。局部拆砌墙体时，新旧墙交接处不得凿水平槎或直槎，应做成踏步搓接缝，缝间结钢筋以增强新旧墙的整体性。

3）增设扶壁柱加固

增设扶壁柱可用于砖墙及带壁柱砖墙的加固，可分为砖扶壁柱和钢筋混凝土扶壁柱法两种。其施工要点为：

①扶壁柱的截面宽度不应小于 240mm，其厚度不应小于 120mm。当用角钢与螺

栓拉结时，应沿墙的全高和内外的周边，增设水泥砂浆或细石混凝土防护层。

②砖扶壁柱加固根据旧砌体的构造和位置不同可分为两种做法：在窗间墙或横墙的适当部位增设扶壁砖柱；原带有扶壁柱的砖墙或独立砖柱可在柱的一端或两个端面镶砌砖垛，以增在戴面高度等。

③混凝土扶壁柱与原砖墙的连接方式与砖扶壁柱基本相同。当原墙厚度小于240mm时，U形箍筋应穿透原墙体，并加以弯折。

④用混凝土加固原砖墙时，宜采用喷射混凝土施工法，补强混凝土的厚度不宜小于50mm，连接箍筋可采用两个开口箍和一个闭口箍间隔放置的方法。

⑤窗间墙设混凝土扶壁柱或增设混凝土贴墙柱用以加固砖砌体，混凝土扶壁柱的截面宽度不宜小于250mm，厚度不宜小于70mm；采用的混凝土强度等级可用C15～C20级。

4）粘贴纤维复合材料加固

对于轴心受压砖柱的加固，可采用粘贴纤维复合材料加固法，即利用树脂类胶结材料将纤维布沿其全长无间隔的环向连续粘贴于砌体表面，与原结构构件协同工作，从而达到对结构构件加固补强及改善结构受力性能的目的。

6.3.2 屋面修缮技术

农村房屋屋面主要有坡屋面和平屋面，使用时间较长以后会产生屋面渗漏现象，应根据渗漏部位和产生的原因进行有针对性的维修。常见的维修处理方法有凿沟填塞炉灰法、防水油膏糊缝法、屋面重做防水层法、两油一纸平贴法、密封胶抹缝法等。

（1）坡屋面的修缮技术

1）瓦屋面渗漏维修规定

水泥瓦、黏土瓦和陶瓦屋面渗漏维修规定：

①少量瓦件产生裂纹、缺角、破碎、风化时，应拆除破损的瓦件，并选用同一规格的瓦件予以更换。

②对瓦屋面木基层进行修理，松动部分用铁钉钉牢，腐朽部分进行更换。

③瓦件松动时，应拆除松动瓦件，重新铺挂瓦件。

④块瓦大面积破损时，应清除全部瓦件，整体翻修。

沥青瓦屋面渗漏维修规定：沥青瓦局部老化、破裂、缺损时，应更换同一规格的沥青瓦。沥青瓦大面积老化时，应全部拆除沥青瓦，并按《屋面工程技术规范》GB 50345的规定重新铺设防水垫层及沥青瓦。

2）卷材防水层局部龟裂、发脆、腐烂等的维修

①宜铲除已破损的防水层，并应将基层清理干净、修补。

②采用卷材维修时，应按照修缮方案要求，重新铺设卷材防水层，其搭接缝应粘结牢固、密封严密。

③采用涂料维修时，应按照修缮方案要求，重新涂布防水层，收头处应多遍涂刷，密封严密。

3）其他部位的维修

①天沟、檐沟渗漏的修缮。当渗漏点较少或分布零散时，应拆感开裂破损处已失效的防水材料，重新进行防水处理。当渗漏严重的部位翻修时，宜先将已鼓起、破损的原防水层铲除、清理干净，修补基层，再铺设卷材或涂布防水涂料附加层，然后重新铺设防水层，卷材收头部位应固定、密封。

②水落口防水构造渗漏维修。横式水落口卷材收头处张口、脱落导致渗漏时，应拆除原防水层，清理干净，嵌填密封材料，新铺卷材或涂膜附加层，再铺设防水层。直式水落口与基层接触处出现渗漏时，应清除周边已破损的防水层和凹槽内原密封材料，基层处理后重新嵌填密封材料，面层涂布防水涂料。

（2）刚性屋面的修缮技术

1）屋面裂缝漏水的处理方法

①凿沟填塞炉灰法。此方法材料易得，修补后裂缝经久不坏，但是施工时间长。

做法与技术要求为：沿裂缝凿出宽5~6cm、深7~8cm的槽沟，保证沟的形状陡直；彻底清除碎碴和粉尘，并把麻坑中的细粉尘吹干净；随即在沟槽底壁上仔细涂刷一道冷底子油，冷底子油干后，向槽沟内填塞热熔状的沥青灰泥。必须注意，在清除槽沟内粉末时绝不得用水冲洗，沥青在潮湿的基层上不能粘结。槽沟上部要留出2~3cm的高度，用水泥砂浆填抹光平。

②防水油膏糊缝法。此方法适用于宽度较大的平屋顶裂缝渗漏的修补处理。该方法施工方便、工期短。

做法与技术要求为：裂缝清扫处理好后，即把油膏直接涂刷在干燥洁净的裂缝处，涂刷宽度约100mm，要反复刷平、刷匀。刷后立即贴上一层拉力较好的纸（如牛皮纸或绵纸），纸的宽度不得超过第一遍油膏的涂痕；贴纸时要随贴随用刷子拨匀、压实，决不能出现空鼓或虚边。贴纸后在纸上再涂刷一遍油膏并注意挤出纸下的气泡。

③屋面重做防水层法。此方法适用于裂缝多、面层空鼓面积大、漏水严重的平屋顶处理。该方法处理彻底不留隐患。

具体做法与技术要求如图6.2所示。清理面层所有垃圾，并对落水管附近的有尘土部位用水清洗干净；采用热熔铺贴法时，首先对清理掉PVC油膏的基层涂刷水乳型橡胶沥青涂料，待干燥后铺设SBS卷材，铺设时将卷材按位置摆正，由两端向中间铺贴，同时要求按长方向配位，并从水坡的下坡开始，由两端向高处顺序铺贴，顺水搭茬；用喷灯加热时要使卷材受热均匀，待卷材表面熔化后再向前滚铺，并注意不要卷入空气及异物，然后再移开用滚子压实压平，在卷材未冷却前用喷灯对接缝处加热，抹平压好，以防止翘边；泛水处用密封材料嵌填，并应铺设卷材或涂布涂膜附加层。当泛水处采用卷材防水层时，卷材收头应用金属压条钉压固定，并用密封材料封闭严密；

女儿墙底阴角用水泥砂浆补成弧形，以防 SBS 因弯曲而断裂，构造做法可参考图 6.3。

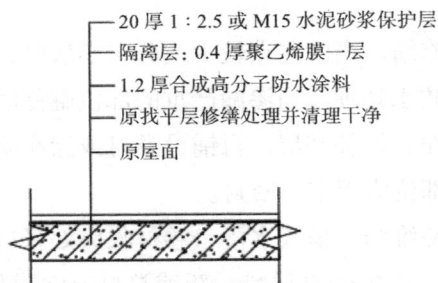

- 20 厚 1∶2.5 或 M15 水泥砂浆保护层
- 隔离层：0.4 厚聚乙烯膜一层
- 1.2 厚合成高分子防水涂料
- 原找平层修缝处理并清理干净
- 原屋面

图 6.2　建议屋面做法（无保温，不上人）

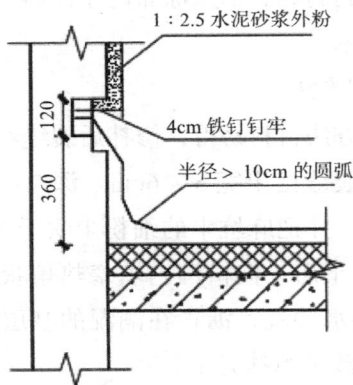

- 1∶2.5 水泥砂浆外粉
- 4cm 铁钉钉牢
- 半径 > 10cm 的圆弧

图 6.3　屋顶女儿墙泛水构造样例

2）分格缝渗漏的维修处理方法

①采用密封材料嵌填时，缝槽底部应先设置背衬材料，密封材料覆盖宽度应超出分格缝每边 50mm 以上。

②采用铺设卷材或涂布有胎体增强材料的涂膜防水层维修时，应清除高出分格缝的密封材料。而层铺设卷材或涂布有胎体增强材料的涂膜防水层应与板面贴半封严。铺设防水卷材时，分格缝部位的防水卷材宜空铺，卷材两边应满粘，且与基层的有效搭接宽度不应小于 100mm。

6.3.3　木屋盖的加固与修复

（1）木屋盖系统的加固

木屋盖系统的加固，应符合下列规定：

1）当采用钢丝网或外加配筋砂浆带加固墙体时，应将钢丝网或配筋砂浆带中的钢丝或钢筋与木梁或木屋架的两端拉结牢固；或在木梁、木屋架两端采用 8 号铁丝与墙顶高度处的埋墙铁件拉结牢固。

2）当檩条、龙骨在木梁或屋架上弦为搭接时，宜采用 8 号铁丝将檩条、龙骨与木梁或屋架上弦绑扎牢固或 49 采用扒钉钉牢。

3）当檩条、龙骨在木梁或屋架上弦为对接时，宜采用木夹板或扁铁将檩条、龙骨的端部钉牢。

4）当檩条、龙骨在山尖墙搭接时，宜采用 8 号铁丝将檩条、龙骨绑扎牢固；也可采用扒钉将檩条或龙骨钉牢。

5）当檩条、龙骨在山尖墙为对接时，宜采用双面扒钉将檩条或龙骨钉牢。

（2）楼、屋盖木构件加固

楼、屋盖木构件出现腐朽严重的情况时，应采用以下方法：

木构件局部腐朽、蚁蚀、疵病处，可用局部切除后替换木材或双侧钢板夹的方法加固处理；当木构件腐朽、疵病、严重开裂而丧失承载能力时，应更换或增设构件加固；更换的构件的截面尺寸不应小于原构件的尺寸；增设的构件应与原构件可靠连接；木构件裂缝时可采用铁箍或铁丝绑扎加固；当裂缝宽度较大时，加固前宜用木条嵌缝。

（3）修复的木构件的防腐措施

修复的木构件应采取防腐措施，并应符合下列规定：

1）用于结构构件的木材含水率不宜大于 25%，并宜采取措施，使结构的各部位工作时均处于通风良好的环境。

2）应采取措施加强屋面防水、防止雨雪浸湿木结构，消除屋面漏水，在檐口部分宜采用出檐和封檐板防止木结构受潮，不宜采用女儿墙封檐、内排水等构造。

3）对于封檐板的防腐，可采取在屋面板的暴露边外面设置槽型不锈钢包边，不锈钢包边的槽的宽度略大于屋面板的厚度，屋面板的暴露边裹在槽的里面，不锈钢包边的一条边压在屋面板之下，然后将屋面板与不锈钢包边固定在一起。

4）应采取措施防止凝结水或水汽使木结构受潮。木结构表面应刷油漆；木结构与砖石砌体或混凝土接触处 应采用油毡或油纸隔开；在采暖房屋中，应使木结构处于同一温度场内，在围护结构中应设置足够厚度的保温层。

6.3.4　农村危房修缮与加固的注意事项

农村危房的修缮与加固，应注意以下问题：

1）修缮和加固过程中，房屋不得使用。

2）加固施工前，应熟悉周边情况，了解加固构件受力和传力路径的可能变化。对危险构件、受力大的构件进行加固时，应有切实可行的安全措施。

3）加固施工的全过程，应有可靠的安全措施。加固工程搭设的安全支护体系和工作平台，应定时进行安全检查并确认其牢固性。

4）施工时应采取避免或减少损伤原结构的措施。应按本规范的要求对原结构构件进行清理、修整和支护。当更换、拆改结构构件时，应预先采取有效的安全措施。

5）施工中发现原结构构件或相关隐蔽部位的构造存在缺陷时，或在加固过程中发现结构构件变形增大、裂缝扩展或增多等异常情况，应暂停施工，并及时会同加固设计人员商定处理措施。

6）加固后的构件应采取适当的防护措施，外露铁件应进行可靠的防锈处理。

7）加固处理措施均应由专业施工队伍施工，施工中应严格按有关规范执行。

7 质量安全常识

7.1 农村自建房质量安全常识

> 农房建设要审批，用地规划走程序。
> 专业设计是保障，标准图集来助力。
> 工匠队伍选择好，安全措施做到位。
> 正常使用勤维护，改造装修须可靠。
> 发现隐患及时消，安全耐久又经济。

农村建房应严格履行报批程序。由符合宅基地申请条件的农户，以户为单位向所在村民小组提出宅基地和建房书面申请。村民小组会议讨论后，将申请理由、拟用地位置和面积、拟建房层高和面积等情况进行公示。公示无异议后，将相关材料提交村级组织审查。审查通过后，由村级组织签署意见，报送乡镇人民政府或街办进行审批。

农户新建住房，可委托建筑设计单位或者专业技术人员进行设计并出具施工图，也可选用各地住房和城乡建设部门提供的农村住房设计通用图集，以保证农房建设质量。

具备资质的中小型施工企业，或具有相应技能、培训合格的乡村建设工匠可以进行农房施工。建房户与施工方签订施工合同，明确双方的权利、义务，约定农村保修期限和保修责任。施工方应当按照设计图纸、施工技术标准和操作规程施工。

农户作为农村自建房的安全责任主体，在房屋开工建设、竣工验收、使用及维护中应提高安全意识，及时发现并消除房屋安全隐患，未经许可不得擅自改建、扩建。

7.1.1 选址的质量安全常识

> 有利地段优先选，场地开阔又平坦。
> 基岩稳定土密实，均匀分布为最佳。
> 不利地段要处理，陡坡建房做护壁，
> 河岸边坡软弱土，换填夯实方可建。
> 危险地段须避让，滑坡崩塌要防范，
> 地陷地裂采空区，洪水易发高压线。

农房选址要求：应首选在适宜修建房屋的用地上建房，避免在不适宜修建房屋的用地上建房，不应在危险场地建房。

村庄用地根据是否适宜于建设，通常划分为三类：

（1）有利地段——适宜修建房屋的用地。如地形平坦、规整、坡度适宜，地质良好，没有被洪水淹没或发生泥石流的危险。这些地段因自然条件比较优越，适于农村乡镇各项设施的建设要求，一般不需或者进行简单地基处理即可进行房屋的修建。

属于这类用地的有：

1）地基土承载力较高的地段，如稳定基岩，坚硬土，开阔、平坦、密实、均匀的中硬土等，基底开挖到一定深度赶平压实后不需另做处理，可节省地基基础的工程费用。

2）地下水位较深，一般低于房屋的基础埋置深度的地段。

3）不会被 30～50 年一遇的洪水淹没的地段。

4）平原地区地形坡度，一般不超过 5%～10% 的地段；在山区或丘陵地区地形坡度，一般不超过 10%～20% 的地段。

5）地势相对较高的地方，或有可靠的防洪措施的地段，或采用简单措施即可迅速排除积水的地段。

（2）不利地段——基本上可以修建房屋的用地。如地基承载力较差，或属于一般软弱土、膨胀土、湿陷性黄土等不良土质地段，修建房屋时地基需要采取措施进行地基处理，增强地基承载力和不均匀性。

属于这类用地的有：

1）地形坡度或起伏较大，修建时需要较大挖、填土方工程的地段，对于填方要进行地基处理。

2）河岸和边坡的边缘，古河道，疏松的断层破碎带与回填场地等，也需要进行地基处理。

3）非岩质的陡坡附近建房，确定不能避开时，应做护壁以保证房屋安全同，包括房屋周边陡坡和房屋场地所处陡坡。

（3）危险地段——不适宜修建房屋的用地。如地震时可能发生滑坡、崩塌、地陷、地裂、泥石流等及地震断裂带上可能发生地表位错位的地段；有严重的活动性冲沟、滑坡、泥石流和岩溶的地段；经常受洪水淹没的地段；地基承载力极低的地段，如厚度在 2m 以上的泥炭层、流沙层等。

7.1.2 房屋布局的质量安全常识

平面布置要规整，墙体上下应对齐。

高宽比例不过三，上层外挑不安全。

墙垛宽度要保证，横墙不宜隔太远。

设置圈梁构造柱，地震来时命保住。

构造柱在房四角，墙体纵横交接处。

圈梁设在楼屋盖，交圈闭合抱着柱。

震害经验充分表明，简单、规整的房屋在遭遇地震时破坏相对较轻。因此，村镇住宅建筑设计应遵循简单规整的原则。房屋体型应简单、规整，平面不宜局部突出或凹进，立面不宜高度不等。如果因为使用功能或其他方面的要求，出现平、立面严重不规则的情况，可以考虑设缝将结构分隔成相对规则的几个结构单元，这样对抗震比较有利。

房屋高宽比指房屋高度与宽度（平面中较小的一边）的比值，一般不应大于3。

承重的纵横墙在平面内宜对齐，沿竖向应上下连续。在同一轴线上，窗间墙的宽度宜均匀。对于低层砌体结构的农房，承重窗间墙最小宽度及承重外墙尽端至门窗洞边的最小距离不应小于900mm。

砌体结构中，构造柱与圈梁形成房屋空间骨架，约束墙体并显著提高墙体的抗震承载能力，提高房屋的整体性，使房屋不过早开裂。大震时能显著提高房屋的变形能力，避免房屋倒塌或不过早倒塌。

钢筋混凝土构造柱布置原则：应在房屋四角、楼梯间四角、隔开间内外墙交接处、山墙与内纵墙交接处设置钢筋混凝土构造柱。

钢筋混凝土圈梁布置原则：房屋基础顶部，每层楼、屋盖（墙顶）标高处应设置现浇钢筋混凝土圈梁，且内横墙方向的圈梁间距不应大于8m，楼梯间四周也应设置现浇钢筋混凝土圈梁。需要注意的是圈梁应在水平方向上闭合，方能形成有效约束。现浇钢筋混凝土楼盖与墙体有可靠连接的房屋，可以不另设圈梁，但楼盖沿墙体周边应加强配筋并应与相连的构造柱和墙可靠连接。

7.1.3 地基基础的质量安全常识

房屋地基应稳固，首选岩石与硬土。
软弱地基须处理，换填夯实地梁固。
基础埋深不能浅，最少半米保限度，
冻土地区要注意，基础须在冻土下。
基坑开挖需验槽，验完及时筑基础。
筑完基础速回填，水泡暴晒要避免。
挖槽近处若有房，安全措施须跟上。
沉降观测与支挡，及时施工保稳当。

农村建房必须保证地基稳固。地基应首先选择坚硬的岩石和土层，如果碰到淤泥、膨胀土、湿陷性黄土等软弱地基时，应进行地基处理，一般可换填承载力高、变形稳定的灰土、砂石、三合土等并进行分层夯实，同时设置地圈梁。

基础应坐落在坚实的土层上，埋深不应小于0.5m；在冻土地区为了避免基础受土层冻胀的影响，基础一般应埋在冻土层以下。

在基坑开挖完成后要及时浇筑混凝土垫层，并施工相应基础（条基或独立基础）。

基础施工完成后应立即进行土层回填，在基坑开挖和基础施工过程中要注意避免基坑被太阳暴晒和雨水等浸泡。

在基坑开挖时，若碰到与既有房屋挨着比较近（基坑距离既有房屋边缘不到2m）的时候，应及时加强基坑支护，并在保证安全的情况下，加快基础施工进度，增设稳定基坑变形的措施。

7.1.4 墙体砌筑的质量安全常识

墙体砌筑靠材料，合格产品最重要。

抗震不用空斗墙，泥浆砌筑要禁用。

砂浆拌完及时砌，落地灰浆弃不用，

砂浆必须含水泥，含土山砂须水洗。

砌墙之前先湿砖，浇水提前一两天，

砌筑进度控制好，每天莫超一米五。

构造柱留马牙槎，每隔半米设拉筋，

伸入墙内要一米，先砌墙来后浇柱。

纵横墙体同时砌，需要砌成踏步槎，

若设直槎有措施，拉结钢筋不能少。

砌块、沙石和水泥等材料一定要通过正规渠道购买，并且购买的产品一定要有合格证书和相应性能检测报告，购买材料应在保质期内。抗震地区严禁使用空斗墙，禁止使用泥浆砌筑墙体。

砌筑墙体时，砂浆一定要采用水泥砂浆，保证砂浆具有较好的黏性和较高的砂浆强度，当采用含泥量较高的山砂时，应用水洗去泥。

砌筑墙体时，应提前一到两天用水湿润砌块，并在砌筑前再次湿润砌块，使砌块和砂浆有一个好的粘结环境；砌筑时合理控制施工进度，每天砌筑的每片墙高不要超过1.5m。

墙体砌筑时，构造柱与墙交接处应设置马牙槎，并沿墙高每半米设置相应拉结钢筋，拉接钢筋深入每侧墙体要在一米以上，施工时应先砌墙后浇筑构造柱。

7.1.5 楼（屋）盖的质量安全常识

楼面首选现浇板，楼板圈梁一起浇。

钢筋不能随意踩，马凳垫块有必要。

材料配比要恰当，搅拌均匀须振捣。

七天养护是底线，底模拆除不能早。

慎重选择预制板，八度以上禁止用。

搁置长度要保证，连接稳固是关键。

　　　　　　　硬山搁檩坡屋盖，八度九度不能用。

　　　　　　　屋盖支承应稳固，檩条连接要牢固。

　　　　　　　坡顶若用木屋架，须设支撑和系杆。

　　砖混、砖木结构农房，楼面最好采用钢筋混凝土现浇板。当支承现浇板的墙顶设置钢筋混凝土圈梁时，圈梁应该和现浇板一起浇筑。现浇楼板除了配置板底钢筋外，在承重墙或梁的位置还应配置板面钢筋，一般钢筋直径为 8mm 或 10mm，板底、板面钢筋绑扎在一起形成钢筋网片。钢筋网片绑扎后，一是要注意不应随便踩踏板面钢筋；二是要在板底钢筋下面隔一定间距放置水泥砂浆垫块或钢筋弯成的"小马凳"，保证板底钢筋不能紧贴模板。

　　混凝土除了配合比要有保证外，现场搅拌与振捣也非常重要。一是应采用机械搅拌，二是混凝土入模时不应产生离析，三是混凝土入模后必须使用机械振捣。

　　混凝土浇筑完毕后 12h 内应加以覆盖和洒水，干硬性混凝土应于浇筑完毕后立即进行养护。混凝土养护时间一般不得少于 7d，养护期间的洒水次数以保证混凝土表面充分湿润为宜。

　　对农村中小跨度的现浇梁板结构，按照要求必须等混凝土强度达到设计强度的 75% 才可拆除模板。正常养护条件下，7d 基本可以达到 75% 的强度要求，因此一般混凝土梁板拆模时间最早也得 7 天之后。

　　农村建房采用的预制板质量很难保证。因此建议 8 度抗震设防以上地区禁用预制板。

　　6、7 度抗震设防地区，当采用预制板时，一是要保证预制板在承重墙上或圈梁上的搁置长度不小于 80mm，另外板端之间、板边之间、板和圈梁之间要有可靠拉结。

　　硬山搁檩是农村坡屋顶房屋建造时的常用做法：纵向檩条直接架设在内外山尖墙上。山尖墙由于比较高大，一般又没有爬山圈梁或构造柱约束，地震时容易外闪倒塌。因此建议，当没有特殊构造措施时，8 度以上不能采用硬山搁檩。

　　屋盖在墙体顶部应可靠支承和固定，不应有转动、滑移的趋势或现象。一般在屋架、大梁、檩条支承处，应设置水平垫块或混凝土圈梁，并采用螺栓或钢筋将以上屋盖构件紧固。

　　坡屋顶房屋当采用木屋架时，屋架之间设立剪刀撑和水平系杆。

7.1.6　模板支架的质量安全常识

　　　　　　　单排支架不能用，杆件选材需关注。

　　　　　　　横杆立杆扫地杆，加设斜撑才稳固。

　　　　　　　支架底部要稳定，夯实立稳很重要。

　　　　　　　设置通长底垫板，排水措施要做好。

　　　　　　　立杆间距一米二，横杆间距一米五。

　　　　　　　施工完毕慎拆除，顺序一定别马虎。

竹架绑扎应注意，材料选用有要求。

竹篾镀锌钢丝扎，尼龙塑料不牢固。

施工运料脚手架，设置马道保上下。

集中堆载应禁止，避免工程出事故。

单排脚手架是指只有一排立杆的脚手架，其横向水平杆的另一端搁置在墙体上。缺点：一是单排立杆容易产生不均匀沉降，整体稳定性差，安全事故多；二是墙上留的架眼（孔洞）多，后期处理不好容易出现墙体渗水。

采用双排钢管脚手架时，钢管有严重锈蚀、弯曲、压扁或裂纹的不得使用，扣件有脆裂、变形、滑丝的禁止使用。竹脚手架的立杆、顶撑、大横杆、剪刀支撑、支杆等有效部分的小头直径不得小于 7.5cm，小横杆直径不得小于 9cm。达不到要求的，立杆间距应缩小。青嫩、裂纹、白麻、虫蛀的竹杆不得使用。

钢管脚手架的立杆应垂直稳放在金属底座或垫木上。立杆间距不得大于 1.5m，架子宽度不得大于 1.2m，大横杆应设四根，步高不大于 1.8m。钢管的立杆、大横杆接头应错开，用扣件连接，拧紧螺栓，不得用铁丝绑扎。竹脚手架必须采用双排脚手架，严禁搭设单排架。立杆间距不得大于 1.2m，宽度不得大于 4m。

脚手架两端、转角处以及每隔 6~7 根立杆应设剪刀撑，与地面的夹角不得大于 60°，架子高度在 7m 以上，每二步四跨，脚手架必须同建筑物设连墙点，拉点应固定在立杆上，做到有拉有顶，拉顶同步。

拆除脚手架时，必须有专人看管，周围应设围栏或警戒标志，非工作人员不得入内。拆除连墙点前应先进行检查，采取加固措施后，按顺序由上而下，一步一清，不准上下同时交叉作业。拆除脚手架大横杆、剪刀撑，应先拆中间扣，再拆两头扣，由中间操作人往下顺杆子。拆下的脚手杆、脚手板、钢管、扣件、钢丝绳等材料，严禁往下抛掷。另外，脚手板上严禁集中堆载砖块、混凝土或砂浆，避免造成安全事故。

7.1.7 施工安全常识

恶劣天气不施工，大风暴雨要停工。

正确佩戴安全帽，须要系紧下颚带。

高空作业要小心，切记系上安全带。

现场周边拉警戒，临边洞口要防护，

防护高度一米二，安全警示要醒目。

电缆拖地要避免，随意拉设有危险。

用电设备应接地，作业停止要断电。

人走拉闸并上锁，木质电箱不能用。

凡遇到恶劣天气，如大雨、大雾及 6 级以上的大风，应停止露天高空作业，并及时将正在砌筑的墙体或刚浇筑的混凝土表面用彩条布或塑料纸遮蔽。

安全帽是施工现场保护人员安全的重要防护用品，每人作业人员都应时刻牢记：不带安全帽，不进施工现场。

在楼面、屋面施工过程中，一定要高度重视临边洞口的防护问题。一般楼板或墙的洞口，必须设置牢固的盖板，并在洞边或板边设置1.2m的防护栏杆、安全网或其他防坠落的设施，同时设置安全警示牌或其他安全标志。

农户建房前应按照当地电力部门临时用电要求，办理临时用电手续，找专业人员安装合格的临时用电设备。不得擅自接电，不得私自转供电，避免发生安全事故。

工匠师傅应掌握安全用电基本知识和所用机械设备的性能。施工现场电线电缆不应随地来回拖动，线路较长时应该设木支撑架空。刀闸不应就地摆放，安装位置应该设在小孩不可触及之处，以防出现事故。使用设备前必须按规定穿戴和配备好相应的劳动防护用品，并检查电气装置和保护设施是否完好，严禁设备带"病"运转。停用的设备必须拉闸断电，锁好开关箱。所有绝缘、检验工具，应妥善保管，严禁他用，并应定期检查、校验，电工在操作中应穿好绝缘鞋。线路上禁止带负荷接电或断电，并禁止带电操作。

7.1.8　安全使用常识

私搭乱建要禁止，房屋受损有危险。

活动场所随意搭，公共安全隐患大。

装修不得动结构，随意扩建酿大祸，

加层改造先鉴定，确保安全再施工。

屋面悬臂女儿墙，重物斜靠有隐患，

张拉绳索要不得，搭棚搭架有风险。

旧房拆除需注意，自上而下拆房屋。

先拆屋盖后墙柱，做好支护保安全。

农村私搭乱建可能造成安全隐患，尤其是用作经营、人员密集的活动场所，安全威胁更大。因此对于房屋改造，凡是有增加荷重或削弱结构的，均须事先咨询专业技术人员并做安全鉴定，在专业人员提出可行的加固改造方案后方可施工。

屋顶女儿墙应设置钢筋混凝土构造柱、水平压顶梁等。正常使用中，应避免人员或重物倾靠、在女儿墙上张拉绳索或支承木椽等。

7.2　施工质量通病防治

7.2.1　模板工程

（1）模板缺陷现象

1）条形基础模板长度方向上口不直，宽度不一；上阶侧模下口陷入混凝土内，拆模后产生"烂脖子"。

2）柱模板位移、倾斜、扭曲。

3）楼梯底部不平整，楼梯梁板歪斜，轴线位移。

4）梁模板底板下挠，侧向胀模。圈梁上口宽度不足。

5）底模端部嵌入梁柱间混凝土内，不易拆除，梁柱模板接头处跑模漏浆。

（2）原因分析

1）上阶侧模未撑牢，下口未设置钢筋支架或混凝土垫块，脚手板直接搁置在模板上，造成上阶侧模下口陷入混凝土内，拆模后上台阶根部产生"烂脖子"。

2）组合钢模板重复使用前未经修整，两侧模板组装松紧不一。

3）楼梯底板模平整度偏差过大，支撑不牢靠，操作人员在模板上走动。

4）梁的侧模刚度差，对拉螺栓设置不合理，斜撑角度大于60°，致使梁上口模板歪斜。

5）梁底模板刚度差或中间未起拱，顶撑未撑牢，浇筑混凝土时荷载增加，支撑下沉变形，导致梁模板中部下挠。

（3）防治措施

1）条形基础支模时，应通长拉线并挂线找准，以保证模板上口垂直。上口应定位，以控制条形基础上口宽度；上阶侧模应支承在预先设置的钢筋支架或预制混凝土垫块上，并支撑牢靠，使侧模高度保持一致。从侧模下口溢出来的混凝土应及时铲平至侧模下口，防止侧模下口被混凝土卡牢，拆模时造成混凝土的缺陷。

2）支模前应先校正钢筋位置，弹线时对成排柱子的位置应找中、规方。支模时应先立两端柱模，经校直、复核后，拉通柱顶基准线，依线按序立各个柱模。在柱模底部应设定位盘和垫木，以保证柱底位置准确。柱距较小时，柱间采用剪刀撑和水平撑；大柱距则应单独设置四面斜撑，以保证各柱模位置准确。

3）楼梯底板模拼装要平整，支撑应牢靠。侧向拼缝应严密，钢木混合模板的配板刚度应一致，细长比过大的支撑应增设剪刀撑。

4）圈梁木模的上口必须设临时撑头，以保证梁上口宽度。斜撑应与上口横挡钉牢，并拉通长直线，保持圈梁上口平直。

5）梁底模应按规定起拱。支撑在泥土地面时，应夯实并铺放通长垫木，以确保支撑不沉陷。梁底支撑间距应保证在钢筋混凝土自重和施工荷载作用下不产生变形。当梁高超过600mm，侧模应加设钢管围檩。

7.2.2 钢筋工程

（1）钢筋工程缺陷现象

1）柱、梁、板、墙主筋位置及保护层偏差超标。

2）焊接接头处轴线弯折或轴线偏心过大，并有烧伤及裂纹。

（2）原因分析

1）钢筋未严格按设计尺寸安装。

2）浇捣混凝土:过程中钢筋被机具碰歪撞斜，没有及时校正，或被操作人员踩踏、砸压或振捣混凝土时直接顶撬钢筋，造成钢筋位移。

3）钢筋端部下料弯曲过大，清理不干净或端面不平；钢筋安装不正，轴线偏移，机具损坏，卡具安装不紧，造成钢筋晃动和位移；焊接完成后，接头未经充分冷却。

4）焊接工艺方法应用不当，焊接参数选择不合适，操作技术不过关。

（3）防治措施

1）钢筋绑扎或焊接必须牢固，固定钢筋措施可靠有效。为使保护层厚度准确，垫块要沿主筋方向摆放，位置、数量准确。对柱头外伸主筋部分要加一道临时箍筋，按图纸位置绑扎好，然后用 Φ8 ~ Φ10 钢筋焊成的井字形铁卡固定。对墙板钢筋应设置可靠的钢筋定位卡。

2）混凝土浇捣过程中应采取措施，尽量不碰撞钢筋，严禁砸压、踩踏钢筋和直接顶撬钢筋。浇捣过程中要有专人随时检查钢筋位置，及时校正。

3）焊接前应矫正或切除钢筋端部过于弯折或扭曲的部分，并予以清除干净，钢筋端面应磨平。

4）焊接完成后，应视情况保持冷却 1 ~ 2min 后，待接头有足够的强度时再拆除机具或移动。

5）焊接完成后必须坚持自检。对接头弯折和偏心超过标准的及未焊透的接头，应切除热影响区后重新焊接或采取补强焊接措施；对脆性断裂的接头应按规定进行复验，不合格的接头应切除热影响区后重新焊接。

7.2.3 混凝土工程

（1）混凝土工程缺陷现象

1）混凝土入模前后产生离析或运输时产生离析。

2）混凝土初终凝时间过长，使得表面压光及养护工作无法及时进行。

3）拆模后混凝土表面出现麻面、蜂窝及孔洞。

4）混凝土表面出现有一定规律的裂缝，对于板类构件有的甚至上下裂通。

5）混凝土表面出现无规律的龟裂，且随时间推移不断发展。

6）混凝土立方体抗压强度不足。

（2）原因分析

1）运输过程中产生离析主要原因是小车运输距离过远，因振动产生浆料分离，骨料沉底；浇捣时因入模落料高度过大或入模方式不妥而造成离析；混凝土自身的均匀性不好，有离析和泌水现象。

2）混凝土水灰比过大，或现场浇筑混凝土时随意加水；外加剂使用不当，或掺量过大。

3）模板接缝不严、漏浆，模板表面污染未及时清除，新浇混凝土与模板表面残留的混凝土"咬接"；浇筑方法不当、不分层或分层过厚，布料顺序混乱等；漏振或振捣不实；局部配筋、铁件过密，阻碍混凝土下料或无法正常振捣。

4）混凝土浇捣后未及时进行养护，特别是高温干燥情况下产生干缩裂缝。

5）使用安定性不合格的水泥拌制混凝土，造成不规则的并随时间发展的裂缝。

6）混凝土配合比设计不当；搅拌生产未严格按配合比投料；搅拌时间不足，均匀性差。

（3）防治措施

1）通过对混凝土拌合物中砂浆稠度和粗骨料含量的检测，及时掌握并调整配合比，保证混凝土的均匀性。

2）控制运输小车的运送距离，并保持路面的平整畅通，小车卸料后应拌匀后方可入模。

3）浇捣竖向结构混凝土时，先在底部浇 50～100mm 厚与混凝土成分相同的水泥砂浆。竖向落料自由高度不应超过 2m，超过时应采用串筒、溜管落料。

4）正确选用振捣器和振捣时间。

5）正确设计配比，尽可能采用较小的水灰比，工地上发现混凝土和易性不能满足施工要求时应与搅拌站联系，采取调整措施，严禁任意往混凝土中加水。

6）模板使用前应进行表面清理，保持表面清洁光滑，钢模应进行整形，保证边框平直，组合后应使接缝严密，必要时可用胶带加强，浇混凝土前应充分湿润。

7）按规定要求合理布料，分层振捣，防止漏振。对局部配筋或铁件过密处，应事先制定处理方案（如开门子板、后扎等）以保证混凝土拌合物的顺利通过。

8）按施工规程及时进行养护，浇筑完毕后 12h 以内加以覆盖和浇水，浇水时间不少于 7d（对掺用缓凝型外加剂或有抗渗要求的混凝土不少于 14d）。

9）无论是预拌混凝土还是现场搅拌都应严格按配合比进行投料拌制，严禁任意更改。

7.2.4 砌体工程

（1）砌体工程缺陷现象

1）砌体组砌方法混乱，砖柱垛采用包心砌法，出现通缝。

2）砖层水平灰缝砂浆饱满度低于 80%；竖缝内无砂浆（瞎缝或空缝）。

3）砌筑时随意留槎，且多留置阴槎，槎口部位用断砖砌筑；阴槎部位接槎砂浆不密实，灰缝不顺直。

4）阳台扶手、栏板与主体连接表面处出现裂缝、空鼓。

5）填充墙砌筑不当，框架梁底、柱边出现裂缝；外墙裂缝处渗水。

（2）原因分析

1）操作人员忽视组砌方法，出现多层砖的直缝。370mm 砖柱习惯于用包心砌法。

2）砂浆和易性差，如使用低强度水泥砂浆；采用不适当的砌筑方法，如推尺铺灰法砌筑；干砖上墙；砌筑方法不良。

3）由于施工组织不当，造成留槎过多；退槎留置方法不当；随意留设施工洞口。

4）施工管理不当，操作人员图省事，在砌阳台处砖墙或立阳台处构造柱模板时，没有设置拉结钢筋。

5）柱边少放、漏放拉结钢筋；梁下墙体一次砌完，或梁下口一皮砖平砌。

（3）防治措施

1）砌墙组砌形式：墙体中砖搭接长度不得少于 1/4 砖长，内外皮砖层最多隔五皮砖就应有一皮丁砖拉结（五顺一丁）。使用半砖头时，应满足 1/4 砖长的搭接要求，半砖头应分散砌于混水墙中或非承重墙中。

2）砖柱的组砌方法，应根据砖柱断面和实际使用情况统一考虑，但不得采用包心砌法。

3）砖柱横、竖向灰缝的砂浆都必须饱满，每砌完一皮砖，都要进行竖缝刮浆塞缝工作。

4）墙体组砌形式选用：一般清水墙面常选用一顺一丁和梅花丁组砌方法；在地震地区为增强齿缝受拉强度，可采用骑马缝组砌方法。宜采用梅花丁的组砌形式，使所砌墙面竖缝宽度均匀一致。为了不因砖的规格尺寸误差而经常变动组砌形式，在同一工程中，应尽量使用同一砖厂生产的砖。

5）改善砂浆和易性是确保灰缝砂浆饱满度和提高粘结强度的关键。如不宜选用标号过高的水泥和过细的砂，可掺水泥量 10%~25% 的粉煤灰。其掺量必须经试配确定，以达到改善砂浆和易性的目的。

6）改进砌筑方法。不得采取推尺铺灰法或摆砖砌筑，应推广"三一砌筑法"或"2381 砌筑法"。

7）严禁用干砖砌墙。冬季施工时，应将砖面适当润湿后再砌筑。

8）外墙大角应同时砌筑。纵横墙交接处，宜同时砌筑。如不能同时砌筑，应留砌斜槎，如留斜槎确有困难时，也可留直槎，且应用阳槎，并加设拉结筋。

9）后砌非承重 120mm 的隔墙，宜采取在墙面口留榫式槎的作法，不准留阴槎。接槎时，应在榫式槎洞口内先填塞砂浆，顶层砖的上部灰缝，用大铲或瓦刀将砂浆塞严。

10）应在与扶手交接处设置 2φ6 拉结钢筋，在与栏板交接处设置不少于上下两排各 2φ6 拉结钢筋。拉结筋在砖砌体和混凝土中应有足够的锚固长度，在浇筑混凝土或砌栏板墙前应将钢筋调直。若在主体施工时遗漏，在阳台扶手栏板施工前必须补足。

11）柱边（框架柱或构造柱）应设置间距不大于 500mm 的 2Φ6，且在砌体内锚固长度不小于 1000mm 的拉结筋。若少放、漏放必须在砌筑前补足。

12）填充墙梁下口最后 3 皮砖应在下部墙砌完 3d 后砌筑，并由中间开始向两边斜砌。

13）如为空心砖外墙，里口用半砖斜砌墙；外口先立斗模，再浇筑不低于 C15 细石混凝土，终凝拆模后将多余的混凝土凿去。

14）外窗下为空心砖墙时，应将窗台改为不低于 C15 的细石混凝土，其长度大于窗边 100mm，并在细石混凝土内加 2Φ6 钢筋。

15）柱与填充墙接触处应设钢丝网片，防止该处粉刷裂缝。

7.2.5 屋面防水工程

（1）屋面防水工程缺陷现象

1）基层部分空鼓，有规则或不规则裂缝。

2）找平层酥松，表面起砂，影响防水层粘结。

3）基层平整度差，排水不畅，积水深度大于 10mm。

4）找平层的阴阳角没有抹圆弧和钝角，水落口处不密实，无组织排水檐口，没有留凹槽，伸出屋面管道周边没有嵌填密封材料。

5）卷材铺贴后即发现鼓泡，一般由小到大，随气温的升高，气泡数量和尺寸增加。

6）防水层出现沿预制屋面板端头裂缝、节点裂缝、不规则裂缝渗漏。

7）防水层沿女儿墙根部阴角空鼓、裂缝，女儿墙砌体裂缝，压顶裂缝，山墙被推出墙面，雨水从缝隙中灌入内墙。

（2）原因分析

1）湿铺保温层没有设排气槽，屋面结构层面高低差大于 20mm 时，使水泥砂浆找平层厚薄不匀产生收缩裂缝，大面积找平层没有留分格缝，温度变化引起的内应力大于水泥砂浆抗拉强度时导致裂缝、空鼓。

2）使用低劣水泥或储存过期结硬水泥，砂的含泥量大，找平层完工后没有湿养护，冬季施工受冻，过早地在上面行走和堆放重物等。

3）排水坡度不标准，找平层凹凸超过 5mm，水落管头高于找平层等。

4）施工管理不善，操作工无上岗证，没有编制防水施工方案，施工前没有技术交底，没有按图纸和规范施工，没有按每道工序检查。

5）基层不干燥，表面没有扫刷干净，防水层底部有水汽渗入，基层面没有涂刷基层处理剂，粘结剂与卷材材性不匹配，涂刷不均匀，铺贴卷材时没有将底面的空气排除，有的排气槽堵塞等。

6）盲目使用延伸率低的卷材，板端头和节点细部没有做附加缓冲层和增强层，施工方法错误，如在铺贴卷材时拉得过紧。

7）找平层、刚性防水层等施工时直接靠紧女儿墙，不留分格缝，长条女儿墙砌体没有留伸缩缝，在温差作用下，山墙和女儿墙开裂；女儿墙等根部阴角没有按规定做圆弧，铺卷材防水层没有按规定做缓冲层，卷材端边的收头密封不好，导致裂缝、张口而渗漏水。

（3）防治措施

1）刮除基层表面灰疙瘩，扫刷冲洗干净，用 1∶3 水泥砂浆刮补凹洼与空隙，抹平、压实并湿养护，湿铺保温层必须留设宽 40～60mm 的排气槽，排气道纵横间距不大于 6m，在十字交叉口上须预埋排气孔，在保温层上用厚 20mm、1∶2.5 的水泥砂浆找平，随捣随抹，抹平压实，并在排气道上用 200mm 宽的卷材条通长覆盖，单边粘贴。

2）施工前必须先安装好水落口杯，从杯口面拉线找坡度，确保排水畅通，大面必须用 2m 刮尺刮平，在天沟或大面上出现凹凸不平的情况，应凿除凸出的部分，用聚合物水泥浆填压凹下的地方和凿除的毛面部分。

3）阴角都要粉圆弧，阳角要粉钝角，圆弧半径为 100mm 左右。无组织排水檐口的涂膜防水层收头应用防水涂料多遍涂刷或用密封材料封严，檐口下端应做滴水处理，如图 7.1 所示。

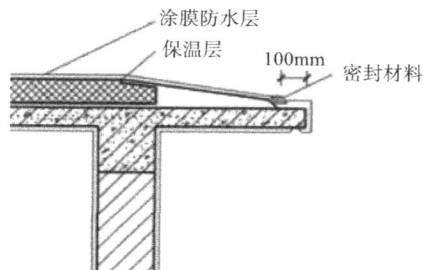

图 7.1 无组织排水檐口做法

4）选用的基层处理剂、粘结剂要和卷材的材性相匹配，经测试合格后方可使用；待涂刷的基层处理剂干燥后，涂刷粘结剂。卷材铺贴时，必须抹除下面的空气，滚压密实。也可采用条粘、点粘、空铺的方法，确保排气道畅通。

5）基层必须干燥，用简易检验方法测试合格后，方可铺贴；基层要扫刷干净，选用的基层处理剂、粘结剂要和卷材的材性相匹配，经测试合格后方可使用。待涂刷的基层处理剂干燥后，涂刷粘结剂，卷材铺贴时，必须抹除下面的空气，滚压密实；也可采用条粘、点粘、空铺的方法，确保排气道畅通。

6）有保温层的卷材防水屋面工程，必须设置纵横贯通的排气槽和穿出防水层的排气卷材防水层裂缝。在防水卷材已出现裂缝时，沿规则的裂缝弹线，用切割机切割。如基层没有留分格缝，则要切缝，缝宽 20mm，缝内嵌填柔性密封膏，面上沿缝空铺一条宽 200mm 的卷材条作缓冲层，再满粘一条 350mm 宽的卷材防水层。

7）在女儿墙交接处应留 30mm 的分格缝，缝中嵌填柔性密封膏；女儿墙根部的阴角粉成圆弧，女儿墙高度大于 800mm 时，要留凹槽，见图 7.2。女儿墙高度低于 800mm 时，卷材端头直接铺贴到女儿墙顶面，再做钢筋混凝土压顶。见图 7.3。

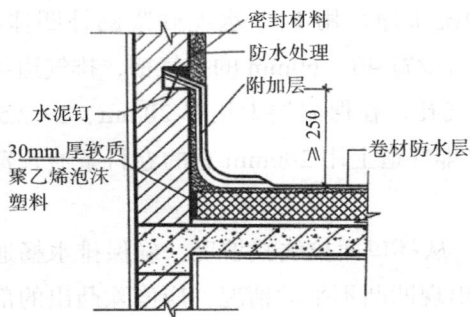

图 7.2　女儿墙卷材泛水收头　　　　图 7.3　女儿墙压顶与卷材收头

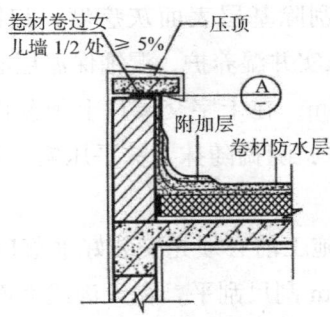

屋面找平层或刚性防水层紧靠女儿墙，未留分格缝时，要沿女儿墙边切割出 20~30mm 宽的槽，扫刷干净，槽内嵌填柔性密封膏，女儿墙墙体有裂缝，要用灌浆材料修补，如山墙的女儿墙已凸出墙面时，须拆除后重砌，对卷材收头的张口应修补密封严实。

7.3　文明施工与安全管理

7.3.1　施工现场文明施工的要求

文明施工是指保持施工现场良好的作业环境、卫生环境和工作秩序。因此，文明施工也是保护环境的一项重要措施。

文明施工主要包括：规范施工现场的场容，保持作业环境的整洁卫生；科学组织施工，使生产有序进行；减少施工对周围居民和环境的影响；遵守施工现场文明施工的规定和要求，保证职工的安全和身体健康。

依据我国相关标准，文明施工的要求主要包括现场围挡、封闭管理、施工场地、材料堆放、现场住宿、现场防火、治安综合治理、施工现场标牌、生活设施、保健急救、社区服务 11 项内容。

实现文明施工，不仅要抓好现场的场容管理，而且还要做好现场材料、机械、安全、技术、保卫、消防和生活卫生等方面的工作。

7.3.2　农房建设现场安全管理措施

针对现场文明施工的各项要求，落实相应的各项管理措施。

1）施工平面的布置。施工现场应对施工机械设备、材料和构配件的堆场、现场加工场地，以及现场临时运输道路、临时供水供电线路和其他临时设施进行合理布置，并随工程实施的不同阶段进行场地布置和调整。

2）沿工地四周连续设置围挡，围挡高度不低于1.8m，围挡材料要求坚固、稳定、整洁、美观。

3）施工现场的作业区和工作道路地面进行硬化处理。

4）施工现场道路应畅通、平坦、整洁，无散落物。

5）施工现场应设置排水系统，排水畅通，不积水。

6）严禁泥浆、污水、废水外流或未经允许排入河道，严禁堵塞下水道和排水河道。

7）建筑材料、构配件及其他料具等必须做到安全、整齐堆放（存放），不得超高。

8）施工现场应做到工完料尽场地清，建筑垃圾应及时清运，临时存放现场的也应集中堆放整齐，不用的施工机具和设备应及时出场。

9）油漆间、木工间等消防防火重点部位要按规定设置灭火器和消防沙箱。

10）施工现场若需用明火，应做到严格按动用明火的规定执行。

11）建立施工不扰民的措施。现场不得焚烧有毒、有害物质等。

12）严禁其他闲杂人员进入施工现场，避免安全事故和失盗事件的发生。

13）未经安全教育培训合格不得上岗，非操作者要严禁进入危险区域；特种作业必须持特种作业资格证上岗。

14）作业前应要对相关的作业人员进行安全技术交底。

15）严格执行操作规程，不得违章指挥以及违章作业，对违章作业的指令有权拒绝并且有责任制止他人违章作业。

16）施工作业时必须正确穿戴个人防护用品，进入施工的现场必须戴安全帽。不许私自的用火，严禁在酒后操作。

17）穿拖鞋、高跟鞋、赤脚或赤膊不准进入施工现场，穿硬底鞋不得进行登高作业，在高空、钢筋、结构上作业时，必须穿防滑鞋。

18）现场用电，一定要有专人管理，同时设专用配电箱，严禁乱接乱拉，采取用电挂牌的制度，尤其要杜绝违章作业，防止人身、线路，设备事故的一切发生。

19）电钻、电锤、电焊机等电动机具用电、配电箱必须要有漏电保护装置和良好的接地保护地线，所有电动机具和线缆必须要定期检查，保证绝缘良好，使用电动机具时应要穿绝缘鞋，戴上绝缘手套。

20）工地施工照明用电，必须使用36V以下安全电压，所有的电器机具在不使用时，必须要随时切断电源，防止烧坏了设备。

21）在用喷灯、电焊机及必要生火的地方，要填写用火申请登记和设专人看管，随身带消防器材等，保证消防措施的落实。施焊的时候，特别要注意检查下方有无易燃物，并且做好相应的防护，用完以后要检查，确认无火以后再离开。

22）凡在 2m 以上的高处作业无安全设施，必须要系好安全带；安全带必须要先挂牢后再作业。

23）高处作业材料和工具等物件不得上抛下掷。

24）从事高空的作业人员要定期体验。凡是患有高血压、心脏病、贫血症、癫痫病以及不适于高空作业的人员，不得从事在高空作业。

25）机械设备、机具使用，必须做到"定人、定机"制度；未经有关人员同意，非操作人员不可以使用。

26）电动机械设备，必须有漏电保护的装置和可靠保护接零，方可启动使用。

27）未经有关人员批准，不可以随意拆除安全设施和安全装置；因作业需要拆除的，作业完毕以后，必须要立即恢复。

28）井字架吊篮、料斗不准乘人。

29）在高空以及施工的现场作业，如配管放配线，设备安装及开通调试中，必须要严格执行安全技术规程，顺利的进行作业严禁违章操作，造成不应发生的事故。

30）在整个施工过程中，必须严格执行国家、省市、各部委关于工程消防法规和有关条款。

31）经常配齐、保养消防器材，做到会保养、会使用。认真贯彻逐级消防责任制，做好消防的工作。

32）现场人工断料，所用工具必须牢固，掌錾子以及打锤要站成斜角，注意到扔锤区域内的人和物体。切断其小于 30cm 的短钢筋，应要用钳子夹牢，禁止用手去把扶，并在外侧设置防护箱笼罩或是朝向无人区。

8 木工

8.1 测量放线

施工测量放线前应熟悉建筑物的设计图纸，了解施工建筑物与相邻地物的相互关系，以及建筑物的尺寸和施工的要求等，并仔细核对各设计图纸的有关尺寸。测设时必须具备下列图纸资料：建筑平面图、基础平面图、基础详图、建筑物的立面图和剖面图等。

8.1.1 材料及工具准备

测量定位放线所需要的仪器设备和工具主要有：对讲机、经纬仪、全站仪、水准仪、光学经纬仪、光学铅锤仪、塔尺、线坠、墨斗、5m大卷尺、小卷尺、油漆、毛笔、铅笔、木桩等，在测量放线之前应根据项目实际准备好所需的测量仪器和工具。

8.1.2 操作流程

房屋定位放线操作工艺流程为：

建筑物的定位和放线→基础工程测量放线→墙体工程测量放线→建筑物轴线投测→建筑物高程传递。

8.1.3 施工工艺

（1）建筑物的定位

建筑物的定位放线就是确定建筑物具体位置的测量工作，具体方法是：用钢尺沿已有建筑物一侧墙两端，延长出一小段距离 l 得 a、b 两点，作出标志如图 8.1 所示。在 a 点安置经纬仪，瞄准 b 点，并从 b 沿 ab 方向量取与拟建建筑物轴线距离 x，定出 c 点，作出标志，再继续沿 ab 方向从 c 点起量取拟建建筑物同侧的轴线长度 x1，定出 d 点，作出标志，cd 线就是测设拟建建筑物平面位置的建筑基线。

分别在 c、d 两点安置经纬仪，瞄准 a 点，顺时针方向测设 90°，沿此视线方向根据基准线与拟建建筑的距离 y 和 y1 定出 M、Q、N、P 四点，作出标志。M、N、P、Q 四点即为建筑物外廓定位轴线的交点。

检查 NP 的距离是否等于轴线尺寸，∠N 和 ∠P 是否等于 90°，其误差应在允许范围内。

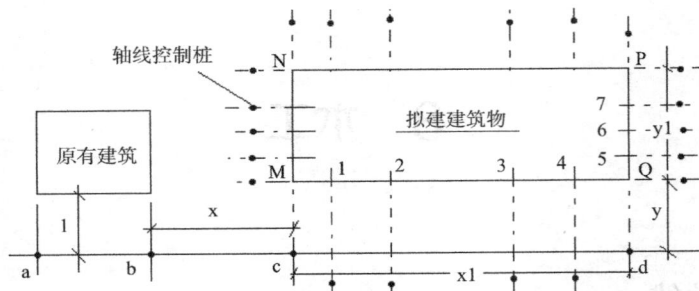

图 8.1　建筑物的定位和放线

（2）建筑物的放线

放线方法如下：

1）在外墙轴线周边上测设中心桩位置。如图 8.1 所示，在 M 点安置经纬仪，瞄准 Q 点，用钢尺沿 MQ 方向量出相邻两轴线间的距离，定出 1、2、3……各点，同理可定出 5、6、7 各点。量距精度应达到设计精度要求。量出各轴线之间距离时，钢尺零点要始终对在同一点上。

2）恢复轴线位置的方法。由于在开挖基槽时，角桩和中心桩要被挖掉，为了便于在施工中恢复各轴线位置，应把各轴线延长到基槽外安全地点，并做好标志。其方法有设置轴线控制桩和龙门板两种形式。

①设置轴线控制桩。轴线控制桩设置在基槽外，基础轴线的延长线上，作为开槽后各施工阶段恢复轴线的依据，如图 8.1 所示。轴线控制桩一般设置在基槽外 2~4m 处，打下木桩，桩顶钉上小钉，准确标出轴线位置，并用混凝土包裹木桩，如图 8.2 所示。如附近有建筑物，亦可把轴线投测到建筑物上，用红漆作出标志，以代替轴线控制桩。

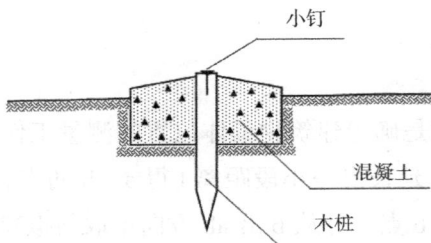

图 8.2　轴线控制桩

②设置龙门板。在小型民用建筑施工中，常将各轴线引测到基槽外的水平木板上。水平木板称为龙门板，固定龙门板的木桩称为龙门桩，如图 8.3 所示。设置龙门板的步骤如下：

在建筑物四角与隔墙两端，基槽开挖边界线以外 1.5~2m 处设置龙门桩。龙门桩要钉得竖直、牢固，龙门桩的外侧面应与基槽平行。

根据施工场地的水准点，用水准仪在每个龙门桩外侧，测设出该建筑物室内地坪设计高程线（即 ±0.000 标高线），并作出标志。

沿龙门桩上 ±0.000 标高线钉设龙门板，这样龙门板顶面的高程就同在 ±0.000 的水平面上。然后用水准仪校核龙门板的高程，如有差错应及时纠正，其允许误差为 ±5mm。

在 N 点安置经纬仪，瞄准 P 点，沿视线方向在龙门板上定出一点，用小钉作标志，纵转望远镜在 N 点的龙门板上也钉一个小钉。用同样的方法，将各轴线引测到龙门板上，所钉之小钉称为轴线钉。轴线钉定位误差应小于 ±5mm。

最后用钢尺沿龙门板的顶面，检查轴线钉的间距，其相对误差不超过 1/2000。检查合格后，以轴线钉为准，将墙边线、基础边线、基础开挖边线等标定在龙门板上。

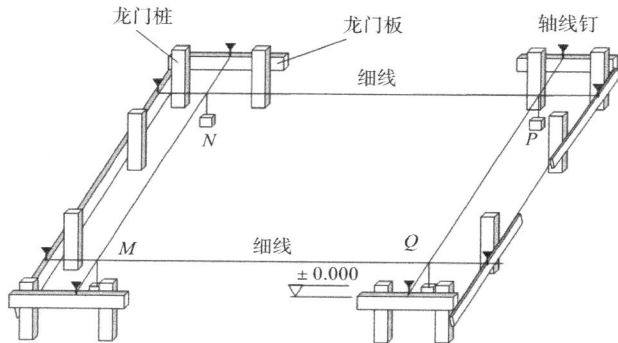

图 8.3 龙门板

（3）基础工程测量放线

1）基槽抄平

①设置水平桩。为了控制基槽的开挖深度，当快挖到槽底设计标高时，应用水准仪根据地面上 ±0.000m 点，在槽壁上测设一些水平小木桩（称为水平桩），如图 8.4 所示，使木桩的上表面离槽底的设计标高为一固定值（如 0.500m）。

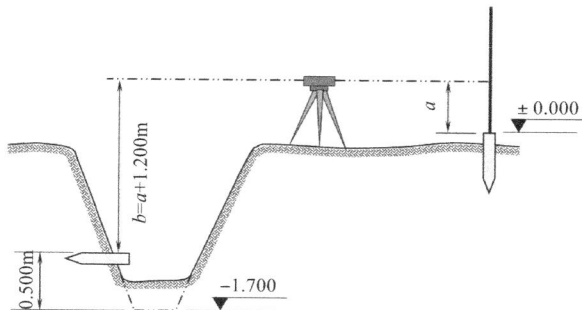

图 8.4 设置水平桩

一般在槽壁各拐角处、深度变化处和基槽壁上每隔 3～4m 测设一水平桩。水平桩可作为挖槽深度、修平槽底和打基础垫层的依据。

②水平桩的测设方法。如图 8.4 所示，槽底设计标高为 –1.700m，欲测设比槽底设计标高为 0.500m 的水平桩，测设方法如下：

在地面适当地方安置水准仪，在 ±0.000 标高线位置上立水准尺，读取后视读数为 a。

计算测设水平桩的应读前视读数 b 为：b=a+（1.700–0.500）=a+1.200。

在槽内一侧立水准尺，并上下移动，直至水准仪视线读数为 a+1.200 时，沿水准尺尺底在槽壁打入一小木桩。

2）垫层中线的投测

基础垫层打好后，根据轴线控制桩或龙门板上的轴线钉，用经纬仪或用拉绳挂锤球的方法，把轴线投测到垫层上，并用墨线弹出墙中心线和基础边线，如图 8.5 所示。

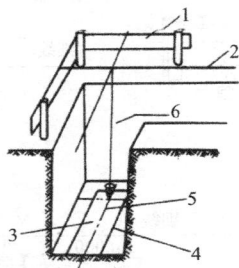

图 8.5　垫层中线的投测

1—龙门板；2—挂细线；3—垫层；4—基础边线；5—墙中线；6—挂垂线

3）基础墙标高的控制

房屋基础墙是指 ±0.000m 以下的砖墙，它的高度是用基础皮数杆来控制的。基础皮数杆是一根木制的杆子，如图 8.6 所示，在杆上事先按照设计尺寸，将砖、灰缝厚度画出线条，并标明 ±0.000m 和防潮层的标高位置。

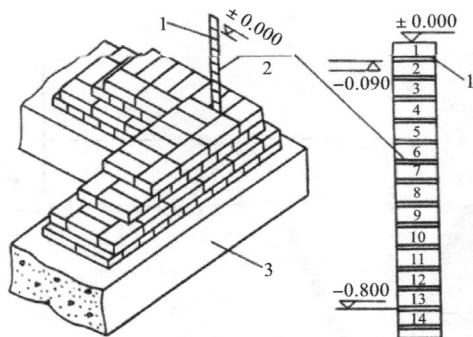

图 8.6　基础墙标高的控制

1—防潮层；2—皮数杆；3—垫层

立皮数杆时，先在立杆处打一木桩，用水准仪在木桩侧面定出一条高于垫层某一数值（如 100mm）的水平线，然后将皮数杆上标高相同的一条线与木桩上的水平线对齐，并用大铁钉把皮数杆与木桩钉在一起，作为基础墙的标高依据。

4）基础面标高的检查基础施工结束后，应检查基础面的标高是否符合设计要求（也可检查防潮层）。可用水准仪测出基础面上若干点的高程和设计高程比较，允许误差为 ±10mm。

（4）墙体测量放线

1）墙体定位

墙体定位按下列步骤进行：

①利用轴线控制桩或龙门板上的轴线和墙边线标志，用经纬仪或拉细绳挂锤球的方法将轴线投测到基础面上或防潮层上。

②用墨线弹出墙中线和墙边线。

③检查外墙轴线交角是否等于 90°。

④把墙轴线延伸并画在外墙基础上，如图 8.7 所示，作为向上投测轴线的依据。

⑤把门、窗和其他洞口的边线，也在外墙基础上标定出来。

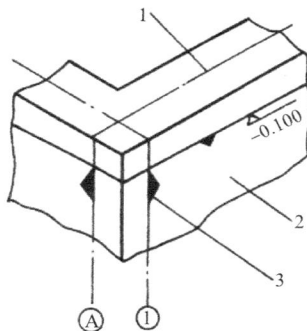

图 8.7　墙体定位
1—墙中心线；2—外墙基础；3—轴线

2）墙体各部位标高控制

在墙体施工中，墙身各部位标高通常也是用皮数杆控制。

①在墙身皮数杆上，根据设计尺寸，按砖、灰缝的厚度画出线条，并标明 0.000m、门、窗、楼板等的标高位置，如图 8.8 所示。

②墙身皮数杆的设立与基础皮数杆相同，使皮数杆上的 0.000m 标高与房屋的室内地坪标高相吻合。在墙的转角处，每隔 10～15m 设置一根皮数杆。

③在墙身砌起 1m 以后，就在室内墙身上定出 +0.500m 的标高线，作为该层地面施工和室内装修用。

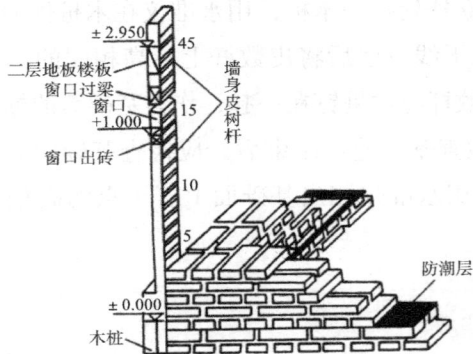

图 8.8　墙体皮数杆的设置

④第二层以上墙体施工中，为了使皮数杆在同一水平面上，要用水准仪测出楼板四角的标高，取平均值作为地坪标高，并以此作为立皮数杆的标志。框架结构的民用建筑，墙体砌筑是在框架施工后进行的，故可在柱面上画线，代替皮数杆。

（5）建筑物的轴线投测

在多层建筑墙身砌筑过程中，为了保证建筑物轴线位置正确，可用吊锤球或经纬仪将轴线投测到各层楼板边缘或柱顶上。

1）吊锤球法

将较重的锤球悬吊在楼板或柱顶边缘，当锤球尖对准基础墙面上的轴线标志时，线在楼板或柱顶边缘的位置即为楼层轴线端点位置，并画出标志线。各轴线的端点投测完后，用钢尺检核各轴线的间距，符合要求后继续施工，并把轴线逐层自下向上传递。

吊锤球法简便易行，不受施工场地限制，一般能保证施工质量。但当有风或建筑物较高时，投测误差较大，应采用经纬仪投测法。

2）经纬仪投测法

在轴线控制桩上安置经纬仪，整平后瞄准基础墙面上的轴线标志，用盘左、盘右分中投点法，将轴线投测到楼层边缘或柱顶上。将所有端点投测到楼板上之后，用钢尺检核间距，相对误差不得大于1/2000。检查合格后，才能在楼板分间弹线，继续施工。

（6）建筑物的高程传递

在多层建筑施工中，要由下层向上层传递高程，以便楼板、门窗口等的标高符合设计要求。高程传递的方法有以下几种：

1）利用皮数杆传递高程

一般建筑物可用墙体皮数杆传递高程。具体方法参照"墙体各部位标高控制"。

2）利用钢尺直接丈量

对于高程传递精度要求较高的建筑物，通常用钢尺直接丈量来传递高程。对于二层以上的各层，每砌高一层，就从楼梯间用钢尺从下层的"+0.500m"标高线，向上量出层高，测出上一层的"+0.500m"标高线。这样用钢尺逐层向上引测。

3）吊钢尺法

用悬挂钢尺代替水准尺，用水准仪读数，从下向上传递高程。

（7）使用测量仪器进行施工定位放线实例

【例8.1】背景：某中学教学楼工程的结构主体分为裙房和主楼两部分，裙房为2层，主楼为7层，中间留有后浇带。施工测量分为几个阶段进行。

问题：主体施工定位放线如何进行？

分析与解答：主体施工测量工作按如下方式进行。

1）建立建筑物施工控制网

①校核起始依据。定位测量前，应由甲方提供三个的坐标控制点和两个高程控制点，作为场区控制依据点。以坐标控制点为起始点。作二级导线测量，作为建筑物平面控制网。以高程控制点为依据，作等外附合水准测量，将高程引测至场区内。

平面控制网导线精度不低于 1/10000，高程控制测量闭合差不大于 $\pm 30\sqrt{L}$ mm（L 为附合路线长度以 km 计）。

在测设建筑物控制网时，首先要对起始依据进行校核。根据红线桩及图纸上的建筑物角点坐标，反算出它们之间的相对关系，并进行角度、距离校测。校测允许误差：角度为 $\pm 12''$；距离相对精度不低于为 1/15000。

对起始高程点应用附合水准测量进行校核，高程校测闭合差不大于 ± 10mm$\sqrt{n}$（n 为测站数）。

②建立建筑物控制网。以导线点为依据，测设出距建筑物外边 7m 的矩形平面控制网 I II III IV。建筑物平面控制网点必须妥善保护。

2）主轴线的测设

①主轴线的选择。该工程的结构主体分为裙房和主楼两部分，裙房为2层，主楼为7层，中间留有后浇带。因此，定主轴线时，按流水段的划分将该工程分三部分进行主轴线的控制。

②主轴线的测设。根据图纸尺寸依次在各点上架设经纬仪，分别测设出各方主轴线桩，并分别测设出引桩。测设完的主轴线桩及引桩应用围栏妥善保护，长期保存。

③高程控制。利用高程点进行附合测法在场区内布设不少于八个点的水准路线 a、b、c、d、e、f、g、h，这些水准点作为结构施工高程传递的依据。

3）±0.000m 以下及基础施工测量

标高传递采用钢尺配合水准仪进行，并控制挖土深度。挖土深度要严格控制，不能超挖。在基础施工时，为监测边坡变形，在边坡上埋设标高监测点，每 10m 埋设一个，随时监测边坡的情况。按设计要求，抄测出垫层标高，并钉小木桩。在垫层混凝土施工时，拉线控制垫层厚度。地下部分的轴线投测，采用经纬仪挑直线法进行外控投测。垫层施工完后，将主轴线投测到垫层上。先在垫层上对投测的主轴线进行闭合校核，精度不低于 1/8000，测角限差为 $\pm 12''$。校核合格后，再进行其他轴线的测设。并弹出墙、柱边界线。施测时，要严格校核图纸尺寸、投测的轴线尺寸，以确保投测轴线无误。地下部分结构施工的高程传递，用钢尺传递和楼梯间水准仪观测互相进行，互为校核。

4）±0.000m 以上施工测量

①轴线竖向传递。本工程的轴线竖向传递采用激光铅直仪内控法。在首层地面设置投测基点。在首层地面钢筋绑扎施工时，在欲设置激光投测点的位置预埋 100mm×100mm 铁板，铁板上表面略高于混凝土上表面。激光投测点的选择要综合考虑流水段的划分，各点距主轴线距离均为 1.000m。施工至首层平面时，对各主轴线桩点进行距离、角度校核，校核合格后再进行首层平面放线。放线后，再将各激光投测点测定在预埋铁板上，并再次校核，合格后方可进行施工。每层顶板应在各激光投测点相应的位置上预留 150mm×150mm 的接收孔。投测时将激光铅直仪置于首层控制点上，在施工层用有机玻璃板贴纸接收。每个点的投测均要用误差圆取圆心的方法确定投测点。即：每个点的投测应将仪器分别旋转 90°、180°、270°、360° 投测四个点，这四个点形成的误差圆取其圆心作为投测点。每层投测完后均要进行闭合校核，确保投测无误，再放气其他轴线及墙边线、柱边线。

②高程传递。首层施工完后，将 ±0.000m 的高程抄测在首层柱子上，且至少抄测三处，并对这三处进行附合校核，合格后以此进行标高传递。±0.000m 以上标高传递采用钢尺从三个不同部位向上传递。每层传递完后，必须在施工层上用水准仪校核。标高传递误差主楼不应超过 ±15mm，裙房不超过 ±10mm，且每层标高竖向传递的不应超过 ±3mm，超限必须重测。每层结构施工完后，在每层的柱、墙上抄测出 1.000m 线，作为装修施工的标高控制依据。

8.1.4 检查与验收

（1）建筑物的平面控制网，可按建筑物、构筑物特点，布设成十字轴线或矩形控制网。建筑物的控制测量，应符合下列规定：

1）控制网点位应选择在通视良好、利于长期保存的地方。

2）控制网加密的指示桩，宜选在建筑物行列线方向上。

3）主要的控制网点中心线端点，应埋设混凝土固定标桩。

4）控制网轴线起始点的测量定位误差，不应低于同级控制网的要求，允许误差宜为 2cm。

（2）高程控制应符合下列规定：

1）建筑物高程控制的水准点，可单独埋设在建筑物的平面控制网的标桩上，也可利用场地附近的水准点，其间距宜在 200m 左右。

2）当施工中水准点标桩不能保存时，应将其高程引测至稳固的建筑物或构筑物上，引测的精度，不应低于原有水准的等级要求。

（3）建筑物施工放样、轴线投测和标高传递的偏差，不应超过表8.1的规定。

建筑物施工放样、轴线投测和标高传递允许偏差 表8.1

项目	内容	允许偏差（mm）
基础桩位放样	轴线位置	±10
各施工层上放线	外廓主轴线长度 $L \leqslant 30m$	±5
	细部轴线	±2
	承重墙、梁、柱边线	±3
	非承重墙边线	±3
	门窗洞口线	±3
轴线竖向投测	每层	3
	总高 $H \leqslant 30m$	5
标高竖向传递	每层	±3
	总高 $H \leqslant 30m$	±5

8.2 脚手架搭设

目前建筑工地常用四种脚手架形式：扣件式、碗扣式、承插型盘扣式、承插型轮扣式。按脚手架搭设的方法又可分为落地式脚手架、悬挑式脚手架、吊式脚手架和升降式脚手架等，脚手架构造如图8.9所示。下面主要介绍钢管扣件式脚手架的施工。

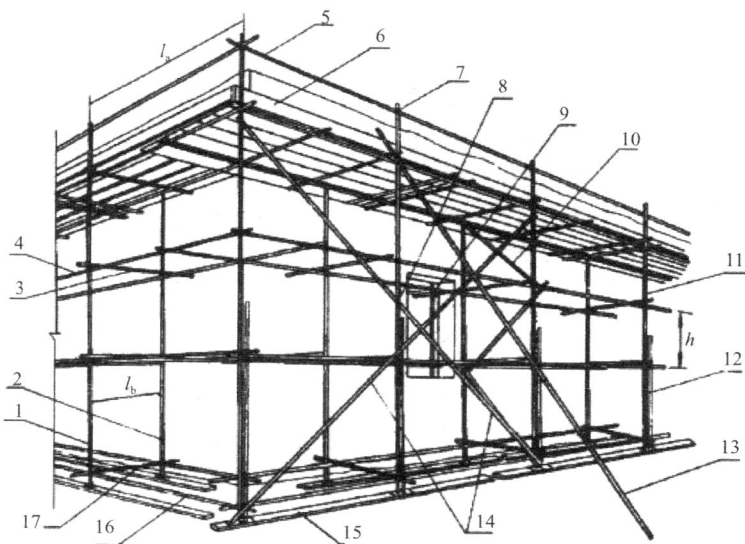

图8.9 脚手架构造示意图

1—外立杆；2—内立杆；3—横向水平杆（小横杆）；4—纵向水平杆（大横杆）；5—护栏；6—挡脚板；7—直角扣件；8—旋转扣件；9—连墙件；10—横向支撑（横斜杆）；11—主立杆；12—副立杆；13—抛撑；14—纵向支撑（剪刀撑）；15—垫板；16—纵向扫地杆；17—横向扫地杆；l_a—纵距；l_b—立杆横距；h—步距

8.2.1 材料及工具准备

（1）材料的准备

扣件式钢管脚手架用的材料主要由钢管，扣件、底座和脚手板组成。

钢管为外径48.3mm、壁厚3.6mm的焊接钢管，钢管应涂刷防锈漆。如图8.10所示。

常用扣件的形式有三种：用于两根任意角度相交钢管连接的回转扣件；供两根垂直相交钢管连接的直角扣件；供两根对接钢管连接的对接扣件。如图8.11所示。

图 8.10　钢管

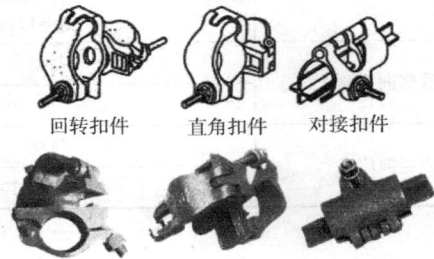

回转扣件　　直角扣件　　对接扣件

图 8.11　扣件

底座一般采用厚8mm、边长150~200mm的钢板作底板，上焊150mm高的钢管。底座有内插式和外套式，如图8.12所示。

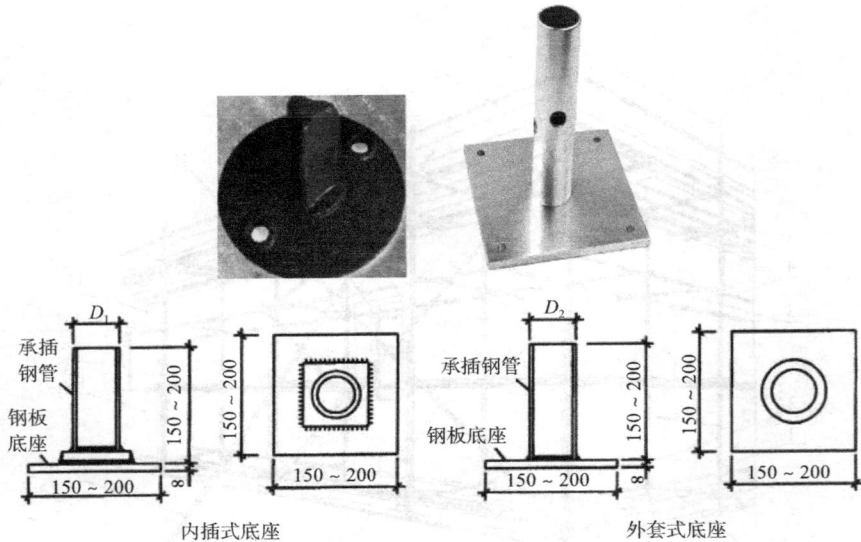

图 8.12　底座

底座下通常要设置木垫板：长度不少于2跨、厚度不小于50mm、宽度不小200mm。如图8.13所示。

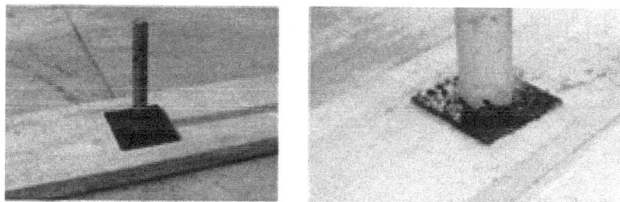

图 8.13 木垫板

作业层用脚手板根据材料的不同有木脚手板、竹脚手板。各种脚手板如图 8.14 所示。

（a） （b）

图 8.14 脚手板

（a）木脚手板厚度不小于 50mm；（b）竹脚手板用毛竹或楠竹制成竹串片板

所有脚手架材料应按国家现行标准进行 100% 外观检查，经检验合格后进行合格品标识妥善保管，必须具备产品质量合格证、生产许可证、专业检测单位检测报告。钢管表面应平直光滑，不应有裂纹、分层、压痕、划道和硬弯；扣件扣紧钢管时接触良好，不得滑丝；钢脚手板不得有裂纹、开焊与硬弯、必须涂防锈漆。

（2）工具及安全防护用品的准备

搭设脚手架用的工具和安全防护用品主要有：双向扳手、钢卷尺、经纬仪、水准仪、防滑手套、安全帽、双扣安全带、安全网等。

（3）施工准备

1）脚手架搭设前，应向施工人员进行交底。

2）应按规范要求对钢管、扣件、脚手板、可调托撑等进行检查验收，不合格产品不得使用。

3）经检验合格的构配件应按品种、规格分类堆放整齐、平稳，堆放场地不得有积水。

4）应清除搭设场地杂物，平整搭设场地，并应使排水畅通。

8.2.2 操作流程

落地式脚手架施工工艺流程为：

立杆基础夯实和硬化处理→排水沟施工→脚手架定位→铺设垫板→铺纵向扫地杆

→竖立杆→铺横向扫地杆→安装大横杆→安装小横杆→铺脚手板→安装横向斜撑和剪刀撑→安装封顶杆→安装防护栏和挡脚板→挂安全网。

8.2.3　施工工艺

（1）搭设脚手架的总体要求

1）脚手架构造要求

脚手架排距不小于 800mm，纵距不大于 1500mm，步距为 1800mm。根据使用模板材料的不同，立杆与建筑物之间的距离为：一般模板的剪力墙处内立杆距墙 200mm 以内，有阳台处内立杆距阳台板 250mm；外立杆距墙 1100mm。大模板、钢模的内立杆距墙 400mm 以内。

2）脚手架搭设要求

脚手架搭设时应满足以下要求：

①满足施工要求。要有足够的作业面（适当的宽度、步架高度、离墙距离），以满足施工人员操作、材料堆放和运输的需要。

②构架稳定、承载可靠、使用安全。要有足够的承载力、刚度和稳定性，施工期间在规定的天气条件下和允许荷载作用下，应稳定不倾斜、不摇晃、不倒塌。

③尽量使用自备和可租赁的脚手架材料。

④根据工程结构的情况解决脚手架设置中的穿墙、支撑和拉结问题。

⑤构造要简单，便于搭设和拆除，且可以多次周转使用。

3）脚手架搭设的一般规定

①钢管、扣件、安全网必须有产品质量合格证，并在使用前按照相关规定抽样送检，检测合格后方可投入使用。

②外脚手架搭设必须编制专项施工方案，经相关部门审批后可实施。

③外脚手架钢管必须进行防锈处理，除锈后刷一道防锈漆和两道面漆，面漆颜色为橘黄色，剪刀撑采用黄黑双色油漆，间距为 300 ~ 400mm。

④外脚手架每一步架体外立杆内侧挂 180mm 高的踢脚板，黑黄双色油漆分段斜刷。间距为 200mm 一段，斜向倾角为 45°。

⑤钢管进场应做好验收，着重对外观、外径、壁厚等进行检查，钢管表面应平直光滑，钢管应无严重锈蚀、裂缝、孔洞、结疤、弯曲、压痕。

⑥脚手板应采用钢筋网片和竹串板。

⑦工程中应采用阻燃密目安全网。安全网目密度不应低于 2000 目 /100mm，安全网须保持干净整洁。

⑧连墙件及其预埋件应采用与架体同种规格钢管制作，采用直角扣件连接。

（2）脚手架安全设施及操作人员要求

1）脚手板

脚手板要满足承载力的要求。木脚手板厚度为 50mm，宽度为 230～250mm。脚手板除承受 3kN/m² 的均布荷载外，还应能承受双轮车的集中荷载。

2）安全网

防护网由支杆和安全网构成，支杆下端支撑在建筑物上并可以旋转，支杆上端扣接安全网一端，安全网的另一端固定在建筑物上，支杆两端都可采用钢管固定。当作为整体建筑安全网时，端部纵向连杆可采用钢丝绳，并在建筑物四角要设置抱角架。

3）承料平台

为配合高层现浇结构的施工，一般要装设承料平台，用于堆放钢模及支撑杆等。承料平台一般采用钢制，采用钢丝绳作为斜拉杆，支撑于楼板或立柱上。

4）连墙件

在建筑物上有预留口时，可采用直径 48mm 钢管与扣件连接形成连墙件。当建筑物上无预留口时，可在混凝土中放置预埋件，形成连墙件。连墙件的预埋件应便于固定在模板上并与结构可靠连接；连墙杆与预埋件的连接既足够牢固，又要有一定的活动余量，以便与脚手架杆件的连接。

5）操作人员安全要求

①从事高处作业的人员要定期进行体检。凡患有高血压、心脏病、贫血、癫痫及不适合高处作业的人员不得从事高处作业。

②高处作业人员衣着要便利，禁止赤脚、赤膊及穿硬底、高跟、带钉、易滑的鞋或拖鞋从事高处作业，酒后禁止作业。

③进入施工区域的所有人员必须按要求戴安全帽。

④从事无可靠防护作业的高处作业人员必须使用安全带，安全带要挂在牢固的地方。

（3）脚手架搭设施工要点

1）立杆基础夯实和硬化处理、设排水沟

①基础回填土须分层夯实、平整，采用混凝土硬化处理，混凝土厚度 ≥ 100mm，混凝土强度等级 ≥ C20，并满足搭设高度的要求。不得有基础下沉、立杆悬空、积水等现象。

②基础四周须设置排水沟，排水沟设置不少于 300mm×300mm，排水沟坡度为 3‰～5‰，外架转角部位设置集水井。排水沟距脚手架外立杆 200mm 以上，与施工现场排水系统连成一体，保持排水畅通、不得有积水。如图 8.15 所示。

2）定位、设垫板

按照立杆放线定位图放线，并将底座、垫板准确地放在定位线上，垫板或底座底面标高宜高于自然地坪 50～100mm，如图 8.16 所示。

图 8.15　基础硬化、设排水沟

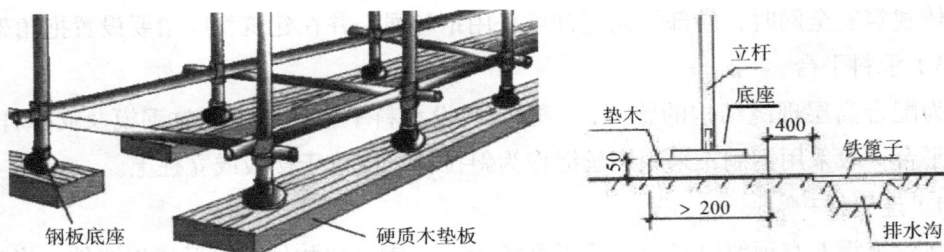

图 8.16　底座、垫板

3）杆件的安装

①在垫板上按照立杆的间距放底座，每根立杆底部宜设置底座。

②先将纵向扫地杆放在立杆位置附件，再将立杆就位，与纵向扫地杆用直角扣件扣紧，纵向扫地杆距离立杆底部的距离不大于 200mm，最后安装横向扫地杆，横向扫地杆安装在纵向扫地杆的下面，并用直角扣件与立杆连接。脚手架必须设置扫地杆。

③立杆搭设的规定：

双排脚手架的宽度（立杆横距）一般为 1.2～1.5m（高层脚手架为 1.2m）；立杆纵距一般为 1.4～2m（35m 以下为 1.4～2m，35m 以上为 1.4～1.6m），立杆的最大纵距不大于 2m，左右相邻的立杆接头应相互错开，两个相隔接头在高度方向错开的距离不宜小于 500mm；各接头中心至主节点的距离不宜大于步距的 1/3，如图 8.17 所示。

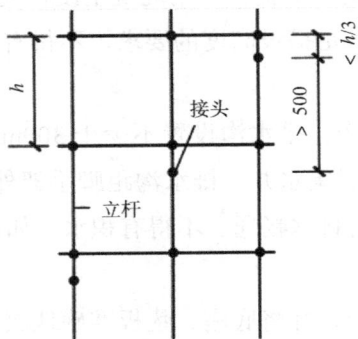

图 8.17　立杆接头的方法

④脚手架立杆接长除顶层顶步外，其余各层各步接头必须采用对接扣件连接；当立杆采用搭接接长时，搭接长度不应小于1m，并应采用不少于2个旋转扣件固定。端部扣件盖板的边缘至杆端距离不应小于100mm，如图8.18所示。脚手架立杆顶端栏杆宜高出女儿墙上端1m，宜高出檐口上端1.5m。

图8.18　立杆搭接方法

⑤纵向水平杆（大横杆）搭设的规定：

纵向水平杆步距1.2～1.8m（砌筑用最佳步距1.2～1.4m）；纵向水平杆应设置在立杆内侧，随立杆按步搭设，并应采用直角扣件与立杆固定，单根杆长度不应小于3跨。在封闭型脚手架的同一步中，纵向水平杆应四周交圈设置，并应用直角扣件与内外角部立杆固定。

纵向水平杆接长应采用对接扣件连接或搭接；两根相邻纵向水平杆的接头不应设置在同步或同跨内；不同步或不同跨两个相邻接头在水平方向错开的距离不应小于500mm；各接头中心至最近主节点的距离不应大于纵距的1/3，如图8.19所示。

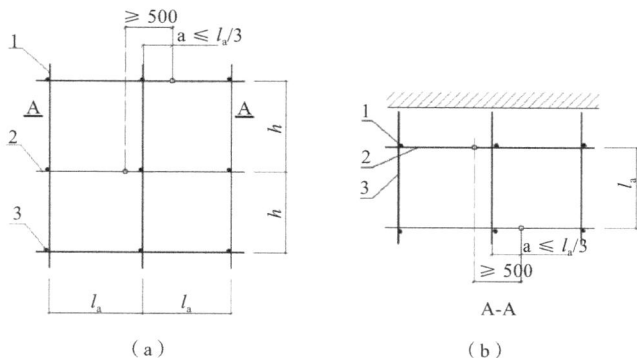

图8.19　纵向水平杆对接接头布置
（a）接头不在同步内（立面）；（b）接头不在同跨内（平面）
1—立杆；2—纵向水平杆；3—横向水平杆

纵向水平杆采用搭接接长时，搭接长度不应小于1m，应等间距设置3个旋转扣件固定，端部扣件盖板边缘至搭接纵向水平杆杆端的距离不应小于100mm。

⑥横向水平杆（小横杆）搭设的规定：

小横杆的两端均需与大横杆固定，并伸出大横杆100mm（单排架伸入墙内不小于240mm）；主节点处必须设置一根横向水平杆，用直角扣件扣接且严禁拆除；作业层上非主节点处的横向水平杆，宜根据支承脚手板的需要等间距设置，最大间距不应大于纵距的1/2，如图8.20所示。

图 8.20　横向水平杆布置

4）支撑杆件的安装

①剪刀撑搭设的规定：

高度在24m及以上的双排脚手架应在外侧全立面连续设置剪刀撑；高度在24m以下的单、双排脚手架，均必须在外侧两端、转角及中间间隔不超过15m的立面上，各设置一道剪刀撑，并应由底至顶连续设置；每道剪刀撑宽度不应小于4跨，且不应小于6m，斜杆与地面的倾角宜在45°～60°之间，如图8.21所示。

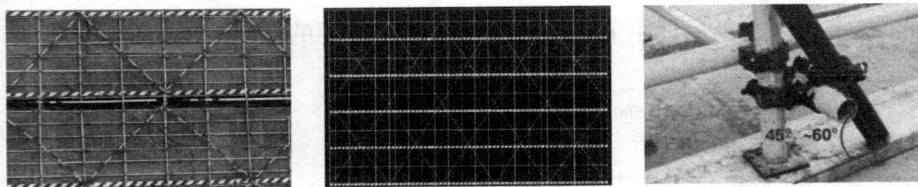

图 8.21　剪刀撑的布置

剪刀撑斜杆的接长应采用搭接或对接，采用搭接连接时，搭接长度不小于1m，应采用不少于3个旋转扣件固定，端部扣件盖板的边缘至杆端距离不小于100mm；剪刀撑斜杆应用旋转扣件固定在与之相交的横向水平杆的伸出端或立杆上，旋转扣件中心线离主节点的距离不宜大于150mm；剪刀撑与所跨立杆必须用旋转扣件固定，不得有遗漏现象。

②连墙杆的搭设规定：

每隔三步三跨设置一道连墙杆，应靠近主节点设置，偏离主节点的距离不应大于300mm；连墙杆应从底层第一步纵向水平杆处开始设置，当该处设置有困难时，应采用其他可靠措施固定；应优先采用菱形布置，或采用方形、矩形布置。

开口型脚手架的两端必须设置连墙杆，连墙杆的垂直间距不应大于建筑物的层高，并且不应大于 4m；连墙杆应呈水平设置，当不能水平设置时，应向脚手架一端下斜连接，如图 8.22 所示。

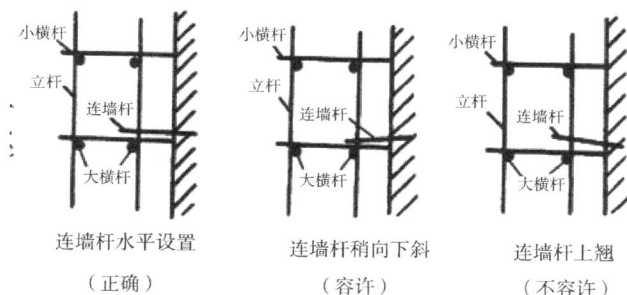

图 8.22　连墙件的构造

连墙杆必须采用可承受拉力和压力的构造。对高度 24m 以上的双排脚手架，应采用刚性连墙件与建筑物连接，如图 8.23 所示。

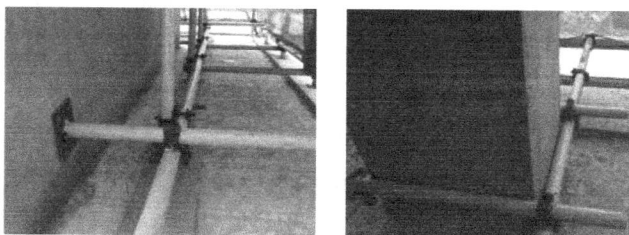

图 8.23　连墙件与结构连接

当脚手架下部暂不能设连墙件时应采取防倾覆措施，应设置抛撑。抛撑应采用通长杆件，并用旋转扣件固定在脚手架上，与地面的倾角应在 45°～60°；连接点中心至主节点的距离不应大于 300mm，如图 8.24 所示。抛撑应在连墙件搭设后再拆除。

图 8.24　抛撑搭设

③横向斜撑的搭设规定：

横向斜撑应在同一节间，由底至顶层呈之字形连续布置，用旋转扣件固定在与之相交的横向水平杆的伸出端上，旋转扣件中心线至主节点的距离不宜大于150mm，如图8.25所示。

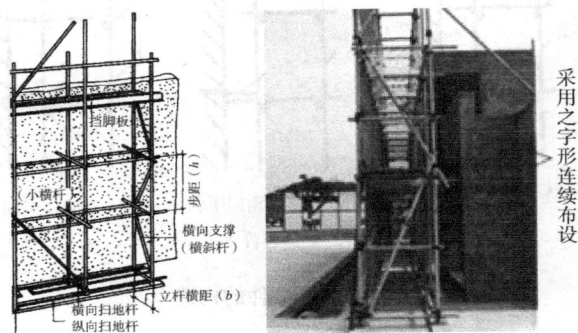

图8.25　横向斜撑布置

高度在24m以下的封闭型双排脚手架可不设横向斜撑，高度在24m以上的封闭型脚手架，除拐角应设置横向斜撑外，中间应每隔6跨距设置一道；开口型双排脚手架的两端均必须设置横向斜撑。

5）脚手板的安装

脚手板应铺满、铺稳、铺实，离墙面的距离不应大于150mm。

脚手板对接平铺时，接头处应设两根横向水平杆，脚手板外伸长度应130~150mm，两块脚手板外伸长度的和不应大于300mm；脚手板搭接铺设时，接头应支在横向水平杆上，搭接长度不应小于200mm，其伸出横向水平杆的长度不应小100mm，如图8.26所示。

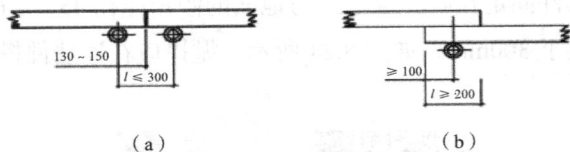

图8.26　脚手板对接、搭接构造

（a）脚手板对接；（b）脚手板搭接

脚手板探头应用直径3.2mm的镀锌钢丝固定在支承杆件上；在拐角、斜道平台口处的脚手板，应用镀锌钢丝固定在横向水平杆上，防止滑动。

6）防护栏和挡脚板的安装

栏杆和挡脚板均应搭设在外立杆的内侧；上栏杆上皮高度应为1.2m；挡脚板高度不应小于180mm；中栏杆应居中设置，如图8.27所示。

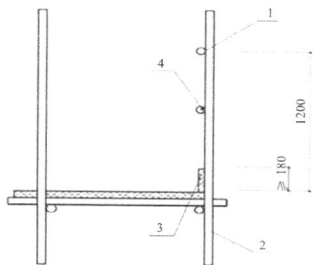

图 8.27 栏杆与挡脚板构造

1—上栏杆；2—外立杆；3—挡脚板；4—中栏杆

7）安全网的搭设

落地式脚手架外侧必须满挂密目式安全网，用专用绳索牢固而严密的固定在纵向水平杆上，如图 8.28 所示。

同材质绳索绑扎

图 8.28 垂直安全网布置

作业层脚手板下每隔 10m 必须用水平安全网进行封闭，如图 8.29 所示。

图 8.29 水平安全网布置

（4）脚手架拆除施工要点

工程施工完毕后，经检查确认不需要脚手架时方可拆除脚手架。

1）拆除前的准备工作

脚手架拆除前安全交底；全面检查脚手架扣件连接、连墙件、支撑体系是否符合构造要求；清除脚手架上的杂物及地面障碍物；设置警戒隔离区。

2）拆除顺序

拆除应由上而下，逐层进行，即：安全网→栏杆→脚手板→剪刀撑→连墙件→小横杆→大横杆→立杆，做到一步一清。拆除至最后一根立杆高度时，应先搭设临时抛撑加固后,再拆除连墙件。

3)拆除安全事项

①拆除工作必须由专业人员操作,操作工人应站在临时设置的脚手板上进行拆除作业。

②拆除应由上而下,逐层进行,严禁上下同时作业。

③连墙件必须随脚手架逐层拆除,严禁将连墙件整层或数层拆除后再拆脚手架。

④分段拆除高差大于两步时,应增设连墙件。

⑤拆除的构配件应用塔吊吊运或人工传递到地面,严禁从高处向下抛掷。

(5)安全管理

1)扣件式钢管脚手架安装与拆除人员必须是经考核合格的专业架子工。架子工应持证上岗。

2)搭拆脚手架人员戴安全帽、系安全带、穿防滑鞋。

3)钢管上严禁打孔。

4)作业层上的施工荷载应符合设计要求,不得超载。

5)六级及六级以上大风和雾、雨天应停止脚手架作业,雨后上架操作应有防滑措施。

6)脚手架应有良好的防电避雷装置。钢管脚手架、钢井架应有可靠的接地装置,每 50m 长应设一处,经过钢脚手架的电线要严格检查,谨防破皮漏电。

8.2.4　检查与验收

(1)脚手架及其地基基础应在下列阶段进行检查与验收:

1)基础完工后及脚手架搭设前。

2)作业层上施加荷载前。

3)每搭设完 6~8m 高度后。

4)达到设计高度后。

5)遇有六级强风及以上风或大雨后,冻结地区解冻后。

6)停用超过一个月。

(2)脚手架使用中,应定期检查下列要求内容:

1)杆件的设置和连接,连墙件、支撑、门洞桁架等的构造应符合本规范和专项施工方案的要求。

2)地基应无积水,底座应无松动,立杆应无悬空。

3)扣件螺栓应无松动。

4)高度在 24m 以上的双排、满堂脚手架,高度在 20m 以上的满堂支撑架,其立杆的沉降与垂直度的偏差应符合规范的规定。

5)安全防护措施应符合规范要求。

6）应无超载使用。

（3）维护保养

1）每月对架体进行一次全面检查。

2）对连墙件，防护设施每月维护保养一次。

3）在架体底部铺设一层密目网，防止灰尘及小垃圾从架体上向下飘落。

4）及时清理架体上和安全网内的垃圾。

5）搭设架体的钢管、扣件、连墙件等材料统一刷油漆。

6）挡脚板按要求制作好后，统一刷油漆。

7）封闭架体的安全网，选用统一颜色，统一尺寸的密目安全网。

8.3　模板安装拆卸

模板系统的组成：包括模板板块和支架两大部分。模板板块是由面板、次肋、主肋等组成。支架则有支撑、桁架、系杆及对拉螺栓等不同的形式。下面主要介绍普通模板工程中木模板的安装及拆除。

8.3.1　材料及工具准备

（1）材料准备

模板：现浇结构中常用的木胶合板模板规格主要有 915mm×1830mm×（9、12、15、18）mm、1220mm×2440mm×（9、12、15、18）mm，如图 8.30 所示。

对拉螺栓：如图 8.31 所示。对拉螺杆垫板，高强方形压板带螺母 100mm×100mm；对拉螺杆的配件，山型卡、山型母及法兰螺母；对拉螺杆套管，直径 26mm 硬质 PVC 带堵头套管。

加固主楞：48.3mm×3.6mm 钢管、型钢等，如图 8.32 所示。

加固次楞：50mm×100mm×4000mm、50mm×100mm×2000mm、100mm×100mm×2000m 等木枋，如图 8.33 所示。

图 8.30　木模板　　图 8.31　对拉螺栓　　图 8.32　钢管　　图 8.33　木枋

（2）工具准备

常用的工具主要有：木工台锯、手持电锯、吸尘器、墨斗、红油漆、毛笔、红蓝铅笔、卷尺、线锤、锤子、白线等，如图 8.34 所示。

图 8.34　常用工具

（3）现场准备

1）组织操作人员对模板及其配套产品的使用进行技术交底，必须着重说明施工中应注意的涉及安全的问题。

2）检查采用的模板尺寸和配件的数量是否齐全。

3）对钢筋工程进行交接检查验收。注意检查墙底部钢筋有无错位、顶线和超线等现象，对偏位柱筋调整到位，同时采取措施保证混凝土保护层厚度和模板的顺利安装。

4）根据图纸要求，放好轴线、模板边线，水平控制标高引测到预留插筋或其他过度引测点，并经过预检。

5）检查预埋铁件、预留孔洞模套是否已安装完毕。

6）应做好模板底清理、洗刷等处理工作。

8.3.2　操作流程与施工要点

（1）基础模板施工

1）独立柱基础模板施工工艺流程：弹基础中心线→弹基础边线→安装下阶侧模板及支撑→安装上阶侧模板及支撑→验收。

2）施工要点：模板安装前，应核对基础垫层标高，弹出基础的中心线和边线，将模板中心线对准基础中心线，然后校正模板上口标高，符合要求后要用轿杠木搁置在下台阶模板上，斜撑及平撑的一端撑在上台阶模板的背方上，另一端撑在下台阶模板背方顶上。如图 8.35 和图 8.36 所示。

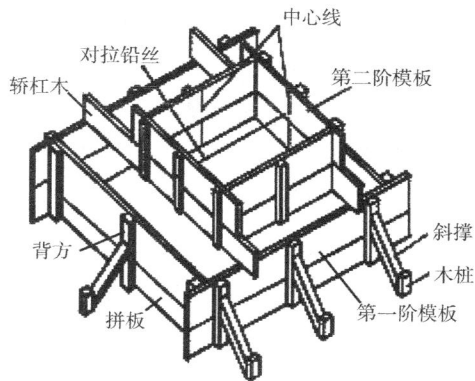

图 8.35　阶形独立基础模板安装

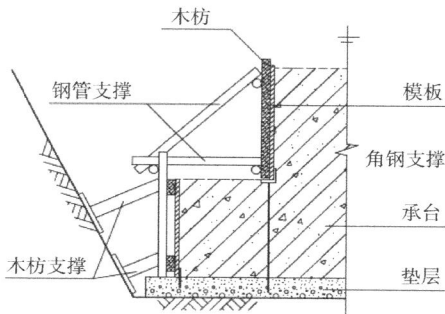

图中标注：中心线、对拉铅丝、轿杠木、第二阶模板、斜撑、木桩、背方、第一阶模板、拼板

图 8.36　阶梯式承台支模示意图

图中标注：木枋、钢管支撑、木枋支撑、模板、角钢支撑、承台、垫层

（2）柱模板施工

1）柱模板施工工艺流程：

弹柱子位置线→柱子模板范围抄平→安装柱子模板定位钢筋→安装柱子模板→模板竖楞安装→安装柱箍→柱子模板支撑加固→调整垂直度→复核上口尺寸→预检。

2）施工要点：

①柱子模板安装前，必须在楼板或底板上弹出柱轴线、边线、支模控制线，如图 8.37所示。在同一个轴线的柱子控制线、模板线必须拉通线进行检查。为保证柱子模板整体位置正确、不发生扭曲，在支模板前根据所弹出的模板线来校正钢筋的位置，使其不发生偏扭。

②依据放线位置进行模板的安装就位，校正模板并使用斜撑固定，柱底部设置清扫孔。为防止柱子模板根部浇筑混凝土时出现漏浆，待柱子模板抄平后在柱子模板下口上粘贴 1～2 层 10mm×50mm 的海绵条（图 8.38），粘贴时海绵条距离柱子边线 5mm，防止安装模板压缩变形伸入柱内，如果板面不平整时，应该采用水泥砂浆找平。

图 8.37 柱模板安装前弹线

图 8.38 柱模板底部海绵条的安装

③安装柱箍：柱箍可采用 φ48.3×3.6mm 双钢管（或槽钢），当柱子断面超过 500 时需设 M12、M14、M16 对拉螺栓，自下而上安装柱箍。安装时，先用粉笔在柱模上画出柱箍的位置，依据柱箍位置线把双钢管紧贴一个方向两面柱模外边缘，同时用对拉螺栓贴另一方向柱模外边把双钢管夹住，拧紧螺母。按此方法安装另一个方向两面柱箍，如图 8.39 所示。

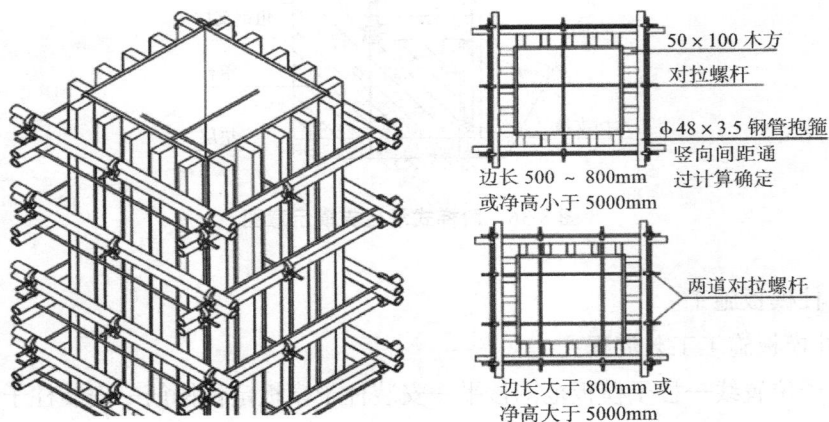

图 8.39 柱模板示意图

④成排柱子支模时，先立两边柱子模板，校正调直并复核位置无误后，顶部拉通线立中间各根柱子模板，这是保证柱子垂直度、防止轴线位移的关键工序。

⑤安装斜撑和拉杆：为保证柱模的稳定，柱模之间要用水平拉杆、剪刀撑等相互拉结、固定。同时独立柱辅以斜撑固定。把斜撑固定在预先埋在楼板或梁内的短钢筋棍上，用以调节、校正柱模的垂直度。固定牢固的柱模板每边设两道斜撑和水平拉杆，以免在混凝土浇筑过程中引起独立柱的倾斜和位移，斜撑与地面的夹角为 45° 为宜。

⑥校正加固：斜撑安装后，及时紧固柱模板。两人配合调整柱模板垂直度，在上口吊线锤测量上中下的垂直度，另一人调整斜撑，直至垂直度符合要求。

⑦复核上口尺寸、预检：复核上口尺寸是否符合设计要求，柱模加固、调整完毕后，把柱内清理完毕，封闭清扫口，办理预检手续。

（3）梁、板模板施工.

1）梁、板模板施工工艺流程：

放梁、板线及水平线→搭设梁模板支架→安装梁底模板→安装梁侧模→侧模加固→搭设板模板支架→调整板下皮标高→板模板铺设→检查标高平整度→调整校正→预验收。

2）施工要点：

①放线。在柱子上弹出轴线、梁、板位置和水平线，并复核。

②梁底模支设。根据模板设计或模板施工方案要求搭设梁模板的支撑体系，按设计标高调整支撑体系的标高，然后安装梁底模板，并拉线找平。当梁底板跨度 ≥ 4m 时，跨中梁底处应按设计要求起拱，如设计无要求时，起拱高度为梁跨度的 1/1000 ~ 3/1000。主次梁交接时，先主梁起拱，后次梁起拱。

③梁底是否增加支撑根据施工方案确定。

④根据墨线安装梁侧模板、斜撑等。梁侧模板制作高度应根据梁高及楼板模板来确定，梁侧模板支设时，上口应通线，保证侧模垂直度；梁侧模与底模拼缝应严密，不漏浆。

⑤按照方案确定的主楞、次楞、穿梁螺杆的尺寸及间距，进行侧模的加固设置，采用斜撑进行加固，梁侧木枋通过钢管斜撑与架体连接进行加固，斜撑间距 1000mm，如图 8.40 所示。

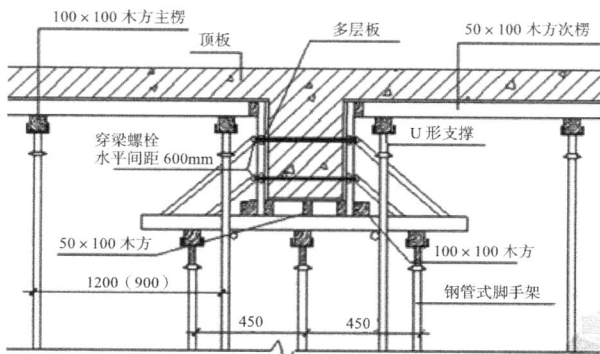

图 8.40　梁模板做法

⑥根据模板设计或模板施工方案要求搭设板模板的支撑体系，并安装板下木枋。

⑦拉通线调节支柱高度，将大龙骨找平，每块板平台木枋截面高度应一致；对跨度不小于 4m 的现浇钢筋混凝土板，其模板应按设计要求起拱；当设计无具体要求时，起拱高度宜为跨度的 1/1000 ~ 3/1000。

⑧板模采用整体平铺形式铺设。铺模板时从四周铺起，在中间收口；楼板模板压在梁侧模时，角位模板应通线钉固；楼面模板拼缝采用双面胶带粘贴，如图 8.41 所示。

⑨木枋底部水平承重钢管必须用顶托顶紧，杜绝无承重钢管支模或将木枋的一端支撑在侧模背枋上。

⑩模板铺设基本完成后，专业工长根据测量员在板面柱钢筋上标记50mm控制线检查模板上皮标高和平整度，平整度不能超过规范要求，否则整改，直到达到要求。

⑪楼面模板铺完后，应认真检查支架是否牢固，板面应清扫干净。

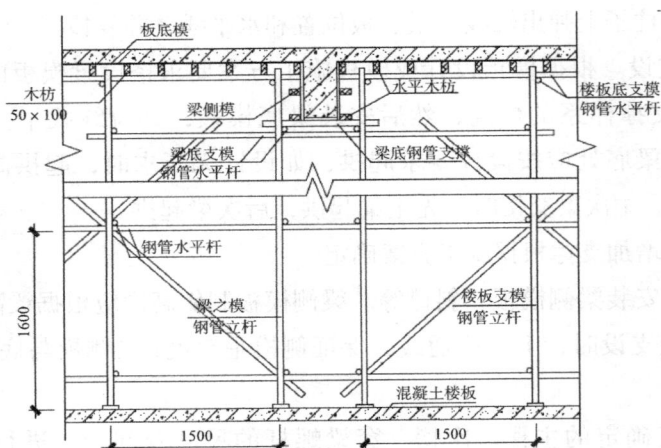

图 8.41　梁、板模板做法

（4）楼梯模板施工

楼梯与楼板相似，但又有其支设倾斜、有踏步的特点。楼梯模板的梯步高度要一致，尤其要注意每层楼梯最上一步和最下一步的高度，防止由于粉面层厚度不同而形成梯步高度差异。

（5）模板的拆除

1）拆除前的准备工作：模板拆除前，主管工长必须向作业班组进行书面的技术交底，交底内容包括拆模时间、拆模顺序、拆模要求、模板堆放位置等。

2）拆除要求：现浇结构的模板及支架的拆除，如设计无规定时，应符合下列规定：

①侧模应在混凝土强度能保证其表面及棱角不因拆模板而受损坏时，方可拆除。

②底模及支架拆除时的混凝土强度应符合设计要求，设计无要求时，应在与结构同条件养护的混凝土试块达到表8.2规定时方可拆除。

底模及支架拆除时的混凝土强度要求　　　　　　　表 8.2

底模及支架拆除时的混凝土强度要求 构件类型	构件跨度（m）	达到设计的混凝土立方体抗压强度标准值的百分率（%）
板	≤ 2	≥ 50
	> 2，≤ 8	≥ 75
	> 8	≥ 100

续表

底模及支架拆除时的混凝土强度要求 构件类型	构件跨度（m）	达到设计的混凝土立方体抗压强度标准值的 百分率（%）
梁、柱、壳	≤ 8	≥ 75
	> 8	≥ 100
悬臂构件	—	≥ 100

一般混凝土构建的拆模时间是：每天的平均气温不低于 20°，15 天可以拆模；在正常的施工中：圈梁、构造柱的模板一般 3 天就拆除；现浇板、梁模板一般 3 天拆除侧面模板，15 天拆除底面模板，但是每隔 2 米左右打一颗点柱。框架柱一般是 7 天拆除模板。

3）拆模顺序：模板拆除顺序与安装顺序相反，自上而下，先支后拆，后支先拆，先拆非承重模板，后拆承重模板。

4）拆除要点

①柱模：板拆除时，应先拆除钢楞、柱箍和对拉螺栓等连接件、支撑件，从上而下逐步拆除。

②梁、板模板：先拆除梁侧模，再拆除楼板底模，最后拆除梁底模。拆除跨度较大的梁下支柱时，应从跨中开始分别拆向两端。当局部有混凝土吸附或粘接模板时，可在模板下口接点处用撬棍松动，禁止敲击模板。

多层楼板支柱的拆除：上层楼板正在浇筑砼时，下一层楼板的模板支柱不得拆除，再下一层楼板模板的支柱，仅可拆除一部分；跨度 4m 及 4m 以上的梁下均应保留支柱，其间距不得大于 3m。

5）拆模的安全规定

①拆模时，操作人员应站在安全处，以免发生安全事故。

②拆模时应避免用力过猛、过急，严禁用大锤和撬棍硬砸硬撬，以免损坏混凝土表面或模板。

③拆除的模板及配件应有专人接应传递并分散堆放，不得对楼层形成冲击荷载，严禁高空抛掷。

④模板及支架清运至指定地点，应及时加以清理、修理，按尺寸和种类分别堆放，以便下次使用。

8.3.3　检查与验收

（1）质量检查

模板、支架杆件和连接件的进场检查应符合下列规定：

①模板表面应平整；胶合板模板的胶合层不应脱胶翘角；支架杆件应平直，应无

严重变形和锈蚀；连接件应无严重变形和锈蚀，并不应有裂纹。

②模板规格、支架杆件的直径、壁厚等，应符合设计要求。

③对在施工现场组装的模板，其组成部分的外观和尺寸应符合设计要求。

④有必要时，应对模板、支架杆件和连接件的力学性能进行抽样检查。

⑤对外观，应在进场时和周转使用前全数检查。

⑥对尺寸和力学性能可按国家现行有关标准的规定进行抽样检查。

（2）质量验收

1）主控项目

①模板及支架材料的技术指标应符合国家现行有关标准和专项施工方案的规定。

检查数量：全数检查。

检验方法：检查质量证明文件。

②现浇混凝土结构的模板及支架安装完成后，应对模板的定位、支架杆件的规格、尺寸、数量、支架杆件之间的连接、支架的剪刀撑和其他支撑设置、支架与结构之间的连接设置、支架杆件底部的支承情况等进行检查验收。

检查数量：全数检查。

检验方法：观察、尺量检查；力矩扳手检查。

2）一般项目

①模板安装质量应符合下列要求：

模板的接缝应严密；模板内不应有杂物；模板与混凝土的接触面应平整、清洁。

检查数量：全数检查。

检验方法：观察检查。

②隔离剂的品种和涂刷方法应符合施工方案的要求。隔离剂不得影响结构性能及装饰施工，不得沾污钢筋和混凝土接槎处。

检查数量：全数检查。

检验方法：观察检查；检查质量证明文件和施工记录。

③模板的起拱应符合现行国家标准《混凝土结构工程施工规范》GB 50666—2011的规定，并应符合设计及施工方案的要求。

检查数量：在同一检验批内，对梁，应抽查构件数量的10%，且不少于3件；对板，应按有代表性的自然间抽查10%，且不少于3间；对大空间结构，板可按纵、横轴线划分检查面，抽查10%，且不少于3面。

检验方法：水准仪或尺量检查。

④支架立柱和竖向模板安装在土层上时，应符合下列规定：

土层应坚实、平整；其承载力或密实度应符合施工方案的要求；应有防水、排水措施；对冻胀性土，应有预防冻融措施；支架立柱下应设置垫板，并应符合施工方案的要求。

检查数量：全数检查。

检验方法：观察检查；承载力检查勘察报告或试验报告。

⑤现浇混凝土结构多层连续支模时，上、下层模板支架的立柱宜对准。

检查数量：全数检查

检验方法：观察检查

⑥现浇结构模板安装的尺寸允许偏差应符合表 8.3 的规定。

检查数量：在同一检验批内，对梁、柱和独立基础，应抽查构件数量的 10% 且不少于 3 件；对墙和板，应按有代表性的自然间抽查 10%，且不少于 3 间。

现浇结构模板安装的允许偏差及检验方法　　　　　　　表 8.3

项目		允许偏差（mm）	检验方法
轴线位置		5	尺量检查
底模上表面标高		±5	水准仪或拉线、尺量检查
截面内部尺寸	基础	±10	尺量检查
	柱、墙、梁	+4，−5	尺量检查
层高垂直度	不大于 5m	6	经纬仪或吊线、尺量检查
	大于 5m	8	经纬仪或吊线、尺量检查
相邻两板表面高低差		2	尺量检查
表面平整度		5	2m 靠尺和塞尺检查

8.4　木构件制作安装

8.4.1　材料及工具准备

（1）常用的木材主要有：红松、白松、杉木、水曲柳、柞木、核桃楸等，按照设计和使用要求选择。防腐剂、油漆、木螺丝、合页、插销、拉手、挺钩、门锁等各种小五金必须符合设计要求。

（2）常用的机具：圆锯机、带锯机、刨削机、手粗刨、细刨、裁口刨、单线刨、歪嘴刨、小电锯、手锯、钢丝锯、锤子、斧子、改锥、线勒子、扁铲、塞尺、线坠、红线包、墨斗、木钻、活尺、三角尺、箬帚等。

8.4.2　操作流程

（1）木门窗制作流程：放样→配料、截料→划线→打眼→开榫、拉肩→裁口与倒角→拼装。

（2）木门窗安装流程：弹线找规矩→定门窗框安装位置→定安装标高→掩扇、门框安装样板→窗框、扇安装→门框安装→门扇安装。

8.4.3 施工工艺

（1）木门窗制作要点

①放样

放样是根据施工图纸上设计好的木制品，按照足尺1∶1将木制品构造画出来，做成样板（或样棒），样板采用松木制作，双面刨光，在使用的过程中，注意保持其划线的清晰，不要使其弯曲或折断。

②配料、截料

配料是在放样的基础上进行的，配料时，精打细算，长短搭配，先配长料，后配短料；先配框料，后配扇料。门窗樘料有顺弯时，其弯度一般不超过4mm，扭弯者一律不得使用。

③刨料

刨料时，宜将纹理清晰的里材作为正面，不刨靠墙的一面；门、窗扇的上冒头和挺也可先刨三面，靠樘子的一面待安装时根据缝的大小再进行修刨。

④划线

划线是根据门窗的构造要求，在各根刨好的木料上划出榫头线，打眼线等。门窗樘无特殊要求时，可用平肩插。应先做样品，经检查合格后再正式划线。要求线要画得清楚、准确、齐全。

⑤打眼

打眼之前，应选择合适的凿刀，凿出的眼，顺木纹两侧要直，不得出错槎。先打全眼，后打半眼。全眼要先打背面，凿到一半时，翻转过来再打正面直到贯穿。成批生产时，要经常核对，检查眼的位置尺寸，以免发生误差。

⑥开榫、拉肩

开榫就是按榫头线纵向锯开。拉肩就是锯掉榫头两旁的肩头，通过开榫和拉肩操作就制成了榫头。拉肩、开榫要留半个墨线。锯出的榫头要方正、平直、挥眼处完整无损，没有被拉肩操作面锯伤。锯成的榫要求方、正，不能伤榫根。楔头倒棱，以防装楔头时将眼背面顶裂。

⑦裁口与倒棱

裁口供装玻璃用，裁好的口要求方正平直，不能有戗槎起毛，凹凸不平的现象。倒棱也称为倒八字，即沿框刨去一个三角形部分。倒棱要平直、板实，不能过线。

⑧拼装

门窗框的组装，是把一根边挺的眼里，再装上另一边的挺；用锤轻轻敲打拼合，敲打时要垫木块防止打坏榫头或留下敲打的痕迹。待整个拼好归方以后，再将所有榫头敲实，锯断露出的榫头。拼装先将楔头沾抹上胶再用锤轻轻敲打拼合。

门窗扇的组装方法与门窗框基本相同。但木扇有门心板,须先把门心板按尺寸裁好,一般门心板应比扇边上量得的尺寸小3～5mm,门心板的四边去棱,刨光净好。然后,先把一根门挺平放,将冒头逐个装入,门心板嵌入冒头与门挺的凹槽内,再将另一根门挺的眼对准榫装入,并用锤垫木块敲紧。

门窗框、扇组装好后,为使其成为一个结实的整体,必须在眼中加木楔,一般每个榫头内必须加两个楔子。加楔时,用凿子或斧子把榫头凿出一道缝,将楔子两面抹上胶插进缝内。敲打楔子要先轻后重,逐步楔入,不要用力太猛。当楔子已打不动,眼已扎紧饱满,就不要再敲,以免将木料龟裂。在加楔的过程中,对框、扇要随时用角尺或尺杆卡审角找方正,并校正框、扇的不平处,加楔时注意纠正。

为了防止在运输过程中门窗框变形,在门框下端钉上拉杆,拉杆下皮正好是锯口。大的门窗框,在中贯档与挺间要钉八字撑杆,外面四个角也要钉八字撑杆。

门窗框组装、净面后,应按房间编号,按规格分别码放整齐,堆垛下面要垫木块。不准在露天堆放,要用油布盖好,以防止日晒雨淋。门窗框进场后应尽快刷一道底油防止风裂和污染。

（2）木门窗安装要点

1）安装前作业条件要求

进入施工现场的木门窗应经检查验收合格;门窗框靠墙、靠地的一面应涂刷防腐涂料,然后通风干燥。

木门窗应分类水平码放在室内的垫木上,底层门窗距离地面应不小于200mm。每层门窗框或扇之间应垫木板条,以便通风。若在敞棚堆放,底层门窗距离地面不小于400mm,并采取措施防止日晒雨淋。

预装门窗框,应分别在楼、地面基层标高和墙砌到窗台标高时安装;后装的门窗框应在门窗洞口处按设计要求埋设预埋件或防腐木砖,在主体结构验收合格安装。

门窗扇的安装应在饰面完成后进行;安装前先检查门窗框、扇有无翘扭、窜角、劈裂、榫槽间松散等缺陷,如有则进行修理。

2）门窗框安装要点

门窗框一般采用后塞口安装的方法。

①主体结构完工后,复查洞口标高、尺寸及木砖位置。

②将门窗框用木楔临时固定在门窗洞口内相应位置。

③用吊线坠校正框的正、侧面垂直度,用水平尺校正框冒头的水平度。

④用砸扁钉帽的钉子钉牢在木砖上。钉帽要冲入木框内1～2mm,每块木砖要钉两处。

⑤高档硬木门框应用钻打孔木螺丝拧固并拧进木框5mm用同等木补孔。

3）门窗扇安装要点

①量出棱口净尺寸,考虑留缝宽度。确定门窗扇的高、宽尺寸,先画出中间缝处

的中线，再画出边线，并保证挺宽一致，四边画线。

②若门窗扇高、宽尺寸过大，则刨去多余部分。修刨时应先锯余头，再行修刨。门窗扇为双扇时，应先作打叠高低缝，并以开启方向的右扇压左扇。

③若门窗扇高、宽尺寸过小，可在下边或装合页一边用胶和钉子绑钉刨光的木条。钉帽砸扁，钉入木条内 1 ~ 2mm，然后锯掉余头刨平。

④平开扇的底边，中悬扇的上下边，上悬扇的下边，下悬扇的上边等与框接触且容易发生摩擦的边，应刨成 1mm 斜面。

⑤试装门窗扇时，应先用木楔塞在门窗扇的下边，然后再检查缝隙，并注意窗棂和玻璃芯子平直对齐，合格后画出合页的位置线，剔槽装合页。

4）门窗小五金安装要点

①所有小五金必须用木螺丝固定安装，严禁用钉子代替。使用木螺丝时，先用手锤钉入全长的 1/3，接着用螺丝刀拧入。当木门窗为硬木时，先钻孔径为木螺丝直径 90% 的孔，孔深为木螺丝全长的 2/3，然后再拧入木螺丝。

②铰链距门窗扇上下两端的距离为扇高的 1/10，且避开上下冒头。安好后必须保证灵活。

③门锁距地面高 0.9 ~ 1.05m，应错开中冒头和边挺的榫头。

④门窗拉手应位于门窗扇中线以下，窗拉手距地面 1.5 ~ 1.6m。

⑤窗风钩应装在窗框下冒头与窗扇下冒头夹角处，使窗开启后成 90° 角，并使上下各层窗扇开启后整齐划一。

⑥门插销位于门拉手下边。装窗插销时应先固定插销底板，再关窗打插销压痕，凿孔，打入插销。

⑦门扇开启后易碰墙的门，为固定门扇应安装门吸。

⑧小五金应安装齐全，位置适宜，固定可靠。

8.4.4 检查与验收

（1）主控项目

1）通过观察、检查材料进场验收记录和复验报告等方法，检验木门窗的木材品种、材质等级、规格、尺寸、框扇的线型及人造夹板的甲醛含量符合设计要求。

2）木门窗的防火、防腐、防虫处理应符合设计要求。

3）木门窗的结合处和安装配件处不得有木节或已填补的木节。木门窗如有允许限值以内的死节及直径较大的虫眼时，应用同一材质的木塞加胶填补。对于清漆制品，木塞的木纹和色泽应与制品一致。

4）门窗框和厚度大于 60mm 的门窗应用双榫连接。榫槽应采用胶料严密嵌合，并应用胶楔加紧。

5）胶合板门、纤维板门和模压门不得脱胶。胶合板不得刨透表层单板，不得有戗槎。制作胶合板门、纤维板门时，边框和横楞应在同一平面上，面层、边框及横楞应加压胶结。横楞和上、下冒头应各钻两个以上的透气孔，透气孔应通畅。

6）木门窗的品种、类型、规格、开启方向、安装位置及连接方式应符合设计要求。

7）门窗框的安装必须牢固。预埋木砖的防腐处理、木门窗框固定的数量、位置及固定方法应符合设计要求。

8）木门窗扇必须安装牢固，并应开关灵活，关闭严密，无倒翘。

9）木门窗配件的型号、规格、数量应符合设计要求，安装应牢固，位置应正确，功能应满足使用要求。

（2）一般项目

1）木门窗表面应洁净，不得有刨痕、锤印。

2）木门窗的割角、拼缝应严密平整。门窗框、扇裁口应顺直，刨面应平整。

3）木门窗上槽、孔应边缘整齐，无毛刺。

4）木门窗与墙体缝隙的填嵌材料应符合设计要求，填嵌应饱满。寒冷地区外门窗（或门窗框）与砌体间的空隙应填充保温材料。

5）木门窗安装的留缝限值、允许偏差和检验方法应符合表8.4的规定。

木门窗安装的留缝限值、允许偏差和检验方法　　　　表8.4

项次	项目		留缝限值（mm）		允许偏差（mm）		检查方法
			普通	高级	普通	高级	
1	门窗槽口对角线长度差		—	—	3	2	用钢尺检查
2	门窗框的正、侧面垂直度		—	—	2	1	用1m垂直检测尺检查
3	框与扇、扇与扇接缝高低差		—	—	2	1	用钢直尺和塞尺检查
4	门窗扇对口缝		1～2.5	1.5～2	—	—	用塞尺检查
5	门窗扇与上框间留缝		1～2	1～1.5	—	—	
6	门窗扇与侧框间留缝		1～2.5	1～1.5	—	—	
7	窗扇与下框间留缝		2～3	2～2.5	—	—	
8	门扇与下框间留缝		3～5	3～4	—	—	
9	双层门窗内外框间距		—	—	4	3	用钢尺检查
10	无下框时门扇与地面间留缝	外门			—	—	用塞尺检查
		内门			—	—	
		卫生间门			—	—	

9 泥瓦工

9.1 砌筑

9.1.1 材料及工具准备

砌筑工程所用的主要材料及工具包括砖（石）、各种砌块和砂浆，还有各种操作工具。

（1）砖

砖常用的种类有烧结普通砖、烧结多孔砖、烧结空心砖、蒸压灰砂砖、蒸压灰砂空心砖、粉煤灰砖、煤渣砖等，如图9.1所示。

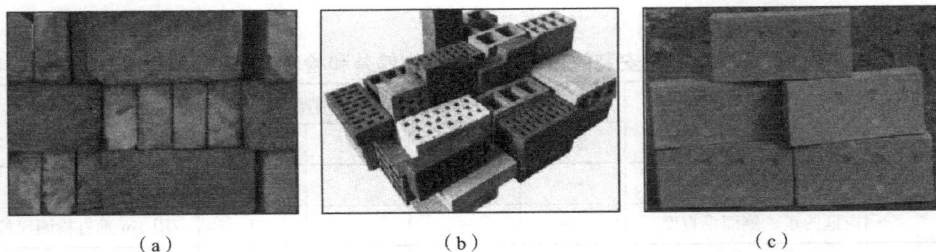

图 9.1 砌体用砖
（a）烧结普通砖；（b）烧结多孔砖；（c）蒸压灰砂砖

1）烧结普通砖

普通砖种类：烧结普通砖按主要原料分为烧结页岩砖、烧结煤矸石砖和烧结粉煤灰砖，根据抗压强度分为 MU30、MU25、MU20、MU15、MU10 五个强度等级。强度和抗风化性能合格的砖，根据尺寸偏差、外观质量、泛霜和石灰爆裂分为优等品、一等品、合格品三个质量等级。

普通砖规格：烧结普通砖的规格为：240mm×115mm×180mm，习惯称为标准砖。

2）烧结多孔砖

烧结多孔砖种类：烧结多孔砖按主要原料分为页岩多孔砖、煤矸石多孔砖、粉煤灰多孔砖，根据抗压强度分为 MU30、MU25、MU20、MU15、MU10 五个强度等级。强度和抗风化性能合格的多孔砖，根据尺寸偏差、外观质量、强度等级、孔型及空洞排列、抗风化性能、泛霜和石灰爆裂的程度分为特等品、一等品、合格品三个质量等级。

烧结多孔砖规格：烧结多孔砖的长度、宽度、高度尺寸应符合下列要求：240mm；180mm；175mm；140mm；115mm；90mm，常用的规格尺寸为 240mm×115mm×90mm。

3）蒸压灰砂砖

蒸压灰砂砖种类：蒸压灰砂砖根据尺寸偏差、外观质量、强度及抗冻性分为优等品（A）、一等品（B）、合格品（C）三个质量等级，根据抗压强度和抗折强度可分为 MU25、MU20、MU15、MU10 四个强度等级。

产品规格：蒸压灰砂砖的规格尺寸为 240mm×115mm×53mm。

4）蒸压粉煤灰砖

粉煤灰砖种类：粉煤灰砖根据抗压强度和抗折强度分为：MU20、MU15、MU10、MU7.5 四个强度等级，根据尺寸偏差、外观质量和干燥收缩分为优等品、一等品、合格品三个质量等级。

产品规格：粉煤灰砖的规格为 240mm×115mm×53mm。

5）烧结空心砖

烧结空心砖种类：烧结空心砖按主要原料分为页岩空心砖、煤矸石空心砖，根据抗压强度分为 MU5、MU3、MU2 三个强度等级。烧结空心砖根据密度分为 800、900、1100 三个密度等级。每个密度等级根据孔洞及其排数、尺寸偏差、外观质量、强度等级和物理性能分为优等品、一等品、合格品三个质量等级。

烧结空心砖规格：烧结空心砖的长度、宽度、高度尺寸应符合下列要求：290mm；190mm；140mm；90mm；240mm；180mm；175mm；115mm。在与砂浆的接合面应设有增加结合力的深度 1mm 以上的凹线槽。烧结空心砖的壁厚应大于 10mm，肋厚应大于 7mm。孔洞采用矩形条孔或其他孔形，且平行于大面和条面。

6）煤渣砖

煤渣砖是以煤渣为主要原料，掺入适量石灰和石膏，经混合、压制成型、蒸养或蒸压而成的实心砖。煤渣砖根据抗压强度和抗折强度分为 MU20、MU15、MU10、MU7.5 四个强度等级，根据尺寸偏差、外观质量、强度等级分为优等品、一等品、合格品三个质量等级。煤渣砖的规格为：240mm×115mm×53mm。

砖要按规定及时进场，按砖的强度等级、外观、几何尺寸进行验收，并应检查出厂合格证。用于清水墙、柱表面的砖，应边角整齐，色泽均匀。在常温下，黏土砖应在砌筑前 1~2d 浇水润湿，以免在砌筑时由于砖吸收砂浆中的大量水分，使砂浆流动性降低，砌筑困难，影响砂浆的粘结强度。但也要注意不能将砖浇的过湿，以水浸入砖内 10~15mm 为宜。过湿过干都会影响施工速度和施工质量。如因天气酷热，砖面水分蒸发过快，操作时揉压困难，也可在脚手架上进行二次浇水。

（2）石

石材有毛石和料石两种。毛石也称片石或块石，是由爆破直接获得的石块。毛石根据其平整程度可以分为乱毛石与平毛石两类。乱毛石的形状不规则，一般在一个方向的尺寸达 300～400mm，乱毛石常用于砌筑毛石基础、勒脚、墙身、挡土墙。平毛石是将乱毛石略进行加工，其形状比乱毛石整齐，基本上有六个面，但加工程度不高，常用于砌筑基础、勒脚、墙身。

料石也称条石，是用人工或机械开采出的较规则的六面体石块，各面经凿琢而成。依照石块表面加工的平整程度分为毛料石、粗料石、半细料石和细料石四种。

毛石砌体所用的石材应质地坚实、无分化剥落和裂纹。用于清水墙、柱表面的石材，应色泽均匀。石材表面的泥垢、水锈等杂质，砌筑前应清除干净，以利于砂浆和块石粘结。毛石应呈块状，其中部厚不宜小于 150mm。其强度应满足设计要求。

（3）小型砌块

砌块系列中主要规格高度大于 115mm，而又小于 380mm 的砌块称为小型砌块，简称小砌块。

小型砌块按其所用材料不同，有蒸压加气混凝土砌块、普通混凝土小型空心砌块、轻骨料混凝土小型空心砌块、粉煤灰砌块、粉煤灰小型空心砌块、石膏砌块等。如图 9.2 所示。

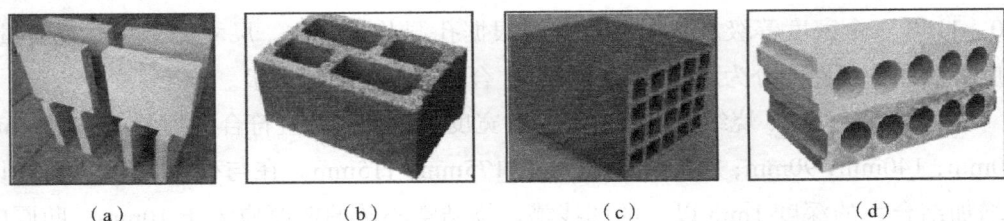

图 9.2　小型砌块

（a）蒸压加气混凝土砌块；（b）普通混凝土小型空心砌块；（c）轻骨料混凝土小型空心砌块；（d）石膏砌块

1）普通混凝土小型空心块砖砌块

普通混凝土小型空心砌块是以水泥、砂、石等普通混凝土材料制成的混凝土砌块，空心率为 25%～50%，主要规格尺寸为 390mm×190mm×190mm，适合人工砌筑。它具有强度高、自重轻、耐久性好，外形尺寸规整，有些还具有美观饰面以及良好的保湿隔热性能，适用范围广泛。

种类：普通混凝土小型空心砌块包括普通、承重和非承重砌块、装饰砌块、保湿砌块、吸声砌块等类别。普通砌块分为单排孔砌块和多排孔砌块两种。强度等级 MU7.5 以上的为承重砌块，MU5.0 以下的为非承重砌块。普通混凝土小型空心砌块根据尺寸允许偏差、外观质量、强度等级分为优等品、一等品和合格品三个等级，根据抗压强度分为 MU3.5、MU5.0、MU7.5、MU10.0、MU15.0 和 MU20.0 六个级别。

产品规格：混凝土砌块的主规格尺寸为：宽度×高度×长度为 190mm×190mm×390mm，墙厚即为砌块的宽度。

2）轻骨料混凝土小型空心砌块

轻骨料混凝土小型空心砌块是以浮石、火山渣、煤渣、自然煤矸石、陶粒为粗骨料制作的混凝土空心砌块，简称轻骨料混凝土小砌块。

种类：轻骨料混凝土砌块常用品种有煤矸石混凝土空心砌块、煤渣混凝土空心砌块、浮石混凝土空心砌块及各种陶粒混凝土空心砌块等。孔洞的排数有单排孔、双排孔、三排孔、四排孔等四类；根据尺寸允许偏差、外观质量、密度等级、强度等级分为优等品、一等品和合格品三个等级；按其密度等级分为 500、600、700、800、900、1000、1200、1400 八个等级；按抗压强度分为 1.5、2.5、3.5、5.0、7.5、10.0 六个强度等级。

产品规格：煤矸石混凝土空心砌块有外墙砌块和内墙砌块两类。外墙砌块主规格为 290mm×290mm×190mm；内墙砌块主规格为 290mm×190mm×190mm。其强度等级有 MU3.5 ~ MU10。

煤渣混凝土空心砌块的主规格为 390mm×190mm×190mm。其强度等级有 MU3.0 和 MU5.0 两级。砌块密度不大于 900kg/m³。

浮石混凝土空心砌块的主规格为 600mm×（125 ~ 300）mm×250mm。其强度等级为 MU2.5。

轻质黏土陶粒混凝土空心砌块有外墙砌块和内墙砌块两类。外墙砌块主规格为 390mm×190mm×190mm，内墙砌块主规格为 390mm×90mm×190mm。其强度等级有 MU3.5 和 MU5.0 等。

粉煤灰陶粒混凝土空心砌块分全轻砌块（用轻砂）和砂轻砌块（用重砂）两类。全轻砌块主规格为 390mm×190mm×190mm，强度等级有 MU2.5 和 MU3.0。砂轻砌块主规格为 390mm ×190mm×190mm，其强度等级为 MU3.5 ~ MUI0。

3）蒸压加气混凝土砌块

蒸压加气混凝土砌块是以水泥、石灰、矿渣、砂、粉煤灰、铝粉等为原料经磨细、计量配料、搅拌浇注、发气膨胀，静停切割，蒸压养护，成品加工、包装等工序制造而成的多孔实心混凝土砌块。

种类：蒸压加气混凝土砌块按其尺寸偏差、外观质量、体积密度级别和抗压强分为：优等品（A）、一等品（B）和合格品（C）三个等级；根据体积密度级别分为 B03、B04、B05、B06、B07、B08 六个级别；按抗压强度分为 A1.0、A2.0、A2.5、A3.5、A5.0、A7.5、A10.0 七个级别。对于不同等级砌块判断其强度级别时除应满足抗压强度指标外还应满足相应的体积密度指标。

产品规格：蒸压加气混凝土砌块的规格尺寸分为两个系列。见表 9.1。

蒸压加气混凝土砌块规格 表 9.1

长度	宽度	高度
600	100 125 150 200 250 300	200 250
	120 180 240	300

4）石膏砌块

石膏砌块是以建筑石膏为原料，加水拌合，浇注成型，自然干燥或烘干而制成的轻质块状隔墙材料，在生产中还可加入各种轻集料、填充料、纤维增强材料、发泡剂等辅助原料，也可用高强石膏粉或部分水泥代替建筑石膏，并掺加粉煤灰生产石膏砌块。

种类：石膏砌块可分为天然石膏砌块和工业副产石膏砌块、实心石膏砌块和空心石膏砌块、普通石膏砌块和防潮石膏砌块等类型。

产品规格：石膏砌块的常用尺寸长 × 高 × 厚为：666mm × 500mm × （60、80、90、100、110、120）mm，三块砌块相拼正好是 $1m^2$ 的墙面，通常在纵横四边分别设有凹凸企口。

5）粉煤灰小型空心砌块

粉煤灰小型空心砌块是以粉煤灰、水泥及各种轻重骨料加水经拌合制成的小型空心砌块，其中粉煤灰用量不应低于原材料重量的 10%，生产过程中也可加入适量的外加剂调节砌块的性能。

种类：粉煤灰小型空心砌块根据尺寸允许偏差、外观质量、碳化系数、强度等级可分为优等品、一等品和合格品三个等级；按抗压强度分为 MU2.5、MU3.5、MU5.0、MU7.5、MU10.0 和 MU15.0 六个强度等级。

产品规格：粉煤灰小型空心砌块按孔的排数分为单排孔、双排孔、三排孔和四排孔四种类型。其主规格尺寸为 390mm × 190mm × 190mm，其他规格尺寸可由供需双方协商确定。

（4）砌筑砂浆

按照胶结材料的不同，砂浆可分为石灰砂浆、水泥砂浆和混合砂浆，其种类选择及其等级的确定，应根据设计要求而定。一般水泥砂浆用于潮湿环境和强度要求较高的砌体；石灰砂浆主要用于砌筑干燥环境中以及强度要求不高的砌体；混合砂浆主要用于地面以上强度要求较高的砌体。

砌筑砂浆使用的水泥品种及强度等级，应根据砌体部位和所处环境来选择。水泥在进场使用前，应分批对其强度、安定性进行复验（检验批应以同一生产厂家、同一编号为一批）。水泥贮存时应保持干燥。当在使用中对水泥质量有怀疑或水泥出厂超过三个月（快硬硅酸盐水泥超过一个月）时，应复查试验，并按其结果使用。不同品种的水泥，不得混合使用。生石灰应熟化成石灰膏，并用滤网过滤，为使其充分熟化，一般在化灰池中的熟化时间不少于 7d，化灰池中贮存的石灰膏，应防止干燥、冻结和污染，脱水硬化后的石灰膏严禁使用。细骨料宜采用中砂并过筛，不得含有害杂物，其含泥量应满足下列要求：对水泥砂浆和强度等级不小于 M5 的水泥混合砂浆，不应超过 5%；对强度等级小于 M5 的水泥混合砂浆，不应超过 10%。凡在砂浆中掺入有机塑化剂、早强剂、缓凝剂、防冻剂等，应经试验和试配符合要求后，方可使用。拌制砂浆用水，水质应符合国家现行标准。

砂浆的配合比应经试验确定，并严格执行。当砌筑砂浆的组成材料有变更时，其配合比应重新确定（当施工中采用水泥砂浆代替水泥混合砂浆时，应重新确定砂浆强度等级）。现场拌制砂浆时，各组分材料应采用重量计量，计量时要准确：水泥、微沫剂的配料精度应控制在 ±2% 以内；砂、石灰膏、黏土膏、电石膏、粉煤灰的配料精度应控制在 ±5% 以内。砂浆应采用机械搅拌，自投料完算起，搅拌时间应符合下列规定：水泥砂浆和水泥砂浆不得少于 2min；水泥粉煤灰砂浆和掺用外加剂的砂浆不得少于 3min；掺用有机塑化剂的砂浆，应为 3 ~ 5min。拌合后的砂浆的稠度：砌筑实心砖墙、柱宜为 70 ~ 100mm；砌筑平拱过梁、拱及空斗墙宜为 50 ~ 70mm。分层度不应大于 30mm，颜色一致。

砂浆拌成后和使用时，宜盛入贮灰斗内。如砂浆出现泌水现象，在使用前应重新拌合。砂浆应随拌随用，常温下，水泥砂浆和水泥混合砂浆应分别在 3h 与 4h 内使用完毕；当施工期间最高气温超过 30℃时，应分别在拌成后 2h 和 3h 内使用完毕。

砂浆的强度等级以标准养护龄期 28d 的试块抗压强度为准。砂浆的强度等级分为 M15、M10、M7.5、M5、M2.5 五个等级，各强度等级相应的抗压强度值应符合表 9.2 的规定。

对所选用的砂浆应作强度检验。制作试块的砂浆，应在现场取样，每一楼层或 250m³ 砌体中的各种强度等级的砂浆，每台搅拌机应至少检查一次，每次至少留一组试块（每组 6 块），其标准养护 28d 的抗压强度应满足设计要求。

砌筑砂浆强度等级

表 9.2

强度等级	龄期 28d 抗压强度（MPa）	
	各组平均值不小于	最小一组平均值不小于
M15	15	11.25
M10	10	7.5

强度等级	龄期 28d 抗压强度（MPa）	
	各组平均值不小于	最小一组平均值不小于
M7.5	7.5	5.63
M5	5	3.75
M2.5	2.5	1.88

（5）常用的砌筑工具

① 砌体铺设工具

手工工具：手工工具包括瓦刀、大铲、灰板、摊灰尺、溜子、抿子、刨锛、钢凿、手锤．如图 9.3 所示。

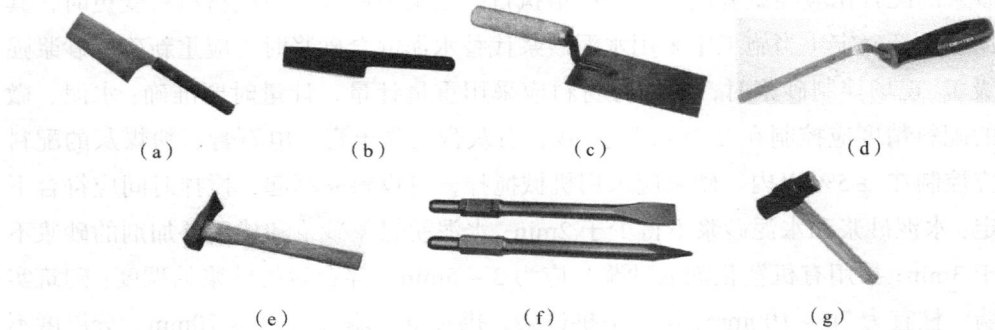

图 9.3　砌体铺设工具

（a）瓦刀；（b）条刀；（c）长方形大铲；（d）溜子；（e）刨锛；（f）钢凿；（g）手锤

备料工具：备料工具包括砖夹、筛子、料斗、锹、铲等工具、工具车、砖笼、灰槽。如图 9.4 所示。

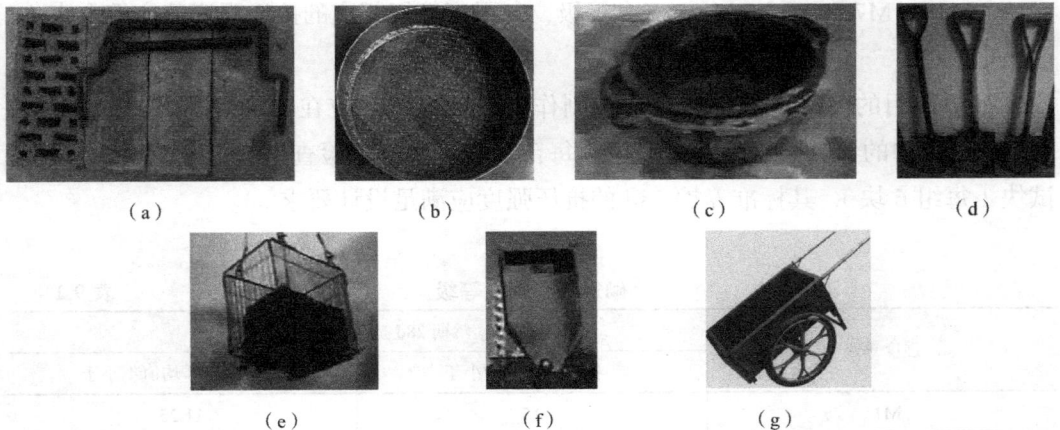

图 9.4　砌体备料工具

（a）砖夹；（b）手筛；（c）灰槽；（d）铁锹；（e）砖笼；（f）料斗；（g）工具车

检测工具：检测工具包括钢卷尺、塞尺、水平尺、百格网、方尺、龙门板、线锤、托线板、靠尺板、皮数杆、准线（挂线）。如图 9.5 所示。

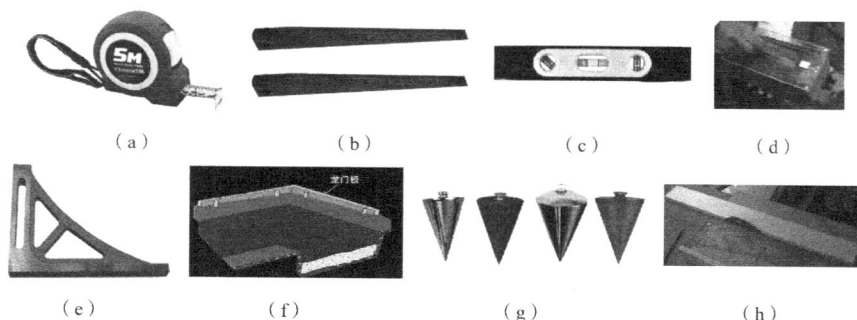

图 9.5　砌体检测工具

（a）钢卷尺；（b）塞尺；（c）水平尺；（d）百格网；（e）方尺；（f）龙门板；（g）线锤；（h）靠尺板

②机械设备

机械设备包括：砂浆搅拌机、垂直运输设备。垂直运输设备包括：井架、龙门架、卷扬机。如图 9.6 所示。

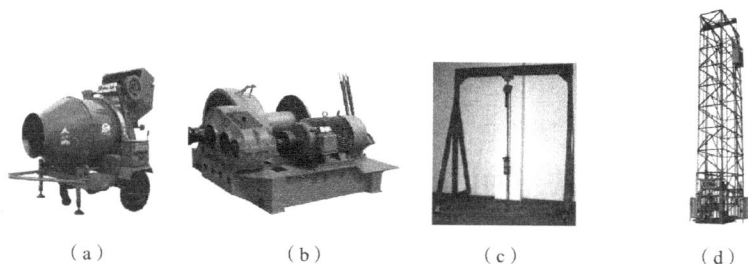

图 9.6　砌体备料工具

（a）砂浆搅拌机；（b）卷扬机；（c）龙门架；（d）井架运输机

9.1.2　操作流程

砌筑工程是农房建造的重要工作内容，由于以手工操作为主，工匠的砌筑技术水平、工作态度直接影响到房屋的质量安全。

（1）砌筑前的准备工作

①安全相关知识：在操作前，必须检查操作环境是否符合安全要求，如道路是否畅通，工具是否完好牢固，安全设施是否符合要求，防护用品是否佩戴齐全等，符合要求后才能施工。砌基础时，应经常注意基槽有无崩落现象，堆放砖石应离开坑边1m 以外，操作人员应设梯子上下，不得攀跳，下梯子时应面向梯子一侧。脚手架上堆砖不得超过 3 层侧砖，同一块脚手板上操作人员不应超过 2 人。不准用不稳固的工具或物体在脚手板面垫高操作。砍砖时应面向内打，以免碎砖屑伤人，修整石块时要戴防护镜。上、下交叉作业，必须设置安全隔板。冬期施工，脚手板如有冰霜、积雪，

应先清除后才能上架子进行操作。

②砌筑砂浆准备：根据配合比，拌制好砌筑砂浆，有条件时应采用砂浆搅拌机拌制。

③淋湿砌块：砖或小型砌块，均应提前在地面上用水淋（或浸水）至湿润，不应在砌块运到操作地点时才进行，以免造成场地湿滑。

④材料堆放：在操作地点临时堆放材料时，要放在平整坚实的地面上，不得放在湿润积水或泥土松软崩裂的地方。当放在楼面板或通道上时，应分散堆置，不能过分集中。基坑 0.8 ~ 1.0m 范围以内不准堆料。

⑤搭设脚手架：当墙身砌筑高度超过地坪 1.2m 时，应由架子工搭设脚手架，一层以上或 4m 以上高度时，应架设安全网。

（2）砖墙砌筑操作工艺流程

砖砌体的施工过程有：抄平、放线、摆砖、立皮数杆、盘角、挂线、砌筑、勾缝、清理等工序。

1）抄平放线

砌筑前，在基础防潮层或楼面上先用水泥砂浆找平，然后以龙门板上定位钉为标志弹出墙身的轴线、边线，定出门窗洞口的位置。

2）摆砖

摆砖是指在放线的基面上按选定的组砌方式用砖试摆。一般在房屋外纵墙方向摆顺砖，在山墙方向摆丁砖，摆砖由一个大角摆到另一个大角，砖与砖留 10mm 缝隙。摆砖的目的是校对所放出的墨线在门窗洞口、附墙垛等处是否符合砖的模数。当偏差小时可调整砖间竖缝，使砖和灰缝的排列整齐、均匀，以尽可能减少砍砖，提高砌砖效率。摆砖结束后，用砂浆把干摆的砖砌好，砌筑时注意其平面位置不得移动。摆砖样在清水墙砌筑中尤为重要。

3）立皮数杆

皮数杆是指在其上划有每皮砖和砖缝厚度，以及门窗洞口、过梁、梁底、预埋件等标高位置的一种木制标杆。它是砌筑时控制砌体竖向尺寸的标志，同时还可以保证砌体的垂直度。皮数杆一般立于房屋的四大角、内外墙交接处、楼梯间以及洞口多的地方，每隔 10 ~ 15m 立一根。如图 9.7 所示。

4）盘角、挂线

砌筑时，应根据皮数杆先在墙角砌 4 ~ 5 皮砖，称为盘角，然后根据皮数杆和已砌的墙角挂准线，作为砌筑中间墙体的依据，每砌一皮或两皮，准线向上移动一次，以保证墙面平整。一砖厚的墙单面挂线，外墙挂外边，内墙挂任何一边；一砖半及以上厚的墙都要双面挂线。如图 9.7 所示。

5）砌筑

砌砖的操作方法较多，不论选择何种砌筑方法，首先应保证砖缝的灰浆饱满，

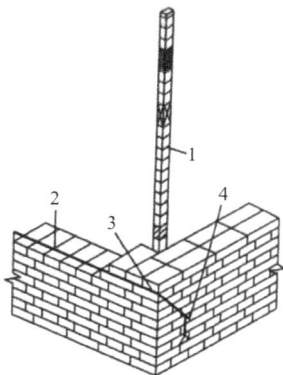

图 9.7　皮数杆与水平控制线

1—皮数杆；2—水平控制线；3—转角处水平控制线固定铁钉；4—末端水平控制线固定铁钉

其次还应考虑有较高生产效率。目前常用的砌筑方法主要有铺灰挤砌法和"三一砌砖法"。

铺灰挤砌法是先在砌体的上表面铺一层适当厚度的灰浆，然后拿砖向后持平连续向砖缝挤去，将一部分砂浆挤入竖向灰缝，水平灰缝靠手的揉压达到需要的厚度，达到上齐线下齐边，横平竖直的要求。这种砌筑方法的优点是效率较高，灰缝容易饱满，能保证砌筑质量。当采用铺浆法砌筑时，铺浆长度不得超过 750mm；施工期间气温超过 30℃时，铺浆长度不得超过 500mm。

"三一砌砖法"是先将灰铺在砌砖位置上，随即将砖挤揉，即"一铲灰、一块砖、一挤揉"，并随手将挤出的砂浆刮去。该砌筑方法的特点是上灰后立即挤砌，灰浆不宜失水，且灰缝容易饱满、粘结力好，墙面整洁，宜于保证质量。竖缝可采用挤浆或加浆的方法，使其砂浆饱满。砌筑实心墙时宜选用"三一砌砖法"。

6）勾缝

勾缝是砌清水墙的最后一道工序，具有保护墙面并增加墙面美观的作用。

勾缝的方法有两种。墙较薄时，可用砌筑砂浆随砌随勾缝，称为原浆勾缝；墙较厚时，待墙体砌筑完毕后，用 1∶1 水泥砂浆勾缝，称为加浆勾缝。勾缝形式有平缝、斜缝、凹缝等。勾缝完毕，应清扫墙面。

7）楼层轴线的引测：为了保证各层墙身轴线的重合，应根据龙门板上的标志将轴线引测到房屋的底层外墙上，再用经纬仪垂球，将轴线引测到楼层上，并根据施工图用钢尺进行校核。

9.1.3　施工工艺

（1）基础砌筑

砖基础由垫层、大放脚和基础墙构成。基础墙是墙身向地下的延伸，大放脚是为了增大基础的承压面积，所以要砌成台阶形状，大放脚有等高式和间隔式两种砌法，如图 9.8 所示，等高式的大放脚是每两皮一收，每边各收进 1/4 砖长；间隔式大放脚是两皮一收与一皮一收相间隔，每边各收进 1/4 砖长，这种砌法在保证刚性角的前提下，可以减少用砖量。

基础垫层施工完毕经验收合格后，便可进行弹墙基线的工作。弹线工作可按以下顺序进行：

1）在基槽四角各相对龙门板的轴线标钉处拉上麻线，如图 9.9 所示。

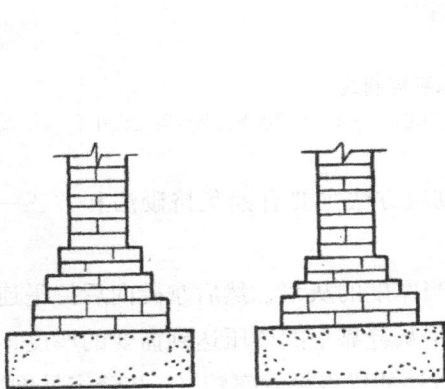

图 9.8　基础大放脚形式
（a）等高式；（b）间隔式

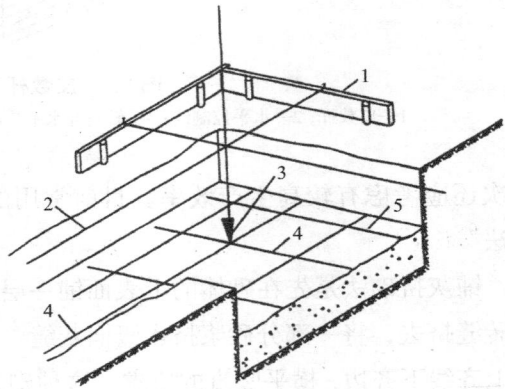

图 9.9　基础弹线
1—龙门板；2—麻线；3—线锤；4—轴线；5—基础边线

2）沿麻线挂线锤，找出麻线在垫层上的投影点。

3）用墨汁弹出这些投影点的连线，即墙基的外墙轴线。

4）按基础图所示尺寸，用钢尺量出各内墙的轴线位置并弹出内墙轴线。

5）用钢尺量出各墙基大放脚外边沿线，弹出墙基边线。

6）砌筑基础前，应校核放线尺寸，其允许偏差应符合有关规定。

砖基础的砌筑高度，是用基础皮数杆来控制的。首先根据施工图标高，在基础皮数杆上划出每皮砖及灰缝的尺寸，然后把基础皮数杆固定，即可逐皮砌筑大放脚。

当发现垫层表面的水平标高相差较大时，要先用细石混凝土或用砂浆找平后再开始砌筑。砌大放脚时，先砌转角端头，以两端为标准，拉好准线，然后按此准线进行砌筑。

大放脚一般采用一顺一丁的砌法，竖缝至少错开 1/4 砖长，十字及丁字接头处要隔皮砌通。大放脚的最下一皮及每个台阶的上面一皮应以丁砌为主。

当基底标高不同时，应从低处砌起，并应由高处向低处搭砌。当设计无要求时，搭接长度不应小于基础扩大部分的高度。

基础中的洞口、管道等，应在砌筑时正确留出或预埋。通过基础的管道的上部，应预留沉降缝隙。砌完基础墙后，应在两侧同时填土，并应分层夯实。当基础两侧填土的高度不等或仅能在基础的一侧填土时，填土的时间、施工方法和施工顺序应保证不致破坏或变形。

（2）砖砌筑

1）常用的砌筑方法

①"三一"砌砖法

"三一"砌砖法又称铲灰挤砌法，其基本操作是"一铲灰、一块砖、一揉压"。"三一"砌砖法适合于砌窗间墙、砖柱、砖垛、烟囱的部位。

②铺灰挤砌法

先在砌体的上表面铺一层适当厚度的灰浆，然后拿砖向后持平连续向砖缝挤去，将一部分砂浆挤入竖向灰缝，水平灰缝靠手的揉压达到需要的厚度，达到上齐线下齐边，横平竖直的要求。如图 9.10 所示。

挤浆砌砖可分双手挤浆和单手挤浆两种。

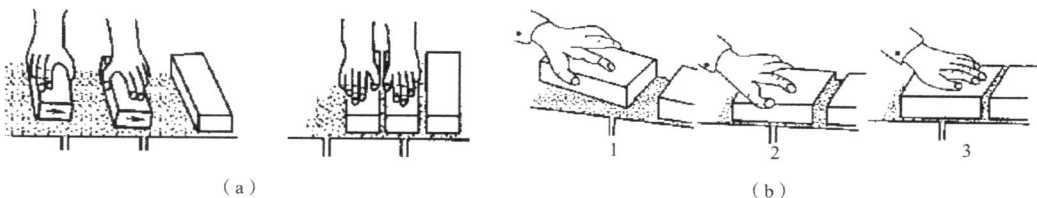

图 9.10　铺灰挤砌法

（a）双手挤浆；（b）单手挤浆

③满刀灰刮浆法

用瓦刀铲起砂浆刮在砖面上，再进行砌筑。刮浆一般分四步。满刀灰刮浆法砌筑质量较好，但生产效率较低，仅用于砌砖拱、窗台、炉灶等特殊部位。如图 9.11 所示。

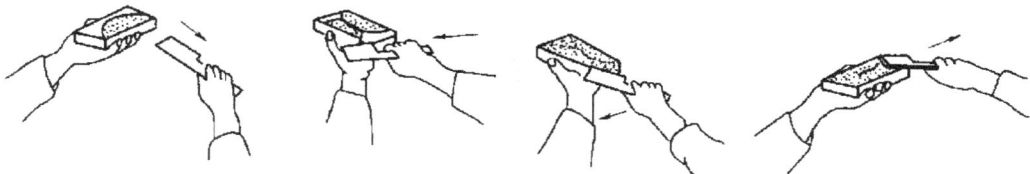

图 9.11　满刀灰刮浆法

④"二三八一"砌砖法

"二三八一"砌筑法是瓦工在砌砖过程中一种比较科学的砌砖方法，它包括了瓦工在砌砖过程中人体的各个部位的运动规律。

其中："二"指两种步法，即丁字步和并列步；"三"指三种弯腰身法，即侧身弯腰、丁字步弯腰和正弯腰；"八"指八种铺浆手法，即砌顺砖时用甩、扣、泼和溜四种手法，砌丁砖时用扣、溜、泼和一带二四种手法；"一"指一种挤浆动作，即先挤浆揉砖，后刮余浆。

步法："丁字步"指砌筑时，操作者背向砌筑的前进方向，站成丁字步，边砌边后退靠近灰槽。这种方法也称"拉槽"砌法。"并列步"指操作者砌到近身墙体时，将前腿后移半步成并列步面向墙体，又可以完成500mm墙体的砌筑。砌完后将后腿移至另一灰槽近处，进而又站成丁字步，恢复前一砌筑过程的步法。如图9.12所示。

图9.12 砌筑步法
（a）丁字步；（b）并列步

弯腰身法："侧身弯腰"指铲灰、拿砖时用侧身弯腰动作，身体重心在后腿，利用后腿微弯，肩斜、手臂下垂使铲灰的手很快伸入灰槽内铲取砂浆，同时另一手完成拿砖动作。"正弯腰"指当砌筑部位离身体较近时，操作者前腿后撤半步由侧身弯腰转身成并列步正弯腰动作，完成铺灰和挤浆动作，身体重心还原。"丁字步弯腰"指当砌筑部位离身体较远时，操作者由侧身弯腰转身成丁字步弯腰，将后腿伸直，身体重心移至前腿，完成铺灰和挤浆动作。如图9.13所示。

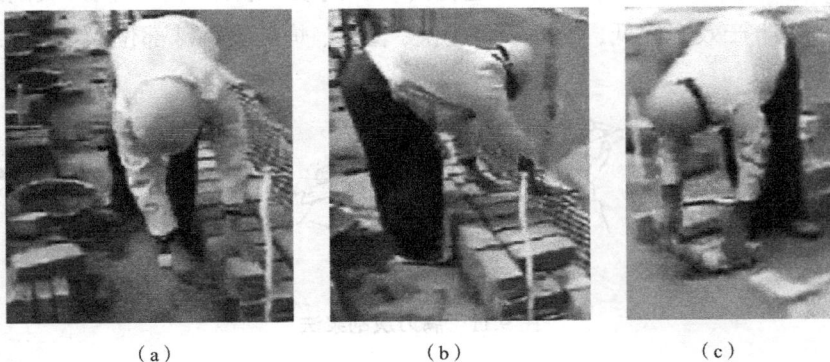

图9.13 弯腰身法
（a）侧身弯腰；（b）正弯腰；（c）丁字步弯腰

铺浆手法（图9.14）

砌顺砖的四种铺灰手法——"甩、扣、泼和溜"

砌丁砖的四种铺灰手法——"扣、溜、泼和一带二"

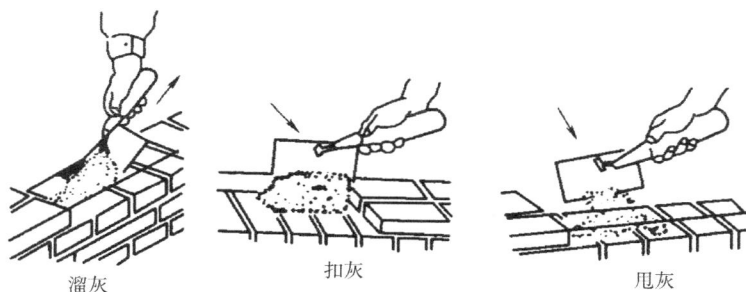

图 9.14　铺灰手法

挤浆（图 9.15）

挤浆时，应将砖面满在灰条 2/3 处，挤浆平推，将高出灰缝厚度的砂浆推挤入竖缝内。挤浆时应有个"揉砖"的动作。这样，砌顺砖时，竖缝灰浆基本上可以挤满；砌丁砖时，能挤满 2/3 的高度，剩余部分由砌上皮砖时通过挤揉可使砂浆挤入竖缝内。

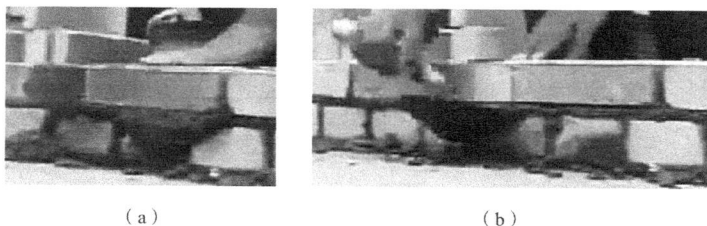

（a）　　　　　　　　　　　（b）

图 9.15　挤浆手法
（a）挤浆；（b）刮浆

2）砖砌体常用的组砌方式

砖砌体的组砌要求：上下错缝，内外搭接，以保证砌体的整体性；同时组砌要有规律，少砍砖，以提高砌筑效率，节约材料。实心砖墙常用的厚度有半砖、一砖、一砖半、两砖等。依其组砌形式不同，最常见的有以下几种：一顺一丁、三顺一丁、梅花丁、全丁式等，如图 9.16 所示。

一顺一丁的砌法是一皮中全部顺砖与一皮中全部丁砖相互交替砌成，上下皮间的竖缝相互错开 1/4 砖。砌体中无任何通缝，而且丁砖数量较多，能增强横向拉结力。这种组砌方式，砌筑效率高，墙面整体性好，墙面容易控制平直，多用于一砖厚墙体的砌筑。但当砖的规格参差不齐时，砖的竖缝就难以整齐。

三顺一丁的砌法是三皮中全部顺砖与一皮中全部丁砖间隔砌成。上下皮顺砖间的竖缝错开 1/2 砖长；上下皮顺砖与丁砖间竖缝错开 1/4 砖长。这种砌法由于顺砖较多，砌筑效率较高，但三皮顺砖内部纵向有通缝，整体性较差，一般使用较少。宜用于一砖半以上的墙体的砌筑或挡土墙的砌筑。

梅花丁有称沙包式、十字式。梅花丁的砌法是每皮中丁砖与顺砖相隔，上皮丁砖中坐于下皮顺砖，上下皮间相互错开 1/4 砖长。这种砌法内外竖缝每皮都能错开，故整体性好，灰缝整齐，而且墙面比较美观，但砌筑效率较低。砌筑清水墙或当砖的规格不一致时，采用这种砌法较好。

全丁砌筑法就是全部用丁砖砌筑，上下皮竖缝相互错开 1/4 砖长，此法仅用于圆弧形砌体，如水池、烟囱、水塔等。

为了使砖墙的转角处各皮间竖缝相互错开，必须在外角处砌七分头砖（3/4 砖长）。当采用一顺一丁组砌时，七分头的顺面方向依次砌顺砖，丁面方向依次砌丁砖（图 9.17a）。

砖墙的丁字接头处，应分皮相互砌通，内角相交处竖缝应错开 1/4 砖长，并在横墙端头处加砌七分头砖（图 9.17b）。

砖墙的十字接头处，应分皮相互砌通，交角处的竖缝应错开 1/4 砖长（图 9.17c）。

图 9.16　砖墙的组砌形式
（a）一顺一丁；（b）三顺一丁；
（c）梅花丁

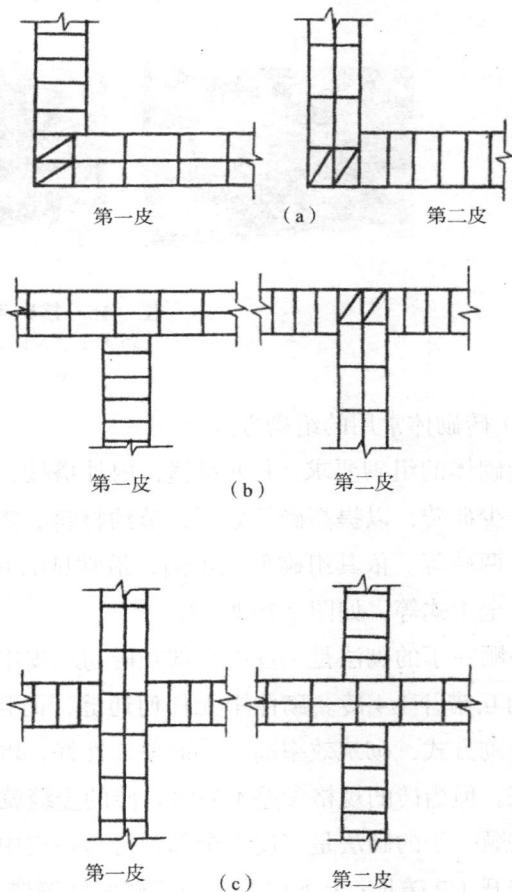

图 9.17　砖墙交接处组砌
（a）一砖墙转角（一顺一丁）；
（b）一砖墙丁字交接处（一顺一丁）；
（c）一砖墙十字交接处（一顺一丁）

3）多孔砖墙砌筑

①砌筑清水墙的多孔砖，应边角整齐、色泽均匀。在常温状态下，多孔砖应提前1~2天浇水湿润。

②方形多孔砖一般采用全顺砌法，多孔砖中手抓孔应平行于墙面，上下皮垂直灰缝相互错开半砖长；矩形多孔砖宜采用一顺一丁或梅花丁的砌筑形式，上下皮垂直灰缝相互错开 1/4 砖长。如图 9.18 所示。

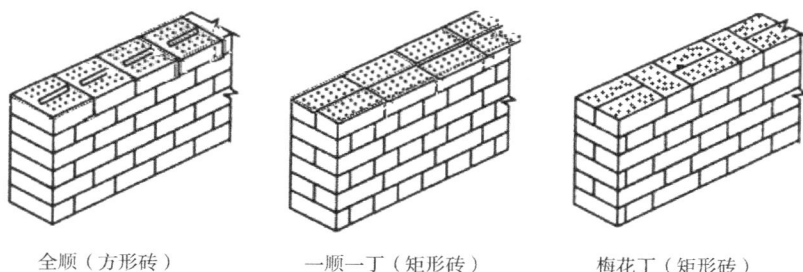

全顺（方形砖）　　　一顺一丁（矩形砖）　　　梅花丁（矩形砖）

图 9.18　多孔砖墙砌筑形式

③如图 9.19 所示，方形多孔砖墙的转角处，应加砌配砖（半砖），配砖位于砖墙外角。

④如图 9.20 所示，方形多孔砖的交接处，应隔皮加砌配砖（半砖），配砖位于砖墙交接处外侧。

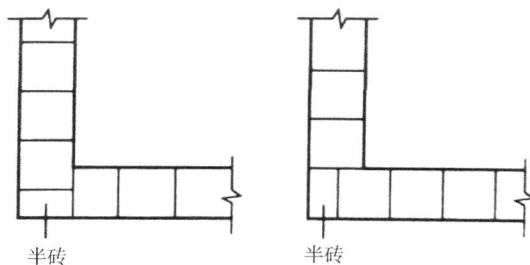

半砖　　　　　　　　半砖

图 9.19　方形多孔砖墙转角砌法

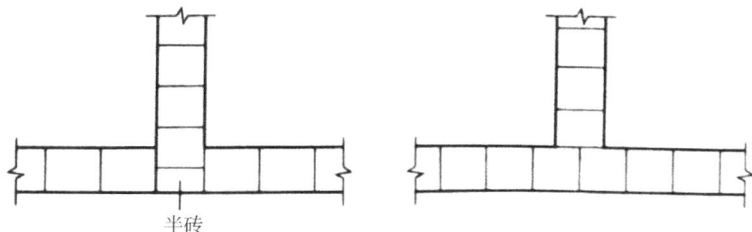

半砖

图 9.20　方形多孔砖墙交接处砌法

4）砖砌体的施工技术要求

在砌筑时应掌握正确的操作方法，做到横平竖直、砂浆饱满、错缝搭接，接槎可靠，以保证墙体有足够的强度与稳定性。

①横平竖直。砌体的灰缝应横平竖直，厚薄均匀。水平灰缝厚度宜为10mm，不应小于8mm，也不应大于12mm。否则在垂直荷载作用下上下两层将产生剪力，使砂浆与砌块分离从而引起砌体破坏；砌体必须满足垂直度要求，否则在垂直荷载作用下将产生附加弯矩而降低砌体承载力。

②砂浆饱满。为保证砖块均匀受力和使块体紧密结合，要求水平灰缝砂浆饱满，厚薄均匀。砂浆的饱满程度以砂浆饱满度表示，用百格网检查，要求饱满度达到80%以上。同样竖向灰缝亦应控制厚度保证粘结，不得出现透明缝、瞎缝和假缝，以避免透风漏雨，影响保温性能。

③错缝搭接。砖块的错缝搭接长度不应小于1/4砖长，避免出现垂直通缝，确保砌筑质量。

④接槎可靠。砖砌体的转角处和交接处应同时砌筑，严禁无可靠措施的内外墙分砌施工。对不能同时砌筑而又必须留置的临时间断处应砌成斜槎，斜槎水平投影长度不应小于高度的2/3。非抗震设防和抗震设防烈度为6度、7度地区的临时间断处，当不能留斜槎时，除转角外，可留直槎。但直槎必须做成凸槎。留直槎处应加设拉结筋，拉结钢筋的数量为每120mm墙厚留1ϕ6的拉结钢筋（120mm厚墙放置2ϕ6拉结钢筋），间距沿墙高不应超过500mm，埋入长度从留槎处算起每边均不应小于500mm，对抗震设防烈度为6度、7度的地区，不应小于1000mm；末端应有90°的弯钩，如图9.21所示。

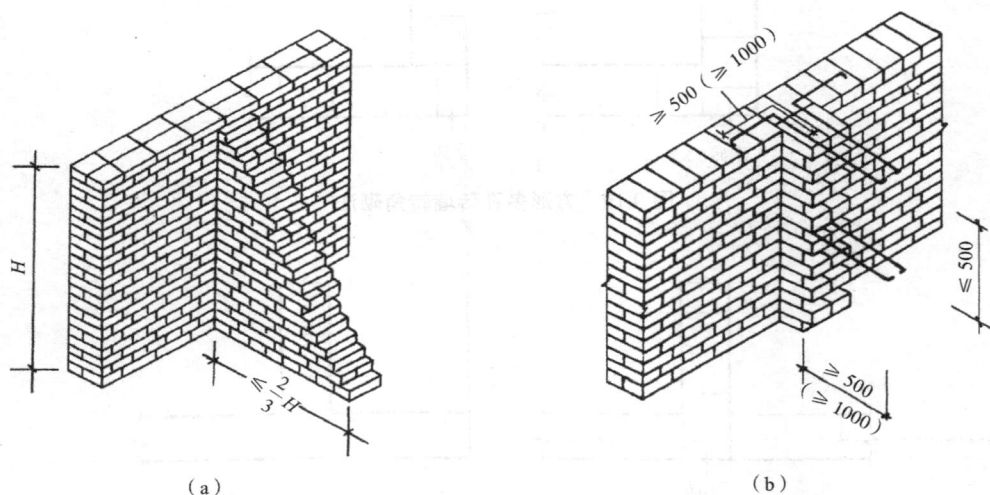

图9.21　接槎

（a）斜槎砌筑；（b）直槎砌筑

⑤减少不均匀沉降。砖砌体相临施工段的高差，不得超过一个楼层的高度，也不宜大于 4m；临时间断处的高度差不得超过一步脚手架的高度；为减少灰缝变形而导致砌体沉降，一般每日砌筑高度不宜超过 1.8m，雨期施工，不宜超过 1.2m。

（3）砌块砌筑

用砌块代替普通黏土砖作为墙体材料是墙体改革的重要途径。目前工程中多采用中小型砌块。中型砌块施工，是采用各种吊装机械及夹具将砌块安装在设计位置，一般要按建筑物的平面尺寸及预先设计的砌块排列图逐块按次序吊装、就位、固定。小型砌块施工，与传统的砖砌体砌筑工艺相似，也是手工砌筑，但在形状、构造上有一定的差异。

1）砌块安装前的准备工作

①编制砌块排列图。

砌块砌筑前，应根据施工图纸的平面、立面尺寸，并结合砌块的规格，先绘制砌块排列图，砌块排列图如图 9.22 所示。绘制砌块排列图时在立面图上按比例绘出纵横墙，标出楼板、大梁、过梁、楼梯、孔洞等位置，在纵横墙上绘出水平灰缝线，然后以主规格为主、其他型号为辅，按墙体错缝搭砌的原则和竖缝大小进行排列。在墙体上大量使用的主要规格砌块，称为主规格砌块；与它相搭配使用的砌块，称为副规格砌块。小型砌块施工时，也可不绘制砌块排列图，但必须根据砌块尺寸和灰缝厚度计算皮数和排数，以保证砌体尺寸符合设计要求。

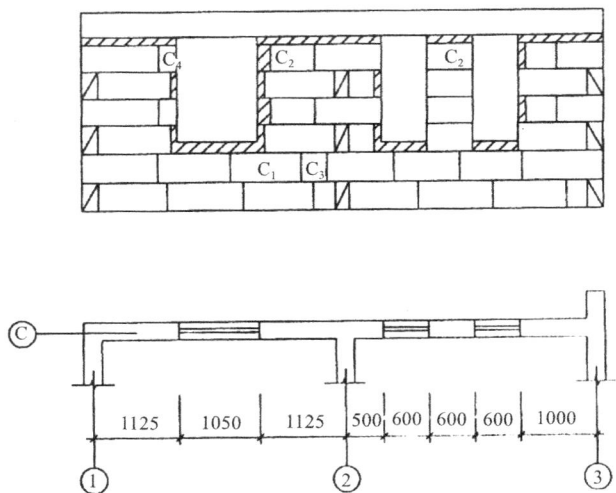

图 9.22　砌块排列图

②砌块的堆放。

砌块的堆放位置应在施工总平面图上周密安排，应尽量减少二次搬运，使场内运输路线最短，以便砌筑时起吊。堆放场地应平整夯实，使砌块堆放平稳，并做好排水工作；砌块不宜直接堆放在地面上，应堆在草袋、煤渣垫层或其他垫层上，以免砌块底面玷污。砌块的规格、数量必须配套，不同类型分别堆放。

③砌块的吊装方案。

砌块墙的施工特点是砌块数量多，吊次也相应的多，但砌块的重量不很大。砌块安装方案与所选用的机械设备有关，通常采用的吊装方案有两种：一是以塔式起重机进行砌块、砂浆的运输，以及楼板等构件的吊装，由台灵架吊装砌块。如工程量大，组织两栋房屋对翻流水等可采用这种方案；二是以井架进行材料的垂直运输，杠杆车进行楼板吊装，所有预制构件及材料的水平运输则用砌块车和劳动车，台灵架负责砌块的吊装。

2）砌块施工工艺

砌块施工时需弹墙身线和立皮数杆，并按事先划分的施工段和砌块排列图逐皮安装。其安装顺序是先外后内、先远后进、先下后上。砌块砌筑时应从转角处或定位砌块处开始，并校正其垂直度，然后按砌块排列图内外墙同时砌筑并且错缝搭砌。

每个楼层砌筑完成后应复核标高，如有偏差则应找平校正。铺灰和灌浆完成后，吊装上一皮砌块时，不允许碰撞或撬动已安装好的砌块。如相邻砌体不能同时砌筑时，应留阶梯形斜槎，不允许留直槎。

砌块施工的主要工序：铺灰、吊砌块就位、校正、灌缝和镶砖等。

①铺灰。采用稠度良好（50~70mm）的水泥砂浆，铺3~5m长的水平缝。夏季及寒冷季节应适当缩短，铺灰应均匀平整。

②砌块安装就位。采用摩擦式夹具，按砌块排列图将所需砌块吊装就位。砌块就位应对准位置徐徐下落，使夹具中心尽可能与墙中心线在同一垂直面上，砌块光面在同一侧，垂直落于砂浆层上，待砌块安放稳妥后，才可松开夹具。

③校正。用线锤和托线板检查垂直度，用拉准线的方法检查水平度。用撬棍、楔块调整偏差。

④灌缝。采用砂浆灌竖缝，两侧用夹板夹住砌块，超过30mm宽的竖缝采用不低于C20的细石混凝土灌缝，收水后进行嵌缝，即原浆勾缝。以后，一般不应再撬动砌块，以防破坏砂浆的粘结力。

⑤镶砖。当砌块间出现较大竖缝或过梁找平时，应镶砖。采用MU10级以上的砖，最后一皮用丁砖镶砌。镶砖工作必须在砌砖校正后即刻进行，镶砖时应注意使砖的竖缝灌密实。

3）框架填充墙施工

加气混凝土小型砌块填充墙施工工艺流程为：检验墙体轴线及门窗洞口位置→楼面找平→立皮数杆→凿出拉结筋→选砌块、摆砌块→摆底→按单元砌外墙→砌内墙→砌二步架外墙→砌内墙（砌筑过程中留槎、下拉结网片、安装混凝土过梁）→勾缝或斜砖砌筑与框架顶紧→检查验收。

加气混凝土小型砌块填充墙施工要点为：

①砌筑前应弹好墙身位置线及门口位置线，在楼板上弹墙体主边线。

②砌筑前一天，应将预砌墙与原结构相接处，洒水湿润以保证砌体粘结。

③将砌筑墙部位的楼地面，剔除高出底面的凝结灰浆，并请扫干净。

④砌筑前按实际尺寸和砌块规格尺寸进行排列摆块，不够整块可以锯裁成需要的规格，但不得小于砌块长度的1/3。最下一层砌块的灰缝大于20mm时，应用细石混凝土找平铺砌。

⑤砌体灰缝应保持横平竖直，竖向灰缝和水平灰缝均应铺填饱满的砂浆。竖向垂直灰缝首先在砌筑的砌块端头，铺满砂浆，然后将上墙的砌块挤压至要求的尺寸。灰浆饱满度：水平灰缝的粘结面不得小于90%，竖缝的粘结面不得小于60%，严禁用水冲浆浇灌灰装缝，也不得用石子垫灰缝。水平灰缝及竖向灰缝的厚度和宽度应控制在80～120mm之间。

⑥砌筑前设立皮数杆，皮数杆应立于房屋四角及内外墙交接处，间距以10～15m为宜，砌块应按皮数杆拉线砌筑。

⑦砌筑砂浆必须用机械拌合均匀，随拌随用。砂浆稠度一般为70～100mm。

⑧砌筑时铺浆长度以一块砌块长度为宜，铺浆要均匀，厚薄适当，浆面平整，铺浆后立即放置砌块，一次摆正找平，严禁采用水冲缝灌浆的方法使竖向灰缝砂浆饱满。

⑨纵横墙应整体咬槎砌筑，外墙转角处和纵墙交接处应严格控制分批、咬槎、交错搭砌。临时间断应留置在门窗洞口处，或砌成阶梯形斜槎，斜槎长度小于高度的2/3。如留斜槎有困难时，也可留直槎，但必须设置拉结网片或其他措施，以保证有效连接。接槎时，应先清理基面，浇水湿润，然后铺浆接砌，并做到灰缝饱满。因施工需要留置的临时洞口处，每隔500mm应设置2ϕ6拉结筋，拉结筋两端分别伸入先砌筑墙体及后堵洞砌体各700mm。

⑩凡穿过墙体的管道，应严格防止渗水、漏水。

⑪砌体与混凝土墙相接处，必须按照设计要求留置拉结筋或网片，且必须设置在砂浆中。设于框架结构中的砌体填充墙，沿墙高每隔600mm应于柱预留的钢筋网片拉结，伸入墙内不小于700mm。铺砌时将拉结筋埋直、铺平。

⑫墙顶与楼板或梁底应按设计要求进行拉结，每600mm预留1ϕ8拉结筋伸入墙内240mm，用C15素混凝土填塞密实。

⑬在门窗洞口两侧，将预制好埋有木砖或铁件的砌块，按洞口高度在2m以内每边砌筑三块，洞口高度大于2m时砌四块。混凝土砌块四周的砂浆要饱满密实。

⑭作为框架的填充墙，砌至最后一皮砖时，梁底可采用实心辅助砌块立砖斜砌，如图9.23所示。

⑮砌好的砌体不能撬动、碰撞、松动，否则应重新砌筑。

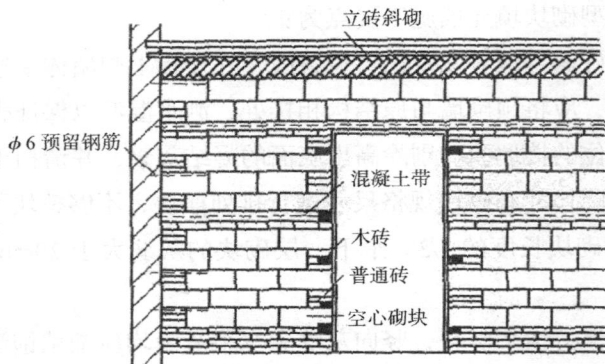

图 9.23　梁底采用实心辅助砌块立砖斜砌

（4）砌筑工程冬期施工

根据当地气象资料，当室外日平均气温连续 5 天稳定低于 5℃时，或当日最低气温低于 0℃时，砌筑施工属于冬期施工阶段。冬期施工方法就是要采取有效措施，保证砌筑工程冬期施工的顺利进行。

1）冬期施工对砌筑的技术要求

①要做好砌筑工程的冬期准备工作。

②冬期施工的砖砌体，应采用"三一"砌砖法施工和一顺一丁或梅花丁的砌筑排列方式，且灰缝厚度不应超过 10mm。

③普通砖、多孔砖和空心砖在正温下砌筑时，应适当浇水湿润。在负温下砌筑时，可不浇水，但必须增大砂浆稠度，以保证与砂浆的粘结力。

④抗震设计烈度为 9 度的建筑物，普通砖、多孔砖和空心砖无法浇水湿润时，如无特殊措施，不得砌筑。

⑤冬期施工中每日砌筑后，应及时在砌体表面进行保护性覆盖，砌体表面不得留有砂浆。在继续砌筑前，应先扫净砌体表面，然后再施工。

⑥冬期施工时，可在砂浆中按一定比例掺入微沫剂，掺量一般为水泥用量（重量）的 0.005%～0.01%。微沫剂在使用前应用水稀释均匀，水温不宜低于 70℃，浓度以 5%～10% 为宜，并应在一周内使用完毕，以防变质。

⑦冬期施工时砂浆应采用机械进行拌合，搅拌的时间应比常温季节增加一倍。拌合后的砂浆应注意保温。

⑧基土不冻胀时，基础可在冻结的地基上砌筑；基土有冻胀时，必须在未冻的地基上砌筑。在施工时和回填土前，均应防止地基遭受冻结。

⑨砂浆试块的留置，除应按常温规定要求外，尚应增设不少于两组与砌体同条件养护的试块，分别用于检验各龄期强度和转入常温的砂浆强度。

2）砌筑工程冬期施工方法

砌筑工程冬期施工常采用的方法有掺盐砂浆法、冻结法、暖棚法等。其中以掺盐砂浆法为主，对保温、绝缘、装饰等方面有特殊要求的工程，可采用冻结法或其他施工方法。下面主要介绍掺盐砂浆法。

氯盐使用要求：掺盐砂浆中的抗冻剂，目前主要是以氯化钠和氯化钙为主。其他还有亚硝酸钠、碳酸钾和硝酸钙等。

对砂浆的要求：砌筑时砂浆温度不应低于5℃，当设计无要求，且最低气温等于或低于-5℃时，砌筑承重砌体的砂浆强度等级应按常温施工时提高1级。采用氯盐砂浆时，砌体中配置的钢筋及钢预埋件，应预先做好防腐处理。当日最低气温等于或低于-15℃时，对砌筑承重砌体的砂浆强度等级应按常温施工时提高一级，同时应以热水搅拌砂浆；当水温超80℃时，应先将水和砂拌合，然后再投放水泥。掺盐砂浆中掺入微沫剂时，盐溶液和微沫剂在砂浆拌合过程中先后加入。

砌筑施工工艺：

①掺盐砂浆法砌筑砖砌体，应采用"三一"砌砖法进行砌筑，要求砌体灰浆饱满，灰缝厚度均匀，水平缝和垂直缝的厚度和宽度应控制在8～10mm。

②不得大面积铺灰，以减少砂浆温度散失，并使砂浆和砖的接触面充分结合。

③砌筑时，要求灰浆饱满，灰缝厚薄均匀，水平灰缝和垂直缝的厚度和宽度，应控制在8～10mm。

④砌体表面不应铺设砂浆层，宜采用保温材料加以覆盖；继续施工前，应先用扫帚扫净砖面，然后再施工。

⑤氯盐砂浆砌体施工时，每日砌筑高度不宜超过1.2m。墙体留置的洞口，其侧边距交接处墙面不应小于500mm。

⑥采用掺盐砂浆法砌筑砌体时，在砌体转角处和内外墙交接处应同时砌筑，对不能同时砌筑而又必须留置的临时间断处，应砌成斜槎，砌体表面不应铺设砂浆层，宜采用保温材料加以覆盖。继续施工前，应先用扫帚扫净砖表面，然后再施工。

（5）砌筑工程雨期施工

1）砌体工程雨期施工要求

①砖在雨期必须集中堆放，以便用塑料薄膜、竹席等覆盖，且不宜浇水。砌墙时要求干湿砖块合理搭配。砖湿度过大时不可上墙，砌筑高度不宜超过1.2m。

②雨期遇大雨必须停工。砌砖收工时应在砖墙顶盖一层干砖，避免大雨冲刷灰浆。搅拌砂浆宜用中粗砂，因为中粗砂拌制的砂浆收缩变形小。另外，要减少砂浆用水量，防止砂浆使用中变稀。大雨过后受雨冲刷过的新砌墙体应翻动最上面两皮砖。

③稳定性较差的窗间墙、独立砖柱，应加设临时支撑或及时浇筑圈梁，以增加砌体的稳定性。

④砌体施工时，内外墙要尽量同时砌筑；并注意转角及丁字墙间的连接要同时跟上，同时要适当地缩小砌体的水平灰缝，减少砌体的压缩变形，其水平灰缝宜控制在8mm左右。遇台风时，应在与风向相反的方向加临时支撑，以保证墙体的稳定。

⑤雨后继续施工，必须复核已完工砌体的垂直度和标高。

2）雨期施工工艺

砌筑方法宜采用"三一"法，每天的砌筑高度应限制在1.2m以内，以减少砌体倾斜的可能性。必要时可将墙体两面用夹板支撑加固。根据雨季长短及工程实际情况，可搭活动的防雨篷，随砌筑位置变动而搬动。若有小雨时，可不必采取此措施。收工时在墙上盖一层砖，并用草帘加以覆盖，以免雨水将砂浆冲掉。

3）雨期施工安全措施

雨期施工时脚手架等应增设防滑设施。金属脚手架和高耸设备，应有防雷接地设施。在梅雨季节，露天施工人员易受寒，要备好姜汤和药物。

9.1.4 检查与验收

（1）砌筑工程常见的质量事故与安全施工

1）砌筑工程常见的质量事故及处理

①砂浆强度不稳定。砂浆强度不稳定，通常是砂浆强度低于设计要求或是砂浆的强度波动较大，匀质性差。其主要原因是：材料的计量不准；超量使用微沫剂；砂浆搅拌不均匀。所以在实际施工中要按照砂浆的配合比准确称量各种原材料；对塑化材料宜先调制成标准稠度，再进行称量；采用机械搅拌，合理确定投料顺序，以保证搅拌均匀。

②石砌墙体里外分层。石砌墙体里外分层是指在石墙的砌筑过程中，形成里外互不联结不能自成一体的现象。造成的原因是：毛石的块量过小，相互之间不能搭压，或搭压量过小；未设拉结石造成横截面的上下对缝，砌筑方法不当，采用了先砌外面石块后中间填心的方法。避免这种现象的方法是：不能只用大块石，而不用小块石填空，要大小块石搭配；应按规定设置拉结石；砌筑时，应分皮卧砌，上下错缝，内外搭砌。

③砌块墙面渗水。砌块墙面渗水是指水沿着墙体由外渗入墙内或由门窗框四周渗入。造成这种现象的原因是：砌块收缩量过大；砂浆不饱满；窗台、遮阳板等凸出墙外的构件未做好排水坡，造成倒泛水或积水。防治的方法是：砌块间的灰缝要饱满、密实；门窗框四周在嵌缝前先润湿；窗台、遮阳板等凸出墙外的构件，在抹灰时，上面要做出排水坡，下面要抹出滴水槽。

2）砌筑工程的质量及安全技术

①砌筑工程的质量保证。砌体的质量包括砌块、砂浆和砌筑质量，即在采用合理的砌体材料的前提下，关键是要有良好的砌筑质量，以使砌体有良好的整体性、稳定性和受力性能，因此砌体施工时必须要精心组织，并应严格遵循相应的施工操作规程及验收规范的有关规定，以确保质量。砌筑质量的基本要求是："横平竖直、砂浆饱满和厚薄均匀、上下错缝、内外搭砌、接槎牢固"，为了保证砌体的质量，在砌筑过程中应对砌体的各项指标进行检查，将砌体的尺寸和位置的允许偏差控制在规范要求

的范围内。

②砌筑工程的安全与防护措施。为了避免事故的发生，做到文明施工，在砌筑过程中必须采取适当的安全措施。砌筑操作前必须检查操作环境是否符合安全要求，脚手架是否牢固、稳定，道路是否通畅，机具是否完好，安全设施和防护用品是否齐全，经检查符合要求后方可施工。在砌筑过程中，应注意：

砌基础时，应检查和注意基坑（槽）土质的情况变化，堆放砖、石料应离坑或（槽）边 1m 以上。

严禁站在墙顶上做划线、刮缝及清扫墙面或检查大角等工作。不准用不稳固的工具或物体在脚手板上垫高操作。

砍砖时应面向内打，以免碎砖跳出伤人。

墙身砌筑高度超过 1.2m 时应搭设脚手架。脚手架上堆料不得超过规定荷载，堆砖高度不得超过三皮侧砖，同一块脚手板上的操作人员不得超过两人。

夏季要做好防雨措施，严防雨水冲走砂浆，致使砌体倒塌。

尚未施工楼板或屋面的墙或柱，当可能遇到大风时，其允许自由高度不得超过规定。

钢管脚手架杆件的连接必须使用合格的扣件，不得使用铅丝和其他材料绑扎。

严禁在刚砌好的墙上行走和向下抛掷东西。

脚手架必须按楼层与结构拉结牢固，拉结点垂直距离不得超过 4m，水平距离不得超过 6m。拉结材料必须有可靠的强度。

脚手架的搭设应符合规范的要求，每天上班前均应检查其是否牢固稳定必须。在脚手架的操作面上必须满铺脚手板，离墙面不得大于 200mm，不得有空隙、探头板和飞跳板。并应设置护身栏杆和挡脚板，防护高度为 1m。

在同一垂直面内上下交叉作业时，必须设置安全隔板，下方操作人员须戴安全帽。脚手架必须保证整体结构不变形。

马道和脚手板应有防滑措施。

过高的脚手架必须有防雷措施。

砌体施工时，楼面和屋面堆载不得超过楼板的允许荷载值。施工层进料口楼板下，宜采取临时加撑措施。

垂直运输机具（如吊笼、钢丝绳等），必须满足负荷要求。吊运时应随时检查，不得超载。对不符合规定的应及时采取措施。

（2）砖砌体工程检查与验收

根据《砌体结构工程施工质量验收规范》GB 50203—2011 规定，进行砌体结构工程施工质量检查与验收。其中，砖砌体工程检查与验收一般项目如下：

①砖砌体组砌方法应正确，内外搭砌，上、下错缝。清水墙、窗间墙无通缝；混水墙中不得有长度大于 300mm 的通缝，长度 200～300mm 的通缝每间不超过 3 处，

且不得位于同一面墙体上。砖柱不得采用包心砌法。

抽检数量：每检验批抽查不应少于 5 处。

检验方法：观察检查。砌体组砌方法抽检每处应为 3～5m。

②砖砌体的灰缝应横平竖直，厚薄均匀，水平灰缝厚度及竖向灰缝宽度宜为 10mm，但不应小于 8mm，也不应大于 10mm。

抽检数量：每检验批抽查不应少于 5 处。

检验方法：水平灰缝厚度用尺量 10 皮砖砌体高度折算；竖向灰缝宽度用尺量 2m 砌体长度折算。

③砖砌体尺寸、位置的允许偏差及检验应符合表 9.3 的规定。

砖砌体尺寸、位置的允许偏差及检验　　　　　　　　表 9.3

项次	项目			允许偏差（mm）	检验方法	抽检数量
1	轴线位移			10	用经纬仪和尺或用其他测量仪器检查	承重墙、柱全数检查
2	基础、墙、柱顶面标高			±15	用水准仪和尺检查	不应少于 5 处
3	墙面垂直度	每层		5	用 2m 托线板检查	不应少于 5 处
		全高	≤ 10m	10	用经纬仪、吊线和尺或用其他测量仪器检查	外墙全部阳角
			>10m	20		
4	表面平整度	清水墙、柱		5	用 2m 靠尺和楔形塞尺检查	不应少于 5 处
		混水墙、柱		8		
5	水平灰缝平直度	清水墙		7	拉 5m 线和尺检查	不应少于 5 处
		混水墙		10		
6	门窗洞口高、宽（后塞口）			±10	用尺检查	不应少于 5 处
7	外墙上下窗口偏移			20	以底层窗口为准。用经纬仪或吊线检查	不应少于 5 处
8	清水墙游丁走缝			20	以每层第一皮砖为准。用吊线和尺检查	不应少于 5 处

9.2　抹灰与镶贴

9.2.1　材料及工具准备

（1）常用的抹灰与镶贴材料

①一般抹灰材料及要求

石灰应充分熟化，石灰膏不冻结、不风化；水泥、石膏不过期，强度等级符合要求；砂子、石粒应洁净、坚硬、并经过筛处理；麻刀、纸筋等纤维材料要纤细、洁净，并经过打乱、浸透处理；所用颜料应为耐碱、耐光的矿物颜料；使用的化工材料（如胶黏剂等）应符合相应质量标准且不超过使用期限。

②装饰装修镶贴材料

装饰装修镶贴材料有天然石饰面板、人造石饰面板、饰面砖、金属饰面板等。饰面砖从使用部位上来分主要有外墙砖、内墙砖和特殊部位的艺术造型砖 3 种。从烧制的材料及其工艺来分，主要有陶瓷锦砖（马赛克）、陶质地砖、红缸砖、石塑防滑地砖、瓷质地砖、抛光砖、釉面砖、玻化砖和钒钛黑瓷板地砖等，如图 9.24 所示。

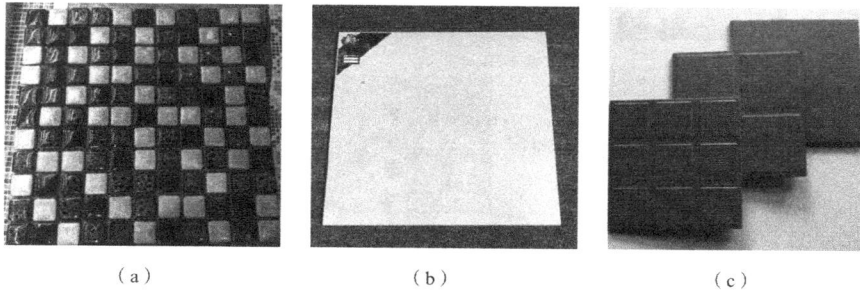

（a）　　　　　　　　　　（b）　　　　　　　　　　（c）

图 9.24　装饰装修镶贴材料

（a）陶瓷锦砖（马赛克）；（b）陶质地砖；（c）红缸砖

（2）常用的抹灰与镶贴工具

①常用的抹灰工具

常用的抹灰工具如图 9.25 所示。

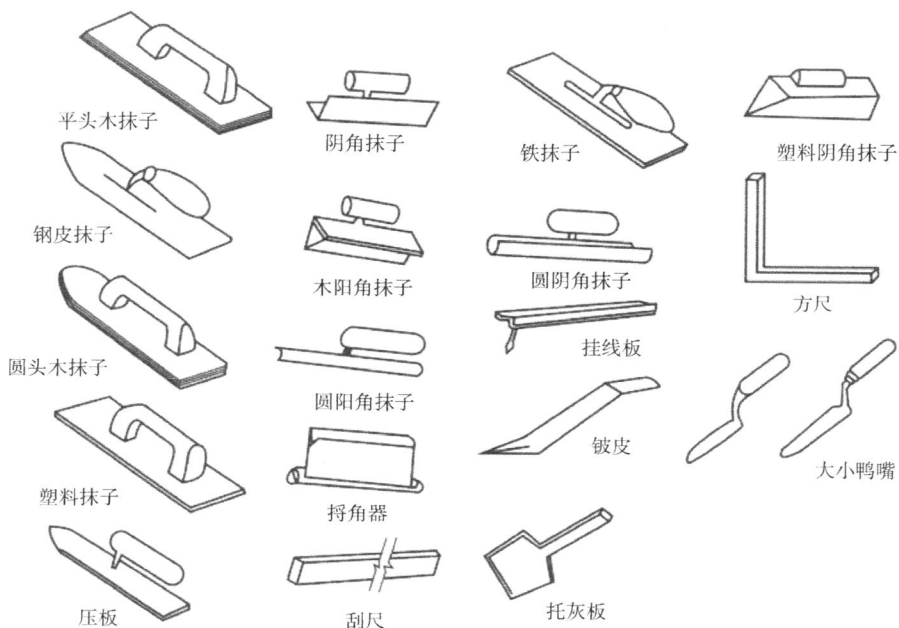

平头木抹子　　阴角抹子　　铁抹子　　塑料阴角抹子

钢皮抹子　　木阳角抹子　　圆阴角抹子　　方尺

圆头木抹子　　圆阳角抹子　　挂线板　　铍皮　　大小鸭嘴

塑料抹子　　捋角器

压板　　刮尺　　托灰板

图 9.25　常用抹灰工具

②常用的镶贴工具

常用的镶贴工具有开刀、木锤硬木拍板、铁铲、合金錾、手锤、磨石、合金钢钻头、切割打磨一体机、手电钻、冲击钻等。如图 9.26 所示。

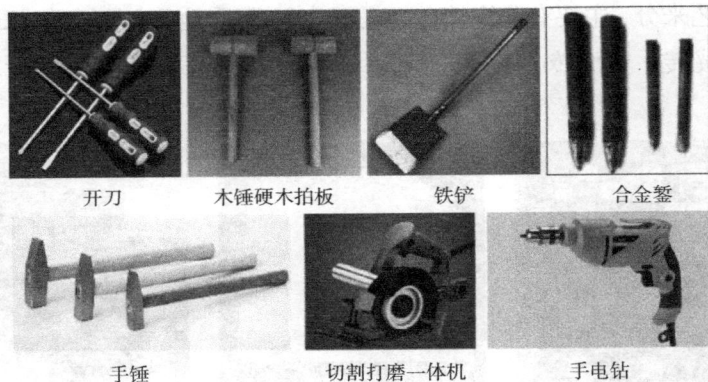

| 开刀 | 木锤硬木拍板 | 铁铲 | 合金錾 |

| 手锤 | 切割打磨一体机 | 手电钻 |

图 9.26　常用镶贴工具

9.2.2　操作流程

（1）抹灰的组成和作用

为了保证抹灰表面平整，避免裂缝，抹灰层一般应分层组成，分层操作。

如图 9.27 所示，抹灰层一般由底层灰、中层灰和面层灰三层组成。

底层作用：与基层粘结及初步找平；中层作用：找平作用；面层作用：装饰作用。

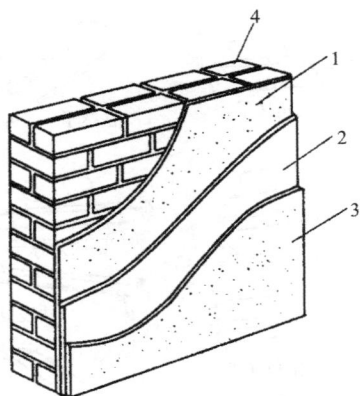

图 9.27　抹灰层的组成
1—底层；2—中层；3—面层；4—基体

（2）墙面及细部抹灰操作流程

基层处理→湿润基层→找规矩、做灰饼→设置标筋→阳角做护角→抹底层灰、中层灰→抹窗台板、墙裙或踢脚板灰→抹面灰→清理→成品保护。

（3）楼地面抹灰操作流程

1）施工准备

施工前，应将基层清扫干净后用水冲洗晾干。根据墙面准线在地面四周的墙面上弹出楼（地）面水平标高线，在四周做出灰饼，并用尼龙线按两边灰饼补做中间灰饼。用长木杠按间距 1.2～1.5m 做好标筋。对有坡度、地漏的房间，应按要求找出坡度，一般不小于 1%。地漏处标筋应做成放射状，以保证流水坡向。

2）操作流程

清扫、清洗基层→弹面层线、做灰饼、标筋→润湿基层→扫水泥素浆→铺水泥砂浆→木杠压实、刮平→木抹子压实、搓平→铁抹子压光（三遍）→覆盖、浇水养护。

面层抹完一天内，用砂或湿锯末覆盖养护。每天浇水 3～4 次，保持覆盖物潮湿。养护时间不少于 7d。有条件时，亦可作泥埂蓄水养护，或喷洒养护剂。

（4）饰面砖镶贴操作流程

1）内墙釉面砖操作流程

基层处理→吊垂直、套方、找规矩→贴灰饼→抹底层砂浆→弹线→排砖→浸砖→镶贴瓷砖→瓷砖勾缝与擦缝。

2）外墙面砖操作流程

施工准备→基体处理→排砖→拉通线、找规矩、做标志→刮糙找平→弹线分格→固定底尺→镶贴→起出分格条→勾缝→清洗。

3）陶瓷锦砖操作流程

施工准备→基体处理→排砖→做标志→刮糙找平→弹线分格→固定底尺→粘贴、拍实→刷水润纸→揭纸、拨缝→擦缝→清洗。

4）石饰面板安装

饰面板泛指天然石大理石、花岗石饰面板和人造石饰面板。干挂法操作流程为：墙面修整、弹线、打孔→固定连接件→安装板块→调整固定→嵌缝→清理。

9.2.3 施工工艺

（1）一般抹灰工艺

1）抹灰基体的表面处理

为保证抹灰层与基体之间能粘结牢固，不致出现裂缝、空鼓和脱落等现象，在抹灰前应对基体进行必要的处理。

基体处理主要包括：剔实凿平，嵌填孔洞缝隙，清理，润湿，埋件安装、防腐等。

①门窗口与立墙交接处应用 1:3 水泥砂浆或水泥混合砂浆（加少量麻刀）嵌填密实。

②墙面的脚手眼应堵塞严密，水暖、通风管道通过的墙洞、楼板洞及开槽安装的管道、埋件须用 1:3 水泥砂浆堵严、稳固。

③不同基体材料（如砖石与木、混凝土与加气混凝土）相接处应铺设金属网，搭缝宽度从缝边起每边不得小于100mm。电箱后背及施工洞周围，也应铺钉金属网。如图9.28所示。

④混凝土表面的油污应用浓度为10%的火碱水洗刷;光滑的表面,应进行凿毛（或在抹灰时涂刷界面粘结剂）。如图9.29所示。

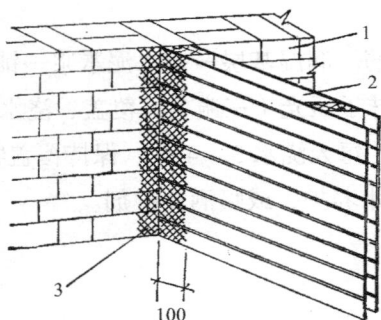

图 9.28　不同材料基体交接处的处理
1—砖墙；2—板条墙；3—钢丝网

图 9.29　不同材料基体交接处铺设钢丝网处

⑤加气混凝土基体表面应清理干净;涂刷1:1水泥胶浆（掺水泥量10%的乳胶）,以封闭孔隙、增加表面强度。必要时可在表面铺钉钢丝网或钢板网。如图9.30所示。

（a）

（b）

图 9.30　加气混凝土基体表面清理
（a）基层处理；（b）甩浆

2）内墙贴灰饼

为有效地控制抹灰的厚度，特别时保证墙面垂直度和整体平整度，在基层处理完成后应在墙面上贴灰饼。用托线板和靠尺检查整个墙面地平整度和垂直度，根据检查结果确定灰饼的厚度，一般最薄处不得小于7mm。先在墙面距地面1.5m左右的高度距阴阳角100～200mm的位置，根据所确定的灰饼厚度用抹灰底层砂浆各做一个50mm×50mm见方的矩形灰饼，然后用托线板或线锤在此灰饼面吊挂，做对应上下的两个灰饼，其中下方的灰饼应在踢脚板以上。随后在墙面上方和下方的左右两个对应灰饼之间，用钉子钉在灰饼的外侧，以灰饼为准在钉子间拉水平横线，沿线每隔1.2～1.5m补做灰饼。如图9.31所示。

图9.31 灰饼

3）内墙设置标筋

标筋是以灰饼为准在灰饼间所做的灰埂，作为抹灰平面的依据。具体做法是用与底层抹灰相同的砂浆在上下两个灰饼间抹成宽度为100mm左右，厚度比灰饼略高的灰埂，然后用木杠紧贴灰饼刮动，使标筋的高度与灰饼的高度相同。同一墙面的上下水平标筋应在同一垂直平面。如图9.32所示。

图9.32 标筋

4）做护角

为保护墙面转角处不易遭到碰撞而损坏，在抹灰时的门窗洞口及墙角、柱面等构建的阳角处应做水泥砂浆护角，护角的高度一般不超过2m，每侧宽度不小于50mm。具体做法时先将阳角用方尺规方，最好在地面上划好准线，按准线用砂浆粘好尺板，用托线板吊直，方尺找方。然后在靠尺板的一边抹1：2水泥砂浆，护角线与靠尺板平齐。两边均抹好后，取下靠尺板，待砂浆稍干时，用阳角抹子和水泥素浆抿出小圆角，最后用靠尺板沿顺直方向留出不小于50mm，将多余砂浆成40°斜面切掉，以便抹面时与护角接槎。如门窗口边宽度小于100mm时，也可在做水泥护角时一次完成。如图9.33所示。

图 9.33 护角

5）内墙抹底层灰

待标筋有一定强度后，即可在两标筋间用力抹上底层灰，底层要低于标筋，由上向下抹。一般应在抹灰前一天用水把墙面浇透，然后在混凝土墙面湿润的情况下，先刷掺 10% 的 108 胶的素水泥浆一道，随刷随打底；底灰采用 1∶3 水泥砂浆（或 1∶0.3∶3 混合砂浆，水灰比为 0.4~0.5）打底。具体做法为用一手握住灰板，一手握住抹子，浆灰板靠近墙面，抹子横向将砂浆抹在墙面上，灰板要时刻接在抹子下边，以便托住抹灰时掉落的砂浆，最后用木抹子压实搓毛。如图 9.34 所示。

图 9.34 底层抹灰

6）内墙打中层灰

待底层灰收水后，就可以打中层灰，中层灰的厚度应略高于标筋。中层抹灰后，待其凝结到七成干后，即可用刮杠沿标筋将中层灰刮平，直到墙面平直为止。紧接着用木抹子搓压，使表面平整密实。需要注意的是无论底层灰还是中层灰，抹灰层每遍厚度要满足如下的要求：水泥砂浆宜为 5~7mm，水泥混合砂浆和石灰砂浆每遍宜为 7~9mm。当抹灰层的总厚度大于或等于 35mm 时，应采取防止开裂的措施。如图 9.35 所示。

图 9.35　中层抹灰

7）内墙抹面层灰

一般室内墙面常采用纸筋石灰、麻刀石灰、石灰砂浆、水泥砂浆等。待中层灰有 6～7 成干时，方可抹面层灰。先将墙面湿润后，即可进行罩面工作。操作一般从阴角或阳角开始，一个人在前抹面灰，另外一人其后找平整，并要压平溜光。压光后，用排笔蘸水横刷一遍，使表面色泽一致，再用铁抹子压实赶光，面层则会更为细腻光滑。阴阳角处用阴阳角抹子捋光，并随手用毛刷蘸水将门窗边口阳角、墙裙和踢脚板上口等处刷干净。面层抹灰经过赶光压实的厚度，麻刀灰不得大于 3mm，纸筋灰、石膏灰不得大于 2mm。如图 9.36 所示。

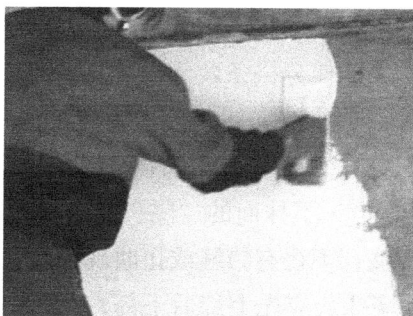

图 9.36　面层抹灰

8）顶棚抹灰

①找规矩。顶棚抹灰通常不做灰饼和标筋，而用目测的方法控制其平整度，以无明显高低不平及接槎痕迹为准。先根据顶棚的水平面，确定抹灰厚度，然后在墙面的四周与顶棚交接处弹出水平线，作为抹灰的水平标准。这里弹出的水平线只能从结构中的"50线"向上量测，坚决不允许直接从顶棚向下量测。

②底、中层灰。顶棚抹灰时，由于砂浆自重力的影响，一般底层抹灰施工前，先以水灰比为 0.4 的素水泥浆刷一边作为结合层该结合层所采用的方法宜为甩浆法，即用扫帚蘸上水泥浆，甩于顶棚。如顶棚非常平整，甩浆前可对其进行凿毛处理。待其

结合层凝结后就可以抹底、中层砂浆，其配合比一般采用水泥:石灰膏:砂 = 1:3:9 的水泥混合砂浆或 1:3 水泥砂浆，然后用刮尺刮平，随刮随用长毛刷子蘸水刷一遍。

③面层抹灰。待中层灰达到六至七成干后，即用手按不软但有指印时，再开始面层抹灰，一般分两遍成活。其施工方法及抹灰厚度与内墙抹灰相同。第一遍抹的越薄越好，紧跟着抹第二遍，抹子要稍平，抹平后待灰浆稍干，再用铁抹子顺着抹纹压实压光。

9）外墙抹灰

①找规矩。外墙抹灰找规矩的方法与内墙抹灰相同，但要在相邻两个抹灰面相交处挂垂线。由于外墙抹灰面大，另外还有门窗、阳台、明柱等要横平竖直，外墙面抹灰应先上部后下部，而抹灰操作必须一步架一步架往下抹。因此外墙抹灰找规矩要求在四角先挂好自上而下的垂直通线，然后根据抹灰厚度弹上控制线，再拉水平通线，并弹水平线做灰饼，凝结后做标筋。

②铺底层、中层灰。底层、中层灰操作方法与内墙抹灰相同。若为水泥混合砂浆，配合比为水泥:石灰膏:砂 = 1:1:6；若为水泥砂浆，配合比为水泥:砂 = 1:3。底层砂浆凝固具有一定强度后，再抹中层，为提高与其面层的附着力，应将其灰面用木抹子搓平后扫毛或铁抹子划毛，并进行浇水养护。

③粘分格条。为避免罩面砂浆收缩后产生裂缝，而影响墙面美观，应在中层灰 6~7 成干后，按要求弹处分格线，粘分格条。木质分格条在使用前要用水泡透，这样既便于粘贴又能防止分格条在使用时产生变形。另外，木质分格条因本身水分蒸发而收缩有利于最终的起出，又能使分格条两侧的灰口整齐。粘贴时用铁抹子将素水泥浆抹在分格条的背面，即可粘贴分格条。水平分格条宜粘在平线下口，垂直分格条宜粘在分格线的左侧，并将分格条两侧的水泥浆抹成八字形斜角。当天抹面的分格条，两侧八字形斜角抹成 45° 角；当天不抹面的"隔夜条"，两侧八字形应抹成 60° 角。分格条要求横平竖直，接头平整，不得有错缝或扭曲现象。

④抹面。抹灰顺序：外墙抹灰应先上部后下部，高层建筑，应按照一定层数划分一个施工段，垂直方向控制用经纬仪来代替垂线，水平方向拉通线。大面积的外墙可分片同时施工，如果一次抹不完，可在阴阳角交接处或分格条处间断施工。

抹面层时，先用 1:2.5 水泥砂浆薄薄刮一遍；第二遍再用 1:3 水泥砂浆与分格条抹平，凝结后按照分格条的厚度将面层刮平、压光，再用刷子蘸水按同一方向轻刷一遍，以达到颜色一致，并清洗分格条上的砂浆，以免起条时损坏抹面。起出分格条后若有掉边现象，随即用水泥砂浆进行填补。

10）细部抹灰

①踢脚板。抹灰时根据墙上施工的水平基准线弹出踢脚板、墙裙或勒脚的高度尺寸水平线，并根据墙面抹灰厚度决定踢脚板、墙裙、勒脚的厚度。找好规矩后，进行基层处理，尤其要注意和墙体的相接处，否则由于两种材料的线膨胀系数不同而产生

空鼓、开裂。基层处理干净后，浇水湿润。按弹好的水平线，将八字靠尺板粘在上口，靠尺板表面正好时踢脚板、墙裙、勒脚的抹灰面。用 1∶3 水泥砂浆抹底、中层，再用木抹子搓平、扫毛、浇水养护。待其达到六七成干时，就应进行面层抹灰。面层用 1∶2.5 水泥砂浆薄薄刮一遍，凝结后以 1∶3 水泥砂浆抹第二遍，搓平、压光，然后起下靠尺板，再用铁抹子压光。

②窗台。

抹内窗台时，先将窗台基体清理洁净、并将松动部位修整好，用细石混凝土铺实，其厚度为 25mm，窗台两端抹灰要超过窗口 60mm，24h 以后刷素水泥浆，接着用 1∶2.5 水泥砂浆抹面层，窗台板下口要求平直，不得出现毛刺。待面层脱水、颜色开始变白时，浇水养护 3～4d。

抹外窗台和抹内窗台做法相同，但应注意以下几个问题；外窗台板要比内窗台板低 10mm 左右；外窗台板必须要设置顺水坡，防止倒泛水；外窗台板应做滴水槽，以阻止雨水沿窗台往墙面上淌；要求表面平整光洁、棱角清晰；与相邻的窗台高度进出要一致，横竖都要成一条线；排水通畅，不渗水；及时覆盖和浇水养护、防止日晒失水、干裂。

（2）内墙釉面砖镶贴施工工艺

1）基层处理

基层是混凝土时，剔凿基层使其表面粗糙，并清理干净。基层为砖时，清除墙面多余灰浆，用钢丝刷清除浮土，并浇水湿润墙体。

2）做找平层

用 1∶3 水泥砂浆涂抹在基层上，总厚度在 15mm 左右，分层施工，基层不得干燥。

3）弹水平线

根据设计要求，定好面砖所贴部位的高度，在用"水柱法"找出个墙上口的水平点，并弹出上口水平线。根据上口水平线，在依据面砖尺寸、缝隙尺寸，弹出下口水平线。

4）弹线分格

在找平层上用墨线弹出饰面砖分格线。弹水平线时，饰面砖上口伸入吊顶线内 25mm 计算，确定面砖上口线，然后从上往下按整块砖尺寸划到最下面的饰面砖。最下面的高度小于半块砖时。最好重新弹水平线。弹竖向线时，从内墙一侧端部开始，以便将不足模数的面砖贴于阴角处。

5）选面砖

选面砖是保证饰面砖镶贴质量的关键工序。在镶贴前，按颜色的深浅、尺寸的大小不同进行分选。饰面砖的几何尺寸及公差大小，可做成 U 形木框钉在木板上，分选。

6）预排砖

在同一墙面只能有一行与一列非整块饰面砖，并且应排在紧靠地面或不显眼的阴角处。一般饰面砖的缝隙在 2mm 左右。如图 9.37 所示。

内墙面砖镶贴排列方法：主要有直缝镶贴和错缝镶贴（又称"骑马缝"），如图 9.38 所示。

图 9.37　预排砖

（a）　　　　　　　　　　　　（b）

图 9.38　镶砖

（a）直缝镶贴；（b）错缝镶贴

7）浸砖

防止干砖吸收砂浆中的水分，致使水泥不能完全水化，造成连接不牢或面砖浮滑。一般浸砖时间不少于 2h，取出放在阴凉处 6h 时左右。

8）做标志块

铺贴面砖时，应先贴若干块废面砖作为标志块，作为粘贴厚度的依据。横向每隔 1.5m 左右做一个标志块。

9）垫托木

按地面水平线嵌上一根八字尺或直靠尺，用水平尺校正。铺贴时，面砖的下口坐在上面，防止面砖向下滑移。在托木上标出缝隙距离。

10）面砖铺贴

饰面砖粘结砂浆厚度应大于 5mm，但不大于 8mm。水泥可以是水泥砂浆和水泥混合砂浆，水泥砂浆配合比 1∶2 和 1∶3 为宜。面砖铺贴时，每一施工层宜从阳角或门边开始，由下往上逐步镶贴。

11）勾缝

饰面砖镶贴完毕，进行全面检查，合格后把饰面砖表面的灰浆清理干净，同时用与饰面砖颜色相同的水泥嵌缝。

12）养护、清理

镶贴后的面砖应防冻、防暴晒，以免砂浆酥松。完工 24h 后，前面应洒水湿润，以防早期脱水，清理现场。

9.2.4　检查与验收

（1）抹灰工程质量验收

一般抹灰工程分普通抹灰和高级抹灰，当设计无要求时，按普通抹灰验收。

1）主控项目

①抹灰前基层表面的尘土、污垢、油渍等应清除干净，并应洒水湿润。

②一般抹灰所用材料的品种和性能应符合设计要求。

③抹灰工程应分层进行。

④抹灰层与基层之间及各抹灰层之间必须粘结牢固，抹灰层应无脱落、空鼓，面层应无爆灰和裂缝。

2）一般项目

①一般抹灰工程的表面质量应符合规定。

②护角、孔洞、槽、盒周围的抹灰表面应整齐、光滑，管道后面的抹灰表面应平整。

③抹灰层的总厚度应符合设计要求；水泥砂浆不得抹在石灰砂浆上；罩面石膏灰不得抹在水泥砂浆上。

④抹灰分格缝的设置应符合设计要求，宽度和深度应均匀，表面应光滑，棱角应整齐。

⑤有排水要求的部位应做滴水线（槽）。

⑥一般抹灰工程质量的允许偏差和检验方法应的规定。

（2）饰面砖工程质量验收

室内每个检验批应至少抽查 10%，并不少于 3 间；不足 3 间时应全数检查。

9.3　屋面防水

9.3.1　材料及工具准备

（1）常用的防水卷材

常用的防水卷材有：SBS 防水卷材、丙纶防水卷材、ppc 防水卷材等。如图 9.39 所示。

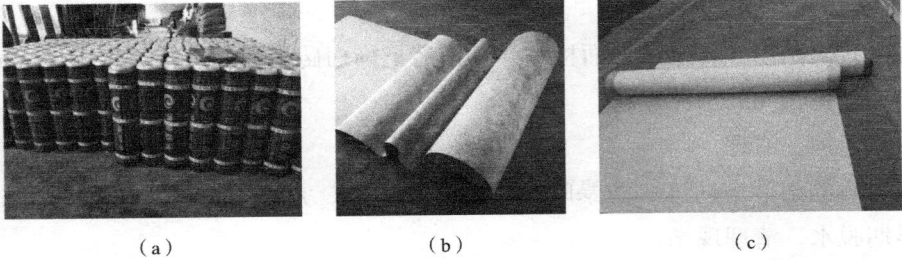

（a）　　　　　　　　（b）　　　　　　　　（c）

图 9.39　常用的防水卷材

（a）SBS 防水卷材；（b）丙纶防水卷材；（c）PPC 防水卷材

（2）防水卷材铺设的工具

防水卷材铺设的工具有：卷尺、工具刀 、扫把、铁铲、液化气罐液化气喷枪、胶粘剂等。如图 9.40 所示。

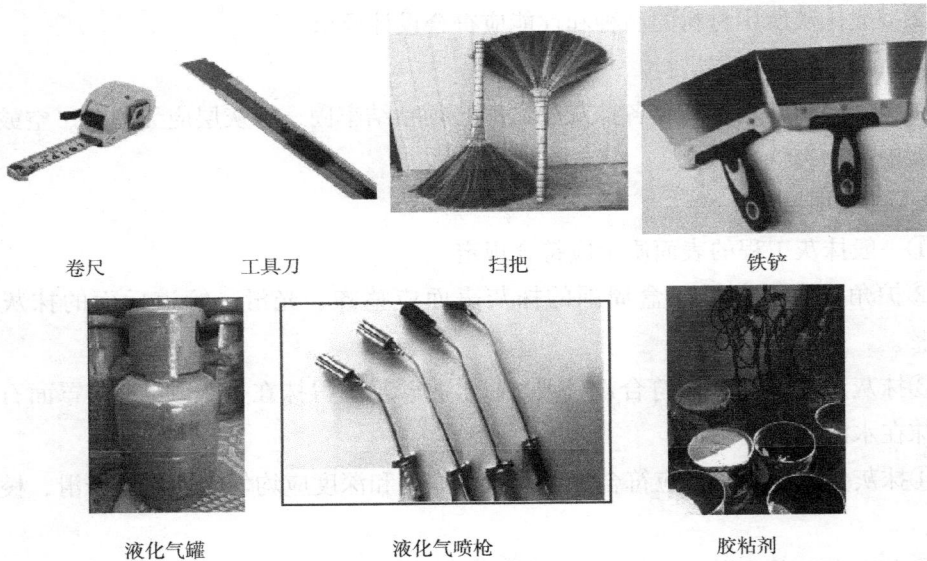

卷尺　　　　　工具刀　　　　　　扫把　　　　　　铁铲

液化气罐　　　　　液化气喷枪　　　　　胶粘剂

图 9.40　防水卷材铺设所需工具

各种工具的用途为：

①卷尺是为了测量卷材尺寸用的。

②工具刀和剪刀主要用来切割卷材，以便在某些微小部位达到要求的施工尺寸。

③扫把主要用来在防水卷材铺设前清扫基层，保持整洁，以免影响施工效果。

④ SBS 卷材要使用热熔法，液化气喷枪是为了把材料加热熔化后，粘结到施工面上，使用时需注意安全。

⑤液化气罐是搭配液化气喷枪使用；铁铲用来压实卷材融化部位；搅拌器和桶是为了在丙纶防水卷材铺设时制作胶粘剂。

9.3.2 操作流程

（1）施工顺序

屋面防水施工顺序为：防水基层表面清理、修补→涂刷基层处理剂→节点附加增强处理→定位、弹线、试铺→铺贴卷材→收头处理→节点密封→清理检查、修缮→保护层施工。

（2）施工要点

主要工序的施工要点为：

1）基层清理

①先将基层表面的尘土、砂粒、砂浆硬块等杂物清扫干净，并用干净的湿布措擦一次。

②基层表面的突出物、砂浆疙瘩等应铲除、清理掉。对凹凸不平处，应用高强度等级水泥砂浆修补，找顺平。对阴阳角、管道根部和水落口等部位应认真修平，做成圆滑面，圆弧半径为50mm。

2）基层处理剂的涂刷

涂刷要薄而均匀，不得有空白、麻点、气泡，也可以用机械喷涂。如果基层表面过于粗糙，可刷一遍慢挥发性冷底子油，待其表面干后，再刷一遍快挥发性冷底子油。涂刷时间宜在铺毡前1～2d进行，使油层干燥而又不沾染灰尘。

3）铺设卷材防水

①卷材铺贴采用满粘法，防水层施工时，应先做好节点、附加层和屋面排水比较集中部位（如屋面与水落口连接处、天沟、屋面转角处）的处理，然后由屋面最低标高向上施工。铺贴天沟，应顺天沟方向，减少搭接。

②卷材上下层及相邻两幅卷材的搭接缝应错开，平行于屋脊的搭接缝应顺流水方向搭接；垂直于屋脊的搭接缝应顺主导风向搭接。卷材短边搭接不小于100mm。

9.3.3 施工工艺

（1）卷材防水屋面施工

卷材防水屋面的构造如图9.41所示。

下面以"高聚物改性沥青卷材防水屋面"施工为例，介绍卷材防水屋面施工工艺。

1）材料要求

①卷材。主要有以下两种：

弹性体改性沥青防水卷材（SBS）：SBS卷材是目前使用最广泛的卷材。其保持了沥青防水的可靠性和橡胶的弹性，提高了柔韧性、延展性、耐寒性、黏附性、耐气候性，具有良好的耐高、低温性能、耐穿刺、撕裂和疲劳性能，出现裂缝能自我愈合，能在寒冷气候热熔搭接，密封可靠。主要用于工业与民用建筑的常规及特殊屋面防水；工

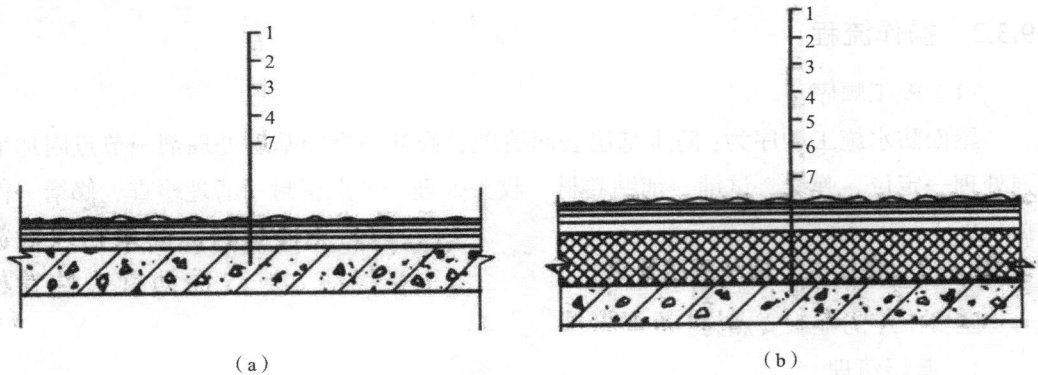

图 9.41　卷材防水屋面构造示意图

（a）无保温层屋面；（b）有保温层屋面

1—保护层；2—卷材防水层；3—底油结合层；4—找平层；5—保温层；6—隔气层；7—结构层

业与民用建筑的地下工程的防水、防潮及室内游泳池等的防水；各种水利设施及市政工程防水。

塑性体（APP）改性沥青防水卷材：APP 卷材具有良好的防水性能、耐高温性能和较好的柔韧性，能形成高强度、耐撕裂、耐穿刺的防水层，耐紫外线照射，耐久寿命长。主要适用于工业与民用建筑的屋面及地下防水、地铁、隧道桥和高架桥上的沥青混凝土桥面的防水，需用专用胶粘剂粘结。

②基层处理剂。主要有以下两种：

冷底子油：屋面工程采用的冷底子油是 10 号或 30 号石油沥青溶解于柴油、汽油、二甲苯或甲苯等溶剂中而制成的溶液。可用于涂刷在水泥砂浆、混凝土基层或金属配件的基层上作基层处理剂，它可使基层表面与卷材沥青胶结料之间形成一层胶质薄膜，以此来提高其胶结性能。

卷材基层处理剂：用于高聚物改性沥青和合成高分子卷材的基层处理，一般采用合成高分子材料进行改性，基本上由卷材生产厂家配套供应。

③粘结剂：高聚物改性沥青粘结剂，其剥离强度不应小于 8N/10mm。

④二甲苯、甲苯、汽油均可作为粘结剂稀释用，清洁工具。

2）操作工艺

①找平层施工。找平层为基层（或保温层）与防水层之间的过渡层，一般采用 1:3 水泥砂浆或 1:8 沥青砂浆。找平层的厚度取决于结构基层的种类，水泥砂浆一般为 5 ~ 30mm，沥青砂浆为 15 ~ 25mm。找平层质量好坏直接影响到防水层的铺贴质量。要求找平层表面平整，无松动、起壳和开裂现象，与基层粘结牢固，坡度应符合设计要求，一般檐沟纵向坡度不应小于 1%，水落口周围直径 500mm 范围内坡度不应小于 5%。两个面相接处均应做成半径不小于 100 ~ 150mm 的圆弧或斜面长度为 100 ~ 150mm 的钝角。找平层宜设置分格缝，缝宽为 20mm，分格缝宜留设在预制板

支承边的拼缝处，缝间距为：采用水泥砂浆或细石混凝土时，不宜大于 6m；采用沥青砂浆时，不宜大于 4m。分格缝应嵌添密封材料，同时分格缝应附加 200～300mm 宽的卷材。如图 9.42 所示。

图 9.42　分格缝设置

②喷涂基层处理剂。基层处理剂可采用喷涂或涂刷的施工方法，如图 9.43 所示。喷涂应均匀一致，无露底，待基层处理机干燥后，应及时铺贴卷材。喷涂时，应先用油漆刷对屋面节点、拐角、周边转角等细部进行涂刷，然后大面积部位涂刷。

图 9.43　涂刷基层处理剂

③细部处理。主要有以下部位：

天沟、檐沟部位的处理：天沟、檐沟部位铺贴卷材应从沟底开始，纵向铺贴；如沟底过宽，纵向搭接缝宜留设在屋面或沟的两侧。卷材应由沟底翻上至沟外檐顶部，卷材收头应用水泥钉固定，并用密封材料封严。沟内卷材附加层在天沟、檐口与屋面交接处宜空铺，空铺的宽度不应小于 200mm。

女儿墙泛水部位的处理：当泛水墙体为砖墙时，卷材收头可直接铺压在女儿墙压顶下，压顶应做防水处理。亦可在砖墙上预留凹槽，卷材收头端部应截齐压入凹槽内，用压条或垫片钉牢固定。最大钉距不大于 900mm，然后用密封材料将凹槽嵌填封严，凹槽上部的墙体亦应抹水泥砂浆层做防水处理。当泛水墙体为混凝土时，卷材的收头可采用金属压条钉牢，并用密封材料封固。需注意的是铺贴泛水的卷材应采取满粘法，泛水高度不应小于 250mm。

变形缝部位的处理：变形缝的泛水高度不应小于 250mm，其卷材应铺贴到变形缝两侧砌体上面，并且缝内应填泡沫塑料，上部填放衬垫材料，并用卷材封盖，变形缝顶部应加扣混凝土盖板或金属盖板，盖板的接缝处要用油膏嵌封严密。

水落口部位的处理：水落口杯上口的标高应设置在沟底的最低处，铺贴时，卷材贴入水落口杯内不应小于 50mm，并涂刷防水涂料 1~2 遍，并且使水落口周围 500mm 的范围坡度不小于 5%。并应在基层与水落口接触处应留 20mm 宽 20mm 深凹槽，用密封材料嵌填密实。

伸出屋面管道的处理：管子根部周围做成圆锥台，管道与找平层相接处留 20mm×20mm 的凹槽，嵌填密封材料，并用卷材收头处用金属箍箍紧，密封材料封严。

无组织排水的处理：排水檐口 800mm 范围内卷材应采取满粘法，卷材收头压入预留的凹槽内，采用压条或带垫片钉子固定，最大钉距不应大于 900mm，凹槽内用密封材料嵌填封严，并应注意在檐口下端抹出鹰嘴和滴水槽。

④卷材铺贴方向。卷材的铺设方向应根据屋面坡度和屋面是否有振动来确定，当屋面坡度小于 3% 时，卷材宜平行于屋脊铺设；如图 9.44 所示。当屋面的坡度在 3%~15% 时，卷材可平行或垂直于屋脊铺贴；当屋面的坡度大于 15% 时或屋面受振动时，应垂直于屋脊铺贴。

图 9.44 卷材铺贴方向

⑤卷材铺贴搭接方法及要求。铺贴卷材采用搭接法，上下层及相邻两幅卷材的搭接缝应错开。平行于屋脊的搭接应顺流水方向；垂直于屋脊的搭接应顺主导风向。叠层铺设的各层卷材，在天沟与屋面的连接处，应采用叉接法搭接，搭接缝应错开，接缝宜留在屋面或天沟侧面，不宜留在沟底，各种卷材搭接宽度应符合要求。如图 9.45 所示。搭接宽度见表 9.4。

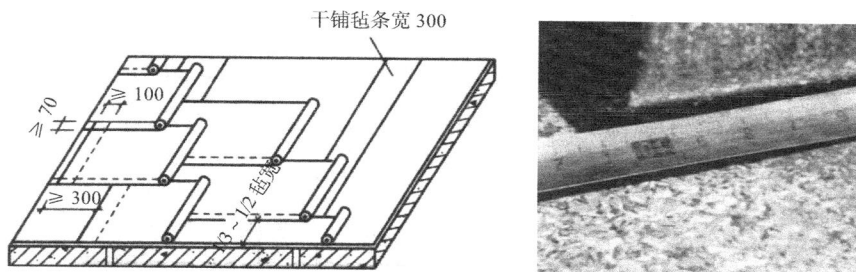

图 9.45　卷材搭接长度

卷材搭接宽度（mm）

表 9.4

卷材种类	铺贴方法	短边搭接		长边搭接	
		满粘法	空铺、点粘、条粘	满粘法	空铺、点粘、条粘
沥青防水卷材		100	150	70	100
高聚物改性沥青防水卷材		80	100	80	100
合成高分子防水卷材	胶粘剂	80	100	80	100
	胶粘带	50	60	50	60
	单缝焊	60，有效焊接宽度不小于 25			
	双缝焊	80，有效焊接宽度 10×2+ 空腔宽			

注：空铺、点粘、条粘如图 9.46 所示。

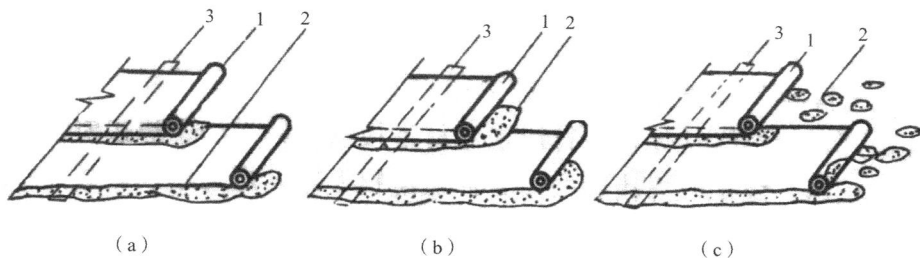

图 9.46　卷材冷粘法施工
（a）空铺法；（b）条粘法；（c）点粘法
1—卷材；2—沥青胶；3—附加卷材条

⑥铺贴方法。卷材铺贴是施工的关键，必须掌握如下工艺方法：

冷粘法：将卷材放在弹出的基准线位置上，一般在基层上和卷材背面均涂刷胶粘剂，根据胶粘剂的性能，控制胶粘剂涂刷与卷材铺贴的间隔时间，边涂边将卷材滚动铺贴。粘结剂应涂刮均匀，不漏底、不堆积。用压辊均匀用力滚压，排除空气，使卷材与基层紧密粘贴牢固。卷材搭接处用粘结剂满涂封口，滚压粘贴牢固。接缝应用密封材料封严。宽度不应小于 10mm。冷粘法施工时，应控制胶粘剂与卷材铺贴的间隔时间，以免影响粘贴力和粘结的牢固性。

自粘法：将卷材背面的隔离纸剥开撕掉，直接粘贴于弹出基准线的位置上，排除卷材下面的空气，辊压平整，粘贴牢固。低温施工时，立面、大坡面及搭接部位宜采用热风机加热，加热后随即粘贴牢固。接缝口用密封材料封严，宽度不应小于10mm。

⑦保护层施工。

卷材铺设完毕，经检查合格后，应立即进行保护图层的施工，及时保护防水层免受损伤，从而延长卷材防水层的使用年限。常用的保护层做法有以下几种：

涂料保护层：保护层涂料一般在现场配置，常用的有铝基沥青悬浮液、丙烯酸浅色涂料或在涂料中掺入铝粉的反射涂料。施工前防水层表面应干净无杂物。涂刷方法与用量按各种涂料使用说明书操作，基本和涂膜防水施工相同。涂刷应均匀、不漏涂。

绿豆砂保护层：在沥青卷材非上人屋面中使用较多。施工时在卷材表面涂刷最后一道沥青胶，趁热撒铺一层粒径为 3~5mm 的绿豆砂，绿豆砂应撒铺均匀，全部嵌入沥青胶中。为了嵌入牢固，绿豆砂须经预热至 100℃ 左右干燥后使用。边撒绿豆砂边扫铺均匀，并用软辊轻轻压实。

细砂、云母或蛭石保护层：主要用于非上人屋面的涂膜防水层的保护层，使用前应先筛去粉料，砂可采用天然砂。当涂刷最后一道涂料时，应边涂刷边撒布细砂（或云母、蛭石），同时用软胶辊反复轻轻滚压，使保护层牢固地粘结在涂层上。

混凝土预制板保护层：混凝土预制板保护层的结合层可采用砂或水泥砂浆。混凝土板的铺砌必须平整，并满足排水要求。在砂结合层上铺砌块体时，砂层应洒水压实、刮平；板块对接铺砌，缝隙应一致，约10mm左右，砌完洒水轻拍压实。板缝先填砂一半高度，再用 1:2 水泥砂浆勾成凹缝。为防止砂子流失，在保护层四周 500mm 范围内，应改用低强度等级水泥砂浆做结合层。上人屋面的预制块体保护层，块体材料应按照楼地面工程质量要求选用，结合层应选用 1:2 水泥砂浆。如图 9.47 所示。

图9.47 块料保护层

水泥砂浆保护层：水泥砂浆保护层与防水层之间应设置隔离层。保护层用的水泥砂浆配合比一般为 1:2.5~1:3（体积比）保护层施工前，应根据结构情况每隔 4~6m

用木模设置纵横分格缝。铺设水泥砂浆时应随铺随拍实，并用刮尺刮平。排水坡度应符合设计要求。立面水泥砂浆保护层施工时，为使砂浆与防水层粘结牢固，可事先在防水层表面粘上砂粒或小豆石，然后再做保护层。

细石混凝土保护层：施工前应在防水层上铺设隔离层，并按设计要求支设要求支设好分格缝木模，设计无要求时，每格面积不大于 36m^2，分格缝宽度为 20mm，一个分格内的混凝土应连续浇筑，不留施工缝。振捣宜采用铁辊压或人工拍实，以防破坏防水层。拍实后随即用刮尺按排水坡度刮平，初凝前用木抹子提浆抹平，初凝后及时取出分格缝木模，终凝前用铁抹子压光。细石混凝土保护层浇筑后应及时进行养护，养护时间不应少于 7d。

（2）涂料防水屋面施工

1）防水涂料

①沥青类防水涂料。沥青类防水涂料的主要成膜物质是沥青，包括溶剂型和水乳型两种。主要有：冷底子油、沥青胶、水性沥青基防水涂料。

②高聚物改性沥青类防水涂料。高聚物改性沥青类防水涂料是以高聚物改性沥青为基料，制成的水乳型或溶剂型防水涂料，有再生胶改性沥青防水涂料、水乳型氯丁橡胶沥青防水涂料、SBS 橡胶改性沥青防水涂料等。

③合成高分子类防水涂料。合成高分子类防水涂料是以合成橡胶或合成树脂为主要成膜物质，加入其他辅料而配成的单组份或双组份防水涂料。主要有聚氨酯、硅橡胶、水乳型、丙烯酸酯、聚氯乙烯、水乳型三元乙丙橡胶防水涂料等。

2）施工工艺

下面主要以聚氨酯防水涂料为例介绍：

①基层清理。要求基层上应清理干净，无杂物和尘土，并保证基层必须干燥方可施工。

②喷涂基层处理剂。先将聚氨酯甲组分、乙组分和二甲苯以 1∶1.5∶（2～3）的质量比配合，并搅拌均匀，作为涂膜的基层处理剂。涂刷应先立面、阴阳角、增强涂抹部位，然后大面积涂刷。涂刷应均匀、不漏底，一般在常温下经 4h 手触摸不粘时即可进行下一道工序施工。

③涂膜附加层。在天沟、檐沟、泛水等部位，应先用聚氨酯涂料按甲、乙组分按 1∶1.5 的比例混合均匀，涂刷一次，再铺贴胎体增强材料宽 300～500mm，搭接缝 100mm，施工时边铺贴平整、边涂刷聚氨酯涂料；水落口周围与屋面交接处应先作密封处理，再加铺两层有胎体增强材料的附加层；分格缝位置应沿找平层分格缝增设空铺附加层，其宽度宜为 200～300mm；天沟、檐沟与屋面的交接处宜空铺附加层，其宽度宜为 200～300mm。

④涂膜施工。包括：

涂料防水涂料的配置：按甲组分∶乙组分＝1∶1.5（质量比），电动搅拌器搅拌均匀，必要时再掺入甲组份质量 0.3% 的二月桂酸二丁基锡促凝剂并搅拌均匀备用。按甲料：乙料：莫卡（固化剂）= 1：1.5：0.2 的比例按上述方法搅拌均匀。聚氨酯涂料应按配合比准确计量，搅拌均匀，已配成的多组分涂料应及时使用。配料时可加入适量的缓凝剂或促凝剂来调节固化时间，但不得混入已固化的涂料。

涂布顺序：先立面、后平面，先阴阳角及细部节点后大面，每遍涂刷的推进方向，宜与前一遍相互垂直。涂层应多遍完成，涂刷应待前遍涂层干燥成膜后再进行下一遍的涂刷。

涂层中设置胎体增强材料：如坡度小于 15% 可平行屋脊铺设；坡度大于 15% 应垂直屋脊铺设；并由屋面最低标高处开始向上铺设。位于胎体下面的涂层厚度不宜小于 1mm；最上层的涂层不应少于两遍。胎体增强材料长边搭接宽度不得小于 50mm，短边搭接宽度不得小于 70mm。采用二层胎体增强材料时，搭接位置应错开，其间距不应小于幅宽的 1/3。

同一层的涂层不能同时完成时的处理：应进行甩槎，接槎宽度应大于 100mm；接涂前应将甩槎表面的尘土、杂物清理干净，并应注意保护涂层的甩槎。

在涂膜防水层上使用两种或两种以上不同防水材料时的处理：应考虑不同材料之间的亲合性大小、是否会发生反应，即两种材料之间的相容性，如果两种材料相容，则可以使用；如果两种材料不相容，则会使两种材料相互反应造成防水材料的失效。

⑤涂膜保护层。包括：

浅色涂料保护层：浅色涂料应在涂膜固化后进行，涂料层与防水层粘结牢固，厚薄涂刷均匀，不得漏涂。

整体保护层：宜采用水泥砂浆或细石混凝土作为保护层，铺设时，应注意设置分格缝，分格面积为：水泥砂浆宜为 $1m^2$，细石混凝土不宜大于 $36m^2$。

块料保护层：块料保护层设置时，应在块料保护层与防水层之间设置隔离层。

细砂、蛭石、云母保护层：应在最后一遍涂料涂刷后随即撒上，并用扫帚清扫均匀、轻拍粘牢。

（3）刚性防水屋面施工

刚性防水屋面是指使用刚性防水材料做防水层的屋面，主要有普通细石混凝土防水屋面、补偿收缩混凝土防水屋面、块料刚性防水屋面、预应力混凝土防水屋面等。

1）材料要求

防水层的细石混凝土宜用普通硅酸盐水泥或硅酸盐水泥，用矿渣硅酸盐水泥时应采取减少泌水性措施。水泥强度等级不宜低于 32.5 级，不得使用火山灰质水泥。防水层的细石混凝土和砂浆中，组骨料的最大粒径不宜超过 15mm，含泥量不应大于 1%；细骨料应采用中砂或粗砂，含泥量不应大于 2%；拌合用水应采用不含有害物质的洁净水。混凝土水灰比不应大于 0.55，每立方米混凝土水泥最小用量不应小于 330kg，含砂率宜为 35%～40%，水灰比应为 1：2.5～1：2，并宜掺入外加剂，混凝土强度不得低于 C20，普通细石混凝土、补偿收缩混凝土的自由膨胀率应为 0.05%～0.1%。

块体刚性防水层使用的块体应无裂纹、无石灰颗粒、无灰浆泥面、无缺棱掉角，质地密实，表面平整。

2）基层处理

刚性防水屋面的结构层宜为整体现浇的钢筋混凝土板，应保证屋面的洁净，清除屋面上的杂物。当屋面结构采用装配式钢筋混凝土板时，应用强度等级不小于 C20 的细石混凝土灌缝，灌缝的细石混凝土宜掺膨胀剂。当屋面板板缝宽度大于 40mm 或上窄下宽时，板缝内必须设置构造钢筋，板缝应进行密封处理。

3）隔离层施工

在结构层与防水层之间宜增加一层低强度等级砂浆、卷材、塑料薄膜等材料，起隔离作用，使结构层和防水层变形互不受约束，以减少防水混凝土产生拉应力而导致混凝土防水层开裂。

①黏土砂浆（石灰砂浆）隔离层施工。基层应清扫干净，洒水湿润，但不得有积水，将石灰膏:砂:黏土 = 1:2.4:3.6（或石灰膏:砂 = 1:4）配置的材料拌合均匀，砂浆以干稠为宜，铺抹的厚度为 10～20mm，要求表面平整、压实、抹光、待砂浆基本干燥后，方可进行下道工序施工。

②卷材隔离层施工。用 1:3 水泥砂浆将结构层找平，并压实抹光养护，再在干燥的找平层上铺一层 3～8mm 干细砂滑动层，在其上铺一层卷材，搭接缝用热沥青胶粘结。也可以在找平层上直接铺一层塑料薄膜。

4）分格缝的设置

为防止大面积的刚性防水层因温差、混凝土收缩等影响而产生裂缝，应按设计要求设置分格缝，其位置一般应设在结构应力变化较突出的部位，如结构层屋面板的支承端、屋面转折处、防水层与突出屋面结构的交接处，并应与板缝对齐。分格缝的纵横间距一般不大于 6m。

分格缝的一般做法实在施工刚性防水层前，先在隔离层上定好分格缝位置，再安放分格条，然后按照分格板块浇筑混凝土，待混凝土初凝后，将分格条取出即可。分隔缝处可采用嵌填密封材料并加贴防水卷材的办法进行处理，以增强防水的可靠性。

5）铺设钢筋网片

为防止刚性防水层在使用过程中产生裂缝而影响防水效果，应按照设计要求设置钢筋网片，如无设计要求时，可配置双向钢筋网片，钢筋直径为 6～8mm，间距为 100～200mm。钢筋应采用绑扎或焊接，网片应放置在混凝土的上部，保护层厚度不应小于 10mm。分格缝处钢筋应断开，为保证钢筋位置准确，可先在隔离层上满铺钢筋，绑扎成型后再按照分格缝位置剪断。

6）防水层施工

①普通细石混凝土防水层施工。混凝土搅拌时间不应少于 2min，混凝土运输过

程中应防止漏浆和离析；当在细石混凝土中掺入膨胀剂时，膨胀剂应与水泥同时加入，混凝土搅拌时间不应少于 3min。混凝土浇筑应按照先远后近、先高后低的原则进行，一个分格缝内的混凝土必须一次浇筑完毕，不得留施工缝。细石混凝土防水层厚度不小于 40mm。混凝土浇筑时，先用平板振动器振实，再用滚筒滚压至表面平整、翻浆，然后用铁抹子压实抹平，并确保防水层的设计厚度和排水坡度，抹压时严禁在表面洒水、加水泥浆或撒干水泥。待混凝土初凝收水后，应进行二次表面压光，或在终凝前三次压光成活，以提高其抗渗性。混凝土浇筑 12～24h 后应进行养护，养护时间不应少于 14d，养护初期屋面不得上人，施工时的气温宜在 5～35℃，以保证防水层的施工质量。

②补偿收缩混凝土防水层施工。补偿收缩混凝土防水层是在细石混凝土中掺入膨胀剂拌制而成。硬化后的混凝土产生微膨胀，以补偿普通混凝土的收缩，它在配筋情况下，由于钢筋限制其膨胀，从而使混凝土产生自应力，起到致密混凝土的效果，提高混凝土抗裂性和抗渗性的作用。其施工要求与普通细石混凝土防水层大致相同。当用膨胀剂拌制补偿收缩混凝土时应按配合比准确称量，搅拌投料时膨胀剂应与水泥同时加入，并保证混凝土连续搅拌时间不应少于 3min。

9.3.4 检查与验收

（1）检查依据

《屋面工程技术规范》GB 50345，地方标准、规定和条例等和设计施工图文件及资料。

（2）屋面防水工程的质量要求

屋面防水工程进行分部工程验收时，其质量应符合下列要求：

①防水层不得有渗漏或积水现象。

②屋面工程所使用的材料应符合设计要求和质量标准的规定。

③找平层表面平整，不得有酥松、起砂、起皮现象。

④保温层的厚度、含水率和表观密度应符合设计要求。

⑤天沟、檐沟、泛水和变形缝等构造，应符合设计要求。

⑥卷材铺贴方法和搭接顺序应符合设计要求，搭接宽度正确，接缝严密，不得有皱折、鼓泡和粗边现象。

⑦涂膜防水层的厚度应符合设计要求，涂层无裂纹、皱折、流淌、鼓泡和露胎体现象。

⑧刚性防水层表面应平整、压光，不起砂，不起皮，不开裂。分格缝应平直，位置正确。

⑨嵌缝密封材料应与两侧基层粘结牢固，密封部位光滑、平直，不得有开裂、鼓泡、下塌现象。

⑩瓦屋面的基层应平整、牢固，瓦片排列整齐、平直，搭接合理，接缝严密，不得有残缺瓦片。

（3）屋面防水工程验收要求

①基层质量的检查验收：找平层施工前，检查结构基层的质量是否符合防水工程施工的要求，找平层原材料的质量是否合格，配比是否准确，水灰比和稠度是否适当；分格缝模板的位置是否准确，水泥砂浆抹压是否密实，坡度是否准确，是否及时进行二次压光；找平层表面质量检查。

②防水层的质量检查验收：防水层施工前应检查基层（找平层）质量是否合格；防水层材料及配套材料有否抽样检验合格，防水层施工时的气候条件是否满足要求，细部构造有否按照要求增设附加增强层；卷材铺贴前有否弹线，卷材施工顺序、施工工艺是否正确，铺贴方向是否正确，粘结方法是否符合设计要求，卷材底面空气是否排尽，卷材的搭接宽度是否满足要求，卷材接缝是否可靠，封口是否严密；防水涂料配比是否准确，搅拌是否均匀，每遍涂刷的用量是否适当，涂刷的均匀程度，涂刷的遍数和涂料的总用量是否达到要求，涂刷的间隔时间是否足够，胎体增强材料的铺设方向、搭接宽度是否符合要求，涂膜防水层的厚度是否达到设计要求；刚性防水层与结构基层间有否设隔离层，分格缝模板的位置是否正确，模板是否牢固，钢筋品种、规格是否符合设计要求，钢筋间距和位置是否正确；细石混凝土的配比是否准确，搅拌是否均匀，每格的混凝土是否连续浇筑，混凝土是否压实抹光，是否及时进行二次压光，养护是否及时充分，养护时间是否达到要求，表面有无裂缝、起壳、起砂等缺陷，表面平整度允许偏差是否符合要求。

③屋面防水层的渗漏检查：检查屋面有无渗漏、积水，排水系统是否畅通，应在雨后或持续淋水 2h 后进行。有可能做蓄水检验的屋面，其蓄水时间不得少于 24h，检查时应对顶层房间的顶棚，逐间进行仔细的检查。如有渗漏现象，应记录渗漏的状态，查明原因，及时进行修补，直至屋面无渗漏为止。

屋面是建筑物最上层的外围护构件，用于抵抗自然界的雨，雪、风、霜、太阳辐射、气温变化等不利因素的影响，保证建筑内部有一个良好的使用环境，做好屋面防水工程刻不容缓。

10 混凝土工

10.1 钢筋加工绑扎

10.1.1 材料及工具准备

（1）材料准备

1）应用钢筋的种类、验收和存放

①钢筋的种类。混凝土结构和预应力混凝土结构应用的钢筋有普通钢筋、预应力钢绞线、钢丝和热处理钢筋。

②钢筋的验收。钢筋混凝土结构中所用的钢筋，都应有出厂质量证明书或试验报告单，每捆（盘）钢筋均应有标牌。钢筋进场时应按批号及直径分批验收。验收的内容包括查对标牌、外观检查，并按有关标准的规定抽取试样作力学性能试验，合格后方可使用。

③钢筋的存放。当钢筋运进施工现场后，必须严格按批分等级、牌号、直径、长度挂牌存放，并注明数量，不得混淆。钢筋应尽量堆入仓库或料棚内。钢筋成品要分工程名称和构件名称，按号码顺序存放。同时不要和产生有害气体的车间靠近，以免污染和腐蚀钢筋。

2）钢筋的现场准备

应做好以下工作：

①选择即将加工的钢筋，并应分批分类再次检查，合格后方可使用。

②凡使用的钢筋，如遇钢筋锈蚀严重的，必须进行除锈后方可使用。

③保护层垫块或塑料卡应满足保护层厚度要求，具备足够强度，且绑扎牢固，避免其脱落。

④钢筋应按规格、品种、加工部件等分类垫高堆放并做好标志牌，以防错用。

（2）工具准备

①钢筋加工常用工具设备有：钢筋调直机（图10.1）、钢筋切断机（图10.2）、钢筋钳（图10.3）、砂轮锯（图10.4）、钢筋弯曲机（图10.5）钢筋手动弯曲机（图10.6）、钢筋滚丝机等（图10.7）。

②钢筋常用连接工具设备有：闪光对焊机（图10.8）、电渣压力焊机（图10.9）、电弧焊机（图10.10）等。

③钢筋常用绑扎安装工具有：扎钩（图10.11）、小撬棍。

图 10.1　钢筋调直机

图 10.2　钢筋切断机

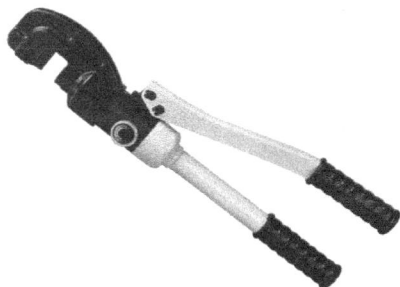

图 10.3　钢筋钳

图 10.4　砂轮锯

图 10.5　钢筋弯曲机

图 10.6　钢筋手动弯曲机

图 10.7　钢筋滚丝机

图 10.8　闪光对焊机

图 10.9　电渣压力焊机

图 10.10　电弧焊机

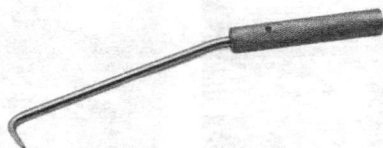

图 10.11　扎钩

10.1.2　操作流程

　　钢筋进场验收→钢筋配料单的编制→钢筋下料→钢筋加工→钢筋连接→钢筋绑扎安装→钢筋隐蔽工程验收

10.1.3　施工工艺

　　（1）钢筋配料、代换

　　1）钢筋配料

　　钢筋配料就是根据结构施工图，分别计算构件各钢筋的直线下料长度、根数及质量，编制钢筋配料单，作为备料、加工和结算的依据。

　　2）钢筋代换

　　钢筋的代换包括等强度代换和等面积代换。其代换原则是：

①等强度代换。即不同种类的钢筋代换，按钢筋抗拉设计值相等的原则进行代换。

②等面积代换，即相同种类和级别的钢筋代换，应按钢筋等面积原则进行代换。

钢筋代换后，有时由于受力钢筋直径加大或根数增多而需要增加排数，则构件截面的有效高度 h_0 减少，截面强度降低。通常对这种影响可凭经验适当增加钢筋面积，然后再作截面强度复核。

（2）钢筋加工

钢筋加工工艺流程：钢筋表面清理、除锈→钢筋调直、切断→钢筋弯曲成型→钢筋加工质量检查。

钢筋加工制作时，要将钢筋加工表与设计图复核，检查下料表是否有错误和遗漏，对每种钢筋要按下料表检查是否达到要求，经过这两道检查后，再按下料表放出实样，试制合格后方可成批制作，加工好的钢筋要挂牌堆放整齐有序。

钢筋的加工包括调直、除锈、切断、弯曲等工作。

①钢筋调直。钢筋调直可用机械或人工调直。经调直后的钢筋不得有局部弯曲、小波浪形。人工调直还可采用锤直和拔直的方法；直径 4～14mm 的钢筋可采用调直机进行。调直机具有使钢筋调直、除锈和切断三项功能。

②钢筋的除锈。钢筋的表面应洁净，油渍、漆污和用锤敲击时能剥落的浮皮、铁锈等应在使用前清除干净。在焊接前，焊点处的水锈应清除干净。钢筋的除锈，宜在钢筋冷拉或钢丝调直过程中进行。

③钢筋的切断。钢筋切断可采用钢筋切断机或手动切断器。手动切断器一般只用于小于 $\phi 12$ 的钢筋；钢筋切断机可切断小于 $\phi 40$ 的钢筋。钢筋切断应根据钢筋型号、直径、长度和数量，长短搭配，先断长料后断短料，尽量减少和缩短钢筋短头，以节约钢材。

④钢筋弯曲。钢筋常用弯钩形式有三种，分别为半圆弯钩、直弯钩及斜弯钩。钢筋下料之后，应按钢筋配料单进行划线，以便将钢筋准确地加工成所规定的尺寸。当弯曲形状比较复杂的钢筋时，可先放出实样，再进行弯曲。钢筋弯曲宜采用弯曲机，弯曲机可弯 $\phi 6～40$ 的钢筋，小于 $\phi 25$ 的钢筋当无弯曲机时，也可采用板钩弯曲。

（3）钢筋连接

钢筋连接的原则是：钢筋接头宜设置在受力较小处；接头位置应互相错开；有抗震设防要求的结构中，梁端、柱端箍筋加密区范围内不宜设置钢筋接头，且不应进行钢筋搭接；同一纵向受力钢筋不宜设置两个或两个以上接头。

钢筋接头连接方法有：焊接连接、机械连接和绑扎连接。钢筋接头方法的选择：直径大于 12mm 以上的钢筋，应优先采用焊接接头或机械连接接头；直径 $d > 28$ 的受拉钢筋、直径 $d > 32$ 的受压钢筋不得采用绑扎搭接接头；直接承受动力荷载的构件，纵向受力钢筋不得采用绑扎搭接接头。

焊接连接的方法较多，成本较低，质量可靠，宜优先选用。机械连接无明火作业，设备简单，节约能源，不受气候条件影响，可全天候施工，连接可靠，技术易于掌握，适用范围广，尤其适用于现场焊接有困难的场合。绑扎连接由于需要较长的搭接长度，浪费钢筋，且连接不可靠，故限制使用。

1）焊接连接

钢筋焊接连接区段的范围为以焊接接头为中心 35d（d 为钢筋直径）且不小于 500mm 长度的范围。钢筋焊接方法有：闪光对焊、电弧焊、电渣压力焊、电阻点焊和气压焊。

①闪光对焊

水平钢筋的接长宜采用闪光对焊（图 10.12）。直径 18mm 以下的钢筋采用连续闪光焊，钢筋直径 20mm 以上的采用预热闪光焊。钢筋端头如有弯曲，必须加以矫直或切除，并将钢筋端部约 150mm 范围内的铁锈、污泥等清除干净，直至露出金属光泽，否则在夹具和钢筋间会造成接触不良，影响正常操作，接触对焊完毕，应等接头处由白红色变为黑红色时才能松开夹具，将钢筋平稳地从夹具中，以避免发生接头弯折现象。

钢筋对焊完毕，必须进行质量检验。先对全部接头进行外观检查，接头应具有适当的镦粗和均匀的金属毛刺；钢筋表面没有明显的烧伤及裂纹；接头如有弯折，其角度不得大于 3°；接头轴线如有偏差，偏移不得大于 0.1d。同时也不得大于 2mm。还必须对对焊接头进行机械性能试验：对焊接头的抗拉强度应大于该级别钢筋的抗拉强度，并且断裂位置应在焊缝每侧 20mm 以外；冷弯试验时，接头位置，应弯曲中心处，弯心直径应符合要求。冷弯后接头处或热影响区外侧横向裂缝宽度应不大于 0.15mm。

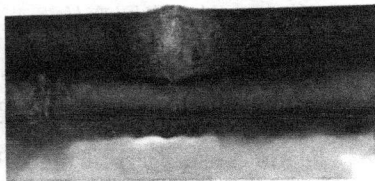

图 10.12　闪光对焊接头　　图 10.13　电渣压力焊接头

②电渣压力焊施工

电渣压力焊（图 10.13）在建筑施工中多用于现浇钢筋混凝土结构构件内竖向或斜向钢筋的焊接接长，有自动与手工电渣压力焊。与电弧焊比较，它工效高、成本低、可进行竖向连接，在工程中应用较普遍。

电渣压力焊工艺流程：检查设备、电源→钢筋端头制备→试焊、做焊件→选择焊接参数→安装焊接夹具和钢筋→安装引弧铁丝球→安放焊剂罐→确定焊接参数→施焊→切断电源顶压钢筋完成焊接→卸出焊剂拆卸焊盒→拆除夹具→质量检查。

钢筋焊接完成后，应及时进行焊接接头外观检查，外观检查不合格的接头，应切除重焊。电渣压力焊焊接缺陷及防治措施见表10.1。

竖向钢筋电渣压力焊时的缺陷性质与防治 表 10.1

缺陷性质	防治措施
轴线偏移	1. 钢筋的焊接端部力求挺直； 2. 正确安装夹具和钢筋； 3. 及时修理或更换已变形的电极钳口； 4. 焊接操作过程避免晃动
接头弯折	1. 钢筋的焊接端部力求挺直； 2. 正确安装钢筋，并在焊接时始终扶持端正； 3. 焊毕，适当延长扶持上钢筋的时间； 4. 及时修理或更换已变形的电极或夹具
结合不良	1. 正确调整动夹头的起始点，确保上钢筋下送到位； 2. 避免下钢筋伸出钳口的长度过短，确保熔池金属受到焊剂正常依托； 3. 防止在焊接时焊剂局部泄漏，避免熔池金属局部流失； 4. 避免顶压前过早断电，有效地排除夹渣
焊包不匀	1. 减少钢筋端面的不平整度； 2. 装焊剂时，力求钢筋四周均匀一致； 3. 焊剂回收使用时排除一切杂质； 4. 避免电弧电压过高，减少偏弧现象； 5. 防止焊剂局部泄漏，避免熔池金属局部流失
过热（焊包薄而大）	1. 合理选择焊接参数，避免采取大能量焊接法； 2. 减少焊接时间； 3. 缩短电渣过程
气孔、夹渣	1. 遵守使用焊剂的有关规定； 2. 焊前对钢筋端部的锈斑、杂物清除干净； 3. 缩短电渣过程，使钢筋端面呈微凸状； 4. 及时进行顶压过程

③电弧焊

电弧焊广泛用于钢筋接头、钢筋骨架焊接、装配式结构接头的焊接、钢筋与钢板的焊接及各种钢结构焊接。钢筋电弧焊的接头形式有：搭接焊接头（单面焊缝或双面焊缝，图10.14）、帮条焊接头（单面焊缝或双面焊缝，图10.15）等。

帮条焊宜采用双面焊，不能双面焊时方可单面焊。帮条牌号与主筋相同时，帮条直径可与主筋相同或小一个规格；当帮条直径与主筋相同时，帮条牌号可与主筋相同或低一个牌号。搭接焊宜采用双面焊，不能双面焊时方可单面焊。搭接焊的搭接长度与帮条长度相同（表10.2）。施焊前，两主筋之间用两点定位焊固定，定位焊缝应距搭接端部20mm以上。施焊时，引弧应在搭接钢筋的一端开始，收弧应在搭接钢筋端头上。

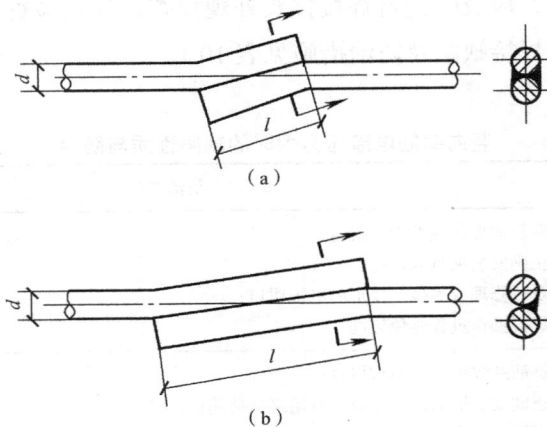

（a）

（b）

图 10.14　搭接焊接头

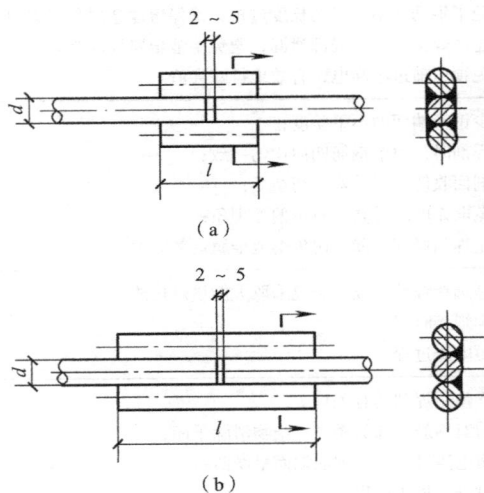

（a）

（b）

图 10.15　帮条焊接头

钢筋帮条（搭接）长度 *l*　　　　　　　　　表 10.2

钢筋牌号	焊缝型式	帮条（搭接）长度
HPB300	单面焊	≥ 8*d*
	双面焊	≥ 4*d*
HRB335	单面焊	≥ 10*d*
HRB400 RRB400	双面焊	≥ 5*d*

注：*d* 为主筋直径（mm）。

2）钢筋机械连接

钢筋机械连接包括套筒挤压连接和螺纹套管连接，目前常用直螺纹套筒连接（图 10.16）。

直螺纹套筒连接施工工艺：套筒进场验收→钢筋端头切平→剥肋滚压螺纹→丝头检验→套丝保护→连接套筒检验→现场连接→接头检验。

钢筋机械连接时，经对螺纹检查无油污和损伤后，先用手旋入钢筋，然后用扭矩扳手紧固至规定的扭矩即完成连接。

图 10.16　钢筋螺纹套筒连接

（4）钢筋绑扎安装

钢筋绑扎工艺流程：定位放线→剔除混凝土浮浆→整改预留搭接筋（套箍筋）→绑纵向筋→绑横筋（柱箍筋绑扎）→绑拉筋或支撑筋→设置保护层垫块→质量验收。

钢筋安装或现场绑扎应与模板安装相配合。

柱钢筋现场绑扎时，一般在模板安装前进行，先安装钢筋骨架，然后安装柱模板。

梁的钢筋一般在梁模板安装后，再安装或绑扎；断面高度较大（＞600mm），或跨度较大、钢筋较密的大梁，可留一面侧模，待钢筋绑扎完后再安装。

楼板钢筋绑扎应在楼板模板安装后进行，并应按设计先划线，然后摆料、绑扎。

钢筋绑扎前先认真熟悉图纸，检查配料表与图纸、设计是否有出入，仔细检查成品尺寸、型号是否与下料表相符。核对无误后方可进行绑扎。采用20号铁丝绑扎直径12mm以上钢筋，22号铁丝绑扎直径10mm以下钢筋。

1）基础钢筋绑扎

绑扎钢筋前，要先进行划线定位，后摆放钢筋，按设计间距配置钢筋。基础采用双层双向钢筋时，上下层钢筋间，采用撑筋、马凳支撑，严格控制钢筋位置。基础钢筋有90°弯钩时，弯钩应朝向混凝土内。基础钢筋网片中开洞位置按设计要求布置，并设置加强钢筋，如设计无要求，则按规范执行。

2）柱钢筋绑扎

柱钢筋绑扎时，按设计要求的箍筋间距和数量，先将箍筋按弯钩错开要求，套在下层伸出的搭接筋上，再立柱子钢筋，在立好的柱主筋上用粉笔标出箍筋间距，然后将套好的箍筋向上移置，由上往下用缠扣绑扎。箍筋与主筋垂直，箍筋转角与主筋交点均要绑扎，主筋与箍筋非转角部分的相交点成梅花或交错绑扎，箍筋的平直部分与纵向钢筋交叉点可成梅花式交错扎牢,以防止骨架歪斜。

柱钢筋绑扎前,应结合支模架搭设操作架及绑扎临时固定架,便于保证钢筋绑扎成型后位置正确,严禁直接攀登主筋上下绑扎钢筋,钢筋绑扎后及时做好自检工作,并进行隐蔽工程验收。柱模板合龙后,对伸出的柱钢筋进行一次修整,并在模板上口处绑扎一道临时定位钢筋,在混凝土浇筑时派人随时检查和修整,以确保竖筋位置正确。

3)梁钢筋绑扎

模内绑扎:画主次梁箍筋间距→放主梁次梁箍筋→穿主梁底层纵筋及弯起筋→穿次梁底层纵筋并与箍筋固定→穿主梁上层纵向架立筋→按箍筋间距绑扎→穿次梁上层纵向钢筋→按箍筋间距绑扎。

模外绑扎(先在梁模板上口绑扎成型后再入模内):画箍筋间距→在主次梁模板上口铺横杆数根→在横杆上面放箍筋→穿主梁下层纵筋→穿次梁下层钢筋→穿主梁上层钢筋→按箍筋间距绑扎→穿次梁上层纵筋→按箍筋间距绑扎。

梁中箍筋与主筋垂直,箍筋的接头交错布置,箍筋转角与纵向钢筋的交叉点均应扎牢,箍筋弯钩的叠合处在梁中交错布置。

4)楼板钢筋绑扎

楼板钢筋在楼板模板支好后进行。绑扎前先修整模板,将模板上垃圾杂物清扫干净,在模板上划好主筋、分布筋的间距。按划好的钢筋间距,先排放受力主筋,后放分布筋,预埋件、电线管、预留孔等同时安装并固定,板与次梁、主梁交叉处,板的钢筋在上,次梁钢筋居中,主梁钢筋在下。

板钢筋绑扎采用顺扣或八字扣,双向配筋板相交点全部绑扎,单向板对外围两根钢筋的相交点全部绑扎,其余各点可隔点交错绑扎。悬挑结构的主筋或板上的负筋每点均需绑扎,并且严格控制负筋位置,防止变形。钢筋绑扎时垫好水泥垫块,保护块纵横向距控制在1000mm以内,防止被踩下。

5)楼梯钢筋绑扎

在楼梯底模支好后,弹出主筋和分布筋的位置,按图纸中主筋和分布筋的排列,先绑扎梯梁筋,再绑扎梯段板筋,板筋先绑扎主筋,后绑扎分布筋,每个交点均扎,板筋要锚入梯梁内。梯段板钢筋绑扎好后,垫好保护层垫块,支踏步模板。

10.1.4 检查与验收

(1)钢筋进场质量检查检验

钢筋混凝土结构中所用的钢筋,都应有出厂质量证明书或试验报告单,每捆(盘)钢筋均应有标牌。

①外观检查。要求钢筋表面不得有裂缝、结疤和折叠,钢筋表面允许有凸块,但不得超过横肋的最大高度。钢筋的外形尺寸应符合规定。

②力学性能检验。热轧钢筋以同规格、同炉罐（批）号的不超过 60t 钢筋为一批，每批钢筋中任选两根，每根取两个试样分别进行拉力试验（测定屈服点、抗拉强度和伸长率三项指标）和冷弯试验（以规定弯心直径和弯曲角度检查冷弯性能）。如有一项试验结果不符合规定，则从同一批中另取双倍数量的试样重作各项试验。如仍有一个试样不合格，则该批钢筋为不合格品，应降级使用。

③其他说明。在使用过程中，对热轧钢筋的质量有疑问或类别不明时，使用前应作拉力和冷弯试验（抽样数量应根据实际情况确定），根据试验结果确定钢筋的类别后，才允许使用。热轧钢筋在加工过程中发现脆断、焊接性能不良或力学性能显著不正常等现象时，应进行化学成分分析或其他专项检验。

（2）钢筋隐蔽工程质量检查验收

钢筋绑扎安装后，在浇筑混凝土前应对钢筋及预埋件进行验收，并按规定记好隐蔽工程记录，以便查验。验收内容有：根据设计图纸检查纵向受力钢筋的品种、规格、数量、位置等；钢筋的连接方式、接头位置、接头数量、接头面积百分率等；纵向受力钢筋的锚固长度；箍筋、横向钢筋的品种、规格、数量、间距等；预埋件的规格、数量、位置等；检查混凝土保护层是否符合要求；检查钢筋绑扎是否牢固，有无变形、松脱和开焊等。

10.2　混凝土拌制浇筑养护

混凝土工程施工包括混凝土制备、运输、浇筑、振捣、养护等施工过程。各施工过程既紧密联系又相互影响，任何一个施工过程处理不当都会影响混凝土的最终质量。

10.2.1　材料及工具准备

（1）材料准备

原材料进场抽检满足标准要求，设计要求。运到工地的水泥，应按标明的品种、强度等级、生产厂家和出厂批号，分别储存，不得混装。水泥在运输和储存过程应防水防潮，对已受潮结块的水泥应经处理并检验合格后方可使用。

（2）工具准备

1）混凝土称量设备

混凝土配料称量的设备，有简易称量（地磅）、电子磅称（图 10.17）、自动配料杠杆秤、配水箱及定量水表等。

2）拌制机械设备

拌制机械设备有自落式和强制式两类。

自落式搅拌机（图 10.18）：混凝土拌合料在鼓筒内作自由落体式翻转搅拌，适宜搅拌塑性混凝土和低流动性混凝土。搅拌力量小、动力消耗大、效率低，正日益被强制式搅拌机所取代。

强制式搅拌机（图 10.19）：混凝土拌合料搅拌作用强烈，适宜搅拌干硬性混凝土和轻骨料混凝土。

图 10.17　电子磅称

图 10.18　自落式搅拌机　　　图 10.19　强制式搅拌机

3）运输机具

混凝土运输分为地面运输、垂直运输和楼面运输三种情况。混凝土地面运输工具有双轮手推车（图 10.20）、机动翻斗车（图 10.21）。垂直运输多用塔式起重机、井架或龙门吊。

图 10.20　手推车　　　图 10.21　机动翻斗车

4）振捣机具

混凝土常用振动机具有：振动棒（图 10.22）、平板振动器（图 10.23）。

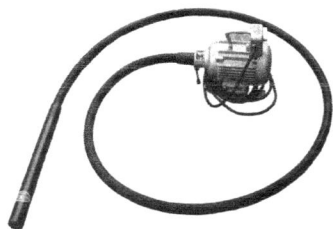

图 10.22　振动棒　　　　图 10.23　平板振动器

振捣器使用前的检查：电机接线是否正确；电压是否稳定；外壳接地是否完好。

工作中亦应随时检查：电缆外皮有无破损或漏电现象；振捣棒连接是否牢固和有无破损；传动部分两端及电机壳上的螺栓是否拧紧；软轴接头是否接好；检查电机的绝缘是否良好。

5）其他辅助工具

混凝土浇筑前，准备的辅助机具有：尖锹、平锹、混凝土吊斗、木抹子、铝合金长刮杠等。

10.2.2　操作流程

混凝土试配→混凝土拌制→混凝土运输→浇筑前的准备→混凝土进场验收→混凝土浇筑→混凝土振捣→混凝土养护→混凝土质量验收。

10.2.3　施工工艺

（1）混凝土的配料

1）混凝土施工配制强度确定

混凝土配合比应根据混凝土强度等级、耐久性和工作性能等按现行国家标准《普通混凝土配合比设计规程》JGJ 55—2011，有需要时，还需满足抗渗性、抗冻性、水化热低等要求。

混凝土的强度等级按规范规定为 14 个：C15、C20、C25、C30、C35、C40、C45、C50、C55、C60、C65、C70、C75、C80。乡村施工混凝土一般用 C15、C20、C25、C30。混凝土的施工配制强度应比设计强度提高。

2）混凝土的施工配料

影响混凝土质量的因素主要有两方面：一是称量不准；二是未按砂、石骨料实际含水率的变化进行施工配合比的换算。

混凝土设计配合比是根据完全干燥的砂、石骨料制定的，但实际使用的砂、石骨料一般都含有一些水分，而且含水量又会随气候条件发生变化。所以，为了确保混凝土的质量，施工时应及时测定现场砂、石骨料的含水量，并将混凝土的设计配合比换算成在实际含水量情况下的施工配合比，而且严格控制称量。

（2）混凝土的拌制

1）混凝土搅拌机使用

混凝土搅拌机以其出料容量（m^3）×1000标定规格，常用150L、250L、350L等数种。选择搅拌机型号，要根据工程量大小、混凝土的坍落度和骨料尺寸等确定。

搅拌机使用前的检查：搅拌机使用前应按照"十字作业法"（清洁、润滑、调整、紧固、防腐）的要求检查离合器、制动器、钢丝绳等各个系统和部位，是否机件齐全、机构灵活、运转正常，并按规定位置加注润滑油脂。检查电源电压，电压升降幅度不得超过搅拌电气设备规定的5%。随后进行空转检查，检查搅拌机旋转方向是否与机身箭头一致，空车运转是否达到要求值。供水系统的水压、水量满足要求。在确认以上情况正常后，搅拌筒内加清水搅拌3min然后将水放出，再可投料搅拌。

混凝土搅拌机的维护保养：每班作业后应对搅拌机进行全面清洗，并在搅拌筒内放入清水及石子运转10~15min后放出，再用竹扫帚洗刷外壁。搅拌筒内不得有积水，以免筒壁及叶片生锈，如遇冰冻季节应放尽水箱及水泵中的存水，以防冻裂。每天工作完毕后，搅拌机料斗应放至最低位置，不准悬于半空。电源必须切断，锁好电闸箱，保证各机构处于空位。混凝土搅拌机操作要点见表10.3。

混凝土搅拌机操作要点

表 10.3

序号	项目	操作要点
1	进料	1. 应防止砂、石落入运转机构； 2. 进料容量不得超载； 3. 进料时避免水泥先进，避免水泥粘结机体
2	运行	1. 注意声响，如有异常，应立即检查； 2. 运行中经常检查紧固件及搅拌叶，防止松动或变形
3	安全	1. 上料斗升降区严禁任何人通过或停留。检修或清理该场地时，用链条或锁门将上料斗扣牢； 2. 进料手柄在非工作时或工作人员暂时离开时，必须用保险环扣紧； 3. 出浆时操作人员应手不离开操作手柄，防止手柄自动回弹伤人（强制式机更要重视）； 4. 出浆后，上料前，应将出浆手柄用安全钩扣牢，方可上料搅拌； 5. 停机下，应将电源拉断，关好开关箱； 6. 冬期施工下，应将水箱、管道内的存水排清
4	停电或机械故障	1. 快硬、早强、高强混凝土，及时将机内拌合物掏清； 2. 普通混凝土，在停拌45min内将拌合物掏清； 3. 缓凝混凝土，根据缓凝时间，在初凝前将拌合物掏清； 4. 掏料时，应将电源拉断，防止突然来电

2）混凝土搅拌时间

搅拌时间应从全部材料投入搅拌筒起，到开始卸料为止所经历的时间，它与搅拌质量密切相关。混凝土搅拌的最短时间可按表10.4采用。

混凝土搅拌的最短时间（s）　　　　　　　　表 10.4

混凝土坍落度（mm）	搅拌机机型	搅拌机出料量（L）		
		< 250	250 ~ 500	> 500
≤ 30	强制式	60	90	120
	自落式	90	120	150
> 30	强制式	60	60	90
	自落式	90	90	120

3）投料顺序

投料顺序常用一次投料法、二次投料法和水泥裹砂法等。

一次投料法。这是目前最普遍采用的方法。它是将砂、石、水泥和水一起同时加入搅拌筒中进行搅拌。为了减少水泥的飞扬和水泥的粘罐现象，对自落式搅拌机常采用的投料顺序是将水泥夹在砂、石之间，最后加水搅拌。

二次投料法。二次投料法又分为预拌水泥砂浆法和预拌水泥净浆法。预拌水泥砂浆法是先将水泥、砂和水加入搅拌筒内进行充分搅拌，成为均匀的水泥砂浆后，再加入石子搅拌成均匀的混凝土。预拌水泥净浆法是先将水泥和水充分搅拌成均匀的水泥净浆后，再加入砂和石搅拌成混凝土。二次投料法搅拌的混凝土与一次投料法相比较，在强度等级相同的情况下，可节约水泥 15% ~ 20%。

4）搅拌要求

严格控制混凝土施工配合比，砂、石必须严格过磅，不得随意加减用水量。

在搅拌混凝土前，搅拌机应加适量的水运转，使拌筒表面润湿，然后将多余水排干。

搅拌第一盘混凝土时，考虑到筒壁上粘附砂浆的损失，石子用量应按配合比规定减半。

搅拌好的混凝土要卸尽，在混凝土全部卸出之前，不得再投入拌合料，更不得采取边出料边进料的方法。

混凝土搅拌完毕或预计停歇 1h 以上时，应将混凝土全部卸出，倒入石子和清水，搅拌 5 ~ 10min，把粘在料筒上的砂浆冲洗干净后全部卸出。

（3）混凝土的运输

1）对混凝土运输的要求

对混凝土拌合物运输的基本要求是：不产生离析现象；保证混凝土浇筑时具有设计规定的坍落度；在混凝土初凝之前能有充分时间进行浇筑和捣实；保证混凝土浇筑能连续进行。

2）混凝土运输的时间

混凝土运输时间有一定限制。混凝土应以最少的转运次数和最短的时间，从搅拌地点运至浇筑地点，并在初凝之前浇筑完毕。

（4）混凝土的浇筑

混凝土浇筑前应做好必要的准备工作：钢筋的隐检工作已经完成，并已核实预埋件、线管、孔洞的位置、数量及固定情况无误。模板的预检工作已经完成，模板标高、位置、尺寸准确符合设计要求，支架稳定，支撑和模板固定可靠，模板拼缝严密，符合规范要求。

混凝土浇筑前组织施工人员进行方案的学习，对重点部位单独交底，设专人负责，做到人人心中有数。浇筑混凝土用架子、走道及工作平台，安全稳固，能够满足浇筑要求。

1）混凝土浇筑要求

混凝土浇筑前不应发生初凝和离析现象，如果已经发生，可以进行重新搅拌，使混凝土恢复流动性和黏聚性后再进行浇筑。混凝土运至现场后，其坍落度应满足规范的要求。

为了保证混凝土浇筑时不产生离析现象，混凝土自高处倾落时的自由倾落高度不宜超过 2m。若混凝土自由下落高度超过 2m（竖向结构 3 m），要沿溜槽或串筒下落。

为了使混凝土振捣密实，必须分层浇筑，每层浇筑厚度与捣实方法、结构的配筋情况有关。混凝土的浇筑工作应尽可能连续进行，如上下层或前后层混凝土浇筑必须间歇，其间歇时间应尽量缩短，并要在前层（下层）混凝土初凝前，将上层混凝土浇筑完毕。

浇筑竖向结构混凝土前，应先在底部填筑一层 50～100mm 厚与混凝土内砂浆成分相同的水泥砂浆，然后再浇筑混凝土。

2）混凝土铺料

混凝土的浇筑，应按一定厚度、次序、方向分层推进。铺料厚度应根据拌合能力、运输距离、浇筑速度、气温及振捣器的性能等因素确定。一般情况下，浇筑层的允许最大厚度不应超过表 10.5 规定的数值，如采用低流态混凝土及大型强力振捣设备时，其浇筑层厚度应根据试验确定。

混凝土浇筑层的允许最大厚度　　　　　　　　　　表 10.5

项次	振捣器类别或结构类型		浇筑层的允许最大铺料厚度
1	插入式	电动硬轴振捣器	振捣器工作长度的 80%
		软轴振捣器	振捣器工作长度的 1.25 倍
2	表面式	在无筋或单层钢筋结构中	250mm
		在双层钢筋结构中	120mm

混凝土常用的铺料方法有以下三种：平层浇筑法、斜层浇筑法、台阶浇筑法。

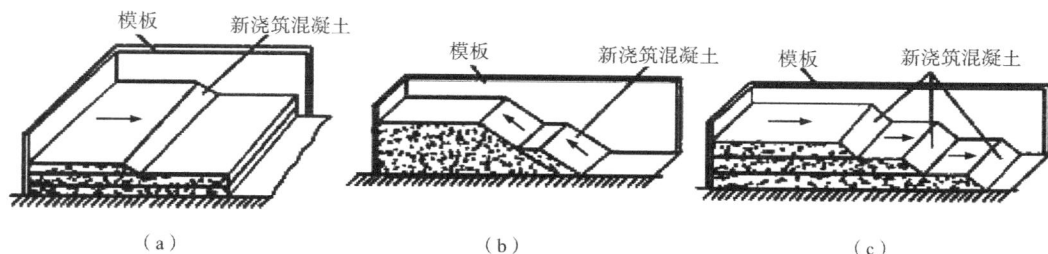

图 10.24　混凝土常用的铺料方法
（a）平层浇筑法；（b）斜层浇筑法；（c）台阶浇筑法

平层浇筑法（图 10.24a），因浇筑层之间的接触面积大（等于整个仓面面积），应注意防止出现冷缝（即铺填上层混凝土时，下层混凝土已经初凝）。为了避免产生冷缝。

斜层浇筑法（图 10.24b），是在浇筑仓面从一端向另一端推进，推进中及时覆盖，以免发生冷缝。斜层坡度不超过 10°，否则在平仓振捣时易使砂浆流动，骨料分离，下层已捣实的混凝土也可能产生错动。浇筑块高度一般限制在 1.5m 左右。当浇筑块较薄，且对混凝土采取预冷措施时，斜层浇筑法是较常见的方法，因浇筑过程中混凝土冷量损失较小。

台阶浇筑法（图 10.24c），是从块体短边一端向另一端铺料，边前进、边加高，逐步向前推进并形成明显的台阶，直至把整个仓位浇到收仓高程。施工要求：浇筑块的台阶层数 3～5 层为宜。铺料厚度一般为 0.3～0.5m，长度宽度应大于 1.0m，长度应大于 2～3m，坡度不大于 1:2。

不管采用上述何种铺筑方法，浇筑时相邻两层混凝土的间歇时间不允许超过混凝土铺料允许间隔时间（表 10.6）。混凝土允许间隔时间是指自混凝土拌合机出料口到初凝前覆盖上层混凝土为止的这一段时间，它与气温、太阳辐射、风速、混凝土入仓温度、水泥品种、掺外加剂品种等条件有关。

混凝土铺料允许间隔时间　　　表 10.6

混凝土浇筑时的气温（℃）	允许间隔时间	
	普通硅酸盐水泥	矿渣硅酸盐水泥及火山灰质硅酸盐水泥
20～30	90	120
10～20	115	180
5～10	195	

3）混凝土平仓

平仓是把卸入仓内成堆的混凝土摊平到要求的均匀厚度。平仓不好会造成离析，使骨料架空，严重影响混凝土质量。

人工平仓：平仓距离不超过 3m（图 10.25）。

振捣器平仓时应将振捣器斜插入混凝土料堆下部，使混凝土向操作者位置移动，然后一次一次地插向料堆上部，直至混凝土摊平到规定的厚度为止（图10.26）。经过振动摊平的混凝土表面可能已经泛出砂浆，但内部并未完全捣实，切不可将平仓和振捣合二为一，影响浇筑质量。

图 10.25　人工平仓　　　　　　　　图 10.26　振捣器平仓

（5）混凝土的振捣密实

混凝土的振捣控制要点：

①严禁有过振和漏振现象，振捣时间以观察混凝土表面无气泡，混凝土不再下沉表面泛浆为准。

②混凝土下料应分层进行，振捣时应插入下层50mm交叉振捣，确保混凝土振捣后无隔离层。

③混凝土振捣采用插入式振捣棒，平板振捣器，使用振捣棒振捣时应快插慢拔。

④振捣棒插入时应垂直于表面，严禁斜插，防止插动棒穿到钢筋网片的另一侧，拔不出振捣棒。

⑤平板振捣器振捣时因根据板厚推进速度，每次往返时，必须重叠，每次重叠宽度为100～150mm为宜，防止漏振。

⑥严禁控制混凝土浇筑分层高度，施工前做好标尺竿，并在标尺竿上标柱好分层高度，涂好油漆，夜间施工时配备好照明用具，以保证看清标尺。

⑦窗下混凝土浇筑时，从一侧专门下料、振捣，混凝土从窗洞口另一侧流满为止。

（6）混凝土的养护

混凝土养护方法分自然养护和蒸汽养护，乡村施工一般采用自然养护。

自然养护是指利用平均气温高于5℃的自然条件，用保水材料或草帘等对混凝土加以覆盖后适当浇水，使混凝土在一定的时间内在湿润状态下硬化。

①开始养护时间。当最高气温低于25℃时，混凝土浇筑完后应在12h以内加以覆盖和浇水；最高气温高于25℃时，应在6h以内开始养护。

②养护天数。浇水养护时间的长短视水泥品种定，硅酸盐水泥、普通硅酸盐水泥

和矿渣硅酸盐水泥拌制的混凝土，不得少于 7 昼夜；火山灰质硅酸盐水泥和粉煤灰硅酸盐水泥拌制的混凝土或有抗渗性要求的混凝土，不得少于 14 昼夜。混凝土必须养护至其强度达到 1.2MPa 以后，方准在其上踩踏和安装模板及支架。

③浇水次数。应使混凝土保持具有足够的湿润状态。养护初期，水泥的水化反应较快，需水也较多，所以要特别注意在浇筑以后头几天的养护工作，此外，在气温高，湿度低时，也应增加洒水的次数。

10.2.4 检查与验收

（1）原材料的检查

①水泥。运至工地的水泥应有生产厂家品质试验报告，还必须进行复验。当在使用中对水泥质量有怀疑或水泥出厂超过三个月（快硬硅酸盐水泥超过一个月）时，应进行复试，并按复验结果使用。

②粉煤灰。粉煤灰每天至少检查 1 次细度和需水量比。

③砂石骨料。在筛分场每班检查 1 次各级骨料粒径、含泥量、砂子的细度模数。在拌合厂检查砂子、小石的含水量、砂子的细度模数以及骨料的含泥量、粒径。

④外加剂。外加剂应有出厂合格证，并经试验认可。

（2）混凝土拌合物的检查

拌制混凝土时，必须严格遵守试验室签发的配料单进行称量配料，严禁擅自更改。控制检查的项目有：

①称量的准确性：各种称量设备应经常检查，确保称量准确。

②拌合时间：每班至少抽查 2 次拌合时间，保证混凝土充分拌合，拌合时间符合要求。

③拌合物的均匀性：混凝土拌合物应均匀，经常检查其均匀性。

④坍落度：现场混凝土坍落度每班在机口应检查 4 次（图 10.27）。

⑤取样检查：按规定在现场取混凝土试样作抗压试验，检查混凝土的强度。

图 10.27 坍落度检查

（3）混凝土浇捣质量控制检查

1）混凝土运输

混凝土运输过程中应检查混凝土拌合物是否发生分离、漏浆、严重泌水及过多降低坍落度等现象。

2）基础面、施工缝的处理及钢筋、模板、预埋件安装

开仓前应对基础面、施工缝的处理及钢筋、模板、预埋件安装作最后一次检查。

3）混凝土浇筑

严格按规范要求控制检查接缝砂浆的铺设、混凝土入仓铺料、平仓、振捣、养护等内容。

（4）混凝土外观质量和内部质量缺陷检查

混凝土外观质量主要检查表面平整度（有表面平整要求的部位）、麻面、蜂窝、空洞、露筋、碰损掉角、表面裂缝等（图10.28）。重要工程还要检查内部质量缺陷，如用回弹仪检查混凝土表面强度、用超声仪检查裂缝、钻孔取芯检查各项力学指标等。混凝土质量缺陷的判定见表10.7。

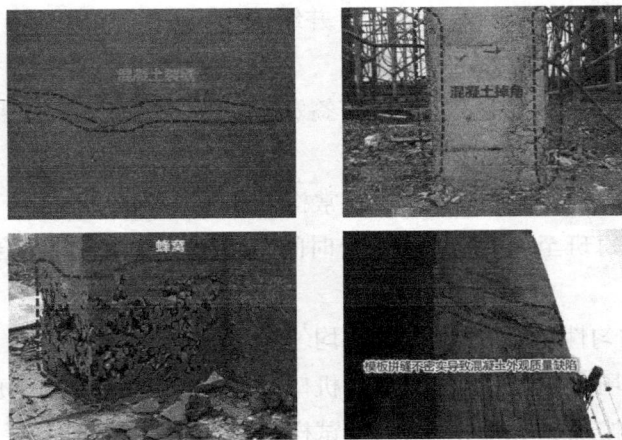

图 10.28　现浇结构的外观质量缺陷

混凝土质量缺陷　　　　　　　　　　　　　　　表 10.7

名称	现象	严重缺陷	一般缺陷
露筋	构件内钢筋未被混凝土包裹而外露	纵向受力钢筋有露筋	其他钢筋有少量露筋
蜂窝	混凝土表面缺少水泥砂浆而形成石子外露	构件主要受力部位有蜂窝	其他部位有少量蜂窝
孔洞	混凝土中孔穴深度和长度均超过保护层厚度	构件主要受力部位有孔洞	其他部位有少量孔洞
夹渣	混凝土中夹有杂物且深度超过保护层厚度	构件主要受力部位有夹渣	其他部位有少量夹渣

续表

名称	现象	严重缺陷	一般缺陷
疏松	混凝土中局部不密实	构件主要受力部位有疏松	其他部位有少量疏松
裂缝	裂缝从混凝土表面延伸至混凝土内部	构件主要受力部位有影响结构性能或使用功能的裂缝	其他部位有少量不影响结构性能或使用功能的裂缝
连接部位缺陷	构件连接处混凝土有缺陷或连接钢筋、连接件松动	连接部位有影响结构传力性能的缺陷	连接部位有基本不影响结构传力性能的缺陷
外形缺陷	缺棱掉角、棱角不直、翘曲不平、飞边凸肋等	清水混凝土构件有影响使用功能或装饰效果的外形缺陷	其他混凝土构件有不影响使用功能的外形缺陷
外表缺陷	构件表面麻面、掉皮、起砂、沾污等	具有重要装饰效果的清水混凝土构件有外表缺陷	其他混凝土构件有不影响使用功能的外表缺陷

现浇结构的外观质量不应有严重缺陷，对已经出现的严重缺陷，应由施工单位提出技术处理方案，并经监理（建设）单位认可后进行处理。对经处理的部位，应重新检查验收。

混凝土质量缺陷的修补方法主要有：表面抹浆修补、细石混凝土填补、水泥灌浆与化学灌浆等。

（5）混凝土强度检验评定

混凝土的强度等级应按立方体抗压强度标准值划分。立方体抗压强度标准值应为按标准方法制作和养护的边长为150mm的立方体试件，用标准试验方法在28d龄期测得的混凝土抗压强度。

混凝土的取样，宜符合标准规定的检验评定方法要求。混凝土强度试样应在混凝土的浇筑地点随机抽取。每批混凝土试样应制作的试件总组数，除满足混凝土强度评定所必需的组数外，还应留置为检验结构或构件施工阶段混凝土强度所必需的试件。每次取样应至少制作一组标准养护试件。每组3个试件应由同一盘或同一车的混凝土中取样制作。

当检验结果满足规定时，则该批混凝土强度应评定为合格；当不能满足规定时，该批混凝土强度应评定为不合格。对评定为不合格批的混凝土，可按国家现行的有关标准进行处理。

由于施工质量不良、管理不善、试件与结构中混凝土质量不一致，或对试件试验结果有怀疑时，可采用钻芯取样或回弹法、超声回弹综合法等非破损检验方法，按有关规定进行强度推定。

11 水暖工

11.1 室内给水管道安装

11.1.1 材料及工具准备

（1）材料准备

室内给水管道通常使用 PP-R 管（三型聚丙烯管）。其使用要求如下。

①PP-R 管的规格、材质应符合设计规定。

②PP-R 管道的连接，应采用管材生产厂家配套的接头管件进行连接。

③管壁的颜色应一致，无色泽不均匀及分解变色线；内、外壁应光滑、平整，应无气泡、裂口、裂纹、脱皮、痕纹及碰撞凹陷。

④冷、热水管材应有明显的标志线，并且在施工时严禁混用。热水用于冷水是资源浪费，而冷水用于热水会造成工程事故。

⑤阀门的规格型号应符合设计要求，热水系统阀门符合温度要求。阀体铸造规矩，表面光洁，无裂纹、开关灵活，关闭严密，填料密封完好无渗漏，手柄完整无损坏，有出厂合格证及检验报告。

（2）主要施工机具及测量工具

①主要施工机具：专用电热熔器、砂轮切割机、钢锯、切管机、电锤、管钳、套筒扳手、梅花扳手、活扳、铁锤、电气焊设备等。

②测量工具：钢直尺、水平尺、钢卷尺、角尺、U 形压力计等。

（3）作业条件

①设计图纸、技术文件齐全，施工程序清楚。

②配合土建施工预留孔洞。

通过详细阅读施工图，了解给水管与室外管道的连接情况、穿越建筑物的位置及做法，了解室内给水管的安装位置及要求等，以便管道穿过基础、墙壁和楼板时，配合土建留洞和预埋套管等。预留孔洞尺寸见表 11.1。

预留孔洞的尺寸（mm）　　　　　　　　　　　　　表 11.1

管径	50 以下	50 ~ 100	125 ~ 150
孔洞的尺寸	200 × 200	300 × 300	400 × 400

③明装托、吊干管安装必须在安装层的结构顶板完成后进行，沿管线安装位置的杂物清理干净，托吊架件均已安装牢固，位置正确。

④立管安装应在主体结构完成后进行。高层建筑在主体结构达到安装条件后，适当插入进行。每层均应有明确的标高线，安装竖井管道，应把竖井内的杂物清除干净，并有防坠落措施。

⑤支管安装应在墙体砌筑完毕，墙面未装修前进行（包括暗装支管）。

⑥施工准备工作完成，材料送至现场。

11.1.2　操作流程

室内给水管道的施工流程：安装给水引入管→安装室内干管→安装立管→安装支管。

（1）引入管安装

建筑物的引入管一般只设一条，应靠近用水量最大或不允许间断供水处接入。当用水点较均匀时，可从建筑物的中部引入。对不允许间断供水的建筑，应从室外不同侧设两条或两条以上的引入管。也可由室外环网同侧引入，但两根引入管的间距不得小于10m，并在接点间设置阀门。

在引入管上装设水表时，水表可设在室内，也可设在室外的水表井，水表前后应放置检修阀门。如果采用一条引入管，应绕水表设旁通管。

引入管的敷设，应尽量与建筑物外墙的轴线相垂直。为防止建筑物下沉而破坏管道，引入管穿建筑物下沉而破坏管道，引入管穿建筑物基础时，应预留孔洞或钢套管。保持灌顶的净空尺寸不小于150mm。预留孔与管道间间隙用黏土填实。两侧用质量比为1∶2的水泥砂浆封口，如图11.1所示。

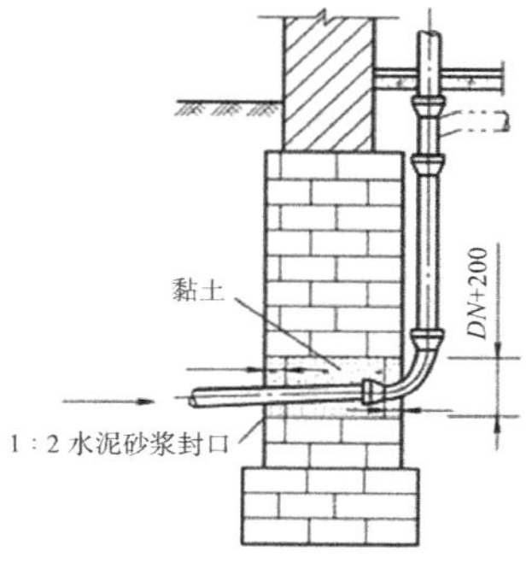

图11.1　引入管穿墙基础图

敷设引入管时，应有不小于0.003的坡度坡向室外。引入管的埋深应满足设计要求，若设计无要求时，通常敷设在冰冻线以下20mm，覆土的深度不小于0.7~1.0m，给水引入管与排水排出管的水平间距不得小于1.0m。

（2）干管的安装

明装管道沿墙敷设时，管外皮与墙面的净距一般为 30～50mm，用角钢或管卡固定在墙上。不得有松动现象。

暗装管道的干管若敷设在顶棚内，冬季温度低于 0℃时，应考虑采取保温防冻措施。给水横管易有 0.002～0.003 的坡度坡向泄水装置。

（3）立管的安装

立管一般沿墙、梁、柱或墙角敷设。立管的外皮到墙面的距离，当管径小于或等于 32mm 时，应为 25～35mm；当管径大于 32mm 时，应为 30～50mm。

在立管安装前，打通各楼层孔洞，自上而下吊线，并弹出立管安装的垂直中心线，作为安装中的基准线。

按楼层预制好立管单元管段，具体做法是：按设计标高，自各层地面向上量出横支管的安装高度，在立管垂直中心线上划出十字线，用尺丈量各横支管三通（顶层弯头）的距离，用比量法下料，编号存放以备安装使用。

每安装一层立管，均应使管子位于立管安装垂直线上，并立管卡固定。管卡的安装高度一般为 1.5～1.8m 校核预留口的高度、方向是否正确，支管的甩口安好临时丝堵。

给水立管与排水立管并行时，应置于排水立管的外侧；与热水立管并行时，应置于热水立管的右侧。

立管上阀门安装的朝向应便于操作和检修。立管穿层楼板时宜加套管，并配合土建堵好预留洞。

（4）支管安装

支管一般沿墙敷设，用钩钉或角钢管卡固定。有两种安装方法：

①明装支管：将预制好的支管从立管甩口依次逐段进行安装，有阀门的应将阀门盖卸下再安装。核定不同卫生器具的冷热水预留口高度、位置是否准确，再找坡找正后栽支管卡件，上好临时丝堵。支管如装有水表先装上连接管，试压后在交工前拆下连接管，换装上水表。

②暗装支管：横支管暗装墙槽中时，应把立管上的三通口向墙外拧偏一个适当角度，当横支管装好后，再推动横支管使立管三通转回原位，横支管即可进入管槽中。找平找正定位后固定。

给水支管的安装一般先做到卫生器具的进水阀处，以下管段待卫生器具安装后进行连接。

11.1.3　施工工艺

PP-R 管（三型聚丙烯管）为住建部推荐使用的绿色管材。在室内给水系统中应用比较普遍。其连接采用同质热熔焊接，施工简便快捷无需套螺纹、安全可靠，永不渗漏。并有金属嵌件过渡管件，便于与金属管道或附件连接。

（1）PP-R管热熔焊接要点

管件与管材连接均采用热熔连接方式，不允许在管材和管件上直接套螺纹，与金属管道及用水器具连接必须使用带金属嵌件的管件。

手持式熔接工具适用于小口径管及系统最后连接；台车式熔接机适用于大口径管预装配连接。

熔接施工应严格按规定的技术参数操作，在加热和插接过程中不能随意转动管材，允许在管道和接头焊接之后的几秒钟内调节接头位置。正常熔接在结合面应有一均匀的焊接圈。

熔接技术参数见表11.2，施工后须经试压验收后方能封管及使用。

熔接操作技术参数　　　　　　　表 11.2

管材外径（mm）	熔接深度（mm）	熔接时间（s）	接插时间（s）	冷却时间（min）
20	14	5	4	2
25	15	7	4	2
32	16.5	8	6	4
40	18	12	6	4
50	20	18	6	4
63	24	24	8	6
75	30	30	10	8

注：若环境温度小于5℃，加热时间应延长50%。

（2）PP-R管道熔接工艺

管道熔接前，量好安装长度。量长度要准确，别忘记接套管的深度。利用专用剪刀或细金属锯削断管材。把管端各切去4～5cm（因为端部可能受损）。

1）焊接步骤

①接通热熔电源，到达工作温度指示灯亮（温度为260℃）后方能开始操作。

②切割管材，必须使端面垂直于管轴线。切割后管材断面应除毛边和毛刺。

③管材与管件连接端面必须清洁、干燥、无油。

④用卡尺和合适的笔在管端测量并标绘出热熔深度，热熔深度应符合表11.2的要求。

⑤熔接弯头或三通时，按设计图纸要求，应注意其在管件和管材的直线方向上，用辅助标志标出其位置。

⑥连接时，无旋转地把管端导入加热套内，插入所标志的深度，同时，无旋转地把管件推到加热头上，达到规定标志处。加热时间，必须满足表11.2的规定。

⑦达到加热时间后，立即把管材与管件从加热套与加热头上同时取下，迅速无旋

转地直线均匀插入所标深度，使接头处形成均匀凸缘。

⑧在表 11.2 规定的加工时间内，刚熔接好的接头还可校正，但严禁旋转。接头加工完成后必须平整放置，使接头不受任何拉力及剪切力，进行冷却。没有冷却的接头不能搬动进行安装。由于材料重量轻，有挠曲性，所有焊接可在工作台上进行，节省工时。

2）安装方法

目前有三种安装方法：

①暗装敷设管道：埋嵌在墙壁、楼板等处的管道是能够防止膨胀的。压力和拉应力都被吸收而又不损坏各种材料。

②在竖井中安装管道：在主管的两个支管的附近应各装一个锚接物，主立管就可以在两个楼板之间竖直产生膨胀或收缩，竖井中得到两个锚接点之间的距离不超过3m，也可以用其他方法来补偿膨胀现象。如从主管的分管中装设"膨胀支管"。

③明装敷设管道：用膨胀回路补偿膨胀，管网方向的改变的各处均可用来补偿膨胀量，在安装锚接物的位置时，要注意把管道分开成各个部分，而膨胀力又能被导向所需的方向。

11.1.4　检查与验收

（1）水压试验

隐蔽管道和给水系统的水压试验结果必须符合设计要求和施工规范规定。

给水管网必须进行水压试验，试验压力为工作压力的 1.5 倍，但不得小于 0.6MPa。

检验方法：管材为钢管、铸铁管时，试验压力下 10min 内压力降不应大于 0.05MPa，然后降至工作压力进行检查，压力应保持不变，不渗不漏；管材为塑料管时，试验压力下，稳压 1h 压力降不大于 0.05MPa，然后降至工作压力进行检查，压力应保持不变，不渗不漏。

室内给水系统水压试验应分立管进行试验。试验时，测试点应设在管道系统的最低部分。用自来水向系统注水，同时将管网中最高处配水点的阀门打开，以便排尽管中空气，待出水时关闭，然后缓慢升压至试验压力并稳压到规定的时间，压力降满足要求后，将试验压力降至工作压力并稳压到规定的时间，压力降满足要求，同时检查各连接处的渗漏情况，不渗不漏为合格。试压合格后，及时办理"管道系统试验记录"。试压不合格的给水管道系统是不能验收的。

（2）管道吹洗、消毒

给水系统竣工后或交付使用前，必须进行吹洗。冲洗应用自来水连续进行。冲洗前，应先将安装在各类管道中不宜参与冲洗的阀件拆除并用相应的短管代替，待清洗合格后再恢复原位。管网冲洗应连续进行，管网冲洗的水流速度不宜小于 3m/s，当出口处的水的颜色透明度与入口处水的颜色基本一致时，冲洗方可结束。冲洗出水处应接临时管道或软管排至地沟或下水道，冲洗结束后，应将管网内的水排除干净。冲洗洁净后办理验收手续。

饮用水管道还要在冲洗后进行消毒，以满足饮用水卫生要求。

（3）外观检查

①管道坡度的正负偏差符合设计要求。

检验方法：用水准仪（水平尺）拉线和尺量检查或检查隐蔽工程记录。

②管道安装允许的偏差及检验方法见表11.3。

允许偏差和检验方法 表11.3

项次	项目			允许偏差（mm）	检查方法
1	水平管道纵、横方向弯曲	每1m 全长（5m 以上）	2 不大于 10	不大于 13 不大于 25	用水平尺直尺拉线和尺量检查
2	立管垂直度			4	

③管道支（吊、托）架及管座（墩）的安装应构造正确，埋设平正牢固，排列整齐。支架与管道接触紧密。

检验方法：观察或用手扳检查。

④阀门安装：型号、规格、耐压和严密性试验符合设计要求和施工规范规定。位置、进出口方向正确，连接牢固、紧密，启闭灵活，朝向合理，表面洁净。

检查方法：手扳检查和检查出厂合格证、试验单。

11.2　水表的安装

11.2.1　材料及工具准备

（1）材料准备

水表的规格应符合设计要求及自来水公司确认，表壳铸造规矩，无砂眼、裂纹，表玻璃盖、表封圈无损坏，铅封完整，有出厂合格证及检验报告。

其他材料：钢丝、活塞、阀门、胶管、接头等。

（2）主要机具

常用的机具有：钢锯、管子台虎钳、管子钳、活动扳手、管子铰扳、套丝机、螺丝刀、手锤、水平尺、角尺、钢卷尺等。

（3）作业条件

①管道工程验收合格后方能安装水表。

②选择合适的水表安装地点。水表应安装在便于检修和读数（不需要使用镜子或梯子），不受暴晒、冻结、污染和机械损伤的地方。

11.2.2　操作流程

水表安装的工艺流程为：准备安装材料→熟悉水表结构→水管接头→安装水表→检查安装水表。

（1）准备安装材料

安装之前需要准备相应的安装材料和工具。

（2）熟悉水表结构

在安装前，了解水表的型号规格，以便选择合适的安装方式。

（3）水管接头

如果水管是塑料管道，安装时将水表的管接头与其相连接，加入钢丝固定接头夹紧；如果是铜管，可以采用打结或明火焊接；如果是铝合金管道，可以采用防水接头，并配以防水材料如橡胶复合材料进行安装；或者也可以采用纯锡焊接，再进行涂层。

（4）安装水表

首先，将水表按照正确的水流方向放置于水管上；其次，将管接头安装在水表上，再用胶管把水表和管接头连接起来；最后，按照正确的安装要求，用螺丝锁住水表的螺旋，使水表固定在水管上。

（5）检查安装水表

检查安装水表的工作要全景检查，查看两侧的安装是否紧密，确认水表的正确位置，以及水表的泄漏等情况，以确保正确安装。

11.2.3　施工工艺

水表设置在用水单位的供水总管、建筑物引入管或居住房屋内。

给水管道中常用的水表有旋翼式和螺翼式两种，如图11.2和图11.3所示。旋翼式的翼轮转轴与水流方向垂直，叶片呈水平状。旋翼式表又可分为干式和湿式两种形式。干式水表的传动机构和表盘与隔开，构造较复杂；湿式水表的传动机构和表盘直接浸在水中，表盘上的厚玻璃要承受水压，水表机件简单。螺翼式的翼轮转轴与水流方向平行，叶片呈螺旋状。在干式和湿式水中应优先选用湿式水表。一般情况下，公称尺寸小于或等于50mm时，应采用旋翼式水表；公称尺寸大于50mm时，采用螺翼式水表。旋翼式水表一般采用螺纹接口，螺翼式水表一般采用法兰接口。

（1）水表的安装要求

①应便于查看、维修，不易污染和损坏，不可暴晒，不可冰冻。

②安装时应使水流方向与外壳标志的箭头方向一致，不可装反。

③对于不允许断水的建筑物，水表后应设单向阀，并设旁通管，旁通管的阀门上要加铅封，不得随意开闭，只有在水表修理或更换时才可开启旁通阀。

④为保证水表计量准确，螺翼式水表前直管长度应有8~10倍水表直径，旋翼式

图 11.2　旋翼式水表　　　图 11.3　螺翼式水表

水表遵循"前十后五"的安全原则。即进水端直管长度不得低于 10 倍水表口径的长度，出水端直管长度不得低于 5 倍水表口径的长度（例如：DN15mm 的水表进水端直管长度即为 $15 \times 10 = 150$mm，出水端直管的长度为 $15 \times 5 = 75$mm）。

⑤水表前后均应设置阀门，并注意方向性，不得将水表直接放在水表井底的垫层上，而应用红砖或混凝土预制块把水表垫起来，如图 11.4 所示。

⑥对于明装在建筑物内的分户水表，表外壳距墙表面不得大于 30mm，水表的后面可以不设阀门和泄水装置，而只在水表前装设一个阀门。如图 11.5 所示。

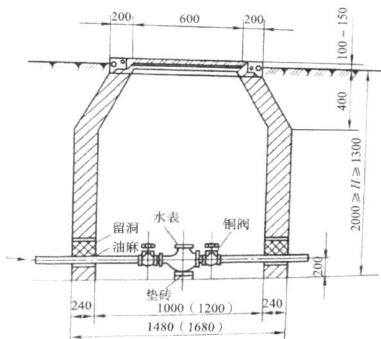

图 11.4　楼房总表安装图　　　　　图 11.5　分户表的安装图

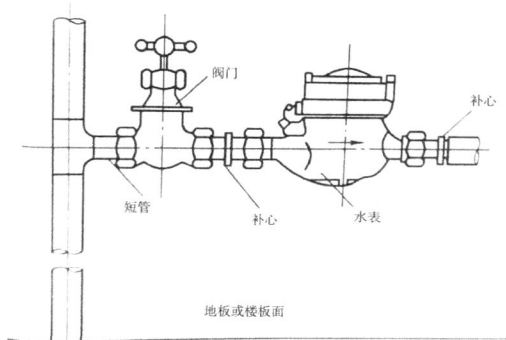

（2）水表井制作要求

1）水表井位置的选择

应远离厕所、粪坑、垃圾堆等可能造成水质污染的地方，选择在不易损坏、方便维护和抄表的地点。

2）水表井的砌筑

①表井净空尺寸应方便维修和抄表；口径在 DN50～400mm 水表井尺寸要求：法兰边距垂直管道井壁为 300mm；法兰边距平行管道井壁为 400mm；法兰边距井底板为 400mm。

②井内、外壁进行水泥砂浆粉刷。

3）水表井井盖

井盖高度应尽量和路面一致，误差不超过 ±5mm，在非成型路面上，盖板顶面应超出地表面 100～200mm。

4）水表的安装标准

水表安装以地埋式水表井安装方式为主，当现场情况不允许采用地埋式安装方式时可选择壁挂式安装方式。

①地埋井式水表安装：水表底面距离井底至少 200mm，水表端面距离井盖不少于 200mm，与侧井壁距离为 200mm，每块表净空水平间隔为 200mm，大口径水表下应做有支墩。地埋表井内要求清洁，水表不得被污泥与杂物等覆盖。

②集中壁挂式表箱安装：箱顶距离地面不高于 1.8m，箱内两块水表水平中轴线间距为 180mm。

③水表及附属装置安装：水平螺翼式水表应水平安装，表后安装闸阀；每只水表前后应安装表卡两个；DN50mm 以上水表应安装滤网和伸缩节。

5）其他要求

水表或阀门重量超过 25kg，安装时必须有支座；水表井必须留有排水口。

11.2.4 检查与验收

水表安装完成应满足水表查看、检修的便利及计量的准确性要求。

1）检查水表安装位置：水表应安装在便于检修、不受暴晒、污染和冻结的地方。

2）检查水表安装处是否滴水，如出现滴水现象，为了保证水质的卫生及水表读数的准确性，需要重新安装。

3）检查水表有没有自转或不转的现象。造成水表自转的原因主要有两个：一是家中某个管道有漏水的情况，二是水表安装时管内有空气。如果发现了水表自转，需先关闭所有水龙头，然后检查所有的管道，查看是否有漏水的地方，如果没有查到，只能是水表安装时管道内有了空气，需要重新安装水表。在确保阀门开启，水管有水的情况下，水表不转是因为装反了。需要重修安装。

4）表前后的直线距离及操作空间符合要求：安装螺翼式水表，表前与阀门应有不小于 8 倍水表接口直径的直线管段。表外壳距墙表面净距为 10～30mm；水表进水口中心标高按设计要求，允许偏差为 ±10mm。

11.3 室内排水管道

11.3.1 材料及工具准备

（1）材料要求

1）主材

室内排水管道最常用的管材为硬质聚氯乙烯（PVC-U）排水管，其质量要求如下。

①管材、管件颜色应一致，无色泽不均匀及分解变色线。粘结剂应是同一厂家配

套产品，应与卫生洁具连接相适宜，并有产品合格证及说明书。

②管材外壁均应光滑、平整，无气泡、无裂纹、无脱皮和严重的冷斑及明显的痕纹、凹陷等缺陷。

③管材轴向不得有异向弯曲，其直线度偏差应小于1%，管材端口必须平整，并应垂直于轴线。

④管件应完整无损、无变形，浇口及溢边应修理严整，无开裂，内外表面平滑。

⑤管材在同一截面的壁厚偏差不得超过14%，其外径、壁厚偏差应符合相关规定。常用管材规格及壁厚要求见表11.4。

U-PVC 排水管壁厚要求

表 11.4

序号	型号	壁厚要求（mm）
1	De50	2.00
2	De75	2.30
3	De110	3.20
4	De160	4.00

2）其他材料

卡架、型钢、圆钢、镀锌螺栓应符合相关质量要求，并满足使用要求。

（2）主要机具

包括：冲击钻、砂轮锯（或手锯）、铣口器、钢刮板、板锉、活扳手、手锤、水平尺、螺丝刀、水平尺、钢卷尺、毛刷、线坠、棉纱等。

（3）作业条件

①埋设管道应挖好槽沟，槽沟要平直，必须有坡度，沟底夯实。

②暗装管道（包括设备层、竖井、吊顶内的管道）首先应核对各种管道的标高、坐标的排列有无矛盾。预留孔洞、预埋件已配合完成。土建模板已拆除，操作场地清理干净，安装高度超过3.5m应搭好架子。

11.3.2 操作流程

室内排水管道安装流程如下：安装准备→预制加工→排出管（出户管）→干管安装→立管安装→支管安装→卡件固定→封口堵洞→灌水试验及通球试验。

（1）排出管的安装

为便于施工，可对部分挂水管材及管件预先捻口，养护后运至施工现场。在房中或挖好的管沟中，将预制好的管道承口作为进水方向（承口迎向进水方向），按照施工图所注标高，找好坡度及各预留口的方向和中心，捻好固定口。待铺设好后，灌满水24h后检查各接口有无水位下降及渗漏现象。经检查合格后，临时封堵各预留管口，以免杂物落入，并通知土建施工人员填堵孔洞，按规定回填土。

管道穿过房屋基础或地下室墙壁时应预留孔洞，并应做好防水处理，如图 11.6 所示。预留孔洞 A 尺寸参照表 11.1。

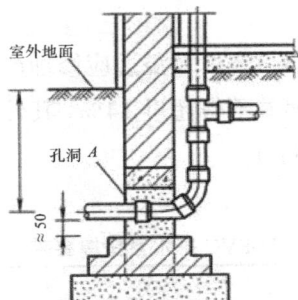

图 11.6　排水管穿墙基础图

为了减小管道的局部阻力和防止污物堵塞管道，通向室外的排出管，穿过墙壁或基础必须下返时，应用两个 45° 弯头连接，（图 11.6）。排水管道的横管与横管、横管与立管的连接，应采用 45° 三通或 45° 四通和 90° 斜三通或 90° 斜四通。

排出管应与室外排水管道管顶标高相平齐，并且在连接处的排出管的水流转角不应小于 90°。排出管与室外排水管道连接处应设检查井，检查井中心至建筑物外墙的距离不宜小于 3m。

生活污水和地下埋设的雨水排水管的坡度应符合要求。

（2）排水立管的安装

排水立管通常沿卫生间墙角敷设，排水立管穿楼板做法如图 11.7 所示。现浇楼板预埋套管，套管直径较立管管径大 1～2 号，高出楼面 20～50mm。

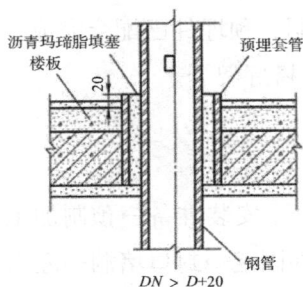

图 11.7　排水立管穿楼板示意图

安装立管时，应两人上下配合，一人在上层楼板上用绳拉，一人在下面托，把管子移动对准下层承口将立管插入。下层的人要把甩口（三通口）的方向找正，随后吊直，这时，上层的人用木楔将管临时卡牢，然后捻口，堵好立管洞口。

现场施工时，立管可先预制，也可将管材、管件运至各层进行现制。

（3）排水支管的安装

安装排水支管时，应根据各卫生器具位置排料、断管、捻口养护，然后将预制好的支管运到各层。安装时需两人将管托起，立管甩口（三通口）内，用铁丝临时吊牢，找好坡度、找平打麻捻口，配装吊架，其吊架间距不得大于 2m。然后安装存水找平找正，并按地面甩口高度量卫生器具短管尺寸，配管捻口找平找正，再安装卫生器具，但要临时堵好预留口，以免杂物落入。

（4）通气管安装

通气管应高出屋面 0.3m 以上，并且应大于最大积雪厚度，以防止雪掩盖通气管口。对于平屋顶，若经常有人逗留，则通气管应高出屋面 2.0m。通气管上应做铁丝球（网罩）或透气帽，以防杂物落入。

通气管的施工应与屋面工程配合好，一般做法如图 11.8 所示。通气管安装好后，将屋面和管道接触处的防水处理好。

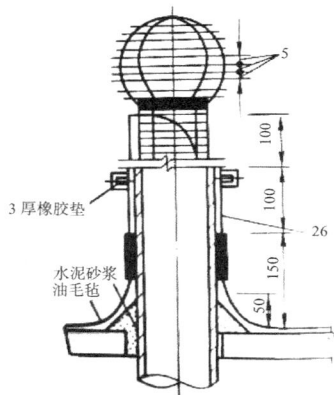

图 11.8　通气管安装

（5）清通设备

排水立管上设置检查口。检查口中心距地面一般为 1.0m，并应高出该层卫生器具上边缘 150mm。检查口安装的朝向应以清通时操作方便为准。暗装立管，检查口处安装检修门。

排水横管上的清扫口，应与地面相平。当污水横支管在楼板下悬吊敷设时，可将清扫口设在其上面楼板地面上或楼板下排水横支管的起点处。为了清通方便，排水横管清扫口与管道相垂直的墙面距离不小于 200mm，若排水横管起点设置堵头代替清扫口，则与墙面距离不得小于 400mm。

埋在地下或地板下的排水管道的检查口，应设在检查井内。井底表面标高与检查口的法兰相平，井底表面应有 5% 坡度，坡向检查口。

（6）填堵孔洞

管道安装完毕后，必须及时用不低于结构标号的混凝土或水泥砂浆把孔洞堵严、抹平，为了不致因堵洞而将管道移位，造成立管不垂直，应派专人配合土建堵孔洞。

堵楼板孔洞宜用定型模具或用木板支搭牢固后，往洞内浇点水再用 C20 以上的细石混凝土或 M50 水泥砂浆填平捣实，不许向洞内填塞砖头、杂物。

11.3.3 施工工艺

PVC-U 排水管道的连接方法主要为承插粘接，管道的吊架、管卡可用定型注塑材料，也可用其他材料。硬聚氯乙烯埋地管道安装时应在管沟底部用 100～150mm 的砂垫层，安放管道后用细砂回填至管顶上至少 200mm。当埋地管穿越地下室外墙时，应采取防水措施。

（1）承插粘接工艺要点

①根据图纸要求并结合实际情况，按预留口位置测量尺寸，绘制加工草图。

安装排水管前应对照卫生间大样图，配合土建预留检查所有预留洞眼的位置、尺寸。绘制出排水管道中心线走向草图，草图应能体现其管径大小，管径变化位置，三通、弯头、四通等管件的朝向、位置，伸缩节位置，管支架的位置、尺寸和制作大样，并按次序进行编号。

②根据草图量好管道尺寸，进行断管（砂轮机或手锯）。断口要平齐，用铣刀或刮刀除掉断口内外飞刺，外棱铣出 15°。

③粘接前应对承插口先进行插入试验，不得全部插入，一般为承口的 3/4 深度。根据管件承口深度在插口部位用记号笔划出标志线。如图 11.9 所示。

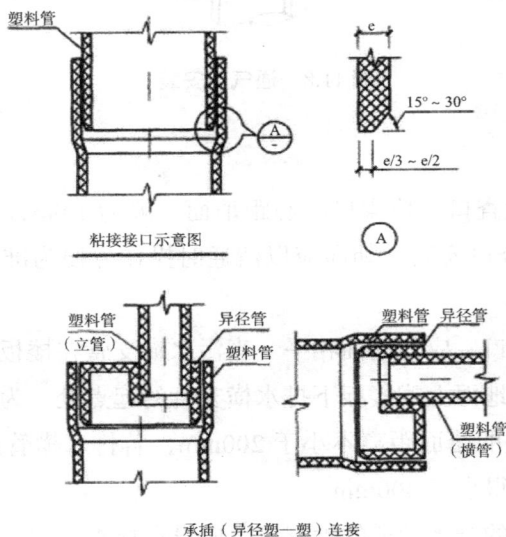

图 11.9 PVC-U 管承插粘接示意图

④试插合格后，将承口内外侧的灰尘杂物用棉砂擦拭干净，如有油污需用丙酮除掉。用干净毛鬃刷涂抹粘结剂承口内侧和管口外侧。

⑤用毛刷涂抹粘结剂，先涂抹承口后涂抹插口，随即垂直用力插入标记处，插入粘接时将插口稍作转动，以使粘结剂分布均匀，30～60s即可粘接牢固。粘牢后立即将溢出的粘结剂擦拭干净。多口粘接时应注意预留口方向。粘结剂易挥发，使用后应随时封盖。冬期施工进展粘接时，凝固时间为2～3min。粘接场所应通风良好，远离明火。

（2）伸缩节安装要求

当层高小于或等于4m时，立管应每层设置一个伸缩节，如图11.10所示；当层高大于4m时，应按计算伸缩量来选伸缩节数量。安装时先将管段扶正，将管子插口插入伸缩节承口底部，并按要求预留出间隙，在管端划出标记，再将管端插口平直插入伸缩节承口橡胶圈内，用力均匀，找直，固定立管，完毕后即可堵洞。卫生间排水管伸缩节安装在三通口下方，距顶板500mm为宜。其他排水立管伸缩节安装位置为距楼板下300mm。伸缩节中预留间隙为10～15mm。

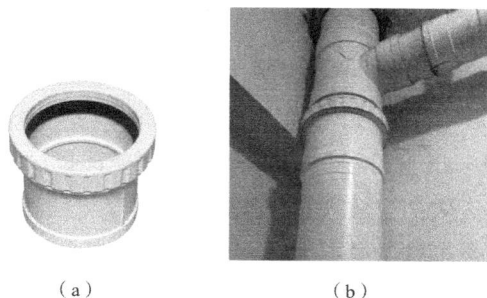

（a）　　　　　　　　　（b）

图 11.10　UPVC 伸缩节实物图

（3）支管安装要求

将支管水平吊起，涂抹胶粘剂，用力推入预留管口，调整坡度后固定卡架，封闭各预留管口和填洞。

排水横支管的标准坡度应为0.026。硬聚氯乙烯管道支架允许最大间距，见表11.5。

硬聚氯乙烯塑料管支架间距　　　　　　　　　表 11.5

管径 /mm		50	75	110	125	160
支架最大间距 /m	横管	0.5	0.75	1.10	1.30	1.6
	立管	1.2	1.5	2.0	2.0	2.0

注：立管穿楼板和屋面处，应为固定支承点。

排水塑料管与排水铸铁管连接时，捻口前应将塑料管外壁用纱布、锯条打毛，再填以油麻、石棉水泥进行接口。

11.3.4 检查与验收

（1）灌水试验

排水管道安装后，隐蔽或埋地的排水管道在隐蔽前必须做灌水试验，其灌水高度应不低于底层卫生器具的上边缘或底层地面高度。

灌水试验具体做法：灌水前用充气球胆将排出管末端堵严，从管道最高点灌水，灌水高度不低于底层卫生器具的上边缘或底层地面高度。暗装或铺设于垫层中及吊顶内的排水支管安装完毕后，在隐蔽前也要做灌水试验，试验时应分区、分段、再分层进行，试验时先打开立管检查口，测量好检查口至水平支管下皮的距离在胶管上做好记号，将球胆由检查口放入立管中，达到标记后向球胆内充气，然后向立管连接的第一个卫生器具内灌水至器具的上边缘。

合格标准：满水15min液面下降后，再灌满观察5min，液面不下降，检查管道各接口没有渗漏，说明该管段灌水试验合格。

（2）通水、通球试验

卫生设备安装后，排水主立管及水平干管管道均应做通球试验，通球球径不小于排水管道管径的2/3，通球率必须达到100%。

通球试验具体做法：试验时根据试验管段的管径选择试验小球，球直径为管道直径的2/3。立管试验时，从立管顶端投入小球，在干管检查口或室外排水出口处观察，当发现小球为合格；排水干管试验时，从干管起始端投入试验小球，并向干管内通水，在户外的第一个检查井处观察，发现小球流出为合格。

（3）外观检查

①管道坡度设置应符合要求。排水管道坡度过小或倒坡，均影响水流顺畅排出，各种管道坡度必须按设计要求和验收标准找准。见表11.6的规定。

生活污水塑料管道的坡度　　　　　　　　　　　　　　　　　　表11.6

项次	管径（mm）	标准坡度（‰）	最小坡度（‰）
1	50	25	12
2	75	15	8
3	110	12	6
4	125	10	5
5	160	7	4

②接口处外观是否清洁，美观。粘接后外溢粘结剂应及时除掉。

③粘接口是否漏水。粘结剂涂刷不均匀，或粘接处未处理干净所致。

④立管检查口是否渗、漏水。检查口堵盖必须加垫，以防渗漏。

⑤伸缩节、支架设置是否设置合理。如设计无要求时，伸缩节间距不得大于4m。塑料管支架设置按表11.5要求验收。

⑥排水通气管设置是否符合规定。通气管不允许接纳任何污水且与不得与风道或烟道连接，其伸出屋面的高度（从隔热层板面算起）应符合设计或规范要求。注意：在通气管出口4m以内有门、窗时，通气管应高出门、窗顶600mm或引向无门、窗一侧。

⑦室内排水塑料管道安装尺寸偏差符合表11.7的相关规定。

塑料管安装的允许偏差和检验方法　　　　　　　表11.7

项次	项目		允许偏差（mm）	检验方法
1	坐标		15	用水准仪（水平尺）、直尺、拉线和尺量检查
2	标高		±15	
3	横管纵横方向弯曲	每1m	1.5	
		全长（25m以上）	≤38	
4	立管垂直度	每1m	3	吊线和尺量检查
		全长（5m以上）	≤15	

11.4　卫生器具安装

11.4.1　材料及工具准备

（1）材料要求

主要材料：卫生器具的规格、型号必须符合设计要求；并有出厂产品合格证。卫生器具外观应规矩、造型周正，表面光滑、美观、无裂纹，边缘平滑，色调一致。

卫生器具零件规格应标准，质量应可靠，外表光滑，电镀均匀，螺纹清晰，锁母松紧适度，无砂眼、裂纹等缺陷。

卫生器具的水箱应采用节水型。

其他材料：截止阀、角阀（冷、热水）、八字阀门、水嘴、丝扣返水弯、排水口、镀锌燕尾螺栓、螺母、胶皮板、铜丝、油灰、铅皮、螺丝、焊锡、熟盐酸、铅油、麻丝、石棉绳、白水泥、白灰膏等均应符合材料标准要求。

（2）主要机具

1）主要电动机具：套丝机、砂轮切割机、角向砂轮切割机、手电钻、冲击电钻（需在瓷片上钻孔时，应使用箭头形的玻璃钻，不得使用冲击钻，以免破坏瓷片）、打孔机、电烙铁等。

2）主要工具：管钳、手锯、活动扳手、呆扳手、手锤、布剪刀、手铲、錾子、钢丝钳、方锉、圆锉、螺钉旋具（螺丝刀）等。

3）其他：水平尺、角尺、钢卷尺、划规、线坠等。

（3）作业条件

①根据设计要求和土建确定的基准线，确定好卫生器具的标高。

②所有与卫生器具连接的管道水压、已完毕，并已办好隐蔽、预检手续。

③浴盆安装应待土建做完防水层及保护层后，配合土建施工进行。

④其他卫生器具安装应待室内装修基本完成后再进行安装。

⑤蹲式大便器应在其台阶砌筑前安装，坐式大便器应在其台阶砌筑后安装。

11.4.2　操作流程

（1）卫生器具安装流程

卫生器具安装的工艺流程一般为：安装准备——卫生器具及配件检验——卫生器具的安装——卫生器具配件预装——卫生器具稳装——卫生器具与墙、地缝隙处理——卫生器具外观检查——满水和通水试验。

（2）卫生器具安装一般要求

1）卫生器具布置

①大便器至对面墙壁的最小净距应不小于460mm。

②大便器与洗脸盆并列，从大便器的中心至洗脸盆的边缘应不小于350mm，距边墙面不小于380mm。

③洗脸盆设在大便器对面，两者净距不小于760mm。洗脸盆边缘至对面墙壁应不小于460mm。

④洗脸盆距镜子底部的距离为200mm。

2）卫生器具安装高度

安装前，应检查外观，其安装高度应符合设计要求，如设计无要求，可参见表11.8的要求。卫生器具给水配件的安装高度，如设计无要求时应符合表11.9的规定。

卫生器具的安装高度　　　　　　　　　　　　　　　　表11.8

序号	卫生器具的名称		卫生器具安装高度/mm		备注
			居住和公共建筑	幼儿园	
1	污水盆（池）	架空式	800	800	—
		落地式	500	500	
2	洗涤盆（地）		800	800	自地面至器具上边缘
3	洗脸盆和洗手盆（有塞、无塞）		800	500	
4	盥洗槽		800	500	
5	浴盆		≤520	—	

续表

序号	卫生器具的名称			卫生器具安装高度 /mm		备注
				居住和公共建筑	幼儿园	
6	蹲式大便器	高水箱		1800	1800	自台阶面至高水箱底
		低水箱		900	900	自台阶面至低水箱底
7	坐式大便器	高水箱		1800	1800	自地面至高水箱底
		低水箱	外露排出管式	510	—	自地面至低水箱底
			虹吸喷射式	470	370	
8	小便器	挂式		600	450	自地面至下边缘
9	小便槽			200	150	自地面至台阶面
10	大便槽冲洗水箱			≤ 2000	—	自台阶面至水箱底
11	妇女卫生盆			360	—	自地面至器具上边缘
12	化验盆			800	—	

卫生器具给水配件的安装高度　　　　　　　　表 11.9

项次	给水配件名称		配件中心距地面高度（mm）	冷热水龙头距离（mm）
1	架空式污水盆（池）水龙头		1000	
2	落地式污水盆（池）水龙头		800	
3	洗涤盆（池）水龙头		1000	150
4	洗手盆水龙头		1000	
5	洗脸盆	水龙头（上配水）	1000	150
		水龙头（下配水）	800	150
		角阀（下配水）	450	
6	蹲式大便器从台阶面算起	高水箱角阀及截止阀	2040	
		低水箱角阀	250	
		手动式自闭冲洗阀	600	
		脚踏式自闭冲洗阀	150	
		拉管式冲洗阀（从地面算起）	1600	
		带防污助冲器阀门（从地面算起）	900	
7	坐式大便器	省角阀及截止阀低水箱角阀	2040	
8	立式小便器角阀		1130	
9	挂式小便器角阀		1050	
10	实验室化验水龙头		1000	

3）其他安装要求

①卫生器具在稳装前应进行检查、清洗。配件与卫生器具应配套。部分卫生器具应先进行预制再安装。

②卫生器具应采用预埋支架、螺栓或膨胀螺栓安装固定。

③在器具和给水支管连接时，必须装设阀门和可拆卸的活接头。器具排水口和排水短管、存水弯管连接处应用油灰填塞，以便于拆卸。

④除大便器外的其他卫生器具排水口处均应设置排水栓或十字栏栅，以防止排水管道堵塞。

⑤卫生器具排水口与排水管道的连接处应密封良好，不渗漏。

⑥卫生器具与给水配件连接的开洞处应使用橡胶板（防震动）；与排水管、排水栓连接的排水口应使用油灰；与墙面靠接时，应使用油灰或白水泥填缝。

⑦卫生器具安装完毕交工前应做满水和通球试验，并应采取一定的保护措施。

11.4.3 施工工艺

（1）坐式大便器安装

坐式大便器按冲洗方式可分高、低水箱两种，按构造分为连体式与分体式。其中低水箱连体式坐式大便器最为常见。如图 11.11 所示为低水箱连体坐便器安装图。低水箱坐便器安装步骤如下。

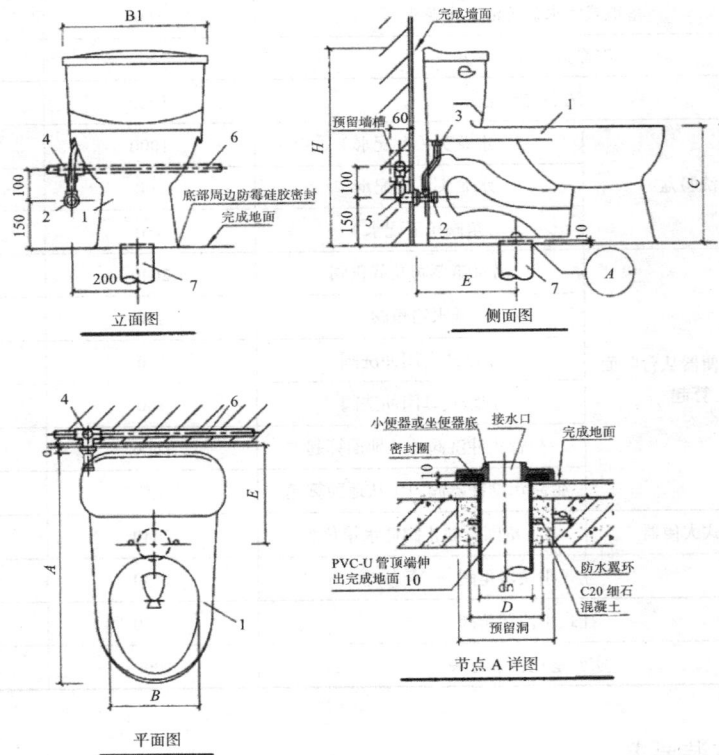

图 11.11　低水箱连体坐便器（普通连接）安装图

1—连体坐便器（加长型、陶瓷）；2—角式截止阀（DN15、铜镀铬）；3—进水阀配件（DN15）；4—三通；
5—内螺丝弯头（DN15）；6—冷水管（按设计）；7—排水管（dn110 PVC-U）图中 A、B、B1、C、H、E 由洁具品牌方提供

1）坐便器的选择

在选择坐便器之前，首先要确定其坑距。即卫生间里的坐便器排水管中心到坐便器背面墙的垂直距离。如果要装饰瓷砖，则必须在贴瓷砖后测量凹坑距离，否则会出现坐便器的尺寸不合适，导致不能安装。市场上标准的马桶坑距为300mm和400mm，这是指贴好墙砖后的距离，如果是毛坯房，测量的时候，要减掉贴完墙砖的厚度（约为20mm）。

2）排水管口处理

①检查排水管口，取出排水管的临时堵头，确认排水管内无杂物后，将管口周围与坐便器底部地面清扫干净，并用干燥、干净的抹布擦干。

②采用角磨机调整坐便器排水口的高度，并保证管口水平平整，若安装连体坐便器，该排水高度应调整为出瓷砖地面10mm，若安装分体坐便器，该排水口高度应调整为出瓷砖地面5mm。

3）安装定位

①确定排污管中心，并划出十字中心线，中心线预估应延长到安装位外地面，如图11.12所示。

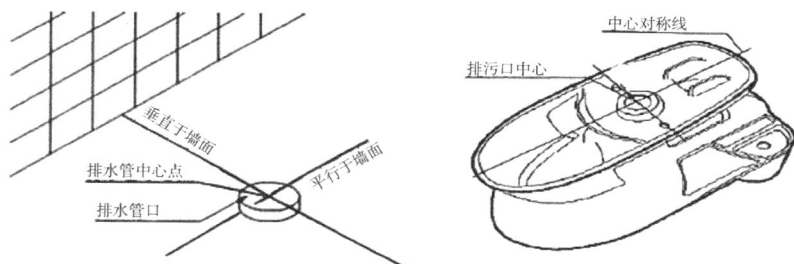

图11.12　坐便器安装定位图

②翻转坐便器，在坐便器排污口上确定中心，并划出十字中心线，中心线应延伸到坐便器底部四周侧边，如图11.12右侧所示。将坐便器排污口与坐便排水管水口对齐，保证排污口（95mm）始终插在排水管（$DN110mm$ PVC-U管）内，并在坐便器接触的地面的边沿画一圈坐便器位置线后，将坐便器移开。

4）涂刷粘接胶

①在铅笔划线部位沿线的内侧涂均匀抹一圈宽10mm、厚10mm白色硅酮耐候胶，如图11.13所示。

②排污口处理：若安装分体坐便器，应在去水管管口周围（图11.14左图）与坐便器排水口处（图11.14右图）均匀图上宽10mm，厚度10mm白色硅酮耐候胶。

若安装连体坐便器，该部位直接使用洁具公司配备的泡沫沥青密封圈连接。

墙体

铅笔边线

10mm 宽、10mm 厚
白色硅酮耐候胶

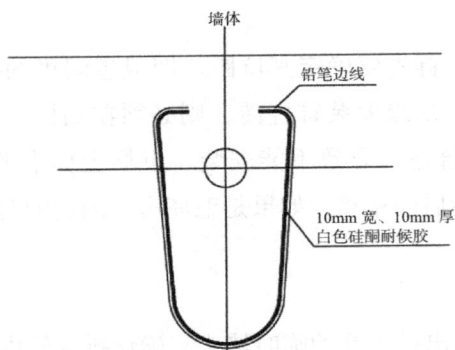

图 11.13 粘胶涂刷

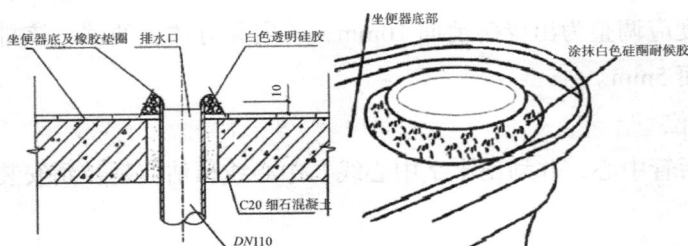

坐便器底及橡胶垫圈　排水口　白色透明硅胶　坐便器底部

涂抹白色硅酮耐候胶

C20 细石混凝土

DN110

图 11.14 分体式坐便器排污口处理

5）安装就位

①将坐便器上的十字线与地面排污口的十字线应对准吻合，慢慢摆回原位，并用力慢慢压下，至底部硅胶溢出。

②把坐便器底部压出的硅胶清理干净，并修整光滑顺直。

注意：大便器的木盖（或塑料盖）应在即将交工时安装，以免在施工过程中把木盖（或塑料盖）损坏。

6）分体式低水箱安装（连体式不需要）

在安装低水箱之前，可将水箱的塑料零件预先在地面上组装好。划线时，先按低水箱上边缘的高度，在墙上用石笔或用粉袋弹出横线，然后以此线和大便器的中心线为基准线，根据水箱背面孔眼的实际尺寸，在墙上标出螺栓孔的位置，打孔预埋木砖或预埋螺栓，再用木螺钉或预埋螺栓加铝垫圈等方法固定在光墙上，就位固定后的低水箱，应横平竖直、稳固贴墙，水箱出水口和大便器进水口中心对正。

7）管道的安装

①水箱与坐便器连接：对于分体式坐便器而言，应将水箱的出水口与大便器进水口的锁紧螺母卸下，背靠背地套在 90° 的塑料或钢制冲洗管弯头上，在弯头两端螺纹上涂白铅油，并缠上麻丝，一端插入低水箱出水口，另一端插入大便器进水口，两端均用锁紧螺母拧紧，使低水箱与坐便器连成一体。

②水箱进水管与水箱连接：水箱进水管上 $DN15$ 的角阀与水箱进水口处连接，通常用黄铜管（$\phi 14 \times 1 \text{mm}$）或 $DN15$ 不锈钢进行镶接，铜管两端应缠上白漆麻丝，用锁紧螺母拧紧。

（2）蹲式大便器安装

蹲便器有带存水弯和不带存水弯的区别。带存水弯的防臭；不带存水弯的无防臭。冲洗设备可采用冲洗阀或水箱。水箱又可分为高水箱、低水箱。如图 11.15 所示为低水箱大便器安装图。

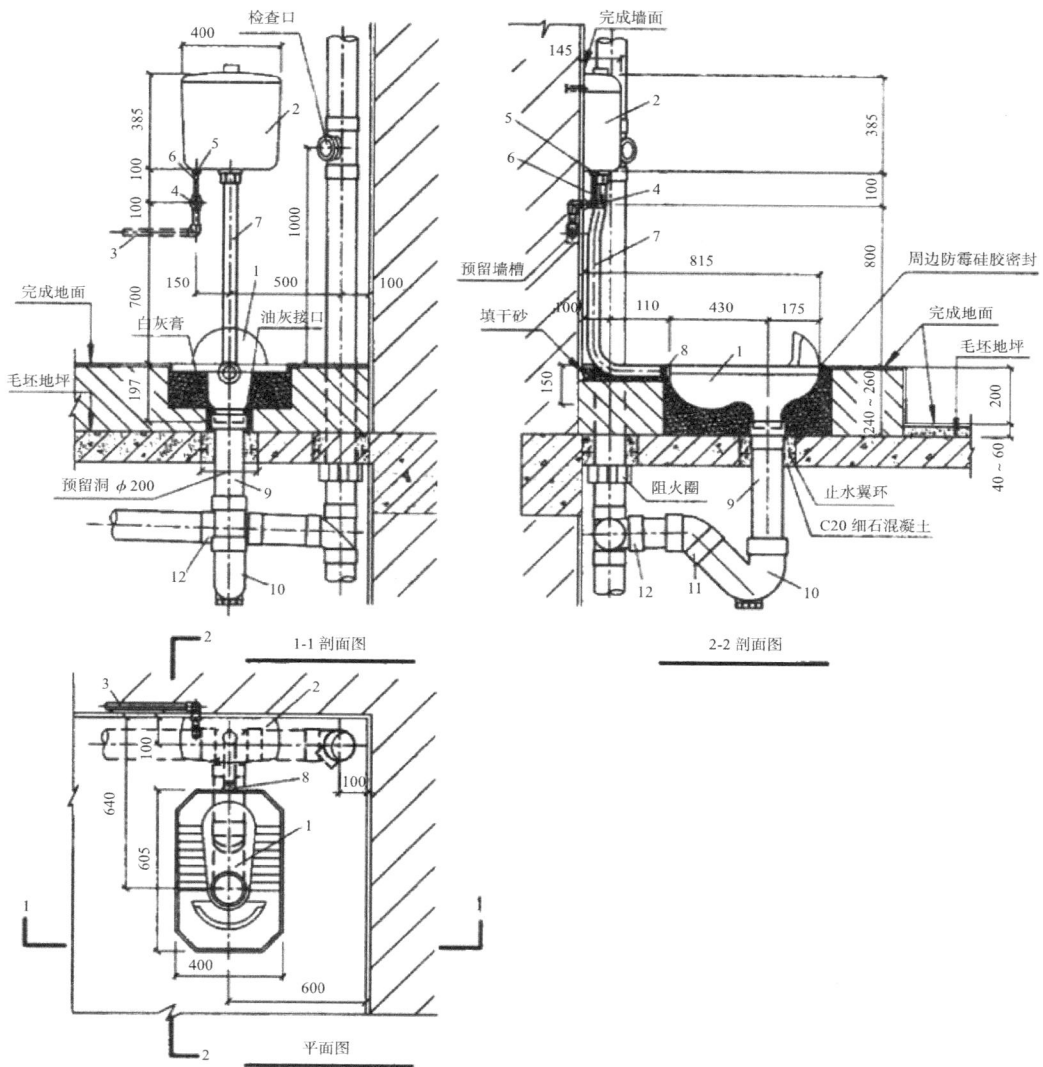

图 11.15　低水箱蹲大便器安装图

1—蹲便器（有档、无水封）；2—壁挂式水箱（陶瓷）；3—冷水管；4—角式截止阀（$DN15$）；5—进水阀配件（$DN15$）；
6—进水管（$DN15$ 不锈钢软管）；7—冲洗弯管（dn32PVC-U）；8—橡胶碗（$DN32$）；9—排水管（dn110 PVC-U）；
10—存水弯（dn110 PVC-U）；11—45°弯头（dn110 PVC-U）；12—顺水三通

1）大便器的安装步骤

①根据所安装产品的排污口，在离墙适当的位置预留排水管道，同时确定排水管道入口距地平面的距离。

②在地面下预留安装蹲便器的凹坑深度大于便器的高度。

③将连接胶塞放入蹲便器的进水孔内卡紧。在与蹲便器进水孔接触的外边缘涂上一层玻璃胶或油灰，将进水管插入胶塞进水孔内，使其与胶塞密封良好，以防漏水。

④在蹲便器的出水口的边缘涂上一层玻璃胶或油灰，放入排水管道的入口旋合，用焦渣或其他填充物将便器架设水平。

⑤打开进水系统，检查各接合处有无漏水情况，若出现漏水，则要检查各接合处的情况，直至问题解决。

⑥检查各接合处无漏水情况后，用填充物将便器周围填实，同时陶瓷与水泥砂浆的接触面填上 1cm 以上的沥青或油毡等弹性材料。用水泥砂浆将蹲便器固定在水平面内，平稳、牢固后，然后在水泥面上铺贴卫生间地砖。试冲水，若无异常即可使用。

2）蹲便器水箱安装

具体的操作步骤如下：

①先将水箱的上盖板打开，取出水箱里面配备的排水管，将盖板盖上。

②组装排水管：首先要将两根直管相连接，然后进行弯管的连接，直管和弯管全部连接好。

③蹲便器管道有两个水阀，一个是进水阀，另一个是排水阀。这两个水阀都需要进行安装，把它安装在水箱当中，确认无误后，最后将水箱的盖子盖上。

④将悬挂水箱的挂钩挂在墙面上，将螺丝拧在墙上，最后将水箱放在挂钩上面。

⑤将锥形的橡胶圈和连接杯安放好，再将连接杯套在排水管上面，最后将排水管安装到水箱底部。

⑥将所有的零配件安装好以后，蹲便器的水箱安装就基本完成了。最后还要将 DN15 不锈钢软件连接到水箱外面的进水口，完成连接以后，需要进行试水操作。检查管道是否具有漏水问题，一旦发现问题一定要及时处理。

3）蹲便器安装注意事项

①安装蹲便器时，先测量产品尺寸，并按尺寸预留安装位。安装位内采用混合砂浆填心，严禁用水泥安装，否则水泥的凝结膨胀可能挤破便器。

②在蹲便器的安装面涂抹一层沥青或黄油，使蹲便器与水砂浆隔离而保护产品不被胀裂。

③凡带存水弯的蹲便器，排水管道不应再设置存水弯，否则会影响冲水功能。不带存水弯的蹲便器，则应在管道上设置存水弯。

④在使用蹲便器时，不要向便器内丢入卫生纸、纸尿垫等易堵物品。

⑤在摄氏零度以下的环境中，蹲便器的弯管及其他空腔内不能存水，否则水结冰

膨胀可能挤破便器。

（3）洗脸盆的安装

一套完整的洗脸盆由脸盆、盆架、排水管、排水栓、链堵、进水管、角阀、脸盆水水嘴等组成。如图11.16所示。洗脸盆的安装顺序为洗脸盆架、脸盆、排水管和给水管。

①安装洗脸盆架。根据给水管道的甩口位置、排水短管口中心和安装高度在墙上划出中心线和水平线，找出盆架位置，用木螺钉和膨胀螺栓将盆架固定。为保证洗脸盆上沿口离光地面高800mm，预埋木砖的上口离地面为750mm，两木砖的中心距应根据盆的大小而定。

②稳好洗脸盆 将脸盆稳好在盆架上，用水平尺测量平正，如盆放不平时，可用铅垫片垫平、垫稳。

③安装脸盆排水管。将排水栓加胶垫，由盆内排水口穿出，并加垫用根母紧固，注意使排水栓的保险口与脸盆的溢水口对正。排水管暗装时，用P形存水弯，明装时用S形存水弯。与存水弯连接的管口应套好螺纹，缠麻丝涂厚白漆，再用锁紧螺母分别锁紧。P形存水弯应用铜盖盖住，排水管穿插或穿底板处应加铜盖压住。

④水管的安装。洗脸盆安装有冷、热水管，两管平行敷设，可以暗装，也可以明装。暗装管在出墙处用压盖压住。冷水横管离光地面350mm，热水管离光地面525mm，两管中心相距175mm。脸盆用水嘴垫上橡胶垫穿入脸盆的进水孔，然后加垫并用锁紧螺母紧固。冷、热水的角阀中心距地面高450mm，冷、热水嘴距离150mm。冷水竖管在右边，热水竖管在左边，分别与脸盆上的冷、热水嘴镶接。脸盆水嘴的手柄中心处有冷、热水的标志，蓝色或绿色标志冷水水嘴。红色标志热水水嘴，如果脸盆仅装冷水水嘴，应装在右边水嘴的安装孔内，左边的水嘴安装孔用瓷压盖涂油灰封死。水嘴安装应端正、牢固。

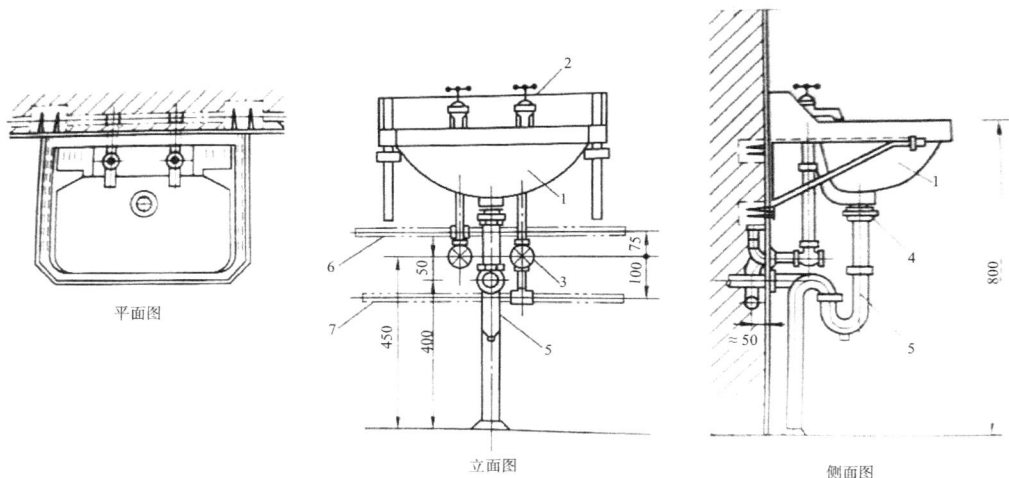

图11.16　墙架式洗脸盆安装
1—洗脸盆；2—水嘴；3—角式截止阀；4—排水栓；5—存水弯；6—热水管；7—冷水管

（4）浴盆安装

浴盆多设在住宅、宾馆、医院等卫生间及公共浴池内，卫生间设置的浴盆常布置在房间一角，供给浴盆用冷热水支管均在墙内暗装。其安装步骤如下。

①根据排水短管口中心和安装高度在墙上划中心线和高度线。

②按要求的位置将浴盆稳固，找正找平。

③将溢水管、弯头、三通等进行预装配，在浴盆上组装排水栓，排水栓零件与浴盆内外接触处均应加胶垫。

④将弯头安装在已紧固好的排水栓上，在溢水口处安装弯头，然后利用短管、三通将溢水口、排水栓连接，并使三通下部的短管插入预留的浴盆排水短管口内。其间隙要用油麻丝堵塞抹光。

⑤最后从预留的冷、热水管上装引水管，用弯头、短节伸出墙面，装上水嘴（左热右冷）。淋浴器管道明装时，冷热水管间距一般为180mm，管外表面距离墙面不小于20mm。

（5）淋浴器的安装

淋浴器与浴盆相比占地少、造价低，应用很广泛。淋浴器有成套供应的成品和现场管件组装两类。现场管件组装步骤如下。

①安装时先将冷、热水水平支管及其配件用丝扣联接安装好。

②在热水管上安装短节和阀门，在冷水管上配抱弯再安装阀门。

③混合管的半圆弯用活接头与冷、热水的阀门连接。

④最后装上混合管和喷头，混合管上端应设一单管卡。

（6）地漏安装

地漏通常设置于卫生间淋浴器或浴缸附近的地面，用于排除地面积水。地漏构造须带水封，禁止使用钟罩（扣碗）式地漏。地漏安装在楼板上预留孔洞内，孔洞直径（DN+100），地漏应比装饰面低10mm。如图11.17所示。其安装步骤如下。

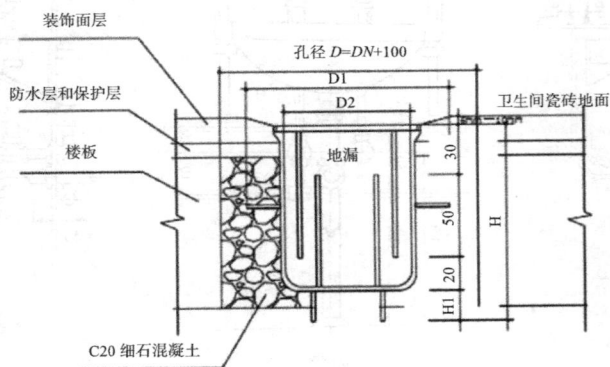

图 11.17　地漏安装

①准备工作：在安装之前，检查地漏是否崭新、是否有破损、配件是否齐全；其次，要检查管道内部是否有污渍、管道内部是否有沙石、泥土等，若有，必须将其清理干净，用抹布将排水管包好，以免杂物和垃圾落入下水道。如果排水管道离地面太近，则要适当缩短排水管道，以保证地漏面板稍低于地面。

②地漏需要与地砖一起安装，在防水处理完毕后，就可以开始铺设地砖和地漏了。地漏的安装并不困难，安装之前要选择合适尺寸的地漏，在后面涂上水泥，对着下水口，再把地漏板盖上。

③在地面上施工时，要事先预留一块地方供地漏安装，而且要确保地漏在周围地砖的水平以下，即所谓的流水坡处理。通常的做法是把地漏放在安装管道上，再进行测量，以决定瓷砖的切割大小。接下来，是切割地砖，将地漏安装好，再将地漏周围的瓷砖铺上，形成一个下水道斜坡。注意：地漏与地砖收口应顺直，淋浴间地漏安装在导水槽里面，干区地漏需做汇水区。

④安装完毕之后，再用特殊的胶水将其固定住，然后将其与地面进行胶合。只有这样，才能保证它的寿命更长，污水管道里的恶臭也不会从裂缝里泄漏出去。

除以上介绍的卫生器具外，其他如大便槽、立式小便器、小便槽、盥洗槽、洗涤盆、污水池等，可参考国家标准图集《卫生设备安装》09S304进行安装。

11.4.4　检查与验收

（1）满水及通水试验

卫生器具交工前应做满水和通水试验。

检验方法：满水后各连接件不渗不漏；通水试验给、排水畅通。

具体做法：通水试验前应检查地漏是否畅通，分户阀门是否关好，然后按层段分房间逐一进行通水试验，以免漏水使装修工程受损。卫生器具满水后，持续一定时间各连接件不得渗漏，通水试验给、排水畅通，并做好"卫生器具满水及通水试验记录"。

（2）排水栓及地漏安装

排水栓和地漏的安装应平正、牢固，低于排水表面，周边无渗漏。地漏水封高度不得小于50mm。检验方法：试水观察检查。

（3）卫生器具排水配件安装

①与排水横管连接的各卫生器具的受水口和立管均应采取妥善可靠的固定措施；管道与楼板的接合部位应采取牢固可靠的防渗、防漏措施。检验方法：观察和手扳检查。

②卫生器具排水口的出口与排水管承口的连接处必须严密不漏。其固定支架、管卡等支撑位置应正确、牢固，与管道的接触应平整。检验方法：观察及通水检查。

③连接卫生器具的排水管管径和最小坡度，如设计无要求时，应符合表11.10的规定。

连接卫生器具的排水管管径和最小坡度　　　　　　　　表 11.10

项次	卫生器具名称		排水管管径（mm）	管道的最小坡度（‰）
1	污水盆（池）		50	25
2	单、双格洗涤盆（池）		50	25
3	洗手盆、洗脸盆		32～50	20
4	浴盆		50	20
5	淋浴器		50	20
6	大便器	高、低水箱	100	12
		自闭式冲洗阀	100	12
		拉管式冲洗阀	100	12
7	小便器	手动、自闭式冲洗阀	40～50	20
		自动冲洗水箱	40～50	20
8	化验盆（无塞）		40～50	25
9	净身器		40～50	20
10	饮水器		20～50	10～20
11	家用洗衣机		50（软管为 30）	

（4）卫生器具给水配件安装

①卫生器具给水配件应完好无损伤，接口严密，启闭部分灵活。检验方法：观察及手扳检查。

②卫生器具给水配件安装标高的允许偏差和检验方法见表 11.11。

卫生器具给水配件安装标高的允许偏差和检验方法　　　　　　　　表 11.11

项次	项目	允许偏差（mm）	检验方法
1	大便器高、低水箱角阀及截止阀	±10	尺量检查
2	水嘴	±10	
3	淋浴器喷头下沿	±15	
4	浴盆软管淋浴器挂钩	±20	

（5）卫生器具安装的允许偏差

卫生器具安装的允许偏差应符合表 11.12 的规定。

卫生器具安装的允许偏差和检验方法　　　　　表 11.12

项次	项目		允许偏差（mm）	检验方法
1	坐标	单独器具	10	拉线、吊线和尺量检查
		成排器具	5	
2	标高	单独器具	±15	
		成排器具	±10	
3	器具水平度		2	用水平尺和尺量检查
4	器具垂直度		3	吊线和尺量检查

12 电工

电工的专业性很强，危险性很大，农村电工必须具备一定的电工原理、接线方法、安装调试等电气专业基础知识；熟悉常用电气图形符号、文字代号和规定画法，具备识读建筑电气施工图的基本能力；具备强弱电线路敷设、设备安装、防雷与接地装置安装等动手能力。

12.1 强弱电线路敷设

随着居民生活水平的提高和对美好生活的向往，在经济允许的条件下，强弱电线路敷设多采用暗敷设方式，能满足用户对整洁美观性要求。当用户要求不高时，也可采用明敷方式。

12.1.1 材料及工具准备

（1）主要材料

1）管材及配件

明敷设一般采用 PVC20×40 线槽（配置相同规格的阳角、阴角、三通、直接、转角、终端等配件）。

暗敷一般采用 PVC16 或 PVC20 线管（配置相同规格的三通管、直角管等配件）。

其他材质与规格的线管、线槽，适用即可。

2）强电线材

① 2.5mm²、4mm²、6mm²、10mm² 等单股或多股硬质铜芯电缆。

②照明、开关、插座一般采用 2.5mm² 的导线，大功率空调采用 4mm² 的导线。

③导线的颜色按规定选用。单相线路的相线 L 采用黄、绿、红（俗称的火线）中的一种，中性线采用淡蓝（俗称的零线），保护地线 PE 采用黄绿双色。

3）弱电线材

超五类非屏蔽双绞线（俗称的网线）、RJ45 水晶头、信息模块、86 型或 118 型插座底盒和面板。

特殊情况下，还有电话线、电视线及配套的信息插座（底盒、模块和面板）。

（2）常用工具

1）常用电工工具：克丝钳、尖嘴钳、斜口钳、十字螺丝刀、一字螺丝刀、电工刀、试电笔等。

2）常用工具：活络扳手、套管扳手、眼镜扳手、死口扳手、内六角扳手、壁纸刀、断线钳、剥线钳、接线端子压接钳、锤子、穿线器、放线架、电烙铁、钢卷尺、墨斗、记号笔等。

3）管路施工专用工具：弯管器、扩管器、线槽剪、线管剪、PVC-U 专用胶、毛刷等。

4）弱电综合布线工具：单口打线刀、五联打线刀、模块压接钳、水晶头压接钳、剥线刀等。

5）常用机械：电锤、电钻、切割机、角磨机、水钻、电焊机、移动电源箱等。

6）常用仪表：网线通断测试仪、寻线器、万用表、光缆测试仪、地阻仪、光功率计、场强仪、视频信号测试仪、兆欧表、信号泄露测试仪、信号发生器、屏蔽测试设备等。

7）测量工具：游标卡尺、螺旋测微仪、水平尺等。

8）软件及调试工具：计算机硬件测试软件、网络测试软件、RS485 通讯测试软件、笔记本电脑等。

12.1.2　操作流程

先识图电气施工图，再按照暗敷设或明敷设方式进行强弱电线路的敷设。

（1）识图电气施工图

按照一定的顺序进行识图电气施工图。一般顺序是：图纸目录→设计说明→材料表→系统图→电路图和接线图（简单工程，可能没有）→平面布置图（主要有配电平面图、防雷接地施工图、弱电施工图等）。

识读建筑电气施工图纸的顺序，没有统一的规定，可根据需要，自行掌握，并应有所侧重。有时一张图纸需对照并反复识读多遍。为了更好地利用图纸指导施工，使之安装质量符合要求，识读图纸时，还应配合识读有关施工及验收规范、质量评定标准以及全国通用电气装置标准图集，详细了解安装技术及具体安装方法。

（2）暗敷设施工顺序

定位放线→选择穿线管管径→计算开槽宽度、深度→确定穿墙洞口尺寸→开暗槽→布放穿线管→加装接线盒→选择底盒及面板→安装底盒（含接线盒）→布线并标记→制作接头。

（3）明敷设施工顺序

定位放线→选择穿线管（槽）规格→确定穿墙洞口尺寸→布放、固定穿线管（槽）→加装接线盒→选择底盒及面板→安装底盒（含接线盒）→布线并标记→制作接头。

12.1.3 施工工艺

（1）识图电气施工图

1）图纸目录

图纸目录是反映该工程建筑电气施工图的图纸顺序编号、图纸名称和图幅的技术文件。图幅一般为 A4。

识读时，应掌握工程总称、项目名称、图别、设计号、设计日期，了解电气施工图图纸的种类及数量，图名及顺序。

2）电气设计说明

电气设计说明是统一描述工程有关电气方面共性问题和图纸中没有表达清楚的有关事项的技术文件。主要包括：工程概况，设计范围，设计依据，供电电源、电压等级、供电系统形式，设备选择、设备安装方式及安装高度，线路敷设方式，防雷与接地措施、等电位联结等，还有弱电系统说明，施工时应注意的事项，其他需补充说明的部分。

识读案例：

在某项目的电气设计说明中，识读到以下情况：

①设计依据、设计范围。

②供电电源情况：一路 380/220V 三相低压电源、埋地引入。进线处设重复接地，采用 TN-C-S 低压系统（即保护线 PE 与中性线 N 从进户重复接地处分开，且在分开后，N 与 PE 不能再合并）引至总配电计量箱 AW，所有用电设备的金属外壳均与 PE 线连接。

③设备安装：指明了配电箱、跷板开关、插座等的安装方式和安装高度。

④线路敷设：导线型号、穿管管材、敷设方式、敷设部位等。

⑤防雷与接地：第三类防雷；防雷接地措施；避雷带等所用材料、名称、规格；防雷引下线做法；接地极材料、规格、安装要求等；接地电阻应达到的标准；总等电位联接要求等。

3）材料表

材料表应列出工程所使用到的图例符号，设备名称、规格、数量，材料的型号，安装高度等。

4）配电系统图

反映了系统的基本组成，主要有电气设备、元件等连接关系及其规格、型号、参数等，通过识读从而掌握该配电系统的基本情况。

主要内容如下：

①整个工程的负荷情况：设备容量、需要系数、有功负荷、功率因数、计算电流等。

②电源进线情况：进线型号及规格、敷设部位、敷设方式、穿管管材及管径等。

③进线电缆防雷、接地措施，总等电位联接形式。

④供电电源种类、数量、电压等级、低压供配电系统方式。

⑤电能计量方式。

⑥配电箱及电度表、开关、熔断器等的数量、型号、规格。

⑦供电线路的布置形式,进户线和各干线、支线、配线的数量、规格和敷设方法。

⑧各个回路的编号、设备容量、相序、供电范围等。

5）识图配电平面图

识读配电平面图纸时,可根据电流入户方向,即按"进户点→配电箱→支路→支路上的用电设备"的顺序进行识读。

配电平面图的主要内容有:电源进户线的位置,导线规格、型号、根数、引入方法（架空引入时注明架空高度,从地下敷设引入时注明穿管材料、名称、管径等）;配电箱的位置（包括主配电箱、分配电箱等）;各用电器、设备对应插座的平面位置、安装高度、安装方法、用电功率等;线路型号、规格、敷设方法,穿线管材的名称、管径,导线名称、规格、根数;从各配电箱引出回路的编号。

识读时,应掌握主要内容:

①了解建筑物的基本情况,如建筑物结构、房间分布与功能等。电气管线敷设及设备安装与房屋的结构直接相关。

②熟悉配电平面图的识读顺序。一般按配电平面图纸顺序,按"进户点→配电箱→支路→支路上的用电设备"的顺序进行识读。

③熟悉设计说明,以便了解平面图中无法表达或不易表示,但又与施工有关的问题。

④熟悉主要材料表,熟悉施工图中所用的非标准图形符号。

⑤熟悉电气设备、灯具等在建筑物内的分布及安装位置,同时了解它们的型号、规格、性能、特点和对安装的技术要求。对于设备的性能、特点及安装技术要求,往往要通过阅读相关技术资料及施工验收规范来了解。

⑥熟悉各支路的负荷分配情况和连接情况。

⑦熟悉设备和线路的安装高度（结合设计说明和材料表）。

⑧应相互对照,综合识读施工图,以避免与其他建筑设备及管路在安装时发生冲突。

⑨了解相关施工规范要求。

6）防雷接地施工图

建筑物应根据其重要性、使用性质、发生雷电事故的可能性和后果,按防雷要求分为三类。防雷装置是接闪器、引下线、接地装置、过电压保护及其他连接导体的总和。

建筑防雷接地施工图一般包括防雷平面图、接地平面图和施工说明。屋顶防雷平面图及室外接地平面图,反映避雷带布置平面,选用材料、名称、规格,防雷引下线做法,接地极材料、规格、安装要求等。

主要内容:施工说明反映工程防雷分类,避雷带、引下线、接地装置采用的方式、使用的材料规格、安装方式及部位、施工采用的标准图集等；防雷平面图包括避雷带的敷设部位、敷设方式、使用材料规格、支持卡子间距；引下线的位置，敷设方式、使用材料规格等；接地平面图包括接地体的位置、接地线的位置、使用的材料规格、等电位端子箱 MEB 的位置等。

在识读时，应掌握主要内容：防雷等级；避雷器采用的方式、敷设方式、敷设部位、使用材料规格、支持卡子间距；引下线的位置（引下点数量）、敷设方式、使用材料规格，明敷设时固定卡子的间距，断接卡子的位置、高度；接地体及接地线的位置，敷设方式、使用材料规格、埋设深度等；对接地电阻的要求，若达不到要求，应采取的措施等。

7）弱电施工图

一般工程弱电施工图包括电话系统、电视系统、宽带网络系统、门禁对讲系统等，现在基本上通过宽带网络系统来实现。

弱电施工图通常由弱电设计说明、系统图和弱电平面图等组成。弱电设计说明可以包含在电气设计中，也可以在系统图或平面图中空白区域表达；弱电的系统图一般分开绘制（当仅设计穿线管时，可绘制在一个系统图中）；各弱电系统的平面布置图一般不单独绘制，综合在一起来表达。

①宽带网络系统

一般建筑物宽带网络系统只表示出宽带进线光纤、宽带机柜、网线、网络插座的型号及规格、安装方式、安装部位、穿管管材及管径等。

在识读时，主要掌握宽带系统进线的型号及规格、引入方式、引入部位，穿管管材及管径；宽带机柜的数量、型号及规格、安装方式、安装部位、安装高度；光纤、网线的型号及规格，安装方式、敷设路径，穿管管材及管径；室内信息插座的安装方式、安装部位、安装高度；安装有关要求等。

②门禁对讲系统

一般建筑物门禁对讲系统表示出联网情况、门禁对讲主机、电控锁、UPS 供电电源、控制线、室内对讲分机的型号及规格、安装方式、安装部位、穿管管材及管径等。

在识读时，主要掌握门禁对讲系统联网情况，进线的型号及规格、引入方式、引入部位，穿管管材及管径；掌握门禁对讲主机、电控锁、UPS 供电电源型号及规格、安装方式、安装部位、安装高度；掌握控制线的型号及规格，安装方式、敷设路径，穿管管材及管径；掌握室内对讲分机的型号及规格、安装方式、安装部位、安装高度；安装有关要求等。

（2）暗敷设

暗敷设即穿管暗配线，是将穿线管预埋在墙、楼板或地板内，而将导线穿入管中。这种配线方式看不见导线，不影响屋内墙面的整洁美观，但费用较高。

常用穿线管有导线管、焊接钢管、镀锌钢管、硬质塑料管、刚性阻燃管、半硬质塑料管等。

1）定位放线

①根据施工图纸，定位强弱电配电箱、插座、开关、灯具的位置，再用墨线划线，勾画出需要走管的路线（应横平竖直）。若是设备位置有改动，应协商解决。

②墙面开槽定位遵循"横平竖直"原则。

③墙面开槽管线走向，应根据墙面插座布局而定。如果插座在墙的上半部，墙面开槽就需要在墙面垂直向上开至墙的顶部安装装饰角线的安装线内。如果插座是在墙的下半部，墙面开槽就需要垂直向下至安装踢脚板的底部。

④若墙面开槽管线需要经过承重墙或承重柱面，对于新建房屋，先做管线预埋，再浇混凝土。

⑤若是装修房屋，承重墙和承重柱面上严禁墙面开槽，一定要特别注意这样隐蔽工程的安全隐患。

2）选择穿线管管径

多根导线穿于同一根线管内，线管内截面积不小于导线截面面积（含绝缘层和保护层）总和的 2.5 倍；单根导线穿于同一根线管内，线管内径不小于导线外径的 1.4 ~ 1.5 倍；电缆穿管时，线管内径不小于电缆外径的 1.5 倍。例如，4 根截面积为 2.5mm² 的橡胶绝缘导线，穿导线管敷设时，其管径不得小于 25mm。

不同信号、不同电压等级的线路，应分开设置穿线管。

3）计算开槽宽度、深度

根据同一线路上保护管的数量、规格、布置方式等，计算确定配管的总深度及宽度。在开槽宽度、深度计算值的基础上，预留 5 ~ 10mm 为宜。一般配管为单层排列，墙面宽度不够等特殊情况除外。

强弱电之间一定要留出间距，以 300mm 以上为宜。

4）确定穿墙洞口尺寸

若是单根管穿墙，墙洞口直径为 60mm；若是两根管穿墙，墙洞口直径为 100mm，或打 2 个直径为 60mm 的墙洞口分开走。

5）开暗槽

用切割机等专用工具按定位线路割开墙面。注意不能把钢筋切断（影响房屋质量），遇到钢筋时只能开浅（贴砖时需要加厚水泥），也可绕走其他墙面。

不宜大面积横向开槽，在墙上横向开槽是极其危险的做法。如果在承重墙上挖 50mm 深、3m 长的横槽，其危害相当于整体拆掉 1m 宽的承重墙。

6）布放穿线管

将相应规格的保护管布线在已经开切好的暗槽中，并进行固定。

7）加装接线盒

当穿管配线时，管内的导线不得有接头。若导线有接头时，应加设接线盒，在接线盒里接头。

为便于穿线，当管路过长或转弯较多时，也应适当加装接线盒。

加装接线盒的情况有：当管线长度每超过45m无弯曲时；管线长度每超过30m，有一个弯曲时；管线长度每超过20m，有两个弯曲时；管线长度每超过12m，有三个弯曲时。

8）选择底盒及面板

选择国家标准产品86型墙壁开关底盒及面板。86型底盒内部的空间比较大，接线很容易。这种开关的底盒和墙体接触面积大，只要砂浆糊实，便会牢牢地固定在墙面中，不会发生松动。当多个底盒要并排安装的时候，安装高度要统一。

118型墙壁开关底盒和开关的特点：可以根据自己的需求来自由组合安装，包括位数，这样可以节省底盒成本，而且施工也很方便。但118型开关底盒的内部空间相对较小，所以接线较长时，比较麻烦。

9）安装底盒（含接线盒）

①定位线：以墙面上1350mm的水平线为基准，确定开关、插座、空调插座等的高度，并同时弹出普通插座、床头柜水平线。

②底盒安装前的处理：将对应的敲落孔敲去，有两个或多个底盒并排安装在一起时，底盒间如存在连线时应将其相应的孔敲穿并装上锁扣。

③湿水：用水将安装底盒的洞湿透，并将洞中杂物浮尘清理干净。

④底盒的稳固：用1：3的水泥砂浆将底盒稳固地安放于洞中，并确保其平正，相邻底盒在同一水平线上，并与墙面相平。

⑤清理：将稳固好的底盒及锁扣里的水泥砂浆及时清理干净，完成安装。

10）布线并标记

强电布线参照《室内建筑电气布线规范》GB—1259。从配电箱起，按各回路分别布线，延伸到开关、插座的底盒或灯具等用电设备所在位置，并预留一定长度。普通插座线路采用2.5mm^{2}布线，暗装时底盒离地面高度0.3m。空调插座线路采用4mm^{2}布线，离地面高度在1.8～2.2 m左右。照明线路可采用2.5mm^{2}布线，照明开关离地面高度在1.4m，离墙边0.2m。对各回路及用途进行标记，并在面板背面贴上配电系统图。

弱电布线采用与此类似的方法，参照《综合布线系统工程验收规范》GB/T 50312—2016布放网线等弱电线路。电话线、网线均采用5类或超5类双绞线进行布线。在穿各类弱电线缆前，应对所有线缆的每根芯线进行通断测试，以免布线完毕后才发现断线而重新铺设。

11）制作接头

①电缆接头制作的注意事项：电缆进入配电箱内应剥去电缆外层保护皮，并用尼龙扎带等加以固定；铠装电缆引入配电箱后，应在铠线上焊接好接地引线，或加装专

门接地夹；在配电箱内接线空间一般比较宽裕，选用压接铜线耳制作电缆头；采用压接线耳，在压接线耳两端朝不同方向压接一次。采用开口线耳时，将开口处敲紧敲密，并涂上非酸性焊锡膏后灌锡降低接触电阻；压接线耳截面应与导线截面相同，开口线耳载流量不应低于导线载流量；在有腐蚀性或对供电要求较高的场所，所有铜—铜接点都应搪锡或加涂导电膏，以减少接触面发热；线耳压接完毕后均应彻底清理干净，并包扎与相序一致的色带；控制电缆头两端导线压接接线端子后，必须包扎良好。

②导线接头制作的注意事项：

常规接头制作时：若需将导线剥较长绝缘层时，需要一把电工刀，将电工刀呈 30°角度压在线上，抵在桌子或工具台上，或者把导线绷直，匀速拖动导线，或推动电工刀即成。

并线接头的制作时：分两种情况，一种是多根导线并成一根导线，继续延长；另一种是多根导线并在一起，并在此处停留。

第一种情况，一般采用"1 缠多"的方法。即先将多根待并线的导线紧密的捏在一起，再用一根延长线在多根待并线上缠绕，最后将多根线往回弯曲，所有导线互相接触的地方都需要剥开线皮。接线之后，如图 12.1 所示。

图 12.1 "1 缠多"接线的示意图

第二种情况没有延长线，一般采用"多缠 1"的方法。即先取出任意一根导线，掰直。再用多根待并导线在这根导线上缠绕，最后将掰直的导线弯回来，如图 12.2 所示。

图 12.2 "多缠 1"接线的示意图

延长线接头制作时：一根导线的长度不够了，需要再接一根线。具体做法是"缠、弯、缠"的方法，即将一根导线掰直，另一根导线在掰直导线的中间部分向掰直导线的绝缘层方向缠绕。缠绕到一半时，将掰直的导线弯回来，然后继续缠，此时要连同弯回来的部分一起缠住，图 12.3 为延长线接头的示意图。

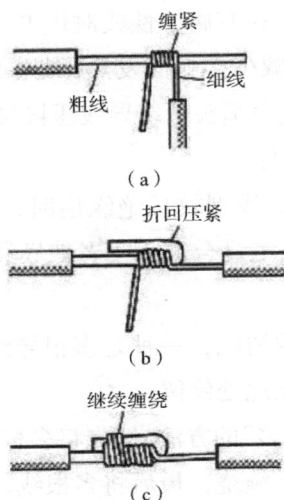

图 12.3　延长线接头的示意图

分线接头制作时：一根导线正常通过，此时有另一根导线需要从旧线的非顶端位置取电。将旧线在需要接线的部分剥开绝缘层，新线直接在旧线上缠绕即可，图 12.4 为分线接头的示意图。

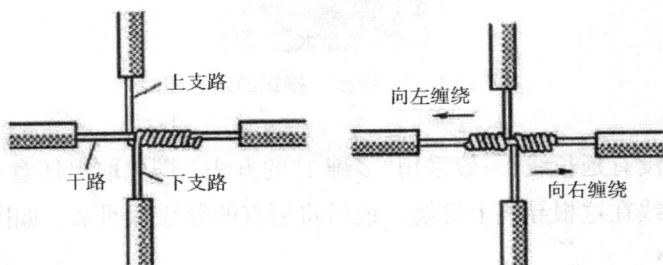

图 12.4　分线接头的示意图

注意：以上所有导线接头制作方法中，除"分线接头"以外，如果出现硬线和软线同时存在，则应使用软线缠绕硬线；如果大线方与小线方同时存在，则应使用小线方缠绕大线方。如果同时出现了软、硬线和大、小线方，则优先考虑软、硬线。

接头的处理：从导线绝缘层，距离导线接头长度 2 倍的位置开始用绝缘胶布包裹，包裹方向为向前 45°。每次前进距离为胶布宽度的 1/2，直至将接头完全包裹，同样的动作，至少重复两遍。

③网线水晶头制作的注意事项：制作连接从弱电信息盒到电脑（或电视机）的一

根双绞线（即直通线），就是对水晶头的制作。遵循 EIA/TIA 568B 的标准来制作接头，线对颜色是有一定顺序的，即左起为：白橙 / 橙 / 白绿 / 蓝 / 白蓝 / 绿 / 白棕 / 棕。

主要步骤如下：

截取一定长度的双绞线。利用斜口剪剪下所需要的双绞线长度，根据距离确定双绞线的长度，至少 0.6m。再用双绞线剥线器将双绞线的外皮除去 20 ~ 30mm。

拨线操作。将裸露的双绞线中橙色对线拨向自己的前方，棕色对线拨向自己的方向，绿色对线剥向左方，蓝色对线剥向的右方。

将绿色对线与蓝色对线放在中间位置，而橙色对线与棕色对线保持不动，即放在靠外的位置，保证线对颜色左起依次为：白橙 / 橙 / 白绿 / 蓝 / 白蓝 / 绿 / 白棕 / 棕。

将裸露出的双绞线用剪刀或斜口钳剪下只剩约 14mm 的长度，再将双绞线的每一根线依序插入 RJ45 接头的引脚内，第一只引脚内应该放白橙色的线，其余类推。

确定双绞线的每根线已经正确放置，然后用 RJ45 压线钳压接 RJ45 接头。重复上述步骤，再制作另一端的 RJ45 接头。

（3）明敷设

明敷设与暗敷设的施工方法基本相同，没有开槽的这个工序。明敷设线路将穿线管（槽）的底板、底盒（含接线盒）用铁钉或木螺钉（固定点）固定在建筑物的墙面上。

明敷设线路主要有塑料槽板配线、塑料护套管配线等。

1）槽板配线

如图 12.5 所示的塑料（金属）槽板配线，是将强弱导线缆分别布放在槽板的槽中，底板用铁钉或木螺钉（固定点）固定在建筑物的墙上，再盖上盖板，使导线不外露，保证用电安全。

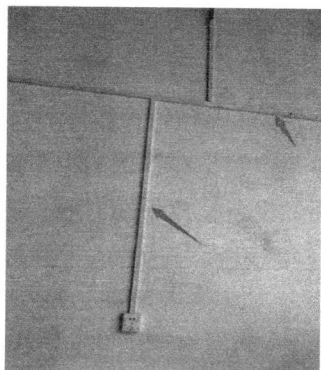

图 12.5　槽板配线示意图

重点是确定固定点间距。根据线槽的负载量确定固定点之间的距离，一般在 1.5 ~ 2m 之间。在进入接线盒、箱柜、转弯和变形缝两端及丁字接头处，间距不应大于 0.5m。线槽固定支点间距离偏差应小于 50mm，底板离终点 50mm 应固定。

2）护套管配线

如图 12.6 所示为护套管配线，是将塑料（金属）保护管固定在建筑物的表面或支架上，导线穿在管中。其施工方法与槽板配线类似。

图 12.6 穿管明配线的示意图

12.1.4 检查与验收

1）不同用途的导线禁止混穿于一根线管内（如强电导线 / 电脑线 / 电视线 / 电话线）。不同电压、不同回路、不同频率的强电导线应分开敷设。当弱电管道与强电管道平行布设时，应使两者有一定的间距，以 130mm 左右为宜。

2）穿线管里导线的总截面不应大于线管孔有效面积的 40%。

3）管内穿线前应将管内积水及杂物清除干净，导线在管内不得有接头，接头应在接线盒内进行，管口处应加塑料护咀。

4）导线敷设前，应先核准导线型号、截面是否与设计相同，进行目测和物理粗测。

5）每放一个回路，都必须在导线头、尾上绑挂导线铭牌，铭牌上应编上回路的编号、导线型号、规格及长度，也可用号码管作标识。

6）导线敷设应根据用电设备位置，在线槽内由里到外整齐排列。

7）对于使用导线规格相同的设备，放线缆时应先远后近。

8）导线布放时应有冗余。接线盒、开关盒、插座盒及灯头盒内的导线的预留长度应为 150mm。

9）配电箱内导线的预留长度应为配电箱体周长的 1/2。

10）出户导线的预留长度应为 1.5m。

11）公用导线在分支处，可不剪断导线而直接穿过。有特殊要求时，应按设计要求预留长度。

12）保护管明敷设时，槽板应紧贴建筑墙面，排列整齐。在槽板内穿线宜在建筑物的抹灰及地面工程结束后进行。线槽与各种模块底座连接时，底座应压住槽板头。

线槽螺杆高出螺母的长度少于 5mm。线槽交叉、转弯、丁字连接时，应平整无扭曲，接缝紧密平直无毛刺，接口位置准确，角度适宜。

13）双绞线在接线盒的预留长度应为 60mm。在弱电箱的预留长度应不小于 0.5m。

14）对批量购进的双绞线，应从任意三盘中抽出 100m 进行电缆电气性能抽样测试，对电缆长度、衰减、近端串扰等指标进行测试。

15）吊顶内敷设的钢管应按明配管要求进行施工。

12.2　设备安装

12.2.1　材料及工具准备

（1）主要材料

1）家用配电箱：箱体及开关、固定螺丝、绑扎带、地线、零线端子排、编码管。

2）家用弱电箱：箱体（配置路由器、光猫等有源设备或模块，从配电箱接入电源插座，引入 220V 强电）、固定螺丝、绑扎带、编码管。

3）插座和翘板开关：底盒及面板。

4）照明灯具：灯具及配件。

5）常用家电：家电及配件。

（2）常用工具

同 12.1.1 节的常用工具

12.2.2　操作流程

在识读电气施工图后，再按相应操作流程进行安装。

（1）家用配电箱的安装

选择配电箱（箱体规格、空开型号等）→确定配电箱位置→明装或暗装箱体→安装空开→强电线路敷设（铺设保护管→布线并标识→导线接头制作）→配线→盖上面板→完毕。

（2）家用弱电箱的安装

选择弱电箱规格→确定弱电箱位置→预埋箱体→弱电线路敷设（铺设保护管→布线并标识→RJ45 等接头制作）→模块、设备的安装、测试→盖上面板→完毕。

（3）插座和翘板开关的安装

选择插座和翘板开关→确定安装位置→预埋底盒→强弱电线路敷设→接线、模块压接→盖上面板→完毕。

（4）照明灯具的安装

选择灯具→确定灯具控制方式→确定灯具安装位置→规划照明线路路由→预埋

或安装灯具固定件→强电线路敷设（照明线路）→安装灯具、接线→通电试运行→完毕。

（5）常用家电的安装

确定家电的安装位置→开箱检查设备及配件→固定设备及配件→连通水暖气等管路→清理设备和管路→通电（通水通气）试运行→完毕。

12.2.3 施工工艺

（1）家用配电箱的安装

根据供电的入户线位置和住宅户型情况，确定家用配电箱的安装位置，根据用电回路等情况，选择配电箱的规格和空开的型号，再对配电箱进行具体的安装。

家庭配电箱有明装和暗装两种。

1）明装配电箱箱体

配电箱安装在墙上，应采用开脚螺栓（胀管螺栓）固定，螺栓长度一般为埋入深度（75～130mm）、箱底板厚度、螺母和垫圈的厚度之和，再加上5mm左右的"出头余量"。

对于较小的配电箱，也可在安装处预埋好木砖（按配电箱或配电板四角安装孔的位置埋设），然后用木螺钉在木砖处固定配电箱。

2）暗装配电箱箱体

配电箱嵌入墙内安装，在砌墙时预留孔洞应比配电箱的长和宽各大20mm左右，预留的深度为配电箱厚度加上洞内壁抹灰的厚度。

在暗装配电箱时，箱体与墙之间填以混凝土即可，箱体固定应横平竖直，垂直偏差不应大于3mm。配电箱四周应无空隙，其面板四周边缘应紧贴墙面，箱体与墙面接触部分应涂防腐漆。

3）空气开关的安装

在配电箱内，安装空气开关时，要从左向右排列，开关预留位应为一个整位，预留位一般放在配电箱右边。

配电箱体内总空开与各分空开之间配线一般走左边，配电箱出线一般走右边。

电源进线接到总空开上方，即单相电源的三根导线，在空开上方的L接火线（红色）、N接零线（淡蓝色），PE地线（黄绿双色）不进入开关，直接接到PE接地线排上，确保安全。

分空开下方与室内用电设备的相线导线相连接，分别接照明的火线、插座的火线、空调的火线等。

下方标有字母N接零线排（黑色），所有室内的零线都接在这里。

下方标有字母PE接地线排（黄绿双色），所有室内的接地线都接在这里，分开关用单极开关，具体如图12.7所示。

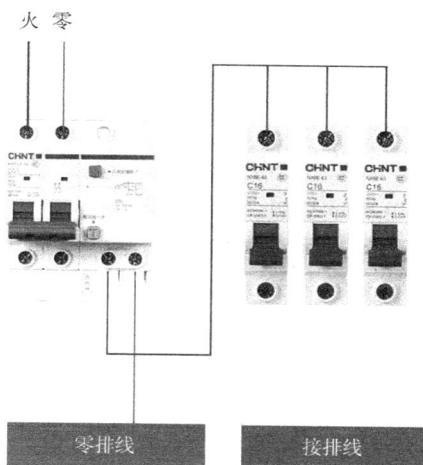

图 12.7　空开的安装示意图

4）配线

将制作好的接头插入开关接孔中，拧紧螺钉。

照明、插座回路一般采用 2.5mm² 导线，空调回路一般采用 4.0mm² 导线。

相线 L 配线：采用黄、绿、红中的一种颜色，接入不同的回路上。

零线 N 配线：采用淡蓝色，不同回路之间的零线不得共用，应直接连接到零线排上。

保护地线 PE 配线：采用黄绿双色，不同回路之间的 PE 线不得共用，应直接连接到接地线 PE 排上。

导线要用塑料扎带绑扎，扎带大小应合适，间距应均匀（一般为 100mm）。扎带扎好后，不用的部分要用钳子剪掉。

（2）家用弱电箱的安装

家用弱电箱是网络、电话、电视等线路和设备的集中箱，如图 12.8 所示。

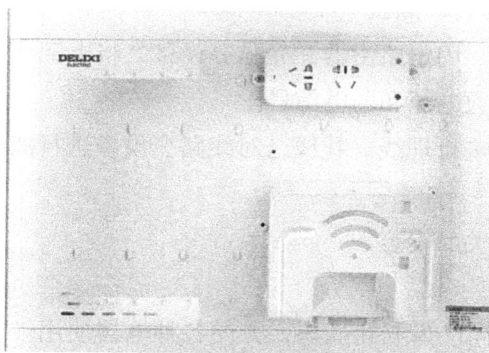

图 12.8　家用弱电箱

安装前，了解电话、宽带、有线电视等相关智能服务种类、信号入户线位置等。

1）家用弱电箱的选择

①规格要求。选择合适尺寸的家用弱电箱非常重要，家用弱电箱可选择中号（350mm×300mm×120mm）。如果是将路由器、交换机等设备放在弱电箱内，可选择大号（400mm×300mm×120mm）。不少家庭装在弱电箱里的线缆占用的空间特别大，甚至都盖不上盖板，大大影响了墙面的美观度，故不建议选择小号（263mm×196mm×120mm）。

②电源要求。要选择带有电源模块的弱电箱，便于向光猫、集线器等有源设备供电，而不用打开弱电箱的盖板才能外接220V电源。

③散热要求。对于内部有源设备较多的弱电箱，要选择散热孔较为密集的弱电箱。

④屏蔽要求。如果准备将无线路由器放置在弱电箱内，要选择一款面板为ABS材质的弱电箱，若用金属面板会削弱无线路由器的信号。

⑤质量要求。要选择寿命长、不容易腐蚀变形的弱电箱。大多数情况下，弱电箱都是嵌墙安装的，一旦安装完成，就难于进行更换调整。不容易腐蚀变形的弱电箱，才能高效维持内部的干燥环境，降低灰尘进入箱体，保证弱电箱内部线缆的使用安全。

2）安装位置的确定

家用弱电箱通常采用暗装，若有车库和地下室的独立住宅可考虑在这些区域挂墙明装。

弱电箱安装的位置尽可能地远离强电配电区，通常选择在室内各种进线和出线走向方便，便于敷管布线的位置；符合装修隐蔽的要求，比较容易隐蔽的位置，如玄关处；便于安装保养操作；除了不能安装在衣柜、鞋柜、冰箱、电视旁外，也不能安装在潮湿、不透气、散热不良、调整维护困难的地方。

3）箱体的安装

选中安装位置后,箱体埋入墙体,其面板露出墙面10mm,两侧的出线孔需要填埋,当所有布线完成并测试后，才用石灰封平。

4）模块、设备的安装、测试

在箱体内合理布置、固定路由器、光猫等设备，将电源线缆插入电源插座，将网线插入相应的接口，接通电源和弱电信号。

在安装过程中，应进行理线、扎线，对线路、设备进行测试。信号正常后，再盖上面板。

（3）插座和翘板开关的安装

1）电源插座

①类型：一般家用插座为五孔插座，方便各种电器使用。有普通型插座和安全型插座之分，还有空调等专用插座（16A）。安全型插座的插口用材料做了密闭，保护性、密闭性、安全性有保障，要插入插头时必须用力才能插进。如果在厨房，开关插座安

装需要距离煤气表 200mm 之外。

插座的数量、安装位置及高度，都是按照使用功能来配置。

②数量：如住宅中，客厅至少要有电视机电源插座、空调电源插座、电脑电源插座、音响电源插座等，高档住宅还会考虑台灯、落地灯、饮水机、吸尘器等插座；卧室内一般要有床头柜电源插座（台灯用）、电视机电源插座、空调机电源插座等；厨房餐厅一般有冰箱、电磁炉、微波炉、电饭煲、抽油烟机、洗碗机、消毒柜等电源插座。

③位置及高度：插座应安装在用电设备附近，不影响使用的地方。住宅内电源插座距地 1.8m 及以上时，采用普通型插座。若使用安全型插座时，安装高度可为 0.3m。具体可根据设备使用功能及安装位置，确定对应电源插座的安装高度，如抽油烟机电源插座可安装在吊顶内。

④接线：带开关插座接线时，电源相线 L 应与开关的接线柱连接，电源工作零线 N 应与插座左边接线柱相连接，电源保护地线 PE 应与三孔插座上边接线柱相连接。带指示灯带开关插座接线如图 12.9 所示。带熔丝管二孔三孔插座接线如图 12.10 所示。

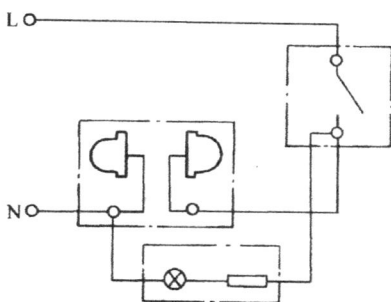

图 12.9　带指示灯带开关插座接线图

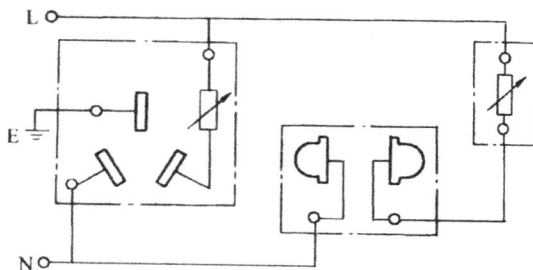

图 12.10　带熔丝管二孔三孔插座接线图

⑤多插座并联接线：先把插座里面的 L、N、PE 线分别链接着串起来，然后再把最边缘的一组接线柱 L、N、PE 线与配电箱中的 L、N、PE 线分别接上，如图 12.11 所示。

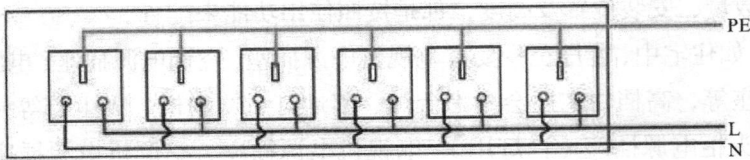

图 12.11 多插座并联接线示意图

2）翘板开关的安装

翘板开关不允许横装。同一场所，所有开关安装高度、通断方向应保持一致。

一般距地面的高度为 1.3 ~ 1.5m，距门框的距离应为 0.15 ~ 0.2m。其高度差不应大于 5mm，成排安装的高度差不应大于 2mm。

开关必须安装在相线 L，然后与照明灯具连接，线路必须穿管敷设。

普通单联单控翘板开关：电源相线 L 应接到与动触点相连接的接线柱上，到灯具的导线与静触点相连接。面板上有指示灯的，指示灯应在上面；翘板上有红色标记的应朝上安装；"ON" 字母是开的标志。当翘板或面板上无任何标志的，应装成翘板上部按下时，开关应处在合闸的位置，翘板下部按下时，应处在断开位置，如图 12.12 所示。

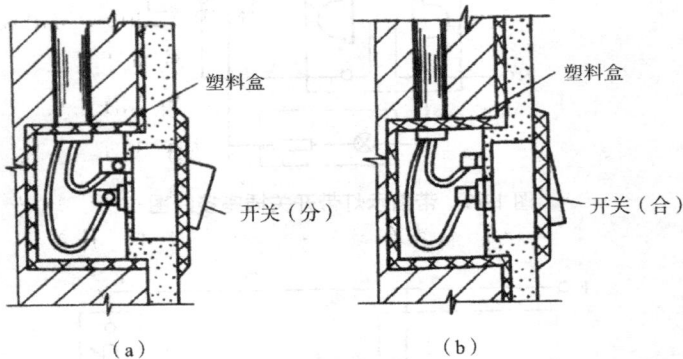

图 12.12 翘板开关通断位置
（a）开关处在断开位置；（b）开关处在合闸位置

若是双控开关，正规的做法、实物示例如图 12.13 所示。

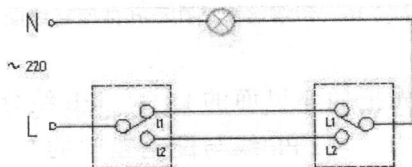

图 12.13 双控开关接法示意图（一）

（双控）开关控制灯接线图（一）

L 火线
N 零线 ~ 220V

负载
接地线

双控开关

插座带双控开关

加1条跳线

（双控）开关控制灯接线图（二）

L 火线
N 零线 ~ 220V

负载 接地线 接地线

插座带双控开关 插座带双控开关

加1条跳线

一开双控五孔插座
（开关控制插座接线方法）

一开双控五孔插座
（开关单控控制灯接线方法）

零线 L 接火线

接地线 L 接火线 L 接负载线 L 接火线

N 接零线 L1 接另一边 L1

L2 接另一边 L2

一开双控五孔插座（开关与一开双控同时控制灯）

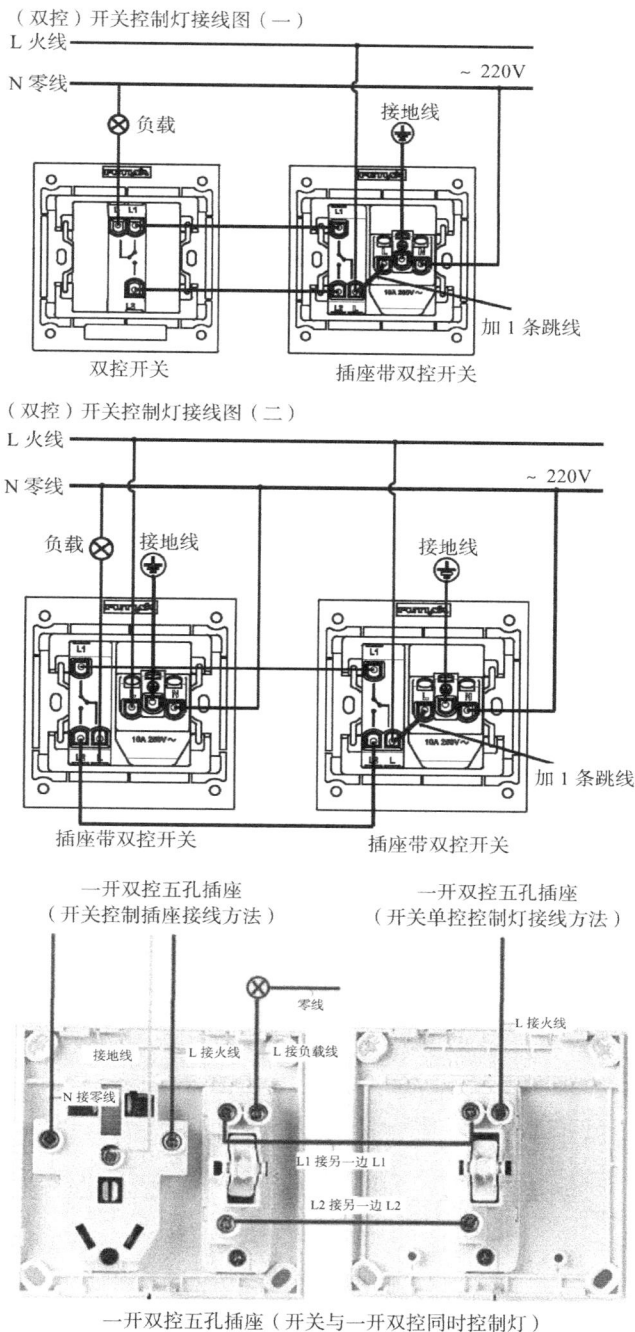

图 12.13 双控开关接法示意图（二）

3）弱电信息插座的安装

根据使用功能，选择弱电信息插座，确定其位置及安装高度。家用电话、网络插座均使用超5类RJ45信息插座模块，建议每个弱电信号设置一个面板线盒（弱电插座）。

在相关位置布设各种弱电信息插座（同时配置电源插座），再制作弱电接头，压接模块，盖上面板。

（4）照明灯具的安装

根据规范和用户需求，选择家庭照明灯具规格及型号，并选择灯具的控制方式，再确定控制开关的安装位置。选择照明线路的敷设方式，规划好照明线路敷设路由。较重的灯具，需事先在灯具的位置预埋其固定件。对于小型灯具，打孔安装灯具的固定件。在照明线路敷设后，安装灯具保护罩和光源，接通线路，再通电试运行。

1）控制方式及开关的安装

照明灯具的控制一般采用跷板开关控制。根据控制要求，选择单控开关、双控开关等，也可以采用声光等智能化控制。

控制照明灯具的开关必须安装在照明线路的相线上。

厨房、卫生间、阳台等照明，一般采用单灯单控，即由一个开关控制一盏照明灯；卧室主灯多在进门和床头都能控制，设计成两地控制；客厅照明一般有两盏或多盏灯具，可分组进行控制。

跷板开关一般安装在便于操作的地方，如入户玄关处、卧室门边、床头旁等。安装高度一般距地面 1.3 ~ 1.5m，距门框 0.15 ~ 0.2m。其高度差不应大于 5mm，成排安装时高度差不应大于 2mm。

2）灯具及其安装

根据照度标准，结合装修风格、用户需求和美观等要求，选择灯具的外形特征和安装方式，如普通吸顶灯、LED 吸顶灯、普通吊灯、水晶吊灯、壁灯等。

悬挂式灯具底部离地面高度 2m 为宜，如图 12.14 所示为照明灯具的安装方式。

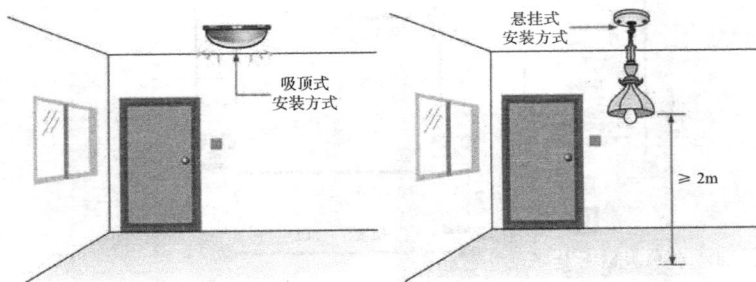

图 12.14　照明灯具的安装方式示意图

①灯具安装用的支座吊钩、预埋件、金属膨胀螺栓须敷设牢固，在吊架、桥架上安装的灯具应有可靠支撑，电器设备的接地（接零）措施和其他安全要求必须符合施工规范规定。

②采用悬挂式安装方式时，要重点考虑眩光和安全因素。眩光的强弱与日光灯的亮度及人的视角有关。因此，悬挂式灯具的安装高度是限制眩光的重要因素。如果悬挂过高，既不方便维护又不能满足日常生活对光源亮度的需要。如果悬挂过低，则会

产生对人眼有害的眩光，降低视觉功能，同时也存在安全隐患。

③固定灯具需用接线盒及木台等配件。安装木台前应预埋木台固定件或采用膨胀螺栓。安装时，应先在照灯器具安装位置上钻孔，并锯好线槽（明配线时），然后将导线从木台出线孔穿出后，再固定木台，最后安装接线盒或灯具。

④采用螺口灯座时，为避免人身触电，应将相线 L 接入螺口内的中心弹簧片上，零线 N 接入螺旋部分。

⑤照明装置的接线必须牢固，接触良好。接线时，相线或零线要严格区别，将零线接灯头上，相线须经过跷板开关再接到灯头上。

⑥成排灯具中心线允许偏差 5mm。

3）照明线路

确定各房间的灯具控制方式后，严格按照规范和设计的要求，选材、敷设和布线。

照明线路一般选用 2.5mm² 的塑料绝缘硬铜芯导线，穿塑料保护管暗敷设。

照明线路一般要求走捷径，尽量减少中间的弯头，合理节约导线。

如图 12.15 所示为家庭照明线路的施工要求。

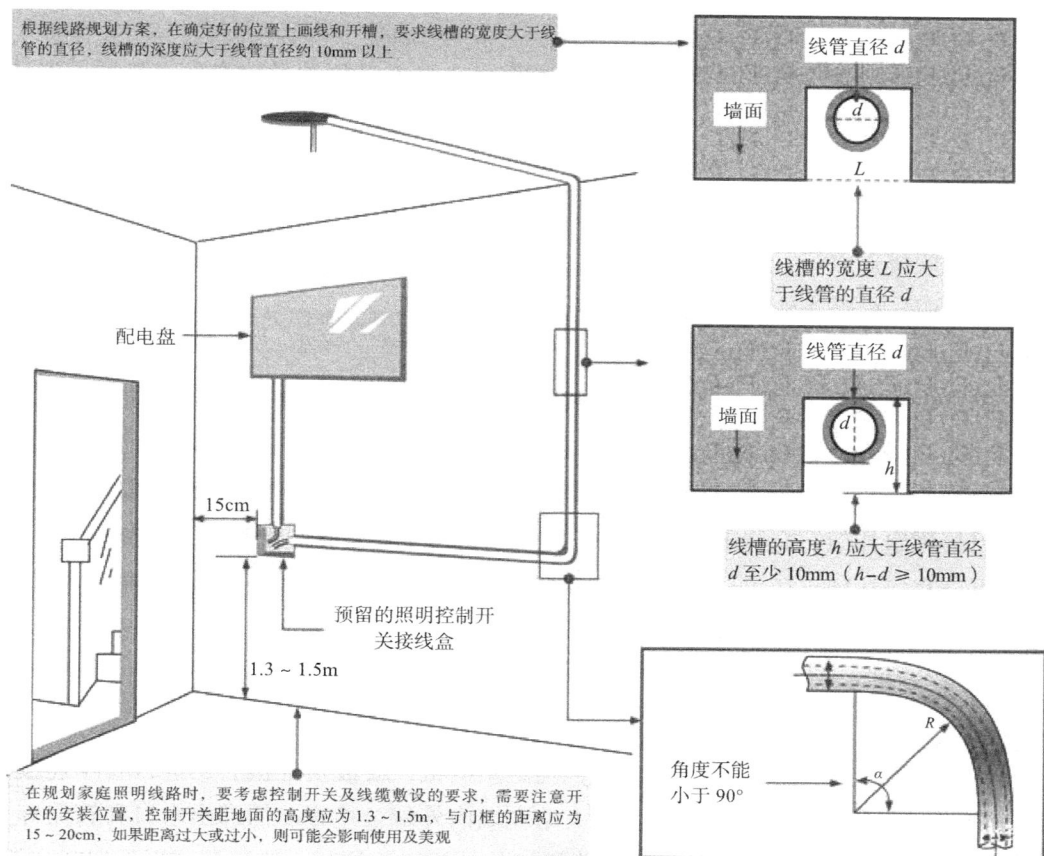

图 12.15　家庭照明线路的施工要求

从配电箱引出的相线 L 经控制用跷板开关、照明灯具后，再经零线 N 形成回路。各照明灯具并联在照明电路中，用不同的跷板开关进行控制。

另外，在一条照明灯具控线支路中，最多允许接 25 个以内的照明灯具。若超过 25 个灯具，则需要增加一个新的照明支路进行控制。

（5）常用家电的安装

1）抽油烟机安装

把油烟机拆开，拿出配件，把排烟管的塑料孔槽用螺丝刀锁上螺丝，把油烟机上的防护罩也锁上螺丝。拿出油烟机挂架，放在墙壁上先做标记，然后使用电钻在墙上打孔，把挂架放在墙上，用螺栓锁紧。抬起抽油烟机，注意油烟机背后的插孔，对准墙上挂架挂上。油烟机挂好后，把排烟管套上。插上电源，打开抽油烟机，进行调试。

2）电热水器安装

确定好位置后，安装上挂钩，将电热水器挂在挂钩上。进行水路的安装，必须辨别与热水器相对应冷、热水接口位置，并清理管内杂物。在连接水管时，需要做好密封工作，一定要在连接处使用密封圈。将接水口与安全阀相连，再接上水管上，插上电源即可。

3）燃气热水器安装

确定安装位置，燃气热水器应距离顶部 1.5m 左右，用螺丝枪在墙上打洞，安装螺栓，以便固定燃气热水器。安装冷水阀和热水阀门后，再安装燃气阀门（需把进气管与气表衔接，在安装前，务必要先关闭进气总阀，在气表的燃气出口接一个三通阀），安装排烟管。把燃气热水器挂到墙上去，在打孔位置上拧入螺栓，并用铝箔将烟管密封，接着联接进水管、出水管、燃气管。整体安装好后，检查燃气管道是否漏气，最后插上电源，检查并确认能正常使用。

4）电视机安装

确定电视机的安装位置（壁挂电视的观看距离至少为电视显示屏对角线距离的 3～5 倍，安装高度应以业主坐在凳子或沙发上，眼睛平视电视中心或稍下为最佳，一般电视的中心点离地为 1.3m 左右），标记出挂架安装孔位，然后在标记位钻孔，用螺丝钉等固定挂架。有些电视机后背需要先组装好安装面板，然后挂到壁挂架上，有的则可以直接挂到挂架上，用螺丝钉等紧固电视机，再接上网络和电源，检查并确认能正常使用。

5）空调机安装

确定室内、室外机的安装位置，在墙上钻孔。标记出室内机挂架安装孔位，然后在标记位钻孔，用螺丝钉等固定挂架，挂上室内机。安装室外机后，进行管路连接。检查线路有无断路、短路等现象。两人站在墙内外配合检查、捆绑出水口和管路等。排除管道和室内机里面的空气。先把连接好的外机接头拧紧，然后再用扳手把截止阀的阀杆松开一圈，外机出现响声，等待 30s，用扳手拧紧；松开截止阀的阀杆。用洗涤剂检漏，观察接头有无气泡等问题，若无即可拧紧阀门的保险帽。最后插上电源，开机试运行。

6）洗衣机安装

准备安装所需的工具、材料，如洗衣机专用水龙头、排水管等。连接进水管，一端连接洗衣机的进水阀，另一端连接水龙头。把排水管一端与洗衣机的排水口连接，另一端连接地漏。再接通电源，试机即可。

7）冰箱安装

先确定冰箱安装位置，不要离墙体太近，背面和两侧应保持约 100mm 的距离，顶部应留有 300mm 高度的空间。然后放置后找平，再对冰箱进行清洗。刚运送回来的冰箱先不要通电，一般需要将冰箱静止 2h 以上再通电。

8）饮水机安装

台式机将机身底部的透明硅胶塞取下，让水从最底部流出。清洗后套回即可，原紧固的铁圈或扎线不必套回。

立式饮水机分立式温热座机和立式冰热座机。拧开机身后的螺母排水，完成后拧回。

饮水机清洗完毕后，水平放置，装上水桶，接通电源即可。

9）壁扇安装

先在墙上依据固定三角片的孔位把孔打好，然后安装上螺丝固定三角片；把电机的接头插在固定三角片上，确定好电机方向最后拧紧螺丝；接着把网罩和螺丝安装好，接上电源即可。

10）浴霸安装

家中浴室 PVC 的吊顶做好后，开通风孔以及安装好通风窗。确定好浴霸的安装位置，浴霸安装的位置应该在浴缸或者是淋浴房的正上方。取下面罩后，用软线将浴霸以及开关面板连接好，接着连接通风管，将箱体推进风孔，固定浴霸灯，最后把面罩安装回去。

11）加湿器安装

将水箱翻转，逆时针旋下滤芯组件，再往水箱里倒入干净的水，最好用纯净水。旋紧滤芯组件，将机体擦拭干、装好，接上电源即可。

12.2.4　检查与验收

（1）家用配电箱

1）配电箱应安装在干燥、通风部位，且无妨碍物，方便使用。

2）配电箱不宜安装过高，一般安装标高为 1.8m，以便操作。进出配电箱的电管必须用锁紧螺母固定。

3）若配电箱需开孔，孔的边缘须平滑、光洁，配电箱埋入墙体时应保持垂直和水平，边缘留 5～6mm 的缝隙，配电箱内的接线应规则、整齐，端子螺丝必须紧固。

4）配电箱应安装牢固，横平竖直，垂直偏差不应大于 3mm。

5）家庭配电箱的箱体内接线汇流排应分别设立工作零线 N、保护接地线 PE、相线 L，且完好无损，具有良好绝缘。工作零线、保护接地线应在汇流排上连接，不得铰接。

6）金属壳配电箱外壳必须可靠接地。

7）配电箱面板线孔应光滑无毛刺。

8）空气开关的安装座架应光洁无阻，并有足够的空间。

9）各回路线路必须有足够长度，不得有接头。安装后，标明各回路编号、使用名称，清理配电箱内的残留物。

10）箱内配线要顺直，不得有混接现象。导线弯曲应一致，且不得有死弯，防止损坏导线绝缘皮及内部铜芯。

（2）家用弱电箱的安装

1）应引入所需要的智能服务线路。

2）内部布置应合理，应配备电源插座。

3）将杂物清理干净，散热良好。

4）有无线路由器时，无线信号应足够强，不能采用金属面板。

5）线路、设备的连接应规范，信号测试良好，线路标记清晰。

（3）插座和翘板开关的安装

1）安装位置及高度应正确。

2）内部杂物应清理干净。

3）接线应牢固、正确。

4）照明用开关应接在照明线路的相线上，与灯具的控制关系应正确。

（4）照明灯具的安装

1）照明灯具规格、型号应正确，应无破损。

2）灯具固定应牢固可靠，消除不安全的因素。

3）点亮灯具时，应无眩光出现。

（5）常用家电的安装

1）在安装前，检查家电设备的额定电压与家用配电箱提供的电压应一致。如不相符，会损坏电气设备，甚至造成火灾等更大损失，需安装合适的变压器进行电压变换后，才能使用。

2）在安装前，要了解供电线路的载流量是否能满足使用要求，即供电线路导线的载流量不小于用电设备的工作电流。应采取 2.5mm² 或 4mm² 铜导线单独回路供电的插座对大功率家电供电。

3）每个家用电器应有单独的电源插座供电，不可几个用电设备共享一个多头插座，以免造成线路过载和影响电器设备的使用性能。

4）为减少频繁插拔电源插座，可在电源插座上安装跷板开关进行控制。空调应使用 16A 专用空调插座。

5）必须在断电的情况下，进行安装操作，不能带电操作，防止触电事故。

6）家电设备安装完成后，检查水、暖、气等管路没有问题之后，才能进行通电测试。

7）外壳带电的电气设备不能使用，必须及时更换或检修，以免发生触电事故。

12.3　防雷与接地装置的安装

12.3.1　材料及工具准备

（1）主要材料

1）接闪器：直径为 10mm 镀锌圆钢或 40mm×4mm 镀锌扁钢，也可以用氧化锌避雷针。

2）引下线：ϕ12mm 镀锌圆钢或 40mm×4mm 镀锌扁钢、断接卡子、卡钉、防腐漆、防锈油及铅油（或银粉）、ϕ50mm 镀锌钢管，红白油漆及毛刷。

3）接地体：直径为 50mm、管壁厚不小于 3.5mm、长度为 2.5m 镀锌钢管（或者 50mm×50mm×5mm，长度为 2.5m 镀锌角钢）。螺栓的直径不得小于 10mm，并需加镀锌垫圈和镀锌弹簧垫圈。

4）接地线：40mm×4mm 镀锌扁钢或 16mm^2 的软铜线。

（2）常用工具

同 12.1.1 节的常用工具

12.3.2　操作流程

识读防雷与接地施工图后，进行以下安装。

（1）防雷装置的安装

防雷装置由接闪器（如避雷针、避雷网等）、引下线、接地装置三部分组成，安装自下而上进行，即按接地装置→引下线→接闪器的顺序进行安装。

避雷带：（安装接地装置→明敷或暗敷引下线）→选择避雷带→安装支持卡子（暗装不需要支持卡子）→安装避雷带→与引下线焊接→完毕。

避雷针：（安装接地装置→明敷或暗敷引下线）→选择避雷针→安装支持物→安装避雷针→与引下线焊接→完毕。

引下线：上端与接闪器（避雷带或避雷针）焊接，下端与接地装置焊接，形成电气通路。在每根引下线 1.8~2.2m 处设置断接卡子，加装保护管（在地上约 1.7m 至地下 0.3m 的 2m 段内套上 ϕ50mm 镀锌钢管）。

接地装置：当利用建筑物钢筋混凝土基础内的钢筋作接地装置达到要求的接地电

阻时，不再增加人工接地装置，与引下线作可靠的焊接即可。当采用人工接地装置时，选择接地体和接地线，确定安装位置，进行土方开掘，布置接地体和接地线，并将接地体和接地线进行焊接，同时与引下线焊接。测量接地电阻值，满足要求后，回填土。

（2）接地装置的安装

确定接地形式和接地电阻值，将进出建筑物的各种金属管道及电气设备的接地装置在进出处与防雷接地装置作可靠连接。

利用建筑物钢筋混凝土基础内的钢筋作自然接地装置或采用人工接地装置，达到要求的接地电阻值即可。

12.3.3 施工工艺

（1）防雷装置的安装

村镇建筑，可按第三类防雷建筑物进行保护，需要采取防直击雷、防止雷电波的侵入等措施。防直击雷的防雷装置由接闪器（如避雷针、避雷网等）、引下线、接地装置三部分组成。

1）防直击雷装置

①接闪器的安装方法如下：

防直击雷的接闪器，宜在建筑物屋角、屋檐、女儿墙或屋脊上装设避雷带或避雷针，当采用避雷带保护时，应在屋面上装设不大于 20m×20m 或 24m×16m 的网格。

避雷针（氧化锌接闪器）的接地线应采用截面面积不小于 16mm^2 的软铜线。安装时要注意接闪器上端带电部分与柜体外壳或柜内其他设备的安全距离。

管型接闪器与被保护设备的连接线长度不得大于 4m，安装时应避免各接闪器排出的电离气体相交而造成的短路。

②引下线的安装方法如下：

防直击雷装置的引下线，应优先利用建筑物钢筋混凝土中的钢筋，其上部（屋顶上）应与接闪器焊接，下部在室外地坪下 0.8～1m 处焊出一根直径为 12mm 的圆钢或 40mm×4mm 镀锌扁钢，伸向室外距外墙皮不小于 1m。当柱内钢筋直径为 16mm 以上时，应利用 2 根钢筋（绑扎或焊接）作为一组引下线；当钢筋直径为 10mm 以上时，应利用 4 根钢筋（绑扎或焊接）作为一组引下线。

防直击雷装置的引下线为专设引下线时，其根数不应少于两根，间距不应大于 25m；防直击雷装置每根引下线的冲击接地电阻不宜大于 30Ω。

③接地装置的安装方法如下：

可以利用建筑物钢筋混凝土基础内的钢筋作接地装置，达到要求的接地电阻即可。

防直击雷的接地装置和电气设备等的接地装置可共用。

2）防止雷电波的侵入装置

为了防止雷电波的侵入，应在进线端将电缆的金属外皮、钢管等与电气设备接地相连，其冲击接地电阻不宜大于 30Ω。

进出建筑物的各种金属管道及电气设备的接地装置，应在进出处与防雷接地装置作可靠连接。

3）避雷针和避雷带的安装

①所有的金属部件必须镀锌，操作时注意保护镀锌层。

②避雷针一般安装在支柱（电杆）上或其他构架、建筑物上。避雷针下端必须可靠地经引下线与接地体连接，可靠接地，接地电阻不大于 4Ω（与工作接地和保护接地共用）。

③砖木结构的房屋，可将避雷针敷设在山墙顶部或屋脊上，用抱箍或对锁螺栓固定在梁上，固定部位的长度约为针高的 1/3 。避雷针插在砖墙内的部分约为针高的 1/3，插在水泥墙的部分约为针高的 1/5 ~ 1/4。

④利用木杆做接闪器的支持物时，针尖的高度必须超过木杆 300mm 。

⑤避雷针在屋面安装时，可先将避雷针组装好，在避雷针支座底板上相应的位置，焊上一块肋板，再把避雷针立起，找直、找正后再进行点焊，然后加以校正，焊上三块肋板。

⑥避雷带明敷时，距屋顶面或女儿墙面的高度为 100 ~ 200mm，其支点间距不应大于 1.5m。在建筑物的沉降缝处应多留出 100 ~ 200mm。避雷带应平正顺直，固定点支持件间距均匀、固定可靠，每个支持件应能承受大于 49N 的垂直拉力。当设计无要求时，支持件间距应均匀，水平直线部分 0.5 ~ 1.5m；垂直直线部分 1.5 ~ 3m；弯曲部分 0.3 ~ 0.5m。

⑦避雷针、避雷带与引下线焊接，与接地装置形成通路。

4）引下线的敷设

引下线应镀锌，焊接处应涂防腐漆。但在混凝土中的钢筋作引下线时除外。引下线不宜敷设在阳台附近及建筑物的出入口和人员较容易接触到的地方，应避开接触电压的危险。

①引下线明敷设：引下线沿建筑物外墙敷设，从接闪器到接地体。敷设引下线时，应保持一定的松紧度。

引下线的敷设路径应尽量短而直，无急弯。也可根据建筑物的具体情况，即当不能直接引下时，可以弯曲，但应注意弯曲开口处的距离不得等于或小于弯曲部分线段实际长度的 1/10。

明敷引下线的支持件间距应均匀，水平直线部分 0.5 ~ 1.5m；垂直直线部分 1.5 ~ 3m；弯曲部分 0.3 ~ 0.5m。

在易受机械损伤的地方，地上约 1.7m 至地下 0.3m 的一段引下线应加装保护措施。将接地线地面以上 2m 段内套上 φ50mm 镀锌钢管作为保护管，并卡固及刷红白油漆。

采用多根明敷引下线时，为便于测量接地电阻及检验引下线和接地线的连接状况，宜在每条引下线距地面 1.8～2.2m 处设置断接卡子。

若需接头或安装断接卡子，应进行焊接，并涂防锈油及铅油（或银粉），且无遗漏。

用镀锌螺栓将断接卡子与接地体连接牢固。

②引下线暗敷设：及时将引下线的下端与接地体焊接好，或与断接卡子连接好。暗敷在建筑物抹灰层内的引下线应该用卡钉分段固定。随着建筑物的逐步增高，把引下线敷设于建筑物内至屋顶为止。若有接头，应进行焊接。引下线必须在距地面 1.5～1.8m 处做断接卡子（一条引下线除外）。断接卡子所用螺栓的直径不得小于 10mm，并需加镀锌垫圈和镀锌弹簧垫圈。

利用建筑物钢筋混凝土中的主钢筋作引下线时，必须注意以下问题：

当钢筋直径为 16mm 及以上时，应利用两根钢筋（绑扎或焊接）作为一组引下线；当钢筋直径为 10mm 及以上时，应利用 4 根钢筋（绑扎或焊接）作为一组引下线。

引下线的上部（屋顶上）应与接闪器焊接，下部在室外地坪下 0.8～1m 处焊出一根 ϕ12mm 或一个 40mm×4mm 镀锌导体，伸向室外，距外墙皮的距离宜不小于 1m。

建筑物内钢筋做引下线时，其上部（屋顶上）与接闪器相连的钢筋必须焊接，不应做绑扎连接，焊接长度不应小于钢筋直径的 6 倍，且应在两面焊接。

利用建筑物钢筋混凝土基础内的钢筋作接地装置，应在与防雷引下线相对应的室外埋深 0.8～1m 处，由被利用作为引下线的钢筋上焊出一根 ϕ12mm 镀锌圆钢或 40mm×4mm 镀锌扁钢，并伸向室外，距外墙皮的距离不宜小于 1m。每根引下线处的冲击接地电阻不宜大于 30Ω。

5）接地装置的埋设

可以利用建筑物钢筋混凝土基础内的钢筋作接地装置，达到接地电阻要求即可。当采用人工接地装置时，是由接地体、接地线（接地干线、接地支线）等组成。防雷的接地装置和电气设备等的接地装置可共用。

（2）接地装置的安装

工作接地和保护接地等电气设备的接地装置，尽可能使用自然接地装置，不足时也可以采用人工接地装置。

1）工作接地

工作接地是为了保证电气设备在正常和事故情况下可靠的工作而开展的接地，如中性点直接接地、间接接地和工作零线的重复接地、防雷接地等都是工作接地。

2）保护接地

保护接地是为了保证人身安全，防止发生人体触电事故，将电气设备的金属外壳与接地装置联接的方式称为保护接地。当人体触及到外壳已带电的电气设备时，由于接地体的接触电阻远小于人体电阻，绝大部分电流经接地体进入大地，只有很小部分流过人体，不致对人的生命造成危害。

3）工作零线

①三相四线制 380/220V 电源系统的中性点必须接地良好，接地电阻不应大于 4Ω，而零线必须重复接地。

②零线上不得安装熔断器和开关，以免零线回路断线时，零线上出现相电压而引起触电事故。

③在同一低压电网中，不准一部分电气设备实行保护接地，另一部分实行保护接零。

④对单相三孔插座，插座上接电源中性线（零线）的孔不得与接地线的串联，以免接零线路松脱或折断，可能造成设备金属外壳带电，或零线与相线接反，会使外壳带电。

⑤单相回路零线和相线截面相同。

4）接地装置的安装

自然接地装置是将建筑物基础钢筋等金属导电部分连接成通路，达到接地电阻的要求。

人工接地装置由接地体和接地线组成，常采用镀锌钢管或镀锌角钢。通过搭接焊，形成电气通路，达到接地电阻的要求。若防雷接地和电气设备保护接地、工作接地共用，应满足最小接地电阻的要求。

①接地体的根数视接地体周围的土壤电阻率而定，接地体一般不少于两根，每根的间距为 3～5m。

②接地体应远离由于高温影响使土壤电阻率升高的地方。接地体的顶端距地面 0.5～0.8m，以避开冻土层。接地体距建筑物的距离在 1.5m 以上，与独立避雷针接地体的距离大于 3m。

③为降低跨步电压，防止直击雷的接地装置，距建筑物出入口及人行道不应小于 3m。

④在腐蚀性较强的土壤中，应采取镀锌等防腐措施或加大接地体截面。接地线应与水平埋设接地线的截面相同。

5）接地电阻测试方法

以常用的钳形接地电阻测试仪为例，仪表配有两个钳口，电压钳和电流钳。电压钳在被测回路中激励出一个感应电势 E，并在被测回路产生电流 I，仪表通过电流钳可以测得电流 I 值。通过对 E、I 的测量，由欧姆定律：$R=E/I$，即可求得接地电阻 R 的值。

12.3.4　检查与验收

（1）防雷装置安装

1）建筑物顶部的避雷针、避雷带等必须与顶部外露的其他金属物体连成一个整体的电气通路，且与避雷引下线连接可靠，接地电阻应达到要求。

2）避雷针、避雷带位置应正确，焊接固定的应焊缝饱满无遗漏，螺栓固定的防松零件应齐全，焊接部分补刷的防腐油漆应完整。

3）避雷带应平正顺直，固定点支持件间距均匀。

4）避雷针、避雷带安装应牢固。

5）避雷针应垂直安装，其允许偏差不应大于顶端针杆的直径，一般垂直度允许偏差为 3‰。

6）避雷引下线必须调直后方可进行敷设，弯曲处不应小于 90°，并不得弯成死角，垂直允许偏差为 2‰。

（2）人工接地装置的安装

1）接地体一般用镀锌钢管或角钢，长度 2.5m。镀锌钢管直径为 50mm，管壁厚不小于 3.5mm；镀锌角钢以 50mm×50mm×5mm 为宜。

2）接地线一般用 40mm×4mm 的镀锌扁钢。

3）接地体一般不少于两根，每根的间距为 3～5m。

4）接地体的顶端距地面 0.5～0.8m，以避开冻土层。

5）接地体距建筑物的距离在 1.5m 以上，与独立避雷针接地体的距离大于 3m。

6）接地线与接地体的连接应使用搭接焊。

参考文献

[1] 危道军.建筑施工技术（第三版）[M].北京：科学出版社，2021.

[2] 危道军.施工员岗位知识与专业技能（第二版）[M].北京：中国建筑工业出版社，2017.

[3] 危道军.建设工程计量与计价实务（土木建筑工程）[M].北京：中国建筑工业出版社，2019.

[4] 危道军、胡永骁.建筑工程制图（第二版）[M].北京：高等教育出版社，2019.

[5] 广东省建设教育协会.乡村建筑工匠培训教材[M].北京：中国建筑工业出版社，2021.

[6] 江苏省乡村规划建设研究会.乡村建设工匠培训教材[M].北京：中国建筑工业出版社，2022.

[7] 周铁钢.农村建筑工匠培训示范教材[M].北京：中国建筑工业出版社，2020.

[8] 本书编审委员会.建筑工人岗位培训教材[M].北京：中国建筑工业出版社，2018.

[9] 《混凝土工》编委会.混凝土工[M].北京：中国建筑工业出版社，2021.

[10] 《建筑工人职业技能培训教材》编委会.测量放线工[M].北京：中国建材工业出版社，2016.

[11] 丁文华.建筑供配电与照明[M].武汉：武汉理工大学出版社，2020.

[12] 刘昌明.建筑供配电系统安装[M].北京：机械工业出版社，2020.

[13] 徐俊.民用建筑施工图识读[M].上海：同济大学出版社，2019.